Librairie Vve Jules RENOUARD, rue de Tournon, 6.
DIRECTEUR GÉRANT : ÉTHIOU-PÉROU

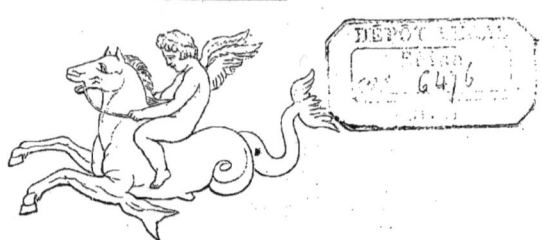

ESTHÉTIQUE GÉNÉRALE
ET APPLIQUÉE
CONTENANT

LES RÈGLES DE LA COMPOSITION DANS LES ARTS PLASTIQUES

Dédié à M. le comte de NIEUWERKERKE

Sénateur, Surintendant des Beaux-Arts

Par DAVID SUTTER
MEMBRE DE PLUSIEURS SOCIÉTÉS SAVANTES

1 beau volume grand in-4° orné de 89 planches gravées

Imprimé par l'Imprimerie impériale

PRIX : 120 FRANCS

Pour donner une juste idée de l'importance de cet ouvrage, et de l'autorité qu'il doit avoir, l'Éditeur pense qu'il suffit de dire que S. Ex. le ministre de l'Instruction publique a encouragé cette publication, en honorant l'auteur d'une souscription de cent exemplaires, et de publier le rapport suivant :

MINISTÈRE DE LA MAISON DE L'EMPEREUR ET DES BEAUX-ARTS

INSTITUT IMPÉRIAL DE FRANCE

Extrait du Rapport de l'Académie des Beaux-Arts sur l'ouvrage de M. Sutter, intitulé : ESTHÉTIQUE GÉNÉRALE ET APPLIQUÉE.

...... Les règles, dans toutes les productions de l'esprit, de l'imagination et du génie, bien qu'elles soient la base de dispositions générales, laissent cependant toute liberté d'action aux hommes d'un esprit supérieur. Tout en possédant la connaissance de ces mêmes règles, ils les franchissent pourtant dans certaines circonstances, en raison de telles beautés exceptionnelles que le génie leur révèle.

L'harmonie esthétique des lignes, du clair-obscur, du coloris, est d'abord le sujet fondamental de cet ouvrage. Pour mieux faire comprendre les démonstrations dont le livre abonde, des figures reproduites d'après l'antique, des exemples pris sur les chefs-d'œuvre les plus connus, enfin des vues de paysages d'après nature, sont les preuves à l'appui des règles qu'enseigne le livre.

Dans l'introduction on remarque des aperçus étendus et clairement exprimés, sur le but élevé que l'artiste doit se proposer; l'on y apprécie surtout l'idée morale dominant comme principe fécond du vrai beau et de la noble signification des beaux-arts dans leur acception philosophique.

Le jeune élève y est instruit dans les connaissances mathématiques et les lois physiques qui se rattachent aux beaux-arts; l'auteur élève graduellement son enseignement jusqu'aux beautés de premier ordre, soit dans la pensée, soit dans l'excellence de la forme, et l'éclaire de telle sorte qu'il puisse désormais apprécier par lui-même toutes ces beautés.

Le livre de M. Sutter est utile à ce double titre : que pour l'élève il abrège les longues recherches, et qu'en second lieu il guide réellement sa pensée vers le but élevé de l'art.

Nous ajouterons que cet ouvrage a de plus l'avantage précieux d'être à la portée des personnes du monde, de les mettre à même de juger les œuvres d'art avec connaissance de cause, et de former ainsi un public capable d'exciter noblement les artistes, assurés par là d'être mieux compris.

Signé : AUG. COUDER,
Président de l'Académie des Beaux-Arts de l'Institut impérial de France.

TABLE DES MATIÈRES

PREMIÈRE PARTIE. — THÉORIE

CHAPITRE PREMIER
Notions préliminaires.
De l'unité esthétique des lignes, de la lumière et des couleurs.

CHAPITRE SECOND
Règles de la plastique.
Des lois du mouvement.
Caractère, propriétés et harmonie des lignes.

SECONDE PARTIE. — APPLICATION

ANTIQUITÉ

Les règles confirmées par l'analyse des œuvres des Grecs : sculpture, peinture et pierres gravées.

Statues. — Fragments de la frise du Parthénon. — L'Amazone du palais Cesi. — L'Hercule Farnèse. — Le Laocoon. — Le Gladiateur. — Le Faune Borghèse. — La Vénus de Médicis. — Le Tireur d'épine. — La Vénus Callipyge. — L'Apollon du Belvédère. — Le Silène de la bibliothèque de Venise.

Pierres gravées. — Le cachet de Michel-Ange. — Britannicus. — Harpocrate. — Livia Augusta Caligula. — La Foi publique. — La Vénus au Thyrse. — Signe céleste. — Apollon. — Amour montant un cheval marin. — Amour conduit par des dauphins. — Apollon et Marsyas. — Néréide portée par des chevaux marins. — L'abondance. — Isis. — Apollon et l'Amour. — Silène conduit par les Amours.

Peintures antiques. — Vénus à la conque. — Triomphateur couronné par la victoire. — Thésée vainqueur du Minotaure.

Dessins d'après nature corrigés par l'application des règles. XI planches.

RENAISSANCE

École italienne. — La Cène, par Léonard de Vinci. — La Transfiguration, Saint-Michel, La Vierge à la chaise, La Vierge d'Albe, par Raphaël. — Saint Jérôme, par le Corrége. — Le martyre de Saint Pierre, le Christ couronné d'épines, par le Titien. — Les noces de Cana, par Paul Véronèse. — Le corps du Christ rendu à sa mère, sainte Famille, par Annibal Carrache. — Tobie et l'Ange, Saint Jérôme au désert, la communion de Saint Jérôme, par le Dominiquin.

École française. — Poussin, Le Sueur, Claude Lorrain.

École espagnole. — Velasquez, Zurbaran, Murillo.

École flamande. — Rubens, Van Dyck, David Teniers, Huysmans.

École hollandaise. — Rembrandt, Gérard Dov, Ad. Ostade, Cuyp, Wouwermans, Paul Potter, Berghem, Van Velde, Du Jardin, Ruysdaël, Wynantz, Backuysen, Zorg, Van Huysum.

PARIS. — IMP. DE V. GOUPY ET Cᵉ, RUE GARANCIÈRE, 5.

ESTHÉTIQUE GÉNÉRALE

ET APPLIQUÉE

Ce volume a été déposé au Ministère de l'intérieur (Direction de la librairie) en juin 1865.

Reproduction, par fragments,
autorisée pour les journaux qui ont des traités avec la Société des Gens de lettres.

Traduction réservée.

IMPRIMÉ

POUR

Mᵐᵉ Vᵉ JULES RENOUARD, ÉDITEUR

RUE DE TOURNON, Nº 6.

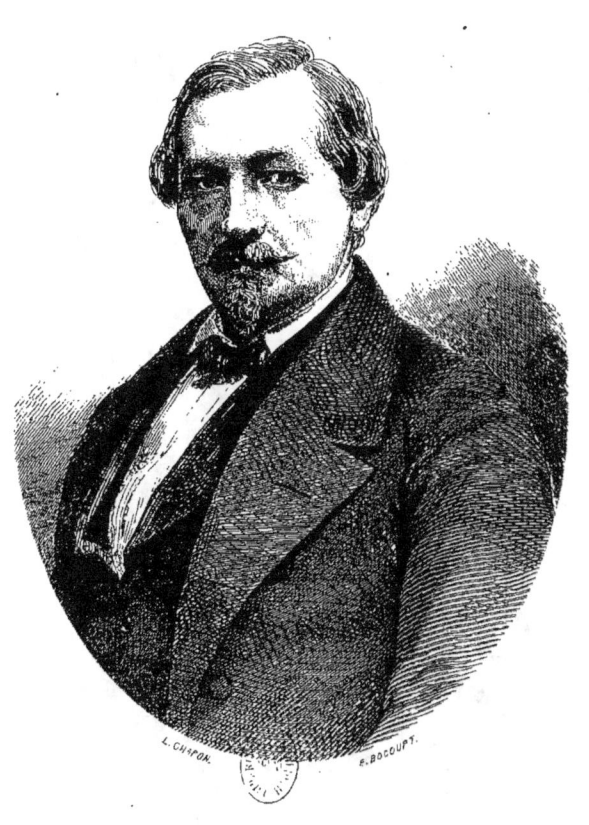

ESTHÉTIQUE GÉNÉRALE

ET APPLIQUÉE

CONTENANT

LES RÈGLES DE LA COMPOSITION

DANS

LES ARTS PLASTIQUES

PAR M. DAVID SUTTER

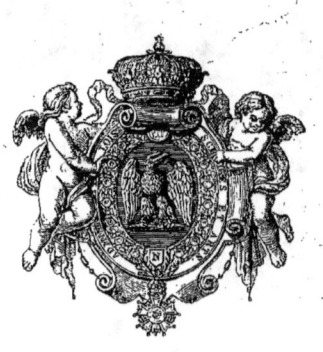

PARIS

IMPRIMERIE IMPÉRIALE

M DCCC LXV

A M. LE COMTE DE NIEUWERKERKE

SÉNATEUR

SURINTENDANT DES BEAUX-ARTS.

Monsieur le Comte,

L'intérêt que vous portez à tout ce qui touche au développement des beaux-arts, qui, sous votre puissante impulsion, ont pris une direction élevée, m'engage à vous exprimer combien je suis heureux qu'il vous plaise d'agréer la dédicace de cet ouvrage. Le désir de fixer et de propager les règles qui gouvernent les arts plastiques, règles si fugitives lorsqu'elles n'existent que dans la tradition, m'a suggéré l'idée d'en donner les formules didactiques, et de combler ainsi, pour les élèves, une grande lacune dans l'enseignement.

Votre nom, Monsieur le Comte, placé en tête de ce livre, sera pour les jeunes artistes une cause d'émulation, en même temps qu'une assurance de l'utilité qu'ils pourront retirer de l'étude des règles de l'esthétique, et pour moi, un honneur que je regarde comme la récompense de mes longs travaux.

Je suis, Monsieur le Comte, avec le plus profond respect,

Votre très-humble et très-obéissant serviteur,

D. Sutter.

Paris, le 28 mai 1865.

EXTRAIT

DU RAPPORT DE L'ACADÉMIE DES BEAUX-ARTS

DE L'INSTITUT IMPÉRIAL DE FRANCE

SUR L'OUVRAGE DE M. DAVID‚SUTTER

INTITULÉ

ESTHÉTIQUE GÉNÉRALE ET APPLIQUÉE,

CONTENANT LES RÈGLES DE LA COMPOSITION DANS LES ARTS PLASTIQUES.

..........Avant d'entrer dans le développement des principes que l'auteur a savamment exposés dans son ouvrage, il ne nous semble pas nécessaire d'établir ce que chacun d'ailleurs doit savoir, et que l'auteur ignore moins que personne : que les règles, dans toutes les productions de l'esprit, de l'imagination et du génie, bien qu'elles soient la base de dispositions générales, laissent cependant toute liberté d'action aux hommes d'un esprit supérieur. Tout en possédant la connaissance de ces mêmes règles, ils les franchissent pourtant dans certaines circonstances, en raison de telles beautés exceptionnelles que le génie leur révèle.

L'harmonie esthétique des lignes, du clair-obscur, du coloris, est d'abord le sujet fondamental de cet ouvrage. Pour mieux faire comprendre les démonstrations dont le livre abonde, des figures reproduites d'après l'antique, des exemples pris sur les chefs-d'œuvre les plus connus, enfin des vues de paysages d'après nature, sont les preuves à l'appui des règles qu'enseigne le livre.

Dans l'introduction on remarque des aperçus étendus et clairement exprimés sur le but élevé que l'artiste doit se proposer; on y apprécie surtout l'idée morale dominant comme principe fécond du vrai beau et de la noble signification des beaux-arts dans leur acception philosophique.

Le jeune élève y est instruit dans les connaissances mathématiques et les lois physiques qui se rattachent aux beaux-arts; l'auteur élève graduellement son enseignement jusqu'aux beautés de premier ordre, soit dans la pensée, soit dans l'excellence de la forme, et l'éclaire de telle sorte qu'il puisse désormais apprécier par lui-même toutes ces beautés.

La loi de l'harmonie esthétique des lignes, développée dans les règles de la plastique, donne la clef de l'ordre parfait que l'on admire dans les belles productions des artistes tant anciens que modernes. L'accord de la ligne avec la lumière et la couleur en est un complément dont l'auteur présente l'application dans toute la partie critique de son livre. Par cette utile leçon, l'élève franchit les difficultés qui arrêtent ordinairement ses progrès dans les études premières des beaux-arts.

Le livre de M. Sutter est utile à ce double titre : que pour l'élève il abrége les longues recherches, et qu'en second lieu il guide réellement sa pensée vers le but élevé de l'art.

Nous ajouterons que cet ouvrage a de plus l'avantage précieux d'être à la portée des personnes du monde, de les rendre capables de juger les œuvres d'art avec connaissance de cause, et de former ainsi un *public* capable d'exciter noblement les artistes, assurés par là d'être mieux compris.

Paris, le 17 décembre 1862.

Signé : Aug. COUDER,

PRÉSIDENT DE L'ACADÉMIE DES BEAUX-ARTS DE L'INSTITUT IMPÉRIAL DE FRANCE.

(Suivent les signatures de MM. les Membres de l'Académie.)

INTRODUCTION.

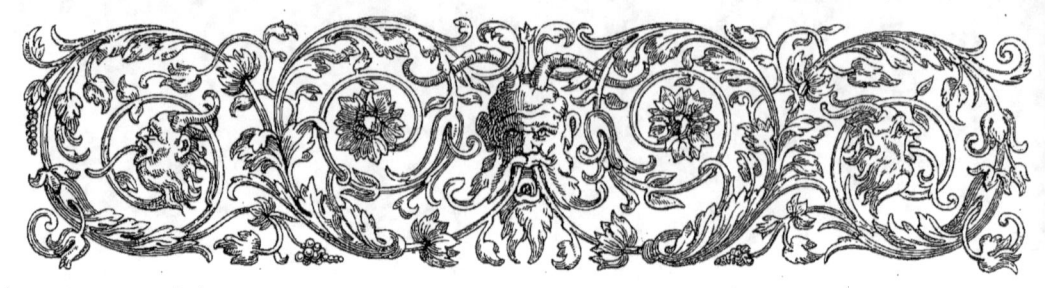

INTRODUCTION.

Les lois d'ordre et d'harmonie, qui sont le fondement des beaux-arts, ont été dans tous les temps l'objet de recherches constantes; mais, pour s'élever jusqu'aux principes générateurs de l'ordre et de l'harmonie, partout il a fallu s'appuyer sur les sciences d'observation, seules capables d'expliquer les phénomènes et de donner une base certaine aux spéculations de l'esprit. Dès que la science fut créée, la philosophie, s'emparant des faits acquis par l'expérience et procédant par analogies, alla du connu à l'inconnu, remontant de l'effet à la cause pour en déduire tout le système de règles qui assurent la marche de l'artiste dans les sentiers de l'idéal. C'est ainsi que l'antiquité trouva dans l'union du principe physique et du principe moral la véritable expression des beaux-arts.

Le plus haut degré de beauté que l'homme puisse donner à ses créations est dû à la réunion de plusieurs objets et à l'harmonie qui relie ces objets entre eux. C'est ce que l'on entend par la beauté *visible*, ou de la matière, et la beauté *invisible*, qui tient à l'harmonie des rapports. La diversité et la variété sont des qualités inhérentes à toutes les productions de la nature, comme à toutes les créations du génie, et les modes divers sous lesquels elles peuvent être présentées offrent des conséquences toujours dissemblables, tandis que le principe est un et invariable.

Si l'artiste ignore les règles, s'il choisit sans méthode, il peut arriver qu'une heureuse inspiration lui fasse rencontrer la vérité; mais, qu'on ne s'y trompe pas, c'est un signe manifeste d'impuissance, au moins d'infériorité, de se laisser entraîner uniquement par les hasards qui naissent de l'imagination. Parmi les objets de la nature, il faut distinguer les objets doués de qualités esthétiques et ceux qui doivent subir des modifications pour constituer une œuvre d'art. Or comment faire ces distinctions sans connaître les lois qui sont le fondement du principe esthétique? Xénophon dit, dans ses notes sur les conversations de Socrate avec le peintre Parrhasius et le sculpteur Cliton, que ces artistes se conformaient aux saines doctrines en choisissant les belles formes de différents modèles pour en créer un tout conforme à un type idéal conçu par la raison. Cette façon d'interpréter la nature, attribuée au seul Zeuxis, était généralement observée par les peintres et les sculpteurs aux temps de Phidias et d'Apelle, ce qui prouve leur connaissance certaine de toutes les règles de l'art.

Les instruments matériels de la peinture sont les lignes, la lumière, la couleur; ils impliquent des propriétés physiques, basées sur la raison, formant une science positive. Ces propriétés physiques sont manifestées par les règles de la plastique, du clair-obscur, du coloris, de la perspective linéaire et aérienne; règles qui ont une aptitude pour se combiner entre elles, et renferment la partie scientifique des beaux-arts. Il en résulte que les différents objets de la nature, soumis au concours régulier de ces règles, doivent donner non-seulement la raison des effets reconnus par la simple application du goût naturel, mais encore de tous les effets nouveaux qui peuvent s'offrir à l'esprit.

Chez les Grecs, la loi de l'unité, au moyen de laquelle ils coordonnaient les parties d'un tout, était expliquée dans les Académies, et rendue aussi intelligible que familière aux artistes. Un goût exquis les conduisit à faire simple, afin d'atteindre à la noblesse et à la grandeur, et ils se conformèrent aux doctrines de la philosophie en donnant à leurs dieux une beauté de formes idéales, et une noblesse qui, dans l'expression des passions, laissait paraître une âme grande, maîtresse d'elle-même.

« C'est dans l'art grec, dit Cicéron, que sont posées les règles, les résultats de la sagesse et du goût, les vrais types dont le génie doit s'alimenter. » En effet, un examen attentif prouve jusqu'à l'évidence que les règles avaient été formulées et généralement connues; c'est partout le même principe d'ordre et d'harmonie, dont aucun artiste ne s'écarte, qu'il soit peintre, sculpteur, architecte ou graveur sur pierres fines.

Philostrate nous apprend que les anciens étudiaient scrupuleusement la nature, afin de connaître ce qui caractérise les mœurs ou les passions. Celles-ci étaient exprimées par les formes et les gestes propres à tel ou tel caractère : un caractère grave, sublime, était représenté par des lignes simples et grandes, rejetant les contrastes trop marqués et les petits détails; en un mot, il fallait que l'ordre fût soumis à la convenance. Ainsi la force, la noblesse, la pudeur, la jeunesse, la vieillesse, l'enfance, avaient leurs lignes consacrées et conformes au type idéal de ces différents caractères.

Le même auteur dit que les peintres et les sculpteurs étaient généralement lettrés. Dès leur tendre jeunesse, ils apprenaient à bien parler leur langue maternelle, en appliquant à cette étude les principes de la dialectique et de la rhétorique; ils devaient être également versés dans les sciences mathématiques, la philosophie et la musique [1]. Une telle éducation les mettait naturellement à même de comprendre facilement les lois de l'art et d'en formuler les règles.

Dans la description des portiques de Naples, Philostrate définit avec clarté la partie la plus importante de la peinture : l'invention, l'ordonnance et la disposition du sujet, que les Grecs appelaient *économie*, d'où dépendaient le savoir, la grâce et le fini de cet art. Il nous apprend encore que le philosophe Zénon se forma au beau langage et aux saines doctrines en étudiant et commentant les peintures de Polygnote. On sait que Polygnote exécuta à ses frais la décoration du temple de Delphes, sur les murs duquel il représenta l'Iliade à droite et l'Odyssée à gauche, et celle du portique du Pœcile à Athènes. La Grèce reconnut son désintéressement en lui accordant le droit d'hospitalité sur tout son territoire.

Pasitèle recommandait de faire une maquette avant de tailler le marbre ou de graver sur pierres fines, cette manière étant la plus sûre pour conduire une œuvre à sa perfection. Pline cite Pasitèle pour sa description des œuvres remarquables d'Athènes, sa ville natale, et fait mention des écrits d'Anaximène sur les arts et les artistes de son temps.

Apollonius dit : « L'art d'imiter est double : il comprend, d'une part, l'acte de représenter matériellement ce que l'artiste conçoit dans sa pensée, ce qui est la peinture proprement dite, et, d'autre part, la représentation de l'esprit des choses. La faculté d'imiter est un don de nature, mais la pratique de peindre dépend de l'art. La peinture ne consiste pas seulement dans les couleurs, puisque les anciens peintres se servaient d'une seule couleur, et c'est seulement plus tard qu'ils en employèrent quatre. On exprime même par un simple trait des sujets parfaitement clairs pour l'esprit, dans lesquels on trouve aussi bien la forme que la pensée, la modestie, l'audace, affections de l'âme qui n'ont pas de couleur en soi. »

---

[1] Les Romains apprirent des Grecs la musique, et le premier qui écrivit sur cet art fut le célèbre architecte Vitruve.

À propos du jugement dans les arts, le même auteur affirme qu'on ne saurait louer sûrement la représentation d'un cheval ou d'un taureau, si l'on ne conçoit dans son esprit la forme de l'animal représenté par le peintre, ni critiquer le tableau d'Ajax de Timanthe, si l'on ne s'imagine la fureur d'Ajax assis à l'écart, formant le projet de se donner la mort, après avoir massacré les béliers qu'il avait pris pour les Atrides, rassemblés autour de Troie. Il faut, en outre, connaître l'anatomie aussi exactement qu'un maître, savoir discerner en quoi consiste la nature et ce qui appartient à la création de l'artiste, être prompt à distinguer les apparences extérieures des affections intérieures de chaque individu.

Callistrate a fait la description de quelques statues de marbre et de bronze. Il y a joint les procédés en usage pour tailler et polir le marbre, mouler, fondre le bronze et le souder. Nous pourrions multiplier les citations d'auteurs anciens tendant à prouver que les artistes avaient formulé les règles de la perspective [1] et de la composition des tableaux, aidés en cela par les philosophes, avec lesquels ils entretenaient de continuels rapports. Malheureusement ces précieux écrits didactiques, ces pures doctrines de l'art des anciens, ne sont pas arrivés jusqu'à nous.

Les ouvrages de philosophie des Grecs contiennent de nombreux documents sur la science du beau. Xénophon, Platon, Aristote, Plotin et saint Augustin en parlent avec assez de développement pour que leurs travaux puissent servir de base aux auteurs modernes. Diogène de Laërte nous apprend qu'Aristote a composé un traité du beau, dans lequel il donnait des formules, comme il l'avait fait pour la logique, la rhétorique, la métaphysique, la poétique.

Les qualités nécessaires pour traiter la science du beau, comme le dit M. Barthélemy Saint-Hilaire, « sont à la fois celles d'un philosophe et celles d'un artiste. Pour en découvrir les vrais principes, l'analyse doit être aussi pénétrante qu'exacte; et, comme c'est à la psychologie qu'on la doit demander, il faut être familiarisé avec les observations intérieures où la psychologie puise toutes ses lumières. C'est là que la philosophie découvrira les fondements de la science, et c'est sur cette seule base qu'elle pourra élever un édifice solide. Mais la réflexion attentive ne suffit pas, et si l'âme du philosophe ne sent pas vivement les puissantes impressions de la beauté, s'il n'est pas ému et enthousiasmé autant que l'artiste lui-même, il n'approfondira pas la science dans toutes ses parties. C'est là ce qui fait que les philosophes qui ont le mieux traité du beau sont ceux aussi qui l'ont le plus ardemment senti. »

---

[1] L'introduction de notre *Traité de Perspective* donne le nom des auteurs qui ont écrit sur cette science.

La psychologie a pour objet d'analyser l'effet que la beauté produit sur notre âme, et la métaphysique, de rechercher la nature même du beau. Un coup d'œil jeté sur la philosophie des Grecs ne sera pas hors de propos dans un ouvrage ayant pour objet de spécifier le côté pratique des spéculations qu'elle présente.

Xénophon démontre le premier que l'expression des passions est la partie la plus relevée dans les arts, et que l'artiste doit rechercher les plus belles formes, afin de mieux exprimer les nobles aspirations de l'âme [1]. Ces conseils étaient déjà suivis lorsque Platon, donnant plus d'extension à la pensée du maître, formula dans le courant de son œuvre les principes de la science du beau [2].

« Le beau absolu, dit-il, réside en Dieu. Il est supérieur aux choses créées ; l'homme peut le concevoir dans la pensée, mais il ne saurait le reproduire dans ses œuvres. La beauté est éternelle, non engendrée, impérissable. C'est Dieu lui-même, découvert par la raison dans le pur enthousiasme de l'amour. Dieu créa le monde pour qu'il soit beau, et, pour le rendre beau, il y a mis une âme douée d'intelligence et de puissance créatrice, une âme capable de bonheur et d'amour. Ces puissances réglées par l'harmonie sont les faces diverses d'un même type, qui est Dieu lui-même, et la figure de l'homme, faite à son image, rappelle, quoique imparfaitement, la Divinité.

« En toute chose, la mesure et la proportion constituent la beauté comme la vertu, et si nous ne pouvons saisir le bien sous une seule idée, saisissons-le sous les idées de beauté, de proportion, de vérité. Le beau est un et distinct de la foule des belles choses, car toute essence est une, et non pas multiple. Ceux qui aiment les beaux spectacles, les belles voix, les belles figures, les ouvrages d'art où il entre quelque chose de cette essence ; ces hommes, dont la curiosité est toute dans les yeux et dans les oreilles, sont incapables d'apercevoir et d'aimer le beau lui-même. Le beau en lui-même est objet de raison, et la connaissance que nous en avons est la science même.

« Le beau est le caractère essentiel commun à toutes les belles choses : c'est une idée générale. La faculté de connaître ces idées générales a son organe propre ; mais cet organe n'est ni l'ouïe, ni la vue, qui ne font connaître que les objets particuliers ; aucune science véritable ne réside dans les connaissances obtenues par les sens, mais dans la réflexion que fait la raison sur ces connaissances. »

Platon montre, dans sa Dialectique, comment on remonte au type idéal dans la

---

[1] *Mémoires sur Socrate*, trad. Eugène Talbot. — [2] Voir *La Science du Beau*, par Charles Lévêque ; *Les Systèmes*, t. II, p. 312 et suivantes.

création des œuvres d'art. « Il fait admirer un beau corps et remarque que cette beauté est sœur de la beauté des autres corps, à divers degrés, et que la beauté de tous les corps provient d'un même type, qui est le beau idéal des formes du corps humain. La raison démontre de la même manière qu'une belle âme est sœur des autres belles âmes, et que cette beauté, prise dans un sens général, présente un même type, qui est le beau idéal de l'âme humaine. Ainsi, par la généralisation, on créera le type des belles pensées, des belles actions, des beaux sentiments, des belles formes.

« Le corps de l'homme est beau lorsqu'il est développé en santé et régulièrement; lorsque ses membres sont proportionnés aux mouvements qu'ils doivent exécuter et que les facultés de l'intelligence sont en harmonie avec les facultés physiques. Lorsque ces facultés sont réunies, l'homme offre le spectacle le plus beau et le plus agréable que l'on puisse contempler. L'homme n'est réellement beau que si toutes les puissances de son âme et de son corps se déploient avec harmonie. La beauté de l'objet connu et la beauté de l'objet qui connaît consistent dans la précision et l'ordre; celui qui n'a ni zèle ni intelligence pour les belles choses n'y réussira point. »

Dans la pratique, il importe de commencer par établir les règles sur lesquelles repose l'ordre physique, pour s'élever par la pensée à l'ordre moral, qui suit une ligne parallèle.

« Il est impossible de s'approcher sans cesse d'un bel objet avec amour et admiration, sans s'efforcer de lui ressembler. Or le moyen le plus infaillible de ressembler à la beauté, c'est de produire avec elle et par elle, soit en soi-même, soit en elle, soit en dehors d'elle et de soi-même, d'autres beautés, et de conquérir par là cette fin de notre être qui est l'immortalité. Platon distingue l'immortalité physique, qui nous fait revivre dans nos enfants; l'immortalité morale, qui est le souvenir de nos belles actions conservé dans la mémoire des hommes; l'immortalité intellectuelle, qui prolonge notre existence dans les œuvres littéraires, philosophiques, artistiques, que nous laissons après nous; enfin l'immortalité céleste, qui nous ramène à la beauté divine et nous réunit à elle pour l'éternité. La beauté, en nous attirant à elle, nous donne par sa fréquentation l'une ou l'autre de ces immortalités.

« Celui qui aspire à produire la beauté doit contempler avec ardeur les beautés de la nature, s'unir à Dieu par la pensée et la volonté : alors il lui sera donné de refléter dans ses pensées son modèle adorable, et de goûter la joie d'être l'auteur de cette sublime ressemblance.

« Dieu a créé le monde à son image, en mettant dans le monde l'âme et l'intelligence, l'unité, la proportion, l'harmonie. Il mit l'intelligence dans l'âme, l'âme dans le corps, et il organisa l'univers pour qu'il soit beau et parfait.

« Il y a deux arts de créer : l'un divin, l'autre humain. Toutes les choses produites par la nature sont l'œuvre de l'artiste divin; celles que les hommes composent avec celles-là sont l'œuvre de l'art humain. L'artiste divin crée l'être vivant à la ressemblance de l'être idéal; l'artiste humain fait des images de la vie et de la réalité. L'imitation doit être belle : par cette raison l'artiste choisira ce qu'il y a de beau dans les caractères, dans la forme, afin de représenter la beauté de l'âme par la beauté du corps.

« Tous les artistes considèrent ce qu'ils veulent faire et ne prennent point au hasard les premiers moyens venus pour exécuter leur ouvrage ; mais ils choisissent ce qui peut lui donner la forme et l'expression qu'il doit avoir; l'ordre qui est dans son âme se reflétera dans son œuvre. »

L'éclectisme, dans les arts, implique le choix; mais il ne suffit pas de prendre et de réunir des objets divers, sans ordre, sans harmonie : il faut trouver le lien qui constitue l'unité du tout; autrement ce tout ne serait pas une création supérieure aux éléments dont il est composé. L'éclectisme, pris dans son vrai sens, conduit l'intelligence à la conception du beau idéal et à la découverte des principes qui servent à le réaliser dans la pratique.

Platon dit encore : « Il y a deux Muses, de caractères différents, et qui peuvent cependant plaire toutes deux : la Muse de la sagesse et de l'ordre, qui rend ses élèves meilleurs; la Muse vulgaire et pleine de douceur, qui a pour effet de les corrompre. L'artiste suivra la première, et fermera les oreilles aux séductions de la seconde. »

L'abus des forces physiques mène à sa suite la mollesse de l'âme et l'affaiblissement de la pensée; au contraire, si les sens ne sont pas satisfaits, il résulte de l'accumulation des forces créatrices une agitation, un trouble, d'où naît l'émotion esthétique : c'est alors que *le dieu* apparaît, que l'imagination s'enflamme et enfante les chefs-d'œuvre. Ce sentiment a été partagé par les artistes italiens de la Renaissance : ils ont recommandé la modération en toute chose, et même la chasteté. C'est pourquoi, chez les maîtres du xve siècle, les *initiateurs*, on trouve un sentiment de pureté, d'élévation, de sincérité, qui charme l'esprit sans parler aux sens. L'impression morale que laissent leurs œuvres est plus puissante, plus durable que celle des œuvres plus complètes de la plupart des artistes qui leur ont succédé. Nous voyons, en effet, que les tableaux de la jeunesse de Raphaël sont plus intimes, plus touchants que ses chefs-d'œuvre. Dans les premiers se reflète toute l'innocence de la jeunesse; dans les autres se manifestent les progrès de la science et du génie, l'art magistral, pompeux, point culminant au delà duquel commence la décadence. De cette comparaison naît le regret qu'un si beau génie n'ait pas toujours suivi la Muse austère dont parle notre auteur.

On peut appliquer à la peinture ce que Platon dit de l'art de la danse : « Ici la beauté et la vigueur consistent dans l'imitation vraie des beaux corps et des belles âmes, et non dans la seule imitation du corps; voilà le beau en ce genre : le contraire ne peut s'appeler beau. » Platon veut aussi que la musique, tout en réglant la voix, arrive jusqu'à l'âme, et lui inspire le goût de la vertu par le sentiment de l'harmonie et de la régularité.

Aristote sépare le beau de l'idée de bonté. Ce sont deux choses différentes, dit-il, car le bon est surtout dans les actes; le beau réside même dans ce qui ne suppose pas de changement. Voici un passage remarquable qui donne une grande valeur aux règles de la plastique que nous avons formulées : « On a tort de prétendre que les sciences mathématiques ne disent rien sur le beau et le bon. Au contraire, elles en parlent mieux et plus clairement que toutes les autres sciences. Si elles n'emploient pas les mots, elles montrent très-bien l'idée et la chose; c'est pourquoi on ne peut pas dire qu'elles n'y entendent rien. Or les formes essentielles du beau sont l'ordre, la symétrie, la détermination, qui sont précisément l'objet principal des mathématiques; et, puisque l'ordre et la détermination sont évidemment cause d'une foule de choses, les mathématiques, à quelques égards, peuvent désigner le beau comme une cause de ce genre. Un être ou un objet composé de parties diverses ne peut avoir de beauté qu'autant que ces parties sont disposées dans un certain ordre et qu'elles ont un centre, une dimension, qui ne peuvent être arbitraires, puisque le beau consiste dans l'ordre et la proportion. »

En parlant de la tragédie, qui est une imitation d'êtres supérieurs au vulgaire, Aristote dit « qu'il faut suivre ici l'exemple des peintres habiles, qui, tout en laissant à chaque visage sa physionomie, et en gardant la ressemblance, embellissent leur modèle. La tragédie est l'imitation d'une action complète, et qui, de plus, a une certaine étendue; car, même sans étendue, une chose peut être complète, c'est-à-dire avoir un commencement, un milieu, une fin. Il faut que les parties du drame soient disposées de telle sorte qu'on ne puisse en déplacer ou retrancher une seule sans que l'ensemble tout entier en soit changé et bouleversé; car ce qui peut indifféremment figurer ou ne pas figurer dans l'œuvre sans y apporter aucun éclaircissement ne doit pas faire partie de l'ensemble [1]. Les œuvres dramatiques doivent reproduire une seule action entière et complète, ayant un commencement, un milieu, une fin; former un tout complet comme un être vivant, et cette imitation provoquera le plaisir qui lui est propre. Le poëte ne doit pas prendre son modèle dans la réalité, parce que le beau est supérieur à la réalité. »

L'art est un; il ne varie que dans la manière de se manifester. Aussi l'esthétique d'un art est-elle toujours applicable à un autre art. Les règles de la tragédie posées par Aristote trouvent, comme on le voit, leur application directe dans l'ordonnance du tableau.

« Il n'y a pas d'art qui ne soit une faculté de production secondée par la raison, pas plus qu'il n'y a dans notre intelligence de faculté productive qui ne soit aussi un art. Il s'ensuit que l'art se confond en nous avec la faculté qui produit les choses extérieures en s'aidant de la vraie raison. Tout art tend à produire; ses efforts, ses spéculations ont pour but de faire naître une de ces choses qui peuvent indifféremment être ou ne pas être, et dont le principe est uniquement dans celui qui fait, et non point dans la chose qui est faite. Ainsi l'art ne se rapporte point aux choses qui existent nécessairement, ni aux choses que la nature gouverne seule; car toutes les choses de cet ordre ont en elles-mêmes le principe de leur existence. L'art est donc une certaine faculté de produire dirigée par la raison vraie.

« Il faut apprendre à dessiner pour se former une intelligence plus exquise de la beauté des corps. Les sens, tels que le toucher et le goût, ne reproduisent en rien les impressions morales; le sens de la vue les rend avec calme, et par degrés, et les images, qui sont l'objet de ce sens, finissent peu à peu par agir sur les spectateurs. Mais ce n'est point là, précisément, une imitation des affections morales; c'est le signe de ces affections revêtu de la forme et de la couleur qu'elles prennent, en s'arrêtant aux modifications toutes corporelles qui révèlent la passion. Or, quelque importance qu'on attache à ces sensations de la vue, on ne conseillera jamais à la jeunesse de contempler les ouvrages de Pauson, tandis qu'on pourra lui recommander ceux de Polygnote ou de tout autre peintre aussi moral que lui. »

---

[1] Le Poussin dit exactement la même chose dans ses lettres, en parlant de la composition des tableaux, auxquels on ne saurait retrancher ni ajouter une seule partie sans en altérer l'ordre et l'harmonie.

Le mérite de Polygnote consistait principalement dans la supériorité avec laquelle il exprimait les affections de l'âme et représentait les hommes plus beaux qu'ils ne le sont en réalité.

Plotin, dans sa *Théodicée*, s'écarte des doctrines du maître; mais, en matière d'esthétique, il les confirme et les développe avec clarté. « La matière, soumise à la forme, dit-il, acquiert des vertus nouvelles; la forme coordonne les diverses parties qui composent l'unité; elle les combine, et, par leur harmonie, produit quelque chose qui est un. Quand un tel objet est parvenu ainsi à l'unité, la beauté réside en lui. La forme est par elle-même un principe; la matière est stérile, tandis que la forme est une puissance active qui façonne l'objet destiné à refléter la beauté.

« L'âme obtient sa beauté intellectuelle en se tournant vers Dieu. En s'éloignant du corps, en se purifiant, l'âme acquiert l'intuition de l'intelligible, l'image de l'intelligible produite et réalisée par elle. Ainsi purifiée, elle appartient tout entière à la Divinité, en qui se trouve la source du beau. Le beau est une puissance vivante et l'ordre déterminé. L'âme est avec l'intelligence dans les mêmes rapports que la matière et la forme. Or la matière même de l'intelligible est belle, parce qu'elle a une forme intellectuelle et qu'elle est simple. L'âme tient sa perfection de l'intelligence, comme elle en tient son existence.

« Le beau est aussi l'objet des arts; mais il ne consiste pas à copier la nature. Si l'on cherche à rabaisser les arts en disant que pour créer ils imitent la nature, nous répondrons d'abord que les natures des êtres sont elles-mêmes les images d'autres essences, ensuite que les arts ne se bornent pas à imiter les objets qui s'offrent à nos regards, mais qu'ils remontent jusqu'aux raisons idéales dont dérive la nature des objets; enfin qu'ils créent beaucoup de choses par eux-mêmes, qu'ils ajoutent ce qui manque à la perfection de l'objet, parce qu'ils possèdent en eux-mêmes la beauté. Phidias semble avoir représenté Jupiter sans avoir jeté nul regard sur les choses sensibles, en le concevant tel qu'il nous apparaîtrait s'il se révélait jamais à nos yeux. »

Strabon dit à ce sujet que, Panœnus ayant demandé à son frère Phidias où il avait trouvé l'expression de sa statue de Jupiter, Phidias lui répondit que c'était en lisant un passage de l'Iliade qu'il se sentit illuminé par les vers du poëte, et qu'il conçut toute la sublimité du dieu révéré à Olympie.

Saint Augustin est, dans l'antiquité, le dernier écrivain qui se soit occupé de la science du beau. Il suit la tradition platonicienne et nous apprend qu'il avait commencé un ouvrage sur l'esthétique, qu'il n'acheva pas, et qui s'est perdu. Cependant on en retrouve la trace dans ses écrits, où il définit le principe du beau.

« Tout ce qui existe, dit-il, n'existe que par la forme, la mesure, le nombre, éléments de la beauté. L'unité, la variété, la proportion, l'harmonie, sont les caractères de la beauté, dont le principe et la source sont en Dieu. »

Saint Augustin confirme la doctrine des philosophes qui l'ont précédé en s'emparant de leur théorie du beau et en l'assimilant à l'art chrétien. Il remonte comme eux à la source du beau, qui est Dieu lui-même.

Dans l'enchaînement des êtres, chaque espèce suit sa loi et se reproduit suivant un ordre éternel; car la force vitale est immatérielle, partant immortelle. Or, contrairement à l'opinion qui affirme que l'âme résulte de notre organisation physique, et qu'elle est mortelle, puisqu'elle cesse de se manifester dès que nos organes ne remplissent plus leurs fonctions, il faut reconnaître que le degré de perfection et de puissance que l'âme des êtres a reçu de Dieu est adéquat aux formes physiques, et que, plus l'âme est belle, plus l'enveloppe qui la renferme est parfaite, afin qu'elle agisse en toute liberté.

Cette courte analyse des travaux esthétiques des plus beaux génies de l'antiquité montre leur profonde connaissance des lois de l'art et l'enseignement sérieux que recevaient les artistes afin d'atteindre les hauts sommets où réside le beau. Ce n'est donc point en suivant une route différente de celle qu'ils ont tracée que l'on peut atteindre à la perfection dans les beaux-arts. Leur autorité s'accroît par l'identité des principes qu'ils ont posés et par les chefs-d'œuvre qui ont été le fruit de doctrines ne laissant dans l'esprit ni doute ni incertitude.

Après saint Augustin la science du beau reste ensevelie dans l'oubli. Il faut arriver au XVIIIe siècle pour trouver le fondateur de l'école écossaise, Hutcheson, qui, reprenant les travaux des anciens sur le beau, en forme un ouvrage intitulé : *Recherches sur nos idées de beauté et de vertu.*

En France, le père André, disciple de Descartes, écrit une théorie de la beauté, plus complète que celle de Hutcheson, et dépasse les idées de Platon, en mettant en relief « la vie et le mouvement, qui donnent de la grâce à tous les objets de la nature. »

Baumgarten, en Allemagne, publie un ouvrage sur le beau, auquel il donne le le nom d'*Esthétique,* nom accepté aujourd'hui par la philosophie, et qui fait la seule gloire de cet auteur.

Les travaux de Thomas Reid sont le vrai point de départ de la science du beau parmi les modernes; mais plusieurs de ses idées sont erronées, et le sentiment de l'art lui fait même complétement défaut lorsqu'il dit « que tout le mérite de la peinture consiste dans la fidélité de la reproduction; que la couleur est indépendante de la forme, et que l'âme peut produire la beauté là où manquent la forme et la couleur. »

Schelling est, de tous les auteurs allemands, celui qui parle de la science du beau avec le plus d'autorité, et en véritable artiste. Toutefois la philosophie française lui reproche avec raison de manquer de méthode, de s'abandonner trop complaisamment à l'hypothèse, et quelquefois à l'arbitraire. Nous ne saurions toucher à l'œuvre de ce brillant génie sans en reproduire les pages les plus éclatantes; mais il faudrait sortir du cadre que nous nous sommes tracé. Nous renverrons donc à la traduction française, ou mieux encore à l'excellent ouvrage de M. Charles Lévêque, intitulé : *La Science du Beau*[1], *étudiée dans ses principes, dans ses applications et dans son histoire*. Nous avons extrait nos citations de cette dernière partie, qui renferme une analyse très-substantielle des différents systèmes esthétiques, tant anciens que modernes, et, par comparaison, on peut affirmer que le livre de M. Charles Lévêque est le plus méthodique et le plus complet de tous ceux qui ont paru jusqu'ici sur cette matière. Cet auteur examine d'abord quels sont les effets du beau sur nos âmes, et, en second lieu, quelle est la nature du beau.

« Dieu, dit-il, a créé par sa volonté un type idéal de beauté particulière à chaque espèce d'êtres, lequel se perpétue éternellement. Le beau existe en dehors de l'homme, et indépendamment de lui. Il y a dans toute beauté le signe expressif d'une certaine puissance exprimée par ce signe, et un type idéal auquel ce signe et cette puissance sont conformes. L'intelligence infinie apparaît comme une pensée vivante servant de support aux types de beautés finies dans tous les genres. Arrivée là, la raison va plus loin encore : elle attribue à Dieu, avec l'intelligence infinie, la puissance et l'amour infinis; elle conçoit et affirme que ces trois attributs forment une ineffable harmonie, et réalisent éternellement l'ordre le plus parfait, et que, par conséquent, Dieu est lui-même la beauté infinie. Or l'homme étant un être fini, imparfait dans toutes ses facultés, il ne peut connaître la beauté infinie, différente de la beauté des êtres finis.

---

[1] *La Science du Beau*, 2 vol. in-8°, chez Auguste Durand. Ouvrage couronné par l'Académie des sciences morales et politiques de l'Institut impérial de France.

« L'âme ne peut goûter le beau qu'autant qu'elle le connaît. Elle le connaît comme puissance active, grande, ordonnée, et, par conséquent, elle l'aime grandement et avec ordre. Par l'impression profonde et puissante que reçoit l'âme à la vue du beau, elle se sent vaincue, mais vaincue comme elle aime à l'être, et comme elle ne rougit point de l'être. Ce n'est pas une défaite, c'est un envahissement délicieux, une étreinte ravissante dont elle ne cherche ni à se défendre ni à se dégager. Rien dans les voluptés sensuelles les plus permises ne se rencontre d'analogue à cette volupté. Ce n'est pas non plus une extase, car l'âme n'y perd pas la nette conscience d'elle-même. C'est une palpitation intime et suave, où, sous le rayon de l'objet admiré, toutes les forces actives de l'intelligence se dilatent et se montent à leur ton le plus haut. Les moments où le beau déploie son influence souveraine sont ceux dont le souvenir ne s'efface jamais.

« Lorsque le beau et l'âme humaine sont en présence, le beau agit premièrement sur l'intelligence; par l'intelligence sur la sensibilité, et par l'intelligence et la sensibilité sur l'activité. A son tour, l'âme réagit sur le beau pour le connaître, le goûter et le reproduire. L'admirateur léger, peu capable d'une attention prolongée, recueille une première joie de sa *société* avec le beau et s'en tient là. L'admirateur plus patient, plus recueilli, reçoit volontairement l'influence du beau dans toute son âme : il s'en inspire jusqu'à l'enthousiasme, et, dans son exaltation, il peut arriver jusqu'à reproduire quelque chose de la beauté qu'il a contemplée. Mais des facultés puissantes, maîtrisées par une volonté virile, se déployant avec ordre, peuvent seules s'élever jusqu'à cette inspiration supérieure qui, devant la réalité, conçoit l'idéal avec sa forme, et fait ensuite passer l'un et l'autre dans une œuvre immortelle.

« Le beau n'est par lui-même qu'un attribut de l'être, et n'a pas de substance propre. La beauté est avant tout une force agissante, ordonnée conformément à une loi. L'ordre exige que les parties composant l'être soient diverses, et qu'elles aient un rapport entre elles et avec ce qui les entoure, pour qu'il y ait unité, harmonie, convenance, proportion.

« Sous les caractères et les formes du beau, il existe un principe essentiel et interne. Pour juger de la beauté d'un objet, on doit reconnaître à l'inspection de ses formes et de ses caractères si ce principe essentiel et interne y est présent ou absent, car cet objet n'a de prix à nos yeux et ne nous paraît beau qu'à proportion du degré où ce principe est représenté par ses formes, et exprimé par elles. » Ces idées abstraites sont rendues facilement intelligibles par des exemples heureusement choisis, pris parmi les divers objets de la nature, depuis la plante jusqu'à l'homme.

« Le joli est au-dessous du beau; c'est un échelon où se repose l'âme en quête du beau; comme l'âme est essentiellement active et ne peut demeurer en place, celui qui s'en tient là recule.

« Le sublime est au-dessus du beau et le dépasse; c'est la beauté infinie que nous affirmons sans pouvoir l'embrasser. L'impression du sublime sur l'âme est une admiration où se mêle une certaine peine qui vient de la conscience de notre faiblesse évidente en face d'une force puissante et invincible. « *Que le génie appelle donc à lui, dans sa lutte avec le sublime, ses vaillants auxiliaires : la raison, la constance, la patience, avec leur guide, la liberté!* »

Le laid et le ridicule ont aussi leur chapitre.

« L'effet du ridicule est d'égayer l'âme et de la divertir. L'âme rit la première : le corps ne rit que parce que l'âme a ri. Pourquoi a-t-elle ri? C'est que le rire lui-même, comme la cause qui le provoque, paraît être un léger désordre, et c'est par ce motif que certains caractères nobles et élevés évitent de s'y abandonner. Platon condamne le penchant au rire, et Plutarque dit qu'on ne vit jamais le sourire sur les lèvres de Périclès. »

Enfin, pour achever sa théorie du beau, M. Charles Lévêque traite de la beauté de Dieu, en qui se retrouvent les deux éléments du beau, la puissance et l'ordre infinis.

« Dieu étant une force infinie, agissant par ses attributs, possède le premier caractère de la beauté, et le possède à un degré infini. La nature de Dieu, une par l'indivisibilité et l'immatérialité de sa substance, est variée par la diversité de ses attributs ineffables. Tout ce que conçoit l'intelligence, la bonté l'aime, et la volonté l'exécute; par conséquent l'harmonie est aussi en Dieu; elle y est absolue. Tous les caractères de l'ordre : l'unité, la variété, l'harmonie, la proportion, la convenance, brillent en lui du plus pur et du plus éblouissant éclat. Il en résulte que Dieu est la beauté infinie, et qu'il est le type achevé de toute beauté, puisque en lui se rencontrent à un degré infini tous les caractères de puissance et d'ordre qui sont les éléments de la beauté et constituent son essence. »

Leibnitz, dans un langage inspiré, exprime les mêmes idées : « Les perfections de Dieu sont celles de nos âmes; mais il les possède sans bornes; il est un océan dont nous n'avons reçu que des gouttes. Il y a en nous quelque puissance, quelque connaissance, quelque bonté; mais elles sont tout entières en Dieu. L'ordre, les proportions, l'harmonie nous enchantent; la peinture et la musique en sont des échantillons. Dieu est tout ordre; il garde toujours la justesse des proportions; il fait l'harmonie universelle : toute la beauté est un épanchement de ses rayons. »

Après la théorie, M. Charles Lévêque applique les principes à l'architecture, à l'art des jardins, à la sculpture, à la peinture, à la musique, à la danse, à la poésie, à l'éloquence. Dans cette application, l'auteur se montre aussi profondément artiste que philosophe éminent. C'est à juste titre que *La Science du Beau*, par M. Charles Lévêque, doit être considérée comme *l'enseignement supérieur* des beaux-arts. C'est un monument élevé à la gloire de la philosophie française, où la méthode et la clarté s'allient au plus pur enthousiasme.

Si l'on doit dire que *La Science du Beau* est l'esthétique *spéculative*, on reconnaîtra sans doute que *L'Art de composer les tableaux* est l'esthétique *élémentaire et appliquée*. Les deux ouvrages se lient à ce point que l'un est forcément le complément de l'autre. Nous ne saurions donc trop recommander aux élèves d'étudier et de commenter longuement le livre de M. Charles Lévêque, car ce n'est point en vain, comme le dit M. Barthélemy Saint-Hilaire, dans son rapport remarquable sur *La Science du Beau*, qu'on rappelle aux artistes et au public les principes éternels sur lesquels la science repose. En méditant sur le beau, on apprend à le mieux sentir, à le mieux juger, à le mieux rendre. Il ne peut y avoir que profit pour tout le monde à relever les yeux vers les régions sereines de la science, où l'on trouve le secret des chefs-d'œuvre que l'on admire, qu'on analyse et qu'on reproduit.

L'esthétique, ou la science du beau, compte encore, parmi ses plus dignes représentants : Hegel et Kant, pour l'Allemagne; Adolphe Pictet, Töpfer et Victor Cherbuliez, de Genève; Adolphe Garnier, Jouffroy, Kératry, Adolphe Franck, Barthélemy Saint-Hilaire, Victor Cousin, etc.

Les ouvrages qui traitent du beau s'adressent à nos facultés les plus nobles, les plus élevées; ils affermissent la raison, ils provoquent les recherches et maintiennent l'intelligence dans un milieu sain, où elle se développe et se fortifie. Ces travaux sont du plus haut intérêt pour l'artiste; il trouvera dans ce genre d'études, plein d'attraits pour l'esprit, un guide assuré pour la partie philosophique des beaux-arts. Le but du véritable artiste étant d'atteindre aux limites de la perfection dans l'expression de la forme et de la pensée, rien ne doit lui être indifférent de ce qui peut lui en faciliter la réalisation. S'il s'habitue aux travaux de l'esprit, aux choses sérieuses; s'il donne à ses pensées une direction intellectuelle élevée, ces habitudes, fécondes en résultats précieux, se réfléchiront dans ses œuvres et lui donneront cette immortalité intellectuelle dont parle Platon.

A une époque comme la nôtre, où le fil de la tradition est rompu, il est indispensable de s'arrêter quelque temps sur les connaissances générales qui servent à relier la théorie à la pratique. Ces connaissances sont le complément d'une solide instruction; elles prédisposent à tous les grands travaux et à la plus brillante carrière. L'artiste doit aimer le beau pour lui-même, le rechercher et le reproduire sans arrière-pensée de gain ou d'honneur. L'art n'est pas un métier; il veut l'homme tout entier; autrement il refuse ses faveurs à qui lui marchande son dévouement.

La tradition théologique, qui avait conservé les grandes idées de la philosophie grecque, donna une puissante impulsion au moyen âge. En Italie, le Dante, nourri de ces fortes études, fut un des premiers à révéler Platon, dans sa *Divine Comédie*.

Enflammé par les horizons nouveaux que lui ouvrait la philosophie des anciens, il créa son immortel poëme. *Le Paradis* commence par ces vers magnifiques :

> La gloria di Colui che tutto muove
> Per l' universo penetra, e risplende
> In una parte più, e meno altrove [1].

Plus loin, prêchant la doctrine spiritualiste, il s'écrie :

> .... Tu stesso ti fa grosso
> Col falso immaginar, si che non vedi
> Ciò che vedresti, se l' avessi scosso [2].

Ailleurs il fait dire à Béatrix :

> .... Le cose tutte quante
> Hanno ordine tra loro, e questo è forma
> Che l' universo a Dio fa simigliante.
>
> Qui veggion l' alte creature l'orma
> Dell' eterno valore, il quale è fine
> Al quale è fatto la toccata norma [3].

Le Dante fut pour l'Italie ce qu'Homère avait été pour la Grèce. Il révéla l'art à

---

[1] « La gloire de Celui qui donne la vie à tous les êtres de la création brille dans tout l'univers à des degrés différents. »

[2] « Toi-même te rends l'entendement obtus par tes appétits grossiers, en sorte que tu ne vois pas ce qu'il te serait facile de voir si tu avais l'esprit plus élevé. »

[3] « Toutes les choses ont un ordre entre elles, et cet ordre est la forme qui fait l'univers ressemblant à Dieu. Ici les élus voient la marche de l'éternelle puissance, qui est la fin où aboutissent les règles établies. »

ses contemporains et leur fit entrevoir les sublimes vérités qui avaient rendu l'antiquité si éblouissante. La *Divine Comédie* inspira le génie des artistes, qui firent passer dans la peinture les beautés et les images représentées par le poëte. Il leur enseigna comment l'esprit s'élève aux plus hautes conceptions en poursuivant le beau idéal dans la nature et dans l'âme humaine.

Les arts, comme les sciences, progressent lentement; il faut que l'expérience ait réuni un grand nombre de faits avant que la philosophie s'en empare pour en déduire des lois générales. Aussi les *initiateurs* ont-ils de justes droits à notre reconnaissance; ils ne sont pas moins dignes d'admiration que leurs successeurs, qui ont eu la gloire de compléter leurs travaux.

L'Italie répandit sa lumière bienfaisante sur toute l'Europe. Les artistes, passionnés pour l'étude, trouvèrent les règles de la perspective, qu'ils publièrent dans de nombreux écrits. Plus tard, Léonard de Vinci, ouvrant les voies à la philosophie moderne, écrivit sur les beaux-arts, mais sans atteindre à la formule didactique. L'amour des arts et des sciences s'empara de tous les esprits, et cette noble émulation, protégée par les souverains et la noblesse de l'Italie, conduisit l'art à son apogée sous Léon X.

Après le sac de Rome en 1527, les écoles se dispersèrent et l'art ne tarda pas à déchoir. Les Carrache, au siècle suivant, retrouvèrent le fil de la tradition et fondèrent une école qui produisit des artistes d'un grand mérite; toutefois les troubles de l'Italie ne lui permirent pas de se maintenir longtemps. A ces deux époques, on vit les vrais principes enseignés aux élèves, et l'on sait quel fut le résultat de la solide instruction qu'ils reçurent. Mais la science n'était pas assez avancée pour que les artistes de la Renaissance pussent trouver la raison des faits que l'expérience leur avait enseignés, et définir les principes de l'harmonie esthétique des lignes, de la lumière et des couleurs.

Les œuvres des maîtres, tant anciens que modernes, répandent de vives clartés esthétiques par les précieux enseignements qu'elles renferment; cependant il ne suffit pas de copier l'Apollon ou les tableaux de Raphaël et de Rembrandt, mais il faut connaître comment ils ont su plier les mêmes principes pour arriver à des résultats si différents.

Le réalisme est indispensable pour reproduire l'apparence de la vie qui anime à divers degrés les œuvres de la création; toutefois l'exercice de l'œil sans celui de la pensée et de l'imagination ne parviendra jamais à coordonner les détails en vue de l'unité. Dans les œuvres des maîtres tout est vivant, caractéristique; on y rencontre à la fois le réalisme poussé aux dernières limites de la perfection et l'idée préconçue de l'artiste; elles joignent à la recherche de la beauté et de la vérité l'observation de la règle. En les regardant, l'esprit ne va point au delà; le sentiment et la raison y trouvent leur satisfaction, et c'est pourquoi ces œuvres sont appelées *classiques*.

Les œuvres supérieures contiennent l'unité métaphysique de principes, c'est-à-dire, la beauté idéale, unie à la réalité vivante dans un même objet; mais il ne faut pas croire que le génie même puisse atteindre à ces hauteurs sans la connaissance des lois de l'art. Après l'éducation de la main et de l'œil vient le développement de la pensée, du sentiment, de la raison. Dès que l'on apprend à penser, le sentiment devient plus délicat, plus élevé; il entretient le feu sacré des nobles aspirations.

L'étude des beaux-arts est attrayante, parce que l'âme est constamment occupée de choses élevées et variées à l'infini. La sphère d'activité de l'artiste est immense; mais, quelles que soient les hautes facultés dont il est doué, il ne doit pas moins, pour arriver au talent, se soumettre à un travail considérable, incessant, où la raison préside.

A mesure que l'intelligence progresse, le cercle s'étend, l'horizon s'éloigne, et à la fin de sa carrière le plus grand des artistes s'écrie « qu'il commence à voir des choses qu'il n'avait pas encore entrevues. »

Si nous jetons les yeux sur l'art de la décoration théâtrale, qui n'a pas souffert comme sa sœur aînée, la grande peinture, des vicissitudes qui affligèrent l'Italie, nous voyons que depuis Peruzzi, l'inventeur du genre chez les modernes, les progrès ont été incessants, parce que la tradition s'y est maintenue dans toute sa pureté. Or, si l'on compare les premières décorations, qui consistaient en une simple toile de fond, à celles du *Prophète*, d'*Herculanum*, de *Sacountala*, de *Pierre de Médicis*, de *Roland à Roncevaux*, sans parler des merveilles qui se produisent sur nos théâtres secondaires, il semble qu'il soit impossible d'aller plus loin. Cependant chaque nouvelle pièce trouve, chez nos peintres décorateurs, des inventions nouvelles, dont la parfaite exécution en fait de véritables œuvres d'art.

Un tel progrès n'est pas surprenant, si l'on considère que l'élève décorateur est tenu de faire des études sérieuses de dessin, de perspective, d'architecture, et qu'il travaille constamment sous la direction d'un maître exigeant, intéressé à ses progrès. Si les peintres de décors ont toujours marché vers la perfection, cela prouve l'influence d'un bon enseignement, car il n'est pas permis de supposer qu'ils aient reçu le don de génie à l'exclusion des autres artistes. Mais, s'il arrivait un ordre de choses tel qu'on ne fît plus de décorations pendant cinquante ans, cette tradition si parfaite se perdrait infailliblement, et cet art merveilleux, fruit de plusieurs siècles d'expérience, retomberait dans l'oubli.

Le mouvement des esprits en 1830, tout en proclamant la liberté dans l'art, a répandu dans les masses une fatale erreur, en affirmant qu'il suffit de posséder de l'imagination et du sentiment pour s'y distinguer, sans qu'il soit nécessaire de faire des études sérieuses, approfondies. Cette fausse interprétation de la liberté dans les productions de l'esprit flattait trop agréablement la paresse pour que la médiocrité n'applaudît pas à de semblables maximes. Mais en jetant ses regards sur les grands écrivains, ou les grands artistes sortis de cette école, on voit qu'ils ont su plier leur génie au joug des règles établies : leurs œuvres sont là pour le démontrer.

La science et l'art se donnent la main et ne sont point dans un état d'antagonisme comme on le prétend. Les chefs-d'œuvre les réunissent dans leurs vraies proportions. Homère, Dante, Gœthe, Phidias, Raphaël, Poussin, sont des romantiques très-classiques. Tout en se soumettant aux règles de leurs devanciers, ils en ont trouvé eux-mêmes de nouvelles, ce qui est le propre du génie, et la vie et la réalité s'allient, dans leurs créations, aux sources les plus pures de l'idéal.

« Je crois, disait Balzac, que si jamais une critique patiente, complète, éclairée, a été nécessaire, c'est dans un moment où la multiplicité des travaux, où l'ardeur des ambitions produit une mêlée générale et cause en littérature le même désordre que dans la peinture, qui n'a plus ni maîtres, ni écoles, où le défaut de discipline compromet la sainte cause de l'art et gêne tout, même la conscience du beau, sur lequel repose la production. »

Cette critique du grand analyste est encore vraie aujourd'hui, bien qu'elle date de près de trente ans.

Le sentiment individuel, qui fait l'originalité de l'artiste, est un don trop précieux pour le laisser se développer à l'aventure; il est certain aussi qu'il ne faut pas voir la nature à travers les yeux d'autrui, mais d'après les siens propres; or, la nature se révélant sous tant de formes diverses, si les principes de l'art sont méconnus, nos opinions s'entent les unes sur les autres, de telle sorte que la vérité finit par nous échapper. La grande difficulté, pour ne pas dire l'impossibilité où l'on est de rentrer dans le droit chemin lorsqu'on a suivi longtemps une fausse voie, c'est l'immense effort et la rare volonté qu'il faut posséder pour recommencer des études en se plaçant à un point de vue différent de celui d'où l'on est parti.

Tous les philosophes sont d'accord pour reconnaître que l'excellence dans les œuvres d'art dépend de certaines règles, de certains principes que les artistes ne peuvent impunément méconnaître. Leurs recherches se sont tournées avec sollicitude vers l'esthétique spéculative, et l'on peut affirmer que cette partie des lois de l'art est aujourd'hui constituée d'une manière définitive. Mais ce n'était là qu'une partie de la tâche à accomplir; il restait encore à trouver le côté pratique de ces mêmes lois, c'est-à-dire, en vertu de quels principes on peut créer l'unité, la variété et l'harmonie esthétique des lignes, de la lumière et des couleurs, qui sont les signes expressifs des beaux-arts. Cependant ces lois, depuis la perte des manuscrits grecs, demeuraient ensevelies parmi les trésors cachés de la nature : ce fut en vain que l'on interrogea l'art; il resta muet. En effet, l'art est l'application d'un principe; ce n'est pas le principe lui-même; l'art est *effet*, il n'est pas *cause*.

Monge, au commencement de ce siècle, ouvrit le premier la voie de la science des beaux-arts en basant ses observations de la nature sur des expériences positives, tirées des lois de la nature même. C'est ainsi qu'il a formulé a priori et enscigné les lois de la perspective aérienne, des opposants harmonieux des couleurs et des milieux colorants, travaux complétés en partie par Malus, Arago, Chevreul, etc. Ce dernier, s'appuyant sur les théories de Newton, a donné, dans son *Traité du contraste simultané des couleurs*, plus d'extension aux phénomènes de la coloration, en les présentant sous le côté pratique. Une si louable tentative a démontré, par l'accueil fait au livre de M. Chevreul, combien cette intéressante question touche à des intérêts immédiats. Toutefois l'auteur ne s'est pas élevé, dans ses démonstrations, jusqu'aux considérations esthétiques, d'où résultent l'unité et l'harmonie du coloris.

M. Chevreul s'est contenté de grouper les couleurs du spectre solaire, telles que les présente le phénomène de la polarisation de la lumière, tantôt sur un fond blanc, tantôt sur un fond neutre, qu'il appelle *gris normal* (?), et de dire, « Ceci fait bien, ceci fait mal, » sans donner la raison des jugements qu'il porte. Il est évident que trois affirmations, rouge, verte, blanche, présentent un assemblage désordonné, qui est l'opposé de l'harmonie, et que, en remplaçant le fond blanc par un fond de couleur neutre, le désordre sera moins grand. Mais il reste encore deux affirmations : rouge, verte. Or les lois de l'unité exigent que ce soit le rouge ou le vert qui domine : si c'est le rouge, on neutralise le vert en y mélangeant du rouge; si c'est le vert, en mettant du vert dans le rouge. Le rouge et le vert étant complémentaires l'un de l'autre, leur réunion produit la lumière blanche, et c'est par cette raison qu'on neutralise une couleur en y introduisant sa complémentaire, comme nous l'avons démontré ailleurs.

Toutefois, l'élan étant donné, la science ne pouvait s'en tenir à ces premières notions. Il restait à trouver par quelles analogies les sciences d'observation se lient entre elles et aux beaux-arts, à formuler les lois générales qui régissent l'harmonie esthétique des lignes, de la lumière et des couleurs, et à les fixer par l'application, afin de consacrer définitivement l'alliance de l'art et de la science.

Il est certain que les lois de l'ordre et de l'harmonie résident dans la nature, et que c'est aux sciences d'observation qu'il faut demander le principe de ces lois. Telle est la marche que nous avons suivie. Après avoir reconnu les différents caractères des lignes et leurs propriétés, nous avons trouvé comment on en constitue l'harmonie, et en vertu de quels principes elle se relie à celle de la lumière et des couleurs pour former un tout esthétique, fondé sur les lois universelles du goût, objet des beaux-arts.

Dans deux précédentes publications [1], nous avons donné les lois métaphysiques de l'unité, celles de la perspective aérienne et de la résolution de la lumière, etc. et une nouvelle théorie simplifiée de la perspective, basée sur les lois de l'optique, afin de la rattacher par ces mêmes lois au système esthétique dont elle devient la base. *L'Art de composer les tableaux* donne les moyens théoriques et pratiques de créer l'harmonie esthétique des lignes, de la lumière et des couleurs, et nous les avons corroborés par l'analyse des statues, bas-reliefs, pierres gravées et peintures des anciens, ainsi que par celle des tableaux les plus remarquables des écoles italienne, française, espagnole, flamande et hollandaise. Ces trois ouvrages sont donc les trois parties d'un seul tout, renfermant le système des règles gouvernant les beaux-arts, théorie et application.

Les trois planches de principes contiennent une suite de figures servant à la démonstration des règles de la plastique, qui sont ici posées pour la première fois dans les temps modernes, et l'on verra que ces règles sont confirmées d'une manière absolue par les ouvrages des anciens et les chefs-d'œuvre de la Renaissance. Nous

---

[1] *Philosophie des Beaux-Arts appliquée à la peinture*, et *Nouvelle Théorie simplifiée de la Perspective;* ouvrages approuvés par l'Académie des beaux-arts de l'Institut impérial de France.

avons choisi des exemples dans le paysage, parce qu'il permet de démontrer clairement comment on rétablit l'harmonie des lignes et du clair-obscur là où elle est altérée; quels sont le rapport intime qui existe entre la grande ligne esthétique de la composition et la direction de la lumière; la forme que doivent affecter les nuages suivant la donnée esthétique du tableau; la variété dans les écartements, dans les pleins et les vides; la distribution des couleurs, etc. Ces règles ne changent point; quel que soit le sujet que l'on traite, tableau d'histoire, de bataille, de paysage, de marine, de fleurs ou de nature morte, le soleil éclairant toutes ces scènes de la même manière, les mêmes raisonnements y doivent être suivis.

On reconnaît généralement aujourd'hui que les études d'atelier sont insuffisantes pour former des élèves instruits. Le plus grand nombre ignore même la perspective, qui est le fondement de l'art. Cette science ne se borne pas à faire connaître la direction que prennent les lignes des objets par rapport à la situation du spectateur devant le tableau; c'est elle qui crée les rapports des divers objets entre eux, non-seulement pour les lignes, mais encore pour le clair-obscur et le coloris; car la dégradation de la lumière et des couleurs est proportionnelle à la dégradation perspective des lignes. Il suffit donc d'examiner l'inclinaison d'une ligne, soit pour déterminer le degré d'intensité de l'ombre ou de la lumière du plan auquel elle appartient, soit pour juger du degré de coloration qu'il convient de lui donner.

Comme la nature renferme les lois de l'art, en effet et en cause, c'est elle qui enseigne le métier à qui sait la consulter. Elle montre la contexture de chaque objet, de chaque matière, de chaque élément; les sciences d'observation font à leur tour connaître les mystères de la coloration et du clair-obscur, et c'est ainsi que, initié à la science, on peut découvrir les principes, se les assimiler et devenir créateur.

Quand l'art s'enseignait par tradition, il fallait suivre le maître jusqu'au moment où l'on était assez avancé pour marcher seul et conquérir son individualité. C'est pourquoi l'on remarque généralement trois manières chez la plupart des artistes. Mais lorsque les principes sont la base de l'enseignement, il ne faut plus perdre un temps précieux à imiter le maître. Celui qui est né peintre possède un sentiment inné qu'il traduit dans ses œuvres par des moyens particuliers qui font son originalité, et l'ensemble de ses ouvrages doit montrer une seule manière, tendant toujours vers la perfection et dirigée vers le même but [1]. Or, si l'on pervertit dès le

---

[1] Nous trouvons dans Fra Angelico un exemple assez rare d'un maître qui a toujours eu la même manière et dont l'œuvre est considérable.

début le sentiment individuel par une mauvaise éducation, il faudra plus tard, pour être soi, oublier ce que l'on aura appris chez le maître, et recommencer à nouveau. Les élèves ont compris qu'il y avait un grave défaut dans l'enseignement actuel; la plupart se sont rendus indépendants de toute direction pour suivre l'impulsion de leur sentiment naturel. Mais, si cette voie offre le précieux avantage de conserver et de fortifier l'originalité de l'artiste, d'un autre côté elle le met dans la nécessité de tout créer, de tout trouver par lui-même avant de produire une œuvre passable, et cela dans un âge comparativement avancé. Quand on songe que Léonard de Vinci fit à douze ans une figure d'ange si parfaite dans un tableau de Verrocchio, son maître, que celui-ci ne voulut plus peindre, se voyant surpassé par un enfant, on conçoit toute la supériorité de l'enseignement de cette époque sur la nôtre.

Dans l'instruction artistique, il faudra désormais enseigner les principes sur lesquels les beaux-arts sont fondés, principes qui s'appliquent à tous les cas particuliers, à toutes les organisations, à tous les tempéraments. L'habileté du métier doit résulter du travail et de l'expérience, et non de l'imitation d'un maître quelconque. L'imitation conduit au pastiche : on ne se substitue pas à une personnalité étrangère. Pour développer les facultés intellectuelles de l'élève, il faut lui enseigner la science des beaux-arts, épurer son goût par des exemples choisis et former son jugement par l'analyse esthétique des œuvres des maîtres.

Au premier abord on pourrait craindre que, chaque artiste appliquant les mêmes règles à ses compositions, il n'en résultât un défaut de variété, d'originalité, de spontanéité. Mais les règles de la perspective ne sont-elles pas les mêmes pour tous, et chaque artiste ne les emploie-t-il pas suivant son sentiment individuel, en vue de l'effet qu'il veut produire? Tout écrivain n'apprend-il pas les mêmes règles de la grammaire et de la rhétorique, et chaque auteur n'a-t-il pas une forme, un style qui lui est propre? Il en est ainsi dans les beaux-arts, puisqu'on remarque une même application des règles dans l'Apollon du Belvédère aussi bien que dans un tableau de Téniers.

Dans le monde des arts on distingue deux catégories d'esprits : les penseurs et les hommes de sentiment. Les premiers, habitués à réfléchir, se perdent souvent dans leurs raisonnements, qui, pour être féconds, exigent le sentiment qui en fait faire une juste application; les seconds sentent mieux qu'ils ne réfléchissent; mais, le travail de la pensée étant chez eux superficiel, leurs œuvres sont rarement complètes. Le grand artiste joint la réflexion au sentiment; c'est un être exceptionnellement doué, qui n'apparaît qu'à de rares intervalles, et dont la venue suffit à illustrer tout un siècle.

S'il n'est pas donné à chacun d'atteindre les hauts sommets, si tous ne peuvent rivaliser avec les grands maîtres, on peut au moins aspirer aux places plus modestes qu'ont occupées les petits maîtres flamands ou hollandais, dont le mérite se résume dans l'observation intelligente de la nature. La beauté idéale de la forme est remplacée par l'habileté de l'exécution et par l'entente parfaite de l'harmonie des lignes, de la lumière et des couleurs. Ces qualités, que l'on peut appeler secondaires, demandent, pour être acquises, peu d'efforts, peu d'études, comparativement à l'ensemble des connaissances qu'exigent la composition et l'exécution d'œuvres telles que la Cène de Léonard de Vinci, les Sept Sacrements du Poussin, ou les vastes conceptions de Raphaël et de Michel-Ange.

Un grand nombre de tableaux présentent des détails bien dessinés, d'un bon modelé et d'une couleur vraie, sans posséder toutefois les conditions essentielles de l'art, c'est-à-dire, sans que l'ordre se rencontre dans les lignes, la lumière, la couleur. D'autres, au contraire, présentent les conditions d'unité et d'harmonie qui sont le principal mérite esthétique de la peinture, mais sans offrir la même perfection dans les détails. Les premiers sont l'image de la patience; les seconds, de la passion, qui maîtrise celui qui la possède. La passion répand la vie et le mouvement dans les créations de l'art; c'est une précieuse faculté esthétique; cependant on doit la soumettre à l'effort de la raison et la faire servir à ses desseins. Le musicien n'en donne-t-il pas l'exemple lorsque animé par la passion il reste soumis au rhythme, à la mesure, en un mot à toutes les règles de son art? Mieux il les possède, plus il nous charme. C'est donc à l'éducation qu'il faut demander d'établir l'équilibre entre ces diverses facultés.

Le caractère moral de l'artiste exerce une immense influence sur les productions de son esprit. On a justement remarqué que c'est le manque de qualités morales, plutôt que le défaut d'intelligence, qui arrête l'essor du talent, et qu'il n'y a pas d'art relevé sans la réunion de ces deux qualités. L'art exige l'ordre dans le principe physique comme dans le principe moral; l'ordre est la loi constante de la nature, et sans son application il n'y a jamais eu d'œuvres dignes de la postérité.

Pour clore cet exposé sommaire, nous rappellerons ces belles paroles de saint Augustin : « N'estimez jamais que vous avez fait assez de progrès, mais efforcez-vous de devenir chaque jour plus parfait; car, à quelque degré que vous soyez élevé, dès que vous vous arrêtez comme satisfait de vous-même, vous commencez à diminuer et à reculer.

« La loi du travail est une des lois fondamentales de la société; riche ou pauvre, nul n'a le droit de s'y soustraire. Si le riche n'est pas astreint au travail corporel, il n'est pas exempt du travail intellectuel, au prix duquel s'acquiert la science, ni du travail moral, dont le fruit est la vertu. Le riche qui ne fait ni l'un ni l'autre est un grand coupable. L'expérience est là pour attester que l'esprit humain n'acquiert aucune connaissance, dans quelque ordre de vérité que ce puisse être, sans de constants efforts. Et, si l'on cite de rares exceptions à cette règle, on verra, en allant au fond des choses, que le trésor acquis a pour principe un travail plus ou moins apparent, mais toujours réel. Il faut donc que l'homme travaille pour acquérir la science, qu'il travaille pour acquérir la vertu, qu'il travaille pour conserver son existence, afin d'obtenir la nourriture du corps, celle de l'esprit et celle de l'âme. »

ESTHÉTIQUE GÉNÉRALE

ET APPLIQUÉE.

PREMIÈRE PARTIE.

THÉORIE.

CHAPITRE PREMIER.

NOTIONS PRÉLIMINAIRES.

§ Ier.

DE L'UNITÉ DANS LES LIGNES.

L'art de composer les tableaux possède, comme moyen d'expression, les lignes du dessin, soumises aux lois de la perspective; les lignes esthétiques, d'où dépendent l'ordre et l'harmonie de l'ensemble; le clair-obscur et le coloris.

Les combinaisons de ces éléments divers sont variées à l'infini; elles doivent offrir l'image de l'harmonie et de la beauté afin de plaire aux sens, à l'esprit et à l'âme. Si la laideur est introduite dans le tableau, elle y tiendra peu de place, et seulement en vue de relever la beauté par le contraste; mais, pour atteindre ce but, il faut connaître et posséder toutes les ressources dont l'art dispose.

Le sujet d'un tableau, pour être un, doit présenter une idée générale, dominante, déterminée, et n'avoir rien d'étranger ni de superflu, soit dans le caractère moral, soit dans le caractère physique.

Il en est de même du mode, qui concourt, dans tous les cas, à une seule fin.

L'unité et la variété produisent la symétrie, l'ordre dans les rapports, qui subordonne les détails à l'ensemble.

La convenance indique le nombre et le choix des personnages, le caractère qui leur est propre, la nature des accessoires, le mode de la lumière et des couleurs.

De même qu'on admet des règles dans chaque langue, ainsi qu'une poétique, l'art de peindre a aussi sa grammaire, enseignant les lois de l'harmonie des lignes, du clair-obscur, du coloris.

Ces règles, basées sur les lois de la nature, tout en étant fixes dans leur principe, s'étendent, comme celles du langage et de la musique, à tous les genres, à tous les modes, se plient à tous les styles. C'est à la science de l'optique, à la physique de la lumière et des couleurs, aux mathématiques, qu'il faut s'adresser pour connaître la raison des choses et en tirer des lois générales et de détail : de leur application découle le style, qui fait l'originalité de l'artiste.

La perspective est le fondement de la composition d'un tableau. Cette science, ainsi que nous l'avons fait remarquer dans l'introduction, est le point de départ de l'harmonie des lignes, du clair-obscur et du coloris, car la dégradation de la lumière et des couleurs est proportionnelle à la dégradation perspective des lignes.

En effet, lorsqu'on a tracé la perspective d'un dallage, par exemple, la justesse du tracé ne lui donnera pas l'apparence d'une surface plane, si la dégradation du clair-obscur et du coloris n'est pas conforme à la dégradation des carrés perspectifs qui le représentent.

Si ce dallage est composé de marbre noir et blanc, le carré blanc du premier plan sera plus blanc que le second, et ainsi de suite jusqu'au dernier. Les carrés noirs se dégraderont de la même manière.

Si l'on suppose ce dallage prolongé jusqu'à l'horizon, le noir et le blanc se confondront avec la couleur de l'air ou du milieu colorant qui remplit la fonction de lumière blanche : ils paraîtront du même ton. Or un plan horizontal ne paraîtra tel, quelle que soit d'ailleurs sa couleur, qu'à la condition d'être dégradé en raison directe de la perspective des lignes.

Il ne suffit pas, toutefois, que le sujet du tableau soit mis régulièrement en perspective pour constituer l'unité esthétique des lignes ; celle-ci dépend d'une qualité complémentaire qui tend à affirmer le caractère général de la composition, comme nous le verrons plus loin.

La toile, placée dans le sens de sa longueur ou de sa hauteur, implique l'ordre qu'il faut suivre pour constituer l'unité esthétique des lignes du tableau.

1° Si la toile est placée dans le sens de sa hauteur, elle offre une masse verticale dominante, que les lignes de la composition affirmeront, afin que celle-ci soit une et caractéristique.

Dans ce cas, il faut une ligne verticale dominante, une verticale secondaire, une verticale tertiaire, les lignes esthétiques devant être de dimensions différentes et de natures diverses pour constituer la variété, élément essentiel de l'harmonie, de la beauté.

Les lignes esthétiques ne sont pas toujours des lignes architecturales tirées à la règle ; elles sont formées, le plus souvent, par une figure debout, un arbre, plusieurs objets superposés ou situés dans la même direction.

Dans les lignes esthétiques d'Apollon et Marsyas, de Raphaël (pl. A, fig. 1re), dont le dessin original est au musée de Venise, Apollon, debout, à droite, forme la ligne verticale dominante; Marsyas, jouant de la flûte, est assis en face; au-dessus de sa tête, sur la colline, se détache en silhouette un petit arbre, qui forme avec le berger la ligne verticale secondaire; dans le milieu du tableau, les oiseaux, le nuage, son reflet dans l'eau, le pont, la plante qui est au-dessous en premier plan, sont des points esthétiques formant la ligne tertiaire.

Comme deux points suffisent à mener une droite, il en résulte que deux, trois ou plusieurs objets superposés ou situés dans un même sens, forment une ligne esthétique. Plus cette ligne est une, plus elle est dominante; plus elle est composée de petits objets, moins elle est affirmée.

2° Si la toile est placée dans le sens de sa longueur, elle détermine une masse horizontale dominante, que les lignes de la composition affirmeront, afin que cette donnée soit une et caractéristique.

Dans ce cas, le tableau contiendra une ligne horizontale dominante, une secondaire, une tertiaire; le raisonnement à tenir est donc le même dans les deux données.

Le tableau de forme ovale rentre dans les conditions d'unité du parallélogramme; il en est une modification qui n'exige aucune particularité dans l'ordonnance des lignes.

L'ovale convient aux sujets composés de lignes simples et droites; il introduit un élément de variété qui enrichit la composition et lui donne de la grâce, mais il faut y introduire aussi un rappel de la ligne courbe.

La loi de l'unité dans les lignes esthétiques, bien qu'elle comporte certaines modifications de détail, est absolue en ce qui suit :

Il ne doit pas y avoir de ligne esthétique horizontale dominante dans une donnée verticale; elle en détruirait l'unité.

Deux dominantes ne peuvent pas se rencontrer dans une même composition, car l'impression de l'ensemble en serait affaiblie. Par la même raison, si la donnée du tableau est horizontale, il n'y aura pas de ligne esthétique verticale dominante. Ces deux données sont antipathiques; elles ont chacune leur signification propre, et les limites sont si bien posées entre ces deux souveraines qu'elles ne peuvent empiéter l'une sur l'autre comme nous le verrons démontré dans les règles de la plastique.

§ II.

DE L'UNITÉ OPTIQUE.

Nous avons dit qu'il ne suffisait pas de copier la nature pour créer une œuvre d'art; cependant on rencontre parfois des sujets de tableaux complets au point de vue de la ligne, de la lumière, de la couleur; il semble dès lors qu'il n'y ait plus qu'à copier ce que l'on a devant soi. Cela sera vrai si l'on y applique les lois de l'unité optique; mais, sans la connaissance de ces lois, on fera chaque détail pour lui-même; partant, il n'y aura pas d'ordre, pas de variété, pas d'harmonie dans l'exécution du tableau : l'interprétation de la nature sera faussée.

L'analyse physiologique de la vision fait connaître que le rayon normal perpendiculaire à la rétine est le plus puissant du cône visuel (pl. A, fig. 2), et que les autres rayons perdent de leur énergie en raison directe de leur degré d'obliquité. Par conséquent, tous les objets regardés par l'œil, dans une vue d'ensemble, ne produisent pas sur la rétine une image d'égale énergie. La nature se charge elle-même d'appliquer les lois de l'unité, de la variété et de l'harmonie dans la vision; une seule chose y est principale, et les autres choses sont secondaires, tertiaires, etc. suivant qu'elles correspondent à des rayons plus ou moins obliques.

La conformation de notre œil est telle que le tableau se réfléchit toujours sur la rétine dans un ordre parfait, avant d'être transporté à l'âme au moyen des nerfs optiques.

La section horizontale des rayons visuels, par le plan du tableau (pl. A, fig. 3), nous montre que le rayon normal divise l'angle visuel en deux parties égales : ce rayon détermine le point de vue de la perspective, et les autres rayons 2, 3, 4, 5, 6, 7, devenant de plus en plus obliques, perdent de leur puissance à mesure qu'ils se rapprochent des rayons extrêmes, qui comprennent l'angle.

Le rayon normal est celui que l'œil dirige sur l'objet qu'il regarde particulièrement, et cet objet devient, par cela même, le sujet principal du tableau formé sur la rétine. Les parties avoisinantes, étant vues par des rayons de plus en plus obliques, prennent leur rang hiérarchique pour créer l'unité, la variété et l'harmonie de l'ensemble.

La section verticale (fig. 4) montre quel est l'ordre optique dans ce sens et fait voir que les objets se dégradent, soit en s'élevant, soit en s'abaissant, à partir du rayon normal.

Si l'on suppose que les rayons 1, 2, correspondent à deux objets, l'un sera principal et l'autre secondaire.

Si la lumière arrive de face, les rayons 2, 1, 2 correspondant à trois objets, 1 sera principal; mais l'objet 2 de droite sera le multiple de l'objet 2 de gauche; il n'y aura donc ni variété, ni gradation dans le groupe. Il faudra nécessairement remplacer un des objets 2 par un objet correspondant au rayon 3; de cette façon le groupe sera varié et complet.

Tel est l'enseignement de la nature pour établir l'unité, la variété, la gradation et l'harmonie parmi les objets dont se compose le tableau. Cette loi régit les lignes, le clair-obscur, le coloris, de même que l'ordre dans le caractère moral du sujet.

Lorsqu'une scène de la nature fixe notre attention, le rayon normal se dirige naturellement sur le sujet principal et en reporte à l'œil une image nette, claire, précise. Les parties avoisinantes, correspondant à des rayons de plus en plus obliques, transmettent à l'œil une image affaiblie proportionnellement à la dégradation de ces rayons.

En copiant cette même scène d'après nature, l'œil va d'un objet à un autre objet, et lorsque le rayon normal est fixé sur la partie que l'on reproduit, cette partie est, pendant cet instant, celle qui se trace avec le plus de netteté sur la rétine, en sorte qu'elle devient momentanément sujet principal, et le tableau primitif se trouve décentralisé. Par conséquent, si l'on peint chaque détail avec le même degré de netteté, l'unité de l'ensemble n'existera pas; il n'y aura ni l'unité, ni la variété de la nature, telle qu'elle était représentée dans notre œil lors de la première sensation.

Il est donc nécessaire, pour traduire l'impression reçue, que le sujet principal soit rendu dominant par la forme, la lumière, la couleur, en lui subordonnant les autres parties conformément au degré de puissance des rayons visuels. De cette manière on reproduira l'ordre de la nature tel qu'il s'offre lui-même à nos regards.

Si ces calculs sont indispensables au paysagiste qui a son tableau devant les yeux, à plus forte raison sont-ils nécessaires au peintre d'histoire ou de genre, qui fait poser chaque personnage séparément.

L'ordre optique détermine, en outre, le degré de puissance qu'il convient de donner au modelé et au coloris de chacune des parties de l'ensemble.

Lorsque toutes ces conditions sont observées dans un tableau, l'œil du spectateur se dirige immédiatement sur le sujet principal : il ne voit les détails qu'après coup et successivement.

Si l'objet principal a peu de ressort, peu d'éclat, on distinguera mal le détail des objets secondaires. Mais si l'on veut rendre tous les détails avec précision, force, énergie, il faudra que le clair-obscur et le coloris du sujet principal soient très-énergiques.

Ceci explique pourquoi certains tableaux très-négligés dans les détails plaisent néanmoins par le charme de leur harmonie. Si les détails y sont confus, c'est que la force de la coloration ne comporte pas un modelé puissant, et, s'ils étaient plus accusés, l'ensemble perdrait de son harmonie séduisante.

On peut conclure que la puissance du modelé est en raison directe de la puissance de la coloration.

Dans la création des œuvres d'art, l'imagination doit s'appuyer sur des connaissances positives; tout doit y être soumis aux calculs, aux règles, aux mesures. Le sentiment et la raison, étant dans un juste équilibre et concourant au même but, se prêtent un mutuel appui : de cet harmonieux accord naissent les chefs-d'œuvre.

§ III.

DE L'UNITÉ DANS LE CLAIR-OBSCUR.

L'unité du clair-obscur tient à la disposition des ombres et des lumières, et à leur gradation, à leur harmonie avec le mode du tableau.

On doit opposer une masse d'ombre à une masse de lumière, et relier le contraste par des demi-teintes. Le plus ou le moins de ces demi-teintes détermine le mode; il rend l'effet doux, violent ou gracieux. La nature du sujet dirige le choix qu'il faut en faire.

La masse d'ombre ou la masse de lumière doit occuper le plus grand espace du tableau, suivant l'impression qu'on veut produire. Si la masse d'ombre est égale à la masse de lumière, l'effet sera monotone; il manquera de la variété prescrite par les exigences de l'art. Quel que soit le mode du clair-obscur, la masse de lumière doit renfermer une lumière dominante, secondaire, tertiaire, etc. et la masse d'ombre, une ombre dominante, secondaire, tertiaire.

Il y a trois modes de lumière employés en peinture :

1° La lumière large (pl. A, fig. 5);
2° La lumière moyenne (fig. 6);
3° La lumière étroite (fig. 7).

En général, les scènes grandioses veulent une lumière large, et les objets pittoresques une lumière étroite ou moyenne.

Les objets situés en dehors de la direction de la lumière sont dans la demi-teinte ou dans l'ombre, et forment la partie neutre de la composition.

La lumière, conformément à son action, doit toujours entrer ou sortir par l'espace ouvert de la composition. Elle entre par le ciel et les fonds quand le corps éclairant est dans le champ du tableau ou devant le spectateur; elle sort par les fonds et le ciel lorsqu'elle entre par le premier plan.

Une lumière vive placée dans une masse d'ombre détruit l'unité de l'ombre. De même une ombre intense dans une masse de lumière rompt l'unité de la lumière.

Une ombre située dans une masse de lumière perd de son intensité. Le rayonnement des parties éclairées agit sur les parties ombrées comme un glacis lumineux qui les modifie plus ou moins suivant le plan auquel celles-ci appartiennent. Plus elles sont éloignées du premier plan, plus ce rayonnement a d'action.

Par une raison semblable et contraire, une lumière qui traverse un milieu sombre perd de son éclat.

Le phénomène de l'irradiation donne le plus haut degré de puissance au modelé; il fait vivement détacher les objets les uns des autres; on le remarque surtout dans les fortes oppositions d'ombre et de lumière. Or, la peinture la plus lumineuse ayant près de cent fois moins d'éclat que la lumière solaire, il faut copier le phénomène lui-même. On l'observe en regardant l'arête d'un mur ou de tout autre objet se détachant sur le ciel. Si le mur est situé dans l'ombre, l'arête sera plus foncée que la surface dont elle est l'intersection, et le ciel formera, le long de cette arête, une ligne lumineuse plus claire que le ciel avoisinant. Si le mur est éclairé par le soleil, l'arête paraîtra plus claire que la surface à laquelle elle appartient, et le ciel, qui lui sert de fond, formera, le long de cette arête, une ligne plus foncée que la masse du ciel.

Ce phénomène une fois reconnu sur le ciel, où il est très-apparent, on le remarquera facilement dans tous les cas où un objet se détache sur un autre objet, soit par l'ombre, soit par la lumière.

Le plus souvent il suffit de copier le phénomène de l'irradiation dans la partie qui résume une forme générale pour que la masse se détache du plan qui lui sert de fond.

La partie qui résume une forme générale est celle qui est située dans l'ombre et opposée au rayon lumineux incident. S'il s'agit d'une tête vue de profil, par exemple, la nuque est la partie qui résume la forme générale de la tête, et c'est là que se produit le phénomène de l'irradiation.

La partie la plus claire du ciel est celle qui avoisine le foyer de lumière. Cependant, si l'on observe un petit espace de ciel vu entre deux arbres peu éloignés l'un de l'autre, le côté par lequel arrive la lumière ne sera pas sensiblement plus clair que le côté opposé; mais, en regardant l'ensemble du ciel, on voit qu'il est plus clair près du soleil, et c'est cette vérité générale qu'il faut rendre évidente dans le tableau. En modifiant la nature dans certains cas on est plus vrai qu'en copiant fidèlement ce que l'on voit. L'art est le vrai universel, qui résulte des lois immuables de la nature, et non du rendu, même juste, de quelque détail isolé.

On regarde souvent comme une qualité du clair-obscur l'effet que produit un objet paraissant sortir de la toile : c'est une erreur, en même temps qu'un grave défaut. Quand cet effet a lieu, les ombres ne se dégradent pas en raison directe de la perspective des lignes, et la même figure appartient à deux plans à la fois, ce qui ne doit pas être.

Les objets situés sur un plan doivent occuper leur place sur ce plan, lequel s'enfonce progressivement à partir de la bordure. Par conséquent, des figures debout, dont les pieds reposent sur le premier plan, ne doivent pas présenter des têtes qui semblent sortir du cadre. C'est en cela que la perspective linéaire est utile à connaître, lors même qu'il n'y a pas de lignes architecturales dans le tableau; elle rectifie les écarts de l'imagination.

En copiant des solides de formes diverses, on apprendra dans un ordre logique les principes du clair-obscur, et l'on gravera facilement dans sa mémoire la valeur des surfaces et des reflets, suivant leur degré d'inclinaison par rapport à la direction de la lumière.

En règle générale, le plan qui reçoit la lumière le plus perpendiculairement est le plus lumineux.

Une lumière crée toujours un neutre qui lui fait opposition : plus elle a d'éclat, plus ce neutre est puissant.

Le ciel est ce qu'il y a de plus clair, puisqu'il remplit les fonctions de corps éclairant, même en l'absence du soleil : l'effet ne saurait être plus puissant que la cause.

Les eaux, qui réfléchissent le ciel, sont plus foncées que le ciel, qui, se reflétant dans un milieu dense, perd de son éclat.

Les terrains sont d'une tonalité plus puissante que le ciel et les eaux.

Le plan horizontal, pris dans son ensemble, est plus clair que la masse verticale.

La lumière est réfléchie par le plan horizontal, tandis qu'elle glisse sur les surfaces verticales; par cette raison, la dégradation de la lumière et des couleurs est plus rapide dans le sens horizontal que dans le sens vertical.

Quand le soleil est près de l'horizon, les surfaces verticales sont dans la lumière et le plan horizontal est dans le neutre; mais la somme verticale est toujours plus puissante que la somme horizontale.

Si le soleil éclaire directement les objets, le ciel, qui leur sert de fond, est neutre; si l'affirmation est sur la terre, le ciel est neutre, et si l'affirmation est dans le ciel, la terre est neutre. Il ne saurait exister deux affirmations à la fois sans causer le désordre; mais, si le désordre rentre dans le caractère du sujet, on prendra le contre-pied des lois de l'harmonie.

§ IV.

DE L'UNITÉ DANS LE COLORIS.

L'harmonie des couleurs ajoute au clair-obscur un degré de puissance, de vitalité, qui fortifie l'expression des objets représentés; mais, avant d'en poser les règles, nous allons examiner comment la lumière se décompose en rayons divergents et colorés, et quelles sont les conséquences pratiques que l'on peut déduire de cette analyse pour la peinture.

Si l'on pratique un trou dans une chambre obscure (pl. A, fig. 8), on verra passer par ce trou un rayon lumineux se propageant en ligne droite. Ce rayon, reçu sur un prisme triangulaire, se décomposera en rayons divergents et colorés.

Ces rayons étant reçus à leur tour sur un écran de papier blanc, on verra une image oblongue, qui se nomme *spectre solaire*, la plus belle des images d'optique.

Le rouge apparaît au sommet du prisme, puis l'orangé, le jaune, le vert, le bleu, l'indigo, le violet.

Le rouge est la moins réfrangible des couleurs; le violet, celle qui se réfrange le plus; c'est-à-dire que le rouge est la plus forte, la plus puissante des couleurs. A la suite, viennent l'orangé, le jaune, le vert, le bleu, l'indigo, le violet, qui est la plus faible, la plus aérienne des couleurs, c'est-à-dire la plus réfrangible.

Le degré de puissance des couleurs, signalé par la décomposition de la lumière blanche, indique leurs propriétés matérielles et leur signification emblématique. De ces qualités découlent les différents caractères, les différents modes.

On appelle *opposants harmonieux* ou *couleurs complémentaires* celles qui, étant réunies deux à deux, ont la propriété de reproduire la lumière blanche.

Si l'on pratique deux trous dans l'écran, de manière à laisser passer un rayon rouge et un vert, et qu'on les réunisse au foyer d'une lentille, le rayon émergent sera blanc comme le rayon incident. Il en sera de même d'un rayon orangé et d'un bleu, d'un jaune et d'un violet.

Quand tous les rayons passent à travers l'écran, leur réunion donne un rayon blanc[1]; d'où l'on a conclu que le blanc est la réunion de toutes les couleurs, et le noir, l'absence de toute couleur : donc le blanc et le noir ne sont pas des couleurs.

La figure neuvième indique une manière simple, imaginée par Gœthe, de reconnaître les opposants harmonieux des couleurs. Sur le premier triangle, il pose les trois couleurs primitives : le jaune et le bleu à la base, le rouge au sommet. Sur le second triangle, il place les couleurs complémentaires : l'orangé et le violet à la base, le vert au sommet. Puis, réunissant par des lignes droites les angles opposés par le sommet, on a le vert opposant harmonieux du rouge, le bleu de l'orangé, le violet du jaune.

Un petit instrument facile à construire (fig. 10) donne le moyen d'étudier la nuance exacte de l'opposant harmonieux de chaque couleur.

Il est composé de deux petits tubes de carton noircis à l'intérieur, s'emboîtant comme une lunette. Un verre de quartz est placé à l'extrémité supérieure, et un prisme de Nicole à l'extrémité inférieure.

Posant ensuite un miroir noir, à plat, devant la lumière, on donne à la lunette une inclinaison qui fasse l'angle d'incidence égal à l'angle de réflexion; puis, regardant à travers le quartz, on voit apparaître deux ronds de couleur différente, dont l'un est la couleur complémentaire de l'autre. En faisant tourner la partie supérieure de la lunette, on verra passer toute la série des couleurs et leurs opposants harmonieux.

---

[1] Ce fait prouve qu'il ne peut pas y avoir de *gris normal*, comme le dit M. Chevreul dans son *Traité des couleurs*.

Les quartz épais donnent un plus beau rouge, et les minces un plus beau bleu.

On peut répéter cette expérience à la lumière rougeâtre que produit une chandelle ou une lampe, afin d'étudier les modifications que subissent les couleurs lorsqu'elles sont vues dans un milieu colorant.

Pour étudier les effets des milieux colorants, on interpose entre l'œil et le quartz des verres colorés de différentes nuances.

On peut aussi étudier les couleurs du prisme par un phénomène de diffraction qui se produit en regardant la lumière d'une chandelle à travers un verre saupoudré très-également d'une légère couche de lycopode, ou mieux encore de vesse-de-loup. Alors on voit apparaître autour de la flamme ces beaux anneaux colorés représentant toutes les nuances de l'arc-en-ciel.

Les couleurs du prisme se divisent en deux catégories :

Les couleurs chaudes, le rouge, l'orangé, le jaune ;

Les couleurs froides, le vert, le bleu, le violet.

Si les lumières appartiennent aux couleurs chaudes, les ombres sont froides.

Au contraire, si les lumières sont froides, les ombres sont chaudes.

En voici la raison : les opposants harmonieux ayant la propriété de reproduire la lumière blanche, et les ombres étant décolorées par rapport aux parties éclairées, il s'ensuit qu'en introduisant la couleur verte dans les ombres du rouge on décolorera le rouge ; le bleu décolorera l'orangé ; le violet, le jaune.

Par un phénomène semblable et contraire, le vert sera décoloré par le rouge, le bleu par l'orangé, le violet par le jaune.

On peut facilement vérifier le fait avec une lampe ou une chandelle. En l'opposant à la lumière du jour, on s'assurera que sa lumière est orangée, tirant sur le rouge vers les bords ; puis, si l'on place sur une feuille de papier blanc un objet quelconque, soit une lame de couteau tenue verticalement, on verra que l'ombre portée est d'un bleu légèrement verdâtre, de la couleur complémentaire de l'orangé rougeâtre. Le reflet qu'enverra la lame sur le papier blanc sera, au contraire, plus doré que le papier. L'ombre directe sera froide, le reflet sera chaud.

Le blanc mêlé au jaune de cadmium,

Le jaune de Naples,

L'ocre jaune,

Le bleu de cobalt, le bleu minéral ou bleu de Prusse, et, mieux encore, le lapis-lazuli,

La laque de garance rose, n°s 1 et 2,

La laque de Smyrne (capucine), sont les couleurs les plus aériennes de la palette, par conséquent celles qui conviennent le mieux pour peindre les ciels et les fonds.

On fait d'abord, avec du blanc, du jaune de Naples ou ocre jaune, de la laque rose, un ton coloré, pris pour du blanc, auquel on ajoute du bleu de cobalt ou minéral, mélangé de blanc. Le plus ou le moins de ces couleurs et l'ordre varié des mélanges donnent le noir foncé des nuages, les gris perlés, les tons frais du matin ou les couleurs brillantes du soleil couchant.

Si l'on emploie le bleu d'outremer lapis, il faut remplacer la laque rose par l'ocre rouge, qui est aussi une couleur très-aérienne, mélangée au blanc et au jaune de Naples ou à l'ocre jaune, pour les gris.

Comme le ciel passe derrière l'horizon et qu'il est d'une nature différente des objets terrestres, il faut employer les couleurs qui favorisent la perspective aérienne et réserver les couleurs fortes pour les objets terrestres.

Le spectre solaire indiquant le degré de puissance des couleurs, il faut se conformer à ses indications pour établir la gradation des plans du tableau avec ordre.

Pour compléter la palette, on peut ajouter aux couleurs dont nous avons déjà parlé les couleurs mères suivantes :

Le jaune indien,

La laque jaune n° 5,

Le carmin fixe de garance,

Le brun rouge,

Le vermillon,

Le vert émeraude,

Le vert Véronèse,

La terre de Sienne brûlée,

Le noir d'ivoire,

La momie (le plus puissant des neutres).

Ces dix-huit couleurs suffisent pour peindre tous les objets de la nature, les combinaisons qu'on peut en faire étant infinies comme les nuances du prisme.

La dissémination de la lumière agit sur les couleurs comme sur les ombres; elle modifie la couleur propre des corps. C'est pourquoi on juge mal des couleurs dans les parties brillantes.

Le rayonnement de la lumière est la cause des reflets.

Une lumière rouge dissémine de la lumière rouge; une jaune, de la lumière jaune, et il en est de même de chaque couleur.

C'est un des principes de l'harmonie des couleurs.

Les reflets sont proportionnels à la quantité de lumière.

Plus le corps est poli, plus le reflet est intense.

La surface jaune éclairée par le soleil (pl. A, fig. 11) renvoie sur la surface supérieure, si elle est jaune, un reflet qui rend la coloration double.

Si la surface qui reçoit le reflet est bleue, le reflet envoyé par la surface jaune modifiera la couleur bleue, qui prendra une nuance verdâtre.

Si la surface éclairée est jaune et que l'autre surface soit violette, le reflet sera incolore, car le jaune et le violet reproduisent la lumière blanche.

La couleur la plus forte modifie par ses reflets celle qui est la plus faible ou la plus réfrangible.

Quelle que soit la nuance de la couleur éclairée, les mêmes raisonnements doivent être suivis.

Les reflets de la lumière agissent sur les parties ombrées comme un glacis coloré qui les modifie suivant le plan auquel elles appartiennent : plus elles sont éloignées du spectateur, plus le reflet de la couleur céleste a d'action.

Les points brillants sont des reflets du corps éclairant. Dans un sphéroïde, le point brillant est déterminé par la direction de la lumière et la situation du point de vue, l'angle d'incidence étant égal à l'angle de réflexion. Sur une colonne, il se traduit par une ligne brillante; sur une surface plane, la situation de la ligne brillante est environ aux deux tiers de l'espace compris entre l'horizon et la base du tableau.

Pour constituer l'unité esthétique du coloris, il faut que le tableau ait une couleur caractéristique de son mode : rouge, orangé, vert, bleu, gris, etc. que la nuance choisie y domine comme espace, comme intensité; qu'elle y soit rappelée par une masse secondaire, une masse tertiaire, etc. Les autres couleurs servent à créer la variété et les oppositions propres à mettre en relief la couleur dominante.

L'unité dans le coloris donne une grande force d'expression au mode du tableau, et ceux qui sont composés dans ces conditions se font remarquer de loin par l'énergie de leur caractère [1]. Les couleurs fortes doivent être placées dans le centre de la composition et les plus faibles vers les extrémités. Si la figure principale de la composition est vêtue d'une étoffe bleue, il ne faut pas en mettre une vêtue d'un rouge éclatant sur le bord du tableau : elle détruirait l'ordre optique, et l'harmonie serait rompue [2].

Les couleurs du spectre solaire correspondent aux rayons visuels dans l'ordre suivant (pl. A, fig. 3) :

Le rouge au rayon normal,

L'orangé au rayon 2,

Le jaune au rayon 3,

---

[1] *L'Hérodiade*, de Rubens, unité rouge; *l'Antiope*, du Corrége, unité blonde; *le Christ au tombeau*, du Titien, unité orangée, etc. — [2] *Éliézer et Rébecca*, du Poussin.

Le vert au rayon 4,
Le bleu au rayon 5,
L'indigo au rayon 6,
Le violet au rayon 7.

D'où l'on conclut que l'ordre esthétique des couleurs est en raison directe du degré de puissance des rayons visuels auxquels ils correspondent.

Les rayons visuels déterminent la hiérarchie des couleurs dans le tableau; c'est-à-dire que la couleur choisie comme dominante correspondra au rayon normal, et les autres couleurs se dégraderont conformément à la faiblesse des rayons obliques.

Quelquefois on renverse la proposition : le sujet principal étant d'une couleur légère, on l'entoure de couleurs fortes. Dans tous les cas, le tableau doit avoir une couleur dominante, constitutive de l'unité.

Les coloristes remplacent la lumière blanche de la nature par une nuance tirant sur le jaune doré, couleur lumineuse qui remplit les fonctions de lumière blanche : c'est ce que l'on nomme *un milieu colorant*.

Les milieux colorants modifient les nuances, tout en conservant les rapports de tonalité.

Ils ajoutent une grande force à l'expression du mode du tableau; ils créent la poésie de la couleur. C'est la partie abstraite du coloris : il n'est pas donné à chacun d'en avoir le sentiment.

Si l'on fait, par exemple, une aquarelle sur du papier blanc, et qu'on laisse le blanc du papier pour représenter les objets blancs, le papier, dans ce cas, représentera la lumière blanche de la nature; mais cette aquarelle ne sera pas l'œuvre d'un coloriste. Celui-ci établira une nuance ou teinte générale en harmonie avec le mode du sujet; cette nuance remplira la fonction de milieu colorant, en remplacement de la lumière blanche de la nature, et cette nuance devra paraître blanche pour les objets blancs, effet que l'on obtient par l'opposition des autres couleurs, car une couleur est modifiée par le voisinage d'autres couleurs.

Lorsqu'on fait un dessin sur du papier demi-teinte, le papier représente le milieu colorant qui remplit la fonction de lumière blanche; cette teinte paraîtra blanche pour les objets blancs, si l'on monte d'un ou de plusieurs degrés la puissance du clair-obscur.

Les lithographes qui visent à la couleur font des dessins sur des pierres préparées avec une teinte plate, très-légère, qui remplace le neutre du papier teinté.

Si l'on fait un dessin sur du papier blanc, le modelé ou clair-obscur aura moins d'accent que sur du papier teinté, car le trait, qui sera noir sur du papier blanc, paraîtra gris sur du papier teinté; il faudra donc renverser la valeur du clair-obscur sur le papier teinté pour conserver l'ordre des rapports.

Que font les aquafortistes lorsqu'une planche a trop mordu? Ils font tirer leur épreuve sur du papier de Chine ou teinté, et cette épreuve, qui serait dure sur du papier blanc, prendra un aspect harmonieux; si l'épreuve était à son effet sur du papier blanc, elle paraîtrait pâle et sans accent sur du papier teinté.

Il faut donc choisir une lumière colorée en rapport avec le mode du sujet, et se dire : Voilà mon blanc; puis, partir de là pour établir sa gamme de couleurs.

Si l'on ne fait pas une succession de tons sur la palette en tenant un raisonnement semblable à celui que nous indiquons, on marchera à l'aventure : on juge mal des nuances dès qu'on ne les compare pas entre elles sur la palette.

Lorsque le soleil est couché, nous sommes éclairés par un milieu de couleur bleue tirant sur le vert ou le violet, suivant les reflets que lui envoie la terre; alors les nuages de l'horizon, éclairés par le soleil, prennent la couleur complémentaire de la lumière atmosphérique qui nous éclaire : ils paraissent orangés, rouges, jaunes, verts, bleus, violets.

Il arrive souvent, lorsque le ciel est chargé de nuages, qu'un de ces nuages, éclairé directement par le soleil, soit vu comme à travers un cadre formé par d'autres nuages d'un gris bleuté ; alors le nuage éclairé prend la couleur complémentaire du gris bleuté : il paraît doré.

Par la même raison, les nuages qui sont à l'horizon paraissent plus colorés que ceux qui sont au zénith, parce qu'ils sont vus à travers les reflets bleutés qu'envoie la voûte céleste.

Quand le soleil est peu élevé au-dessus de l'horizon, il envoie des rayons obliques qui ont peu de puissance, comparativement aux rayons perpendiculaires du milieu du jour; alors la masse du ciel bleu envoie de puissants reflets sur les objets terrestres, et ceux qui sont éclairés par le soleil prennent la coloration de l'opposant harmonieux du bleu : ils paraissent dorés.

Dans les mois de novembre et de décembre particulièrement, les rayons obliques du soleil font que la nature est enveloppée d'un milieu colorant doré, dont le mode s'harmonie merveilleusement avec les feuilles sèches des arbres, les terrains labourés de la plaine; de là cette impression puissante et suave qui agite les âmes poétiques accessibles aux belles symphonies de la nature.

Une confusion qu'il convient de signaler, puisqu'elle a cours dans le monde artistique, c'est de dire, en parlant de la couleur d'un tableau ou d'un objet peint, qu'elle est « d'un beau ton. » On oublie, en s'exprimant ainsi, que *le ton, la tonalité*, se rattache au clair-obscur. La couleur est belle, suave, harmonieuse, les nuances en sont variées et rompues; mais elle ne saurait être d'un *beau ton*. Il est vrai que la tonalité est tellement enveloppée par le coloris que les deux se confondent en une seule et même chose, qui est la représentation vivante de l'objet. On peut donc équivoquer sur le sens de ces deux mots, que l'usage a en quelque sorte consacrés parmi les artistes de nos jours; cependant il est convenable de fixer l'esprit sur la propriété des termes, et de ne pas confondre deux choses si différentes.

§ V.

DE LA RÉSOLUTION DE LA LUMIÈRE.

La lumière, se propageant en ligne droite dans la nature, éclaire les objets dans une direction unique.

Si la lumière fait des ressauts, c'est-à-dire si elle ne se propage pas en ligne droite dans le tableau, l'effet ne sera pas naturel, et l'expression du sujet perdra de sa force, de sa clarté : il n'y aura pas d'ordre, pas d'harmonie dans le clair-obscur.

La résolution de la lumière a lieu sur la partie de la composition opposée à l'introduction de la lumière.

Il y a trois résolutions principales :
1° Selon la verticale (pl. A, fig. 12);
2° Selon l'horizontale (pl. A, fig. 13);
3° Selon la diagonale (pl. A, fig. 14).

Cette direction unique de la lumière relie les différents objets de la composition, en même temps qu'elle établit un jeu, en éclairant ceux-ci principalement dans le sens du mouvement lumineux.

Si l'on conçoit une grande ligne droite éclairée par le soleil, l'extrémité la plus rapprochée du corps éclairant recevra la lumière la plus vive; le milieu sera éclairé d'une lumière moins intense ou secondaire, et l'autre extrémité, d'une lumière tertiaire ou de résolution. Mais le centre, étant vu par les rayons les plus puissants du cône optique, paraîtra plus lumineux que les autres parties, qui, répondant à des rayons obliques, établissent une gradation dont l'effet modifie l'ordre naturel de propagation de la lumière.

Cet ordre optique établit une lumière dominante au centre de la composition, une lumière secondaire du côté du corps éclairant, une lumière tertiaire ou de résolution du côté opposé à l'introduction de la lumière, ce qui constitue les trois termes de l'harmonie esthétique du clair-obscur.

La grande ligne esthétique de la composition détermine la direction de la lumière et la résolution qu'il convient d'adopter.

Le rayon lumineux principal, en passant par cette ligne, c'est-à-dire par les objets les plus nombreux, les plus variés, les plus importants de la composition, relie ces objets entre eux et crée l'unité de l'ensemble.

Si le rayon lumineux coupait cette grande ligne, elle diviserait le sujet au lieu d'en fortifier l'unité.

Lorsque le soleil est situé derrière le spectateur et que le rayon lumineux suit une direction selon la diagonale (pl. A, fig. 15), le premier plan à droite, par lequel entre la lumière, comporte des détails éclairés d'une lumière secondaire qui conduisent l'œil du spectateur sur le sujet principal du tableau, éclairé lui-même par la lumière dominante, et la résolution a lieu à l'extrémité opposée.

S'il y a un ciel dans la composition, la lumière devra entrer ou sortir par le ciel. Alors on crée une forme de nuages en rapport avec l'unité esthétique des lignes du tableau, pour représenter la lumière secondaire ou tertiaire.

S'il n'y a pas de ciel, ce sera l'accessoire placé dans cette partie du tableau qui introduira ou résoudra la lumière.

Quand la lumière entre par le ciel à gauche (pl. A, fig. 14) et sort par le premier plan à droite, le ciel représente la lumière secondaire ; le côté opposé, en premier plan, représente la lumière tertiaire ou de résolution.

Les mêmes raisonnements doivent être suivis si la lumière se projette verticalement ou horizontalement. Le phénomène lumineux est identique dans les trois données. C'est toujours une ligne droite, dont le centre représente la lumière principale, et les extrémités, la lumière secondaire et la lumière tertiaire, ou de résolution.

Le sujet du tableau ne sera rendu complétement dominant qu'à la condition d'observer cette loi générale, basée sur la nature des rayons lumineux et les phénomènes de la vision.

Le mouvement lumineux suivant une direction unique met en relief la lumière dominante, attendu que les extrémités dirigent forcément l'œil du spectateur sur la partie centrale de la composition. C'est en cela que l'art est magique : vous regardez à votre insu ce que le peintre veut vous montrer ; vos yeux s'arrêtent naturellement et sans effort sur le sujet du tableau et ne voient qu'après coup les accessoires et les détails.

Cet effet n'a pas lieu quand le jeu de la lumière est mal établi ; si elle entre sans sortir, si elle sort sans entrer, ou si l'œil est sollicité de tous les côtés à la fois et ne sait où se fixer, ce qui est contre les lois de l'harmonie [1].

En règle générale, la direction de la lumière détermine les parties éclairées et les parties neutres de la composition ; rien n'est abandonné au hasard.

---

[1] On trouvera, dans notre *Philosophie des Beaux-Arts appliquée à la peinture,* un ensemble complet des règles dont nous venons de donner un simple aperçu, et qui sont le complément nécessaire de celles de la plastique.

CHAPITRE II.

RÈGLES DE LA PLASTIQUE.

§ Ier.

DES LOIS DU MOUVEMENT.

Les lois du mouvement se fondent sur les propriétés générales des corps et sur les phénomènes de l'attraction, dont les principes sont applicables aux gestes, aux attitudes du corps humain, de même qu'à l'équilibre et au balancement des lignes des différents objets dont le tableau est composé.

Il y a dans l'esprit humain une disposition irrésistible, que Kant nomme *principe de causalité*, qui nous fait attribuer à une cause ou force motrice tous les phénomènes dont nous sommes témoins. Nous ne connaissons pas la cause de la force, mais nous supposons qu'il en existe une, comme pour tous les phénomènes que nous remarquons dans la nature.

Deux manières de voir se présentent à cet égard. Les uns pensent que la matière est inerte par elle-même, et que le mouvement en diffère objectivement. Les autres, au contraire, croient que la matière est active, et que la force est une manière d'être de cette matière, une propriété ayant son fondement dans la nature même des corps. Cette dernière interprétation prévaut aujourd'hui dans la science, qui regarde, à juste titre, l'inertie comme un état accidentel, et non comme une propriété essentielle de la matière.

Si un bloc de marbre, par exemple, reste fixé sur le sol, c'est en vertu d'une force agissante qui l'attire vers le centre de la terre. Tous les corps, en général, sont considérés comme renfermant en eux-mêmes la raison des phénomènes auxquels ils donnent naissance.

Lorsque la matière, mise en mouvement, cesse de se mouvoir, elle est arrêtée par une *cause* ou par une *force* qui est en dehors d'elle.

Un corps est en mouvement toutes les fois qu'il change de place par rapport à un point fixe.

La puissance qui met un corps en mouvement s'appelle *force*. La force est la *cause* qui engendre le mouvement.

L'attraction de *cohésion* est une force qui agit sur les molécules des corps, et qui les réunit sous des formes diverses. Plus l'attraction de cohésion est forte, plus la densité des corps est grande.

La chaleur est une force qui combat l'attraction de cohésion et qui sépare les molécules des corps en les pénétrant; aussi, plus un corps a de chaleur spécifique, plus ses molécules sont séparées. La chaleur du soleil vaporise les liquides, et l'attraction de cohésion, à son tour, rend à la vapeur sa forme liquide, qui retombe en pluie ou sous forme de rosée.

L'attraction de *gravitation* est une modification de la même force, agissant sur les corps les plus grands et s'étendant à d'immenses distances. C'est la force qui maintient tous les objets à la surface de la terre et ramène à elle ceux qui sont lancés dans l'espace.

L'attraction de gravitation est proportionnelle à la quantité de matière des corps, et détermine leur degré de pesanteur ou de densité.

Les corps qui ne sont pas soutenus tombent à terre, et ceux qui le sont exercent, sur l'appui qui les soutient, une pression d'un poids égal à la force avec laquelle ils sont attirés. Ainsi la cause qui produit la chute des corps est la cause même qui détermine leur poids.

Les lignes perpendiculaires à une sphère ne sont pas parallèles, car, étant prolongées, elles se réunissent au centre de la sphère (pl. B, fig. 1re); donc, deux corps ne peuvent tomber parallèlement sur la terre.

C'est en raison de ce fait qu'en architecture on augmente la solidité des constructions en donnant du *fruit* aux édifices, c'est-à-dire en portant en dehors de la perpendiculaire une épaisseur qui augmente le diamètre des murs à leur base.

L'air est un corps élastique, soumis, comme les autres corps, aux lois de la pesanteur; mais les corps élastiques ayant la propriété de reprendre, après la compression, leurs dimensions primitives, l'air n'est pas entièrement soumis à l'influence de la gravitation, qu'il combat continuellement, sans avoir, toutefois, la puissance de la vaincre.

L'attraction de gravitation maintient l'atmosphère autour de notre globe, et la pression de la partie supérieure sur l'inférieure rend l'air plus dense à la surface de la terre que dans les régions élevées.

Les corps plus légers que l'air s'élèvent jusqu'à ce qu'ils aient rencontré un état d'équilibre qui les maintienne en suspension. Par des raisons semblables, le liége, le bois restent à la surface de l'eau, et même le fer, si son poids est plus léger que le volume d'eau qu'il déplace.

Les sondages de quatre à cinq mille pieds que l'on a faits récemment pour les travaux du câble transatlantique, avec des sondes de cinq à six kilogrammes, prouvent, contre l'opinion de Newton, qu'un boulet ne saurait rester en suspension dans l'eau à une certaine profondeur. Ces sondes, munies d'ailerons correspondant à un rouage, indiquent la direction des courants sous-marins; un appareil électrique signale le fond, tandis qu'un autre appareil pneumatique s'empare du sol; en sorte qu'il est possible aujourd'hui de reconnaître la nature du terrain à ces immenses profondeurs.

Les corps plus pesants que l'air descendent en le traversant, et, deux corps de même poids étant donnés, celui qui présente la plus grande surface, étant mieux soutenu, tombe moins rapidement que l'autre.

Le mouvement des corps soumis à l'action d'une force unique suit une ligne droite et se propage dans la direction de l'impulsion reçue : la vitesse est proportionnelle à la force agissante.

La vitesse d'un corps se mesure par l'espace parcouru divisé par le temps. Ainsi un cheval qui ferait cent kilomètres en cinq heures aurait une vitesse de vingt kilomètres à l'heure. En renversant la proposition, on peut dire que le temps est égal à l'espace parcouru, divisé par la vitesse, ou que l'espace est égal à la vitesse multipliée par le temps.

Le mouvement *uniforme* est celui d'un corps en mouvement qui parcourt des espaces égaux dans des temps égaux.

Le mouvement *retardé* est celui d'un corps qui se meut de plus en plus lentement : tel est celui d'un projectile lancé dans l'espace; le mouvement, pendant l'ascension, est ralenti progressivement par l'attraction de gravitation. Une raison semblable et contraire accélère le mouvement pendant la chute du corps.

La *quantité* de mouvement est la force avec laquelle un corps mis en mouvement frappe un autre corps.

La loi de *réaction* est produite par le corps qui reçoit le choc. L'*action* est égale à la *réaction* dans les corps élastiques, et ces deux forces suivent des directions opposées.

Dans le vol des oiseaux, c'est la réaction de l'air qui les fait mouvoir dans tous les sens, et leurs ailes, frappant l'air, déterminent des mouvements variés à l'infini. Dans l'action de nager ou de ramer, on frappe l'eau dans un sens opposé à la direction suivie, et la réaction fait avancer le nageur ou le bateau. C'est une cause d'équilibre qui fait tomber en avant, et non pas en arrière, le soldat frappé d'une balle en pleine poitrine.

La réaction est *cause* du mouvement *réfléchi*.

Si l'on pousse une bille obliquement contre une bande de billard, elle est renvoyée obliquement; si elle est poussée perpendiculairement à la bande, elle revient sur elle-même.

La perpendiculaire AB (pl. B, fig. 2) divise l'angle décrit par la bille en deux parties égales. Celui qui est formé par la direction de la bille se nomme *angle d'incidence;* l'autre, *angle de réflexion :* donc l'angle d'incidence est égal à l'angle de réflexion.

Lorsqu'un corps est poussé par deux forces à la fois, il en résulte un mouvement *composé*, dont les effets varient suivant la direction de ces forces.

1° Si les deux forces sont égales et dans une direction contraire, le corps restera stationnaire (pl. B, fig. 3).

2° Si les deux forces sont égales et forment un angle droit (pl. B, fig. 4), la force x poussera l'objet en A, et la force y en B. Mais l'objet, ne pouvant suivre deux directions à la fois, suivra la résultante de ces deux forces, c'est-à-dire la diagonale CD du carré des forces. L'impulsion combinée de ces deux forces étant plus puissante que l'une ou l'autre de ces forces, l'objet arrivera en D dans le même temps que la force x l'aurait envoyé en A, ou la force y en B.

3° Si la force y est double de la force x, la ligne BC sera double de la ligne AC, et l'objet suivra la diagonale du parallélogramme des forces DC (pl. B, fig. 5).

On observe l'effet combiné de ces deux forces dans les cascades, les remous d'une eau courante, et quelquefois dans le ciel, lorsque les nuages sont poussés par des vents contraires.

Dans les règles de la plastique, nous trouverons une application directe de cette loi du mouvement. Les deux forces x, y, formant un angle droit, démontrent que la verticale et l'horizontale sont deux lignes placées en antagonisme, et que la diagonale est une résultante de ces deux forces opposées.

Le mouvement *circulaire* est engendré par deux forces, de nature différente, agissant sur un même corps : ces forces sont perpendiculaires l'une à l'autre.

Le corps est projeté en ligne droite par l'une de ces forces, tandis qu'il est retenu par l'autre à un point fixe.

La force qui retient un corps au centre se nomme force *centripète*, et celle qui le projette en avant, force *centrifuge*.

L'essieu d'une roue de voiture ou de moulin est l'axe de son mouvement; mais le centre de mouvement n'est pas, dans tous les cas, le milieu d'un corps.

La partie voisine de l'axe se meut plus lentement que celle qui en est éloignée, le petit cercle faisant son évolution pendant le même temps que le grand cercle.

Par cette raison, le mouvement est plus rapide à l'équateur qu'aux pôles, ce qui explique une des causes de la différence de température de ces deux parties du globe.

Le mouvement possède trois états caractéristiques : chaleur, lumière, électricité.

Le mouvement elliptique suit la même loi; mais la force centripète domine la force centrifuge; de là, par exemple, le mouvement elliptique de la terre, tournant autour du soleil.

Si la force centripète était détruite par une cause quelconque, la force centrifuge projetterait le corps en ligne droite, à partir du point où la force centripète cesserait son action.

En lançant une pierre avec une fronde, la pierre s'échappe au moment où l'on abandonne une des cordes, et le projectile suit la ligne droite BC (pl. B, fig. 6), tangente à la courbe, laquelle forme un angle droit avec le rayon AB.

Le boulet, lancé horizontalement, subit l'effet de trois forces différentes : celle de projection, que la poudre lui communique; la résistance de l'air, à travers lequel il passe; la gravitation, qui l'attire peu à peu vers la terre. La ligne courbe que le projectile décrit se nomme *parabole*.

Si le projectile est lancé verticalement, il paraît retomber verticalement, parce que la force de projection se trouve sur la même ligne que la force de gravitation.

Le *centre de gravité* d'un corps est le point autour duquel toutes les parties sont en équilibre. Si ce point est soutenu, le corps ne tombera pas; mais, si un autre point était seul soutenu, les parties avoisinantes n'étant pas contre-balancées, le corps tomberait du côté où le poids est le plus considérable.

Le centre de gravité d'un tombereau chargé, ou de tout autre véhicule, est soutenu lorsque la perpendiculaire AB (pl. B, fig. 7) tombe en dedans des roues.

S'il rencontrait sur sa route un obstacle tel que l'une des roues fût soulevée et que la perpendiculaire AB tombât en dehors du point de contact, la voiture verserait, car le centre de gravité A (pl. B, fig. 8) ne serait plus soutenu.

Un corps sphérique roule sur un plan incliné (pl. B, fig. 9), parce que le centre de gravité tombe en avant du point de contact.

Deux corps reliés par une tige sont considérés comme formant un seul et même corps.

Si les objets sont de même poids (pl. B. fig. 10), le centre de gravité est au milieu de la ligne qui les unit.

Si l'un des objets est plus pesant que l'autre, le centre de gravité est proportionnellement plus rapproché du corps le plus pesant. Dans la figure 11, l'un des poids étant double de l'autre, le centre de gravité est au quart de la ligne qui les unit.

Ces deux exemples s'appliquent aux règles de l'équitation. Les objets B, C (pl. B, fig. 10) peuvent être regardés comme les épaules et la croupe d'un cheval; le point A, milieu des reins, est le centre de gravité de l'animal; quand il est au repos, ce point est soutenu par les quatre pieds.

Lorsqu'un cheval a les épaules plus fortes que le train de derrière, le centre de gravité se porte du côté du point B; alors l'animal est enclin à ruer. Si la croupe l'emporte sur le train de devant, le centre de gravité se porte du côté C, et le cheval se cabre facilement.

Quand le cheval est bien équilibré, la force B (les épaules) égale la force C (la croupe), et le point A, centre de gravité, détermine l'assiette du cavalier.

Si la force B domine la force C, on porte la selle en arrière, pour que le poids du cavalier rétablisse l'équilibre entre ces deux forces et empêche les ruades du cheval.

Si la force C domine la force B, on porte la selle en avant, pour empêcher le cheval de se cabrer.

Le cheval bien conformé, ayant les forces B et C égales, exécute avec grâce les mouvements qui lui sont propres.

L'art de l'équitation consiste à calculer tous les déplacements du centre de gravité du cheval pour en obtenir des mouvements variés et lui faciliter l'exécution de ces mouvements. La bride gouverne le train de devant ou l'avant-main, et les jambes gouvernent le train de derrière.

L'harmonie des mouvements consiste dans l'unité de l'action.

On détermine le centre de gravité d'un solide régulier (fig. 12) au moyen des diagonales des surfaces, soit d'un angle à l'angle opposé. L'intersection des diagonales est le point par lequel le solide étant suspendu se maintiendra en équilibre. Comme les arêtes du parallélipipède sont perpendiculaires à sa base, le centre de gravité du solide est situé sur la perpendiculaire qui passe par le milieu de sa surface.

L'angle solide A B C (fig. 13) étant égal à l'angle solide abc, les diagonales Ca, Ac donneront le centre de gravité de la figure. On obtiendra de même le centre de gravité du solide (fig. 14).

Si la figure est irrégulière, on mènera des tangentes qui, étant divisées en deux parties égales par des perpendiculaires, donneront à leur intersection le centre de gravité du solide.

En chargeant de métal un côté du sphéroïde (fig. 9), on peut lui faire remonter le plan incliné; car, le solide n'étant plus d'une densité uniforme, le centre de gravité sera déplacé et fera monter le sphéroïde jusqu'au point où il sera soutenu. Alors, trouvant son équilibre, il restera immobile.

Il en est de même du balancier d'un danseur de corde : dès que le danseur est en danger de perdre l'équilibre, il déplace son balancier pour changer la situation du centre de gravité et rétablir l'équilibre.

Les tours penchées de Pise et de Bologne sont construites d'après les principes que nous venons d'exposer. Le centre de gravité B (fig. 15), tombant au dedans de la base, l'édifice peut se maintenir en toute sûreté dans sa position inclinée.

Cet exemple s'applique également à la figure humaine. Le point A représente le centre le gravité de la figure, point qui doit être soutenu par les pieds, pour que celle-ci se maintienne en équilibre.

La différence de densité des parties du corps humain rend presque impossible de déterminer exactement le centre de gravité de la figure; toutefois on ne s'éloigne guère de la vérité absolue en fixant le centre de gravité à l'intérieur du corps et un peu au-dessous du nombril. On peut vérifier le fait en traçant une ligne verticale passant par le milieu du corps, puis en se suspendant par une main et tenant l'autre le long du corps. Cette verticale prendra une position inclinée et sera coupée par la perpendiculaire abaissée de la main : l'intersection de ces deux lignes donnera le centre de gravité de la figure.

Lorsque la figure est debout, les bras tombant le long du corps, le centre de gravité est soutenu par les pieds dans toute leur longueur et dans le sens horizontal, ce qui permet au corps de se pencher en avant, en arrière, à droite et à gauche, jusqu'à un certain point. Si le centre de gravité tombait au delà, le corps, n'étant plus soutenu, perdrait l'équilibre.

Si le corps fait un violent effort à gauche ou à droite, en avant ou en arrière, on écarte la jambe, et les bras prennent une direction opposée à l'inclinaison du corps, afin que le centre de gravité, en se déplaçant, soit soutenu.

Dans la course, le corps se penche de façon que le centre de gravité tombe en avant du point de contact, comme dans la figure 9 (pl. B), et fasse avancer la jambe vivement pour le soutenir.

La statue d'Atalante semble réellement courir, parce que le centre de gravité est à peine soutenu par l'extrémité du pied, ce qui l'oblige, pour ne pas tomber, d'avancer rapidement le pied qui est en arrière. L'esprit fait tacitement cette observation, et l'illusion optique se trouve conforme à la réalité vivante.

Le corps peut se maintenir en équilibre en déplaçant le centre de gravité par le mouvement des bras ou des jambes, qui peuvent opposer une certaine résistance à l'attraction de gravitation.

Lorsque le centre de gravité est soutenu par l'un des côtés du corps, l'autre côté acquiert une légèreté qui facilite le mouvement des bras ou de la jambe, et de cette facilité naît la grâce.

C'est en raison de ce principe que, dans l'escrime, le centre de gravité est porté par la jambe gauche, afin de donner au bras droit et à la jambe droite la légèreté nécessaire à la rapidité des mouvements. Le bras gauche, élevé en arrière, établit la pondération du bras droit, formant une demi-extension. Quand on se fend, le bras gauche, en s'abaissant vivement, pousse le corps en avant et accélère le mouvement du bras droit, qui porte le coup. De même, pour se remettre en garde, le bras gauche, en se relevant, ramène le corps en arrière, pour qu'il reprenne sa première position avec promptitude.

Lorsqu'on s'est fendu, le centre de gravité doit tomber en arrière du talon droit; s'il était entièrement porté par la jambe droite, le mouvement de retraite serait moins rapide.

La facilité, la grâce des mouvements, tiennent à l'observation exacte des lois de l'équilibre, et nous verrons, dans l'analyse des œuvres des Grecs, combien ces lois étaient habilement mises en pratique dans l'antiquité.

§ II.

CARACTÈRE, PROPRIÉTÉS ET HARMONIE DES LIGNES.

Les lois de l'harmonie esthétique des lignes ont préoccupé bien des esprits éminents, dont les tentatives sont restées sans résultat pratique. Diderot, et surtout Hegel, ont écrit sur les propriétés et la signification passionnelle des lignes géométriques. Ce dernier, remontant à l'origine de l'art pour appuyer ses déductions par des exemples, présente des considérations philosophiques qui ne sont dépourvues ni de vraisemblance ni d'originalité. Mais, tout en reconnaissant que « la science de l'harmonie des lignes est la véritable science des beaux-arts, » il n'a eu aucune idée des lignes esthétiques, qui sont le vrai fondement de cette harmonie. Néanmoins il a eu le mérite de poser des jalons qui indiquent à la science la route qu'elle doit suivre pour arriver à la formule didactique.

Nous avons établi que la perspective règle les rapports des objets entre eux, que cette science est le point de départ de l'harmonie esthétique des lignes, du clair-obscur, du coloris, et que les lois de l'optique, qui tiennent aux mathématiques, déterminent l'ordre, la variété et l'unité du sujet représenté. Les règles de la plastique se fondant aussi sur les phénomènes de la vision, les lois du mouvement, le caractère et la propriété des lignes, en créent l'harmonie et réalisent une des principales conditions de la beauté de la forme et de l'unité de l'ensemble.

Les lignes ont une signification, et même un langage propre à exprimer les différents modes, et l'ordre suivant lequel elles sont combinées détermine le caractère et l'harmonie du sujet représenté.

La ligne verticale AB (pl. C, fig. 1) exprime dans son caractère moral la puissance divine ou humaine, les aspirations religieuses, la foi, l'espérance, de même que la grandeur, la noblesse, la majesté du commandement. Sous le symbole de la verticale, dont le prolongement s'élève dans les sphères célestes ou plonge dans l'abîme, viennent se grouper les scènes qui se rattachent à une idée de sagesse, de justice, de vertu : la verticale est la *ligne intellectuelle*.

La ligne horizontale CD (fig. 2) est particulièrement affectée à la matière. Elle est, dans son prolongement, l'image des choses terrestres, du grandiose, de la magnificence, des vastes horizons; elle est aussi l'emblème du calme, du repos, de la résignation, de l'humilité, de la servitude, etc. L'horizontale est la *ligne matérielle*.

La ligne courbe elliptique, par sa variété, exprime la passion, le mouvement, la vie et les choses qui tiennent aux sentiments affectueux, à la grâce, à la volupté.

La donnée verticale est le cadre qui convient aux sujets religieux, aux assomptions, aux apothéoses et à tous les sujets qui demandent de la noblesse, de la dignité;

La donnée horizontale, aux tableaux de bataille, de marine, de paysage; elle s'étend à tous les sujets qui exigent du développement ou un grand concours de personnages, ou à ceux dont le principal caractère n'est pas l'élévation de l'idée.

Une succession de lignes horizontales forme une masse verticale (fig. 3).

Une succession de lignes verticales forme une masse horizontale (fig. 4).

Un tableau, pour être caractéristique dans sa donnée générale, doit former une masse verticale ou horizontale, suivant le caractère du sujet.

L'ovale, comme forme esthétique, rentre dans la donnée verticale ou horizontale, suivant le sens dans lequel il est placé.

L'ovale introduit dans les lignes de la composition un élément de variété lorsque l'ensemble est formé de lignes droites. Au contraire, si les lignes de la composition renferment de grandes lignes courbes, la ligne droite du cadre devient un élément de variété qui enrichit l'expression de l'ensemble; il faut toutefois qu'il y ait des rappels de ces lignes dans le tableau.

La forme générale ronde ou carrée, manquant de variété esthétique, se rattache à un ordre d'idées qui n'appartient pas aux beaux-arts; par conséquent, ces formes doivent être rejetées, comme l'ont fait les Grecs, ou du moins employées avec réserve.

Le cercle, engendré par un point évoluant autour d'un point fixe, a ses diamètres égaux; n'offrant de détermination dans aucun sens, il n'est pas considéré comme forme esthétique. Cependant on peut créer une sorte de dominante verticale ou horizontale, au moyen de lignes parallèles obliques; mais les diamètres verticaux ou horizontaux ne peuvent pas être choisis comme lignes dominantes. On a vu dans le cercle l'image de l'enfance égoïste, qui rapporte tout à son moi; mais c'est bien plutôt l'image d'un Dieu unique, vers lequel gravitent l'immensité des mondes et toutes les forces actives de l'humanité.

Le carré, par des raisons analogues, n'est pas non plus une forme esthétique. C'est l'image de la force de résistance, ou d'une force à l'état latent, dépourvue des conditions de variété, de vie, de mouvement, qui sont l'essence des créations de l'art.

Le choix de la toile, sa forme, ses proportions, en un mot le cadre esthétique du sujet pouvant contribuer à la puissance de l'impression qu'il doit produire, ce cadre esthétique ne doit pas être fait sans méditation.

Deux lignes verticales parallèles AB, CD (fig. 5), sont en harmonie, car, étant prolongées, elles suivent une même direction. Marchant toujours d'accord, on peut les comparer à deux âmes sœurs, confondant leurs aspirations, ayant les mêmes goûts, les mêmes sentiments.

La perspective démontre, de son côté, que les lignes parallèles sont en harmonie, puisqu'elles concourent en un même point.

Les lignes parallèles, formées par des mouvements semblables, sont un moyen d'exprimer une conformité d'idées, de sentiments, de volontés.

Deux lignes horizontales parallèles AB, CD (fig. 6), sont en harmonie par des raisons semblables.

Si l'on abaisse la ligne verticale CD (fig. 5) jusqu'au point où elle devient horizontale, elle formera, avec la ligne AB, l'angle droit ABC (fig. 7), qui est le signe physique de la force de résistance, force qui crée une opposition caractéristique entre la verticale AB et l'horizontale BC.

Cet état d'antagonisme et de contraste est le contraire de l'harmonie, car les deux lignes AB, BC, ont chacune un caractère différent et suivent des directions opposées. Dans leur prolongement, elles se coupent à angles droits (fig. 8); donc la verticale et l'horizontale sont sans analogie entre elles, puisque chacune conserve son expression typique.

On conclut de là qu'il y a deux données caractéristiques et fondamentales : la donnée verticale et la donnée horizontale.

Cette démonstration prouve ce que nous avons avancé plus haut, qu'il ne doit pas y avoir de ligne horizontale dominante dans une donnée verticale, ni de ligne verticale dominante dans une donnée horizontale.

Les lignes AB, BC (fig. 7), formant un angle droit, sont les deux points extrêmes d'une série dont les intermédiaires sont formés par une succession de lignes obliques (fig. 9).

Les lignes obliques ont pour fonction de réunir les points extrêmes de la série et de relier la verticale à l'horizontale.

Les lignes AB, BC (fig. 9), considérées comme deux forces opposées, engendrent la diagonale BD, comme nous l'avons vu dans les lois du mouvement; la diagonale est donc une *résultante* servant de moyen terme entre la verticale et l'horizontale : c'est elle qui crée l'harmonie entre ces deux extrêmes.

Nous voyons également, dans la perspective, que la diagonale, dirigée au point de distance, détermine le rapport entre l'horizontale et la verticale.

En comparant l'harmonie des lignes aux harmonies déjà connues de la couleur, du clair-obscur et de la musique, on reconnaît que la verticale correspond au rouge, à la umière, à la quinte; l'horizontale, au bleu, à l'ombre, à la tonique; la diagonale, au jaune, à la demi-teinte, à la tierce.

Dans la gravure, aussi bien que dans le dessin, les lignes de même grosseur et de même intensité, ou faites avec le même outil, paraissent être de valeurs différentes, selon que ces lignes sont verticales, horizontales ou obliques. L'horizontale a le moins d'accent; c'est elle qui fait les bleus du ciel, les eaux calmes et transparentes; l'oblique fait les gris et les tons neutres; la verticale est celle qui donne le plus de puissance, le plus d'énergie au clair-obscur.

Dans la plastique, la diagonale est la zone qui limite les lignes obliques appartenant à l'harmonie verticale et les lignes obliques appartenant à l'harmonie horizontale.

La *donnée verticale* comporte donc, comme éléments de variété et d'harmonie, les lignes obliques comprises entre les rayons A B, B D; et la *donnée horizontale*, celles qui sont comprises entre les rayons D B, B C.

Si nous prolongeons toutes ces lignes (fig. 10), nous aurons l'image de la sériation dans son entier. Ces lignes, se mouvant autour d'un point central, engendrent la sphère, qui est l'emblème de l'ordre immuable, embrassant l'espace dans son immensité; et, comme conséquence, elle contient l'expression de tous les caractères, de tous les modes; elle forme un tout philosophique, un et complet, différent des beaux-arts.

L'angle dont le sommet s'appuie sur le plan horizontal (fig. 11) exprime l'opposition, la résistance, la non-conformité; si le sommet de l'angle est dirigé en sens contraire (fig. 12), il exprime un ardent désir, ou une vive aspiration commune à deux personnes : c'est la puissance de la passion confondant deux âmes en une seule.

Si la masse formée par le sujet du tableau est verticale, les lignes affirmeront cette donnée. Il y aura une ligne verticale dominante, une secondaire, une tertiaire, et, comme élément de variété, les lignes obliques, appartenant à l'harmonie verticale.

Cet ordre simple donne beaucoup de grandeur au sujet, surtout si l'on élimine les petits détails, qui affaiblissent toujours l'expression des grandes lignes, caractéristiques de la forme.

Les lignes obliques, indépendamment de la variété qu'elles introduisent dans la composition du sujet, servent à neutraliser les *lignes horizontales* qui peuvent se rencontrer dans une donnée verticale, ou les *lignes verticales* dans une donnée horizontale.

Si deux lignes, de caractère différent, sont indispensables à l'expression d'un même objet, on les relie au moyen de lignes obliques, qui servent d'intermédiaire et rendent harmonieux le passage de l'une à l'autre, tout en affirmant l'unité de donnée du sujet.

De même en musique, pour passer d'un ton dans un autre ton éloigné, on prépare le passage par un ou plusieurs accords intermédiaires, qui font paraître la transition naturelle.

Les *points esthétiques* sont déterminés par les détails caractéristiques d'un objet.

Les *lignes esthétiques* passent par les points esthétiques; elles ont pour fonction de relier les détails entre eux et de les rattacher à la donnée générale.

Si le sujet du tableau forme une masse horizontale, les lignes de la composition affirmeront cette donnée; les lignes obliques, appartenant à l'harmonie horizontale, en détermineront la variété, la grâce, le mouvement et l'harmonie.

L'unité dans les lignes comprend non-seulement l'unité de direction, mais encore l'unité de grandeur ou de volume, et l'unité dans les écartements.

Les lignes dans le genre sévère sont simples et peu variées; dans les sujets gracieux elles ont plus de mouvement, de variété; dans les scènes dramatiques, elles sont violemment contrastées.

La croix est formée par une verticale plus longue que la ligne horizontale. C'est le signe du sacrifice, de l'abnégation, par lequel on arrive aux joies pures du dévouement et de la charité; par sa signification esthétique, c'est l'esprit dominant la chair [1].

La passion, exprimée par le mode, donne la vie et le mouvement à l'ensemble; c'est elle qui anime toute l'œuvre et en crée l'unité. Il importe donc de bien connaître la nature, le caractère et les propriétés des lignes, pour mettre le mode en relief et lui donner toute sa valeur esthétique.

La beauté d'une figure dépend de l'harmonie des lignes, de l'anatomie, des proportions, des draperies, du clair-obscur, du coloris. L'ordre physique prépare les voies à un ordre plus élevé, l'ordre moral; c'est-à-dire que l'expression du visage, le geste, le costume, le clair-obscur, la couleur, doivent exprimer le caractère et résumer la vie du personnage représenté.

La statue ou le portrait en pied d'un personnage illustre, d'après ce que nous venons de dire du caractère des lignes, doit être debout, afin de former une ligne esthétique verticale dominante, emblème de la dignité, de la grandeur, de la majesté. Une figure assise produit une ligne brisée, qui a moins de noblesse que la ligne verticale. C'est une position familière, qui convient aux femmes et aux vieillards, comme nous le verrons avec plus de détail dans la partie analytique.

La ligne droite, par son uniformité, représente les objets dépourvus de sentiment et de vie, tandis que les lignes courbes et serpentines, par leur variété, expriment la vie, le mouvement, la passion; les formes très-convexes sont celles de l'enfance; les formes allongées, celles de l'homme avancé en âge.

---

[1] L'iconographie chrétienne distingue deux croix principales : la croix de passion, croix réelle, sur laquelle Jésus est mort; et la croix de résurrection, qui est le symbole de la croix réelle. Dans la première, la verticale est peu affirmée; mais, dans la seconde, l'horizontale est courte et la verticale très-allongée. De la comparaison des deux croix et de leurs attributs résulte la confirmation de ce que nous avons dit dans les définitions du caractère moral de la verticale et de l'horizontale.

Les Grecs, par ces raisons, donnèrent de l'inflexion aux lignes de leurs édifices, afin de modifier la rectitude et la sécheresse des lignes droites. Ils ont également appliqué à l'architecture les lois de la perspective aérienne, subordonnant le relief des détails au degré d'élévation du monument, tenant compte de la dégradation de l'angle visuel.

Les façades de leurs monuments sont comprises dans un parallélogramme élégant, dont les arêtes viennent se réunir en un point céleste. Cette inclinaison donne le sentiment de l'infini, et la convergence exprime admirablement les aspirations de l'humanité vers l'idéale perfection, dont la source est en Dieu. Mais l'architecture chrétienne, affirmant la verticale au lieu de l'horizontale, a exprimé ces mêmes sentiments avec bien plus de force et d'énergie.

L'effet grandiose qui résulte des lignes verticales que présentent les cathédrales gothiques fait d'autant mieux ressortir la faiblesse de l'homme, offrant à Dieu l'encens de ses adorations, et s'élevant jusqu'à lui par la prière.

L'immense basilique de Saint-Pierre de Rome paraît petite comparativement à l'espace considérable qu'elle occupe. La grosseur des chapiteaux et de tous les détails est en raison inverse de la dégradation de l'angle visuel; c'est-à-dire, qu'ils ont trop de relief pour l'élévation.

D'un autre côté, l'écartement des piliers n'est pas proportionnel à la hauteur des arcades, qui, se rapprochant du carré, ont un aspect lourd et sans grandeur. Ce n'est qu'en la parcourant qu'on se rend compte de sa vaste étendue.

Brunelleschi, au contraire, a su tellement soumettre les détails à l'ensemble et se conformer aux lois de l'harmonie esthétique des lignes, dans la construction des églises qu'il a édifiées à Florence, qu'elles paraissent beaucoup plus grandes qu'elles ne le sont en réalité.

Le principe esthétique des belles proportions architecturales consiste dans la création d'une forme générale inscrite dans un parallélogramme élégant. Plus elle s'éloignera du carré, plus elle paraîtra grande, svelte ou gracieuse; plus elle s'en rapprochera, plus elle sera lourde et massive.

Les divisions de l'édifice sont également comprises dans des parallélogrammes, soit dans le sens vertical, soit dans le sens horizontal, de telle sorte que la base du monument présente le caractère de la solidité; le milieu, le signe caractéristique de sa destination; le sommet, par ses moindres proportions, par sa légèreté, sa délicatesse, l'aspect de grandeur conforme au mode qui lui est propre.

En architecture, le parallélogramme élégant est composé de deux triangles équilatéraux (fig. 13, 14, 15). Les détails s'obtiennent par les divisions portées sur la base du triangle générateur de l'ensemble. Ces divisions forment à leur tour de petits triangles équilatéraux divisés proportionnellement au grand, et déterminent les proportions à donner aux ouvertures, aux colonnes, chapiteaux, moulures, etc.

On conçoit que cette commune mesure établisse l'harmonie des détails avec l'ensemble, et cette harmonie ne saurait exister avec des dimensions arbitraires.

Tous les beaux monuments de l'antiquité ont le triangle équilatéral pour base des proportions. Cet emblème de la franc-maçonnerie remonte aux Égyptiens, qui le tenaient des Indiens ; puis les Grecs, les Arabes adoptèrent le triangle équilatéral pour leurs constructions, qui furent les modèles où s'inspira le génie des artistes modernes.

Tel est le fondement sur lequel reposent la beauté, le caractère et l'harmonie des lignes architecturales. Ce principe, très-simple en lui-même, est varié à l'infini dans ses applications ; il se plie à toutes les exigences de l'art, à toutes les combinaisons de la pensée.

L'harmonie du clair-obscur, qui, dans la peinture et la sculpture, offre un précieux concours pour renforcer le mode du sujet, joue un rôle analogue dans l'architecture, soit pour le relief à donner aux ornements, soit pour la combinaison des pleins et des vides.

Parmi les productions des anciens, on remarque de nombreux sujets où les lignes, par leur antagonisme, donnent aux gestes une expression véhémente de puissance dominatrice, de résistance, de haine, de colère, de vengeance. Dans les effets où un certain désordre doit agir sur l'imagination et impressionner vivement l'âme du spectateur, l'artiste prend le contre-pied des lois de l'harmonie, et, par ce moyen, il crée des effets heurtés et un certain désordre, qui est encore de l'art. S'il s'agit de deux combattants, les lignes esthétiques sont inclinées en sens contraire et caractérisent l'antagonisme par l'opposition et la force de résistance qu'elles manifestent. Au contraire, deux personnages poursuivant le même but présentent des lignes parallèles qui dénotent au premier coup d'œil l'intention de ces personnages. C'est ainsi que, par des effets d'analogie ou de contraste dans les lignes esthétiques, on créera les modes les plus opposés et que l'on exprimera toutes les passions que l'âme humaine peut ressentir. Dans tous les cas, le mode du clair-obscur et du coloris doit se combiner avec celui des lignes pour en fortifier le caractère. Tous les chefs-d'œuvre de l'art nous montrent la parfaite application de ces principes.

Nous aurions dû donner ici, pour compléter ce travail, l'anatomie et les proportions du corps humain ; mais, le docteur Genga et Gérard Audran ayant traité de ces matières *ex professo*, nous renverrons le lecteur à leurs ouvrages.

Celui de Gérard Audran[1] contient les proportions du corps humain, mesurées sur les plus belles figures de l'antiquité :

Le Laocoon, vu de face, de profil, de trois quarts, de dos ;

L'Hercule Farnèse, vu de face, de profil, de dos, avec le tracé perspectif de l'échelle de proportion ;

Le Pyrame du jardin Ludovisi, vu de face et de trois quarts ;

[1] Chez Bance, éditeur, rue Bonaparte, n° 13.

Statue égyptienne, vue de face et de profil;
L'Antinoüs, vu de face, de profil, de dos;
Statue de la Paix;
La Bergère grecque (Vénus Callipyge);
La Vénus de Médicis, vue de face, de profil, de dos;
L'Apollon du Vatican, vu de profil, de trois quarts, de face;
Fragments antiques;
Mirmille mourant, du jardin Ludovisi;
Les enfants de Laocoon;
Deux figures d'enfants;
Les parties du visage de l'Apollon;
Les parties du visage de la Vénus de Médicis;
Quatre têtes d'après Raphaël.

Le traité d'anatomie de Bernardino Genga est intitulé: *Anatomia per uso et intelligenza del disegno, preparata su'i cadaveri, del dottore Genga. Con le spiegazioni del Lancisi, dottor segreto del Papa.*

Cet ouvrage, publié en 1641 par de Rossi, est exécuté avec une perfection qui témoigne de l'importance que l'on attachait à l'étude de l'anatomie, grâce à l'influence des Carrache et de leurs élèves, et surtout de Nicolas Poussin.

Il était destiné aux élèves de l'Académie de France à Rome, alors sous la direction de Charles Errard, bien oublié aujourd'hui.

Il se compose de quarante-deux planches, dont vingt-trois ont pour objet l'ostéologie et la myologie, et dix-neuf la myologie des plus belles statues antiques:

Myologie de l'Hercule Farnèse, vu de face, de trois quarts, de dos;
Myologie du Laocoon, vu de face, de trois quarts, de dos;
Le Faune de la villa Borghèse, vu de quatre côtés;
La Vénus de Médicis, forme extérieure, sans anatomie;
Le Tireur d'épine, forme extérieure;
L'Amazone du palais Cesi, *in Borgo*.

Le docteur Julien Fau a publié aussi un excellent ouvrage sur l'anatomie, accompagné d'un atlas de vingt-quatre planches, représentant le squelette dans diverses positions, avec le trait de la forme extérieure; la myologie et la forme extérieure, avec le trait intérieur de l'ostéologie de l'homme, de l'enfant; la forme extérieure de la femme et la myologie du Laocoon.

Ce travail, dédié au savant anatomiste Gerdy[1], est remarquable par la vérité de chaque

---

[1] Publié par Méquignon-Marvis fils, rue de l'École-de-Médecine, n° 3.

détail. On y voit clairement exprimées les attaches et les fonctions de tous les muscles; et, bien que les planches ne soient pas dessinées avec la grandeur de style de l'ouvrage de Genga, le traité d'anatomie de M. Julien Fau peut lui servir de complément, et même le remplacer.

Nous devons encore mentionner les récents et remarquables travaux du docteur Duchenne (de Boulogne), ayant pour titre : *Mécanisme de la physionomie humaine, ou analyse électro-physiologique de l'expression des passions, applicable à la pratique des arts plastiques.* L'album qui accompagne le texte renferme soixante et douze planches photographiées, présentant des exemples du plus haut enseignement[1].

On sait que Léonard de Vinci a étudié l'anatomie d'une façon toute spéciale, et que ses écrits ont beaucoup contribué aux progrès de cette science; que Michel-Ange a fait des études anatomiques pendant douze ans, et qu'il devait livrer au public un traité sur cette matière.

Les œuvres des anciens nous montrent quelle profonde connaissance ils possédaient de la conformation du corps humain et de ses belles proportions. On ne saurait trop méditer les œuvres qu'ils nous ont laissées; ils démontrent la nécessité des études approfondies, et que sans une grande science, jointe à un sentiment élevé, on ne saurait créer des œuvres dignes de la postérité.

---

[1] En vente chez Mme veuve J. Renouard, rue de Tournon, n° 6.

DEUXIÈME PARTIE.

APPLICATION.

I. ANTIQUITÉ.

LES RÈGLES DE LA PLASTIQUE CONFIRMÉES PAR LES OEUVRES DES ANCIENS.

PEINTURE, SCULPTURE ET PIERRES GRAVÉES.

La Grèce eut pendant longtemps le bonheur de jouir d'institutions libérales qui favorisèrent le développement de toutes les facultés dont ce peuple, si bien doué de la nature, a donné tant de marques dans tous les genres.

Les exercices du corps secondaient ceux de l'intelligence, et les jeunes Grecs, dès l'âge de vingt ans, étaient propres à tous les travaux. L'émulation les portait à se distinguer par de grandes choses, afin d'être comptés parmi les premiers de la nation. Le plus sage étant le plus connu et le plus honoré, la sagesse était la principale étude de toute la vie. L'enfant apprenait par cœur les nobles récits des poëtes et faisait progressivement passer dans ses actions les sentiments élevés dont il avait été nourri. Socrate disait que les artistes étaient les seuls sages, parce qu'ils l'étaient en réalité, sans affecter de le paraître, et que, pour cette raison, les philosophes faisaient leur société habituelle des sculpteurs, des peintres et des architectes.

La gloire et la fortune des artistes dépendaient des suffrages de la nation, qui distribuait les récompenses dans des assemblées générales. Le jury, composé de sept membres, était choisi parmi les plus instruits des règles de l'art, règles qu'ils apprenaient dans les écoles de philosophie et les ateliers des artistes.

Ces faits, rapportés par les auteurs anciens, témoignent que les règles de la plastique étaient connues, non-seulement des peintres et des sculpteurs, mais encore des amateurs des beaux-arts. Lors même que les précieux écrits que nous possédons n'existeraient pas.

les œuvres de ces savants artistes prouveraient surabondamment que toutes les règles de l'art leur étaient familières, puisque les statues, les bas-reliefs du Parthénon, les médailles et les pierres gravées, de même que la plupart des peintures d'Herculanum, de Pompeia, de Stabia et de Rome, en offrent la parfaite application. C'est à cette cause qu'il faut attribuer la lenteur de la décadence de l'art chez les anciens.

La facilité avec laquelle l'œil parcourt l'ensemble d'un objet étant une des principales causes de la sensation agréable qu'il produit, l'ordre devient, par cela même, un des signes caractéristiques de la beauté. L'œil suit rapidement et sans fatigue les contours des objets simples et réguliers; il voit promptement l'ensemble, et, par cela même, la forme la mieux ordonnée est celle qui satisfait le plus complétement les sens et l'intelligence. Le laid, au contraire, fatigue l'œil par ses parties irrégulières et sans symétrie. Ainsi s'explique l'impression pénible que produit sur nous la laideur, indépendamment de l'action morale qui vient se joindre au témoignage des sens. L'homme bien organisé, possédant un sentiment inné d'ordre et d'harmonie, veut, par conséquent, trouver dans les créations de l'art l'expression de la beauté physique et de la beauté morale.

Le beau, d'après la méthode analytique de M. Charles Lévêque [1], en agissant sur l'âme humaine, s'adresse,

1° A l'intelligence;

2° A la sensibilité;

3° A l'activité esthétique.

« Lorsqu'on est placé en face de deux objets, l'un offrant le plein développement de la forme dans toutes ses parties, l'autre maigre et chétif, c'est l'intelligence qui juge le premier plus beau que le second. Ce jugement est basé sur un type idéal, conçu par la raison, et s'étend à l'universalité de l'espèce. La maigreur est le signe du défaut de puissance et de vie; le plein développement de la forme, celui d'une vitalité riche et puissante.

« La forme idéale manifeste la beauté absolue ou typique de l'espèce. La puissance vitale est un principe essentiel et interne, qui est la beauté elle-même, beauté invisible dans son essence, mais rendue sensible par la forme visible. La grandeur idéale de la forme étant adéquate à la puissance idéale de la vie de l'être, la forme n'a de valeur esthétique que par l'expression de la puissance vitale. Dès que cette marque ne se rencontre pas dans un objet, cet objet n'a pas le genre de beauté qui lui est propre. Ainsi les créations de l'art nous charment en raison du degré de puissance avec lequel ils expriment le principe interne dont il s'agit.

« La grandeur normale de l'espèce, de même que sa plus haute puissance vitale, est une idée de la raison, et le rapport de l'idée de grandeur et de puissance ne peut être établi

---

[1] *La Science du beau*, t. I, chap. II et suiv.

que par la raison. Ces deux notions, rattachées l'une à l'autre par leur rapport nécessaire, constituent ce que l'on nomme *le type de l'espèce*, et c'est sur ce type que se mesure le degré de beauté de chaque espèce. Privés de ces notions, les jugements en matière d'art demeurent sans fondement.

«Le beau, agissant sur notre sensibilité, nous fait éprouver un sentiment agréable et procure à l'âme une jouissance intellectuelle élevée, noble, désintéressée, distincte de la sensation des jouissances matérielles. Ce plaisir intellectuel est l'émotion esthétique, laquelle se mesure aussi d'après un type idéal conçu par la raison.

«Le beau agit sur notre activité à la vue des chefs-d'œuvre ou des spectacles de la nature; il fait germer l'habileté, le talent, accélère la fécondité du génie de l'artiste et l'excite à reproduire les belles choses. Les caractères de l'activité esthétique sont également appréciés suivant un type absolu conçu par la raison.»

Si nous résumons la théorie de M. Charles Lévêque, dont les observations personnelles développent si heureusement la philosophie des anciens, nous voyons que la beauté visible de tous les objets de la nature est ramenée à deux caractères principaux : la grandeur et l'ordre.

La grandeur se subdivise en quatre parties :
1° *La forme*, se développant pleinement suivant un type normal conçu par la raison;
2° *Le clair-obscur*, donnant à la forme visible sa plus belle apparence, son plus haut relief;
3° *La couleur*, manifestant pleinement la vie sur tout le développement de la forme;
4° *La grâce*, qui est l'expression de la puissance vitale se manifestant avec souplesse et facilité sur toute l'étendue de la forme.

Nous rappellerons que la couleur propre des corps tient à la propriété qu'ils ont de s'assimiler moléculairement, en plus ou en moins, le mouvement lumineux. C'est de ce phénomène de diffraction que résultent les nuances variées propres à telles ou telles espèces. Le clair-obscur se liant intimement à la couleur et pouvant à lui seul manifester la pleine grandeur de la forme, nous avons dû ajouter à cette définition ce caractère complémentaire.

La grandeur a donc deux caractères inhérents à la matière : la forme et la grâce, et deux caractères empruntés à la lumière : le clair-obscur et le coloris.

L'ordre se subdivise en cinq parties :
1° *L'unité* de la forme, se coordonnant dans un tout suivant un type normal ou idéal;
2° *La variété*, qui est la forme totale divisée en parties s'ordonnant entre elles et avec l'ensemble;
3° *L'harmonie*, représentant la forme générale se coordonnant avec les parties;
4° *La proportion*, qui représente les dimensions des parties se coordonnant entre elles suivant un type idéal;

5° *La convenance*, qui est la forme du type idéal se coordonnant avec les objets qui l'environnent, de manière à manifester ce type dans toute sa beauté.

Le beau est donc, dans tous les cas possibles, l'action puissante et ordonnée de la force vitale ou de l'âme des êtres, et partout où l'on rencontre un degré supérieur de puissance et d'ordre, là aussi correspond un degré supérieur de beauté.

Le joli ou le charmant est un degré de beauté inférieure qui révèle une puissance active moins grande que le beau, mais possédant toutefois les cinq caractères de l'ordre. Le beau pénètre jusqu'au fond de l'âme et sa puissance fait naître l'admiration; le joli éveille l'esprit, l'entraîne, le charme avec modération. Moins imposant que le beau, il attire plus volontiers, mais il n'impose pas le respect. C'est pourquoi le joli, mieux en rapport avec l'intelligence moyenne des hommes, est plus généralement goûté que le beau.

« Facile à exprimer, facilement récompensé, le joli ou le charmant récrée l'âme, mais sans l'élever, ni la fortifier. Il n'agrandit l'intelligence, ni de celui qui s'en inspire, ni de celui qui le crée, ni des amateurs friands qui le payent à chers deniers. Il nous intéresse, il nous amuse, mais jamais il ne nous laisse pleinement satisfaits. Le joli n'est pas le but de la faculté esthétique, mais seulement un point de la route qu'elle doit parcourir. La destinée de ceux qui s'arrêtent là, et qui s'y attardent, est bien connue : amollis par un trop long commerce avec ce qui divertit à bon marché, incapables de réflexion et d'étude, ils n'avancent plus, et, comme l'âme ne peut demeurer en place, ils reculent. Le plus certain est de traverser la région dangereuse des choses jolies et charmantes, et de marcher, d'un pas viril, droit à la cime escarpée où réside le beau [1]. »

Le sublime diffère du beau en ce qu'il manifeste une puissance, une grandeur, un ordre supérieurs au beau. Le sublime est l'infinie beauté, dépassant en partie nos facultés expérimentales. « Tandis que le beau proprement dit, toujours mesuré et défini, dans sa puissance comme dans son ordre, nous émeut sans nous ébranler, le sublime, lui, nous secoue jusqu'aux intimes profondeurs de notre être, parce qu'il produit en nous les effets du beau avec une énergie véhémente, proportionnée à sa puissance, et de beaucoup supérieure à l'énergie du beau. Si le sublime aveugle l'âme ignorante ou faible, il féconde l'activité morale des grandes âmes et l'activité esthétique des âmes de génie. Mais celui-là seul qui aura longuement contemplé le sublime et qui, après avoir lutté sans trêve, aura dompté en lui-même la chair et arraché de ses entrailles la racine de l'injustice, celui-là seul produira ces fruits divins de l'union du sublime avec la liberté pour lesquels les hommes ont créé les noms de *sainteté* et d'*héroïsme*.

« L'art est absurde lorsqu'il se flatte d'arriver au beau en calquant la réalité, et il est insensé lorsqu'il se flatte de copier exactement la face immense du sublime. Qu'il tâche

[1] *La Science du beau.*

donc, bien moins de nous faire voir le sublime lui-même, que de nous en communiquer l'impression. Viser toujours au beau, afin de l'atteindre souvent, cela se doit, et c'est assez; viser toujours au sublime, ce serait trop: il suffit d'y atteindre de temps en temps, et l'on y réussit en s'en rapprochant naturellement par l'influence graduelle et croissante du beau. »

Si la force vitale moyenne ne déploie qu'une seule de ses énergies et qu'elle laisse les autres inertes ou immobiles, cette force manquera de variété; si elle les déploie au hasard, sans les diriger vers la fin de l'être, elle manquera d'unité et d'harmonie; enfin, si elle les déploie inégalement, elle dépassera le but ou restera en deçà: elle sera sans proportion. Il peut encore se rencontrer qu'elle agisse hors de propos et ne concorde pas avec ce qui l'entoure: alors elle manquera de convenance. Donc la force vitale, faible ou mal ordonnée, est l'opposé du beau, c'est-à-dire qu'elle produit le laid, ou le ridicule, qui est un acheminement vers le laid.

La beauté morale est soumise aux mêmes règles que la beauté physique. L'être est beau moralement lorsqu'il déploie une puissance de sentir et d'agir grande et ordonnée, autant que le comporte sa nature. Plus la forme est belle, plus elle est apte à manifester la beauté morale.

D'après ce qui précède, l'invisible seul est beau par lui-même, à condition de se développer en tant que puissance grande et ordonnée; le visible n'a, esthétiquement, qu'une valeur d'expression, et le phénomène intellectuel de la connaissance du beau, dans l'ordre physique comme dans l'ordre moral, se ramène toujours aux trois idées de grandeur, d'ordre et de puissance active.

On juge de la beauté morale en lui appliquant les conditions de la beauté physique, c'est-à-dire qu'on la juge conformément à un type idéal conçu par la raison, et c'est ce type qui sert de mesure toutes les fois qu'on porte un jugement sur la beauté des actions ou de la vie des hommes.

Connaissant donc les divers caractères de la beauté par une analyse logique, on peut se rendre un compte exact de la beauté des divers objets de la nature et de l'admiration qu'ils provoquent. On sait en quoi consiste la beauté de l'objet, quels sont les caractères de sa beauté et le degré de puissance d'où découle cette beauté. De plus, on peut classer les divers degrés de la beauté en raison de la puissance active qu'ils manifestent et de l'ordre qu'ils réalisent. En suivant cette méthode, on sera bien mieux à même d'apprécier toutes les productions de l'art ou d'interpréter les beautés de la nature que si l'intelligence était seulement conduite par l'instinct, car, dans toute science, la part de la raison est plus grande que celle de l'instinct.

Comme toute science ne s'acquiert que sous l'effort soutenu de l'attention, chaque effort accompli accroît le plaisir que nous procure la science du beau, et ce plaisir nous encourage à pousser toujours plus loin nos recherches et nos études. On peut conclure, avec M. Charles Lévêque, que « mieux la beauté est connue, plus cette connaissance augmente le plaisir que nous ressentons en présence de la beauté. »

Les gravures au trait des œuvres que nous donnons en exemple suffiront à faire l'application des règles de la plastique et à prouver que ce sont bien ces mêmes règles qui furent connues et pratiquées par les anciens. Une figure au trait, bien exécutée, résume la forme générale et suscite l'idée du clair-obscur et du coloris. L'unité du trait comprend trois degrés d'intensités diverses : un trait léger pour exprimer la lumière, un trait fort pour l'ombre, un moyen pour la demi-teinte. Si ces conditions sont exactement remplies, comme les Grecs eux-mêmes nous en ont laissé des modèles, le trait donnera l'idée du clair-obscur, et, si elle est juste, elle impliquera l'idée de la couleur. Une intelligence cultivée pourra donc voir, dans un simple trait, le résumé de la forme, de la lumière, de la couleur.

Quelques-unes de nos gravures contiennent des incorrections de détail qui tiennent à l'interprétation des modèles, dont les mouvements, toutefois, sont rendus avec fidélité dans leur ensemble; d'autres ont des traits accentués là où ils devraient être légers, mais ces fautes contre les lois du clair-obscur, étant signalées, serviront à rappeler les principes et à fournir le texte d'un utile enseignement.

CHAPITRE PREMIER.

SCULPTURE.

FRISE DU PARTHÉNON. (Pl. I).

« Les Grecs, comme le dit un auteur moderne [1], furent passés maîtres dans cet art de déposer une passion au sein d'une œuvre, comme une âme qui la fait vivre, et de la manifester par les signes les plus parfaits et les plus expressifs, en ayant soin d'y subordonner tellement tous les détails que tout contribue et concoure à fortifier l'effet général. Ainsi procéda le grand artiste chargé de sculpter la frise du Parthénon; l'image de cette magnifique procession qui, le dernier jour de la fête des Panathénées, entrait du Céramique extérieur dans la ville, et, après s'être lentement déroulée dans les rues et sur les places, montait à la citadelle pour y déposer aux pieds de Minerve Poliade le nouveau péplum brodé par des mains virginales.

« Son premier soin fut de se pénétrer de son sujet et d'imprimer à cet immense ouvrage le caractère de l'auguste cérémonie qu'il avait à représenter. C'était une fête que devait reproduire le divin ciseau de Phidias, et le génie de la fête respire partout dans son œuvre, communiquant à l'âme une suprême et délicieuse légèreté. Oui, corps et âme, tout est merveilleusement léger dans ce bas-relief incomparable, hormis, toutefois, les béliers, ces taureaux, ces métèques [2], habilement distribués de place en place par l'artiste, qui connaissait mieux que personne le puissant effet des contrastes.

« Ils sont légers comme le vent ces chevaux, dont, à dessein, il emprunte les modèles à la race la plus légère qui soit au monde, chevaux façonnés et assouplis par l'école athénienne, et qu'il s'est attaché à alléger encore, en supprimant tout harnachement.

« Et comme elles sont légères les âmes qui se révèlent dans le regard et le geste des

---

[1] *A propos d'un cheval*, par Victor Cherbuliez, 1 vol. in-8°; Joël Cherbuliez, libraire, Paris et Genève.
[2] Les métèques étaient des étrangers domiciliés à Athènes; ils jouissaient des priviléges de la cité moyennant le droit d'incolat, qui frappait le sixième du revenu.

magistrats, dans la beauté vénérable des vieillards, dans la démarche aisée des jeunes vierges portant leurs patères ou leurs corbeilles, dans l'action libre et dégagée des musiciens jouant de la flûte ou de la lyre, dans les formes délicates des éphèbes, et jusque dans leurs tuniques aux plis ondoyants et dans leurs manteaux flottant gracieusement dans l'air; enfin, dans cette foule innombrable de personnages creusés dans le marbre, avec une incompréhensible vérité, par le ciseau le plus délicat qui fut jamais! Et ainsi, sur ce bas-relief colossal, où la nature est rendue avec une fidélité sans pareille, Phidias a retracé la grande procession des Panathénées avec l'infinie variété de ses aspects et de ses épisodes, et sur ces quatre cents pieds de marbre respire une seule passion, qui est comme l'âme de ce grand ouvrage, de même que, dans la vie d'un noble cœur, un seul grand sentiment, comme un souffle invisible, répand partout la mesure, l'unité et l'harmonie. »

Cette description de l'œuvre principale du grand sculpteur ami de Périclès et de Platon offre une utile leçon, en ce qu'elle fait clairement comprendre ce qu'on entend par *mode*, et comment on peut ramener à l'unité esthétique la plus vaste composition.

Les philosophes avaient enseigné aux artistes les principes d'unité, de variété, d'harmonie, de proportion, de convenance qu'ils trouvèrent dans leur recherche du beau idéal, afin que leurs œuvres fussent sagement ordonnées, et qu'elles prissent, par l'application des règles, le mouvement et la vie. Platon dit : « Le sculpteur éliminera les détails oiseux, pour ne s'attacher qu'aux lignes caractéristiques, de manière à faire simple, pour faire grand et sublime. »

Par cette raison, Phidias a supprimé les brides des chevaux, qui auraient détruit, par de petites ombres portées, l'unité de la masse du clair-obscur, et diminué l'aspect des grandes formes.

On remarque, dans les pierres gravées, des quadriges où les guides sont supprimées, et d'autres où elles sont représentées; il résulte de la comparaison que l'œil est plus satisfait des premiers que des seconds.

Lorsque les chevaux s'enlèvent du train de devant, les guides forment des lignes horizontales dominantes qui empêchent de voir franchement l'ensemble. Mais si la masse, au lieu d'être oblique, est horizontale, les guides, en suivant la ligne des reins des chevaux, s'harmonient avec la donnée générale. C'est donc la convenance qui doit fixer le choix de l'artiste.

Personnages assis. (Pl. I, n° 1.)

Le groupe des deux figures assises (fig. 1re), représentant un vieillard et une jeune femme, offre une ligne oblique dominante, composée des trois points esthétiques suivants : la tête, le genou et le pied gauches du vieillard;

La ligne oblique secondaire : du coude gauche, de la hanche et du pied de la jeune femme;

La ligne tertiaire : de sa main droite, du genou et de l'extrémité de son pied gauche.

Les lignes qui établissent la relation morale entre les deux personnages sont :

La ligne oblique du bras gauche de la femme et la jambe gauche du vieillard;

Les lignes horizontales passant par le voile tendu et le sommet de la tête du vieillard;

Les épaules, l'avant-bras gauche de la femme, les épaules du vieillard;

Le sein droit de la femme, le poignet gauche du vieillard, les lignes des siéges; etc.

La verticale, formée par le deltoïde gauche et le montant du siége sur lequel repose le vieillard, donne de la noblesse à la pose. Cette verticale a sa parallèle formée par l'avant-bras gauche de la jeune femme et le montant du siége au-dessous.

On trouve encore d'autres lignes obliques moins apparentes, qui relient chaque détail à l'ensemble, en sorte que le groupe est un et caractéristique, tout en se rattachant à la donnée générale de la composition.

Pour rendre dominante cette belle figure de vieillard, l'artiste a ménagé un espace majeur, qui la sépare des autres figures, et, par cela même, la met en relief.

On remarquera que tous les personnages assis sont placés de façon que le dos ou le bras forme, avec le montant du siége, une ligne verticale caractéristique, qui donne de la grandeur et de la noblesse à la pose, et que le centre de gravité est soutenu par un point peu éloigné de ce montant.

Les lignes parallèles formées par les gestes des personnages causant ensemble établissent la relation morale et le rapport de conformité qui les unissent. Ces lignes sont encore plus vivement exprimées par les musiciens jouant de la flûte ou de la lyre, et les personnes qui les suivent en marchant au pas. Cette régularité donne l'idée du rhythme musical qui règle la mesure, en même temps qu'elle indique la conformité d'idées communes à toute cette foule.

Les draperies sont agencées de manière à créer des plis en harmonie avec le mouvement de chaque figure; elles affirment ou varient les lignes de la donnée générale.

Les points qui déterminent les lignes esthétiques sont accentués en raison directe de l'importance de ces lignes.

Jeune homme arrêtant un taureau. (Pl. I, n° 2.)

Dans ce groupe, représentant un jeune homme qui s'efforce de maintenir dans le rang du cortége un taureau qui s'emporte, Phidias a également supprimé la corde par laquelle l'animal est retenu. Cependant l'esprit la voit en pensée, tant l'effort du taureau, pliant le cou, est naturel.

Le centre de gravité de la figure est supporté par le pied droit, tandis que la jambe gauche, pour résister à l'impulsion, forme, suivant les lois du mouvement, un angle droit avec la jambe droite du train de derrière de l'animal.

La tête du jeune homme est le point esthétique auquel viennent aboutir les lignes, de plus en plus obliques, des naseaux et de la main gauche, du sabot gauche et de la main gauche, du pied gauche et de la main droite de la figure.

La tête, le coude et le pied droits forment une ligne verticale qui se relie par des obliques à la ligne horizontale du dos du taureau, et maintiennent l'unité du système.

En général, les personnages qui conduisent les taureaux sont placés de manière à créer une succession de lignes verticales formant une masse horizontale.

Deux cavaliers. (Pl. I, n° 3.)

Le groupe de ces deux cavaliers est d'une grâce parfaite, qui résulte de la facilité avec laquelle hommes et chevaux manifestent la puissance vitale se déployant sur toutes les formes avec une souplesse incomparable. C'est bien là l'image de la vie, telle que le comporte le mode du sujet. On reconnaîtra de même, dans les trois groupes de notre planche I, que les cinq caractères de l'ordre : l'unité, la variété, l'harmonie, la proportion, la convenance, y sont exactement représentés.

Les chevaux, au galop, forment une masse oblique, appartenant à l'harmonie horizontale. En effet, la ligne oblique dominante est composée de cinq points esthétiques, déterminés par les détails suivants :

La tête du cavalier en second plan, le genou droit du cheval en premier plan, le pied du cavalier, le paturon gauche et le sabot droit des jambes de derrière.

La ligne oblique secondaire se compose de quatre points esthétiques :

Les naseaux du cheval en second plan, le genou du cavalier, le sabot de la jambe gauche de devant et le sabot de la jambe droite de derrière du cheval en premier plan.

La ligne oblique tertiaire est également composée de cinq points esthétiques, mais moins apparents que les autres :

Le coude du cavalier du second plan, les naseaux du cheval du premier plan, la main gauche du cavalier, la croupe et la queue du cheval.

Ces lignes ont pour effet de relier les parties entre elles, et de créer l'unité et l'harmonie du groupe.

Le clair-obscur, quoique absent en réalité, est représenté ici par le trait d'une manière suffisante pour en faire naître l'idée. Chaque cavalier, de même que chaque cheval, est *un*, de son unité propre, et le groupe est *un*, par la relation esthétique des différentes parties de l'ensemble ; il en est de même des autres groupes.

La frise présente une suite de lignes esthétiques affirmant la donnée horizontale. C'est tantôt une succession de lignes verticales formant une masse horizontale, résultant des personnages debout; tantôt ce sont des lignes obliques, appartenant à l'harmonie horizontale, qui varient l'unité de la donnée générale, comme le groupe des deux cavaliers en offre l'exemple.

La variété résulte des lignes verticales produites par des points esthétiques, tels que :
Les naseaux du cheval du premier plan et le pied du cavalier;
Le sommet de la crinière, la main du cavalier, le sabot de droite;
Le dos du cavalier, et le jarret droit du cheval;
Le profil de la crinière, la main du cavalier, le paturon gauche de derrière, etc.

La jambe gauche du train de derrière du cheval en second plan forme une ligne oblique prolongée par le corps du cavalier en premier plan, ligne qui appartient à l'harmonie verticale.

Les jambes de devant du cheval en second plan forment des lignes qui, étant prolongées, correspondent à la tête du cavalier et rendent cette partie la plus dominante du groupe.

Le centre de gravité du cavalier en second plan est soutenu par la jambe gauche du train de derrière, et les cavaliers, en général, pour donner de la légèreté à l'avant-main, ont leur assiette un peu en arrière du centre de gravité des chevaux.

Le coude du cavalier et la cuisse gauche du cheval forment une ligne esthétique verticale, qui affirme l'aplomb du cheval. Comme le pied qui soutient le centre de gravité fait un violent effort pour supporter le poids du corps, les muscles de la cuisse sont puissamment accusés.

Le centre de gravité du cheval en premier plan est soutenu par la jambe droite; aussi le jarret droit et le dos du cavalier forment-ils deux points esthétiques situés sur une ligne verticale parallèle à celle qui soutient le centre de gravité.

On trouvera également des points esthétiques formant diverses lignes horizontales qui déterminent le mouvement en avant; mais ces lignes, étant subordonnées aux lignes obliques dominantes, caractéristiques du galop des chevaux, sont peu apparentes.

La variété de pose des cavaliers, celle des chevaux, dont le centre de gravité est soutenu, l'un par la jambe gauche, l'autre par la jambe droite, donnent à ce groupe une grâce, une légèreté, une harmonie qui ne sont point le fruit du hasard, mais qui dépendent d'un principe dont on retrouve l'application dans l'œuvre tout entière.

Parmi les jambes de tous ces chevaux, de tous ces taureaux de la frise du Parthénon, le sculpteur a marqué vigoureusement celles qui supportent le centre de gravité de l'animal, afin qu'il repose solidement à terre, laissant dans la demi-teinte ou le neutre celles qui ne sont pas caractéristiques du mouvement. Par cette raison, il a supprimé celles des jambes des cavaliers qui se trouvent naturellement dans l'ombre.

Les ombres créées par le plus ou le moins de relief des objets sont toujours en harmonie avec le mode du sujet, et leur degré d'intensité est en raison directe de leur importance esthétique.

En étudiant les sculptures de la Cella et les groupes des métopes, on conçoit toute l'étendue du génie de Phidias, qui sut varier les mouvements de toutes ces figures, de tous ces cavaliers, de tous ces chevaux, de tous ces taureaux, dont pas un ne ressemble à un autre.

En s'enlevant de l'avant-main, le mouvement des chevaux s'harmonie avec celui des cavaliers de telle sorte que la masse est variée avec une science infinie, tout en restant conforme à la donnée générale. De plus, le cheval du second plan, par son regard en arrière, semble lire dans la pensée de son maître, et exécute avec promptitude et facilité, comme pour lui plaire, les mouvements dont il reçoit l'impulsion. De cet accord du mouvement et de la pensée résultent la grâce et l'harmonie, communes à cette foule, où chacun remplit les fonctions qui lui sont attribuées, et où chaque figure, aussi bien que chaque détail, est d'une beauté supérieure à la réalité.

Comme l'application des mêmes règles se rencontre dans toute l'étendue de la frise, nous nous sommes borné à l'analyse de ces trois sujets caractéristiques, parce qu'ils suffisent à démontrer comment sont constituées l'unité, la variété et l'harmonie esthétique de l'ensemble.

L'Amazone du palais Cesi. (Pl. II.)

Cette statue pourrait bien être l'Amazone Sosandre, par Calamis, dont Lucain parle avec de si grands éloges. Quoi qu'il en soit, l'harmonie des formes, l'unité, la variété des étoffes et des plis, leur jet naturel, d'où découle la grâce, et la façon dont ils recouvrent le nu sans le masquer, toutes ces qualités réunies en font un des plus parfaits modèles de statues drapées que nous possédions.

Les grands plis sont formés par les parties dominantes du corps, et les petits plis font valoir les grands par opposition. L'ordre est établi en faisant un pli majeur, un secondaire, un tertiaire. Cet ordre se présente toujours dans chaque masse, grande ou petite, et les masses se combinent entre elles pour créer l'unité du clair-obscur. Donc la forme et le volume des plis sont à la fois soumis aux règles de l'unité esthétique des lignes et du clair-obscur.

Les plis caractérisent, en outre, la nature de l'étoffe et affirment la donnée esthétique de la figure.

Les mêmes principes s'appliquent à la manière d'arranger les cheveux, de les natter, le les disposer par boucles et de les faire onduler. La variété consiste dans la différence de volume des masses, qui se composent toutes d'une masse dominante, secondaire, tertiaire.

C'est chez les Grecs qu'il faut étudier l'art de draper les figures; c'est là que l'ont appris Raphaël, Poussin et, généralement, tous les peintres remarquables de la Renaissance. Mais, conduits par l'instinct plutôt que par la connaissance de la règle, ils se sont rarement élevés, dans cette partie de l'art, jusqu'à la hauteur de modèles si parfaits.

L'habillement des femmes se composait de trois sortes de vêtements: celui de dessous ou chemise, la robe, le manteau. Hérodote dit que toutes les femmes grecques portaient le costume dorien, mais que plus tard les Ioniennes y firent quelque changement. Le vêtement de dessous s'agrafait sur chaque épaule; la robe, sans manches, se passait par-dessus la tête, se fixait sur l'épaule par un bouton ou une agrafe, et, sous le sein, par une ceinture. Les Vénus drapées ont une seconde ceinture placée à la hauteur du pubis; les poëtes la nomment *ceinture de Vénus*.

Le manteau ou *péplos*, ou *péplum*, était coupé en rond pour les hommes comme pour les femmes; cependant il y en avait de carrés, dont on relevait un angle pour se couvrir la tête. Les hommes portaient deux péplos durant l'hiver.

Les habits de femme étaient de toile de lin, de coton, de drap, de soie. On reconnaît le drap à ses plis amples et relevés; les étoffes légères à leurs petits plis, groupés par masses et laissant voir le nu. Thucydide parle des vêtements de toile que portaient les Athéniens, principalement les femmes, et Euripide donne à Iphigénie un manteau d'étoffe si transparente « qu'elle voyait au travers. »

La statue de l'Amazone a le centre de gravité soutenu par le pied droit et relève le bras gauche, conformément à la règle établie. La grandeur, la dignité, la noblesse impliquent des conditions de stabilité qui doivent paraître évidentes au premier coup d'œil; c'est pourquoi le centre de gravité d'une figure ne saurait être arbitraire.

La grande ligne esthétique dominante résulte de la ligne de séparation des cheveux, du nez, du pli qui profile le sein droit, et de celui qui tombe sur l'orteil droit;

La ligne secondaire, de la draperie qui descend verticalement de l'épaule droite le long du corps, et arrive jusqu'à terre par un pli de la tunique;

La ligne tertiaire, de la draperie tombant de l'épaule gauche et se raccordant avec le profil de la jambe gauche.

Une autre ligne verticale tombe de l'épaule sur le profil du sein gauche, passe par le pli de la draperie qui se relève sur la hanche, et par le pli de la tunique qui longe la jambe gauche.

Le bras gauche se rattache à la masse verticale par une ligne qui a son point d'appui sur le pied gauche.

Le bras gauche est rattaché à la masse par la ligne courbe qui passe par le profil extérieur du bras gauche, par la draperie relevée sur la hanche, et l'extrémité du péplos, à droite.

Cette courbe appartient à l'harmonie verticale.

La ligne créée par le profil de la draperie du côté droit, à partir du coude, a son point d'appui sur le pied droit, ligne oblique de l'harmonie verticale.

Cette même ligne se raccorde avec la courbe formée par le bas du péplos.

Les grands plis sont placés sur les grandes parties du corps et les laissent dominer. Les petits plis font opposition aux grands et les font valoir par le contraste.

Les plis horizontaux de la ceinture sont ramenés à l'unité verticale par les plis plus ou moins obliques qui les accompagnent à droite et à gauche et les entraînent dans l'harmonie verticale.

La ligne d'implantation des cheveux, dans son prolongement, tombe sur des plis qui la continuent; de même le profil extérieur des cheveux tombe verticalement sur les plis du péplos afin de rattacher la tête à la masse verticale et surtout de lui donner un aspect de noblesse et de grandeur. Enfin la coiffure, en multipliant les lignes esthétiques horizontales, se rattache à la masse verticale dominante.

Le corps humain présente une harmonie de lignes esthétiques composée de divers éléments se combinant entre eux pour former une masse verticale. La charpente osseuse, construite pour l'action et la résistance, présente des lignes horizontales qui résultent de la symétrie du corps humain. Telles sont les lignes des épaules, des coudes, des mains, des hanches, des genoux, des pieds. Ces lignes sont soutenues par les lignes du front, des yeux, des narines, des oreilles, des seins; puis le ventre, par sa forme ovale, se rattache aux aines par des lignes obliques qui le font rentrer dans la ligne verticale des jambes, qui, elles-mêmes, offrent plusieurs lignes esthétiques horizontales. Les lois de la variété, de l'unité, de l'harmonie, de la proportion, de la convenance, sont ici présentées par la nature d'une façon si complète, qu'on peut facilement y trouver l'application du principe mathématique de l'harmonie des lignes, dont l'art est l'expression.

Le pli du milieu de la draperie horizontale qui passe sur l'abdomen est trop marqué dans la gravure. Ce pli, correspondant à un rayon visuel oblique, devrait être subordonné à la tête et non attirer le regard aux dépens de cette partie dominante. D'ailleurs une petite ombre située dans un milieu clair perd de son intensité. La ligne esthétique dominante de la figure devrait donc offrir, comme l'original, une masse verticale lumineuse, permettant au regard de voir la tête avant toute chose, et de parcourir promptement cette ligne.

L'Hercule Farnèse, vu de face. (Pl. III.)

Hercule représente l'idéal de la force physique dans son plein développement. C'est la même chair, la même puissance se manifestant sur toute l'étendue de la forme, avec toute la grandeur et tout l'ordre possibles. La tête n'est pas antique, à ce qu'on prétend; elle paraît petite pour la largeur des épaules; toutefois, l'arcade de l'œil et la saillie des pommettes indiquent la force, et la bouche révèle « de nombreux travaux, accompagnés de chagrins, » comme l'a dit Homère.

Le Thésée du Parthénon, par Phidias, remplit plus complétement encore les conditions de la beauté idéale de la force, sans cependant que le héros soit confondu avec le dieu. Une musculature puissante distingue l'Hercule combattant de l'Hercule déifié, dont le torse du Belvédère, par Apollonius, est l'image sublime.

Les archéologues modernes voient, comme Visconti, l'Hercule Idéen dans le Thésée de Phidias; mais cela n'est pas admissible. Il est plus naturel de croire que Phidias, dans un monument élevé à la gloire d'Athènes, a réellement représenté Thésée, qui fut roi des Athéniens et qui fut délivré des enfers par Hercule. Thésée tourne le dos à Jupiter : or Phidias n'eût pas manqué d'établir, par des lignes esthétiques, une relation plus intime entre le protégé et le protecteur, s'il eût voulu représenter l'Hercule Idéen, et non Thésée. Celui-ci est armé d'une massue pour rappeler l'émule d'Hercule et non Hercule lui-même.

Les formes de l'Hercule Farnèse sont d'un dessin carré, qui paraît exagéré; mais cette statue n'était pas probablement destinée à être regardée d'aussi près qu'on la voit aujourd'hui à Naples. Les anciens faisaient leurs statues selon la place qu'elles devaient occuper et suivant les règles de la perspective et de l'optique; aussi quelques-uns de leurs ouvrages paraissent-ils défectueux vus par certains profils.

Le corps d'Hercule étant soutenu par deux forces, le bloc contre lequel il s'appuie et la jambe gauche, le centre de gravité tombe sur l'horizontale, qui va du pied gauche à la base du rocher, ce qui lui permet de laisser la jambe droite au repos et de porter le bras gauche derrière le dos.

L'avant-bras gauche est replié afin de former une masse qui balance le côté droit.

Le bras droit, le sommet de la tête et le bras gauche forment une courbe elliptique qui donne de la grâce et de la variété à la pose.

La grande ligne esthétique va de la tête au pied droit. Elle est soutenue par des obliques de l'harmonie verticale, qui l'accompagnent et la fortifient. Telles sont les lignes composées des points esthétiques suivants :

La tête d'Hercule, la crinière du lion, la main, la massue et la cassure du rocher.

La verticale, qui part de l'œil, passe par les plis de la peau de lion, et trouve son point d'appui sur l'angle de la base du rocher.

Ces lignes ont pour effet de rendre la tête dominante, en conduisant l'œil du spectateur sur cette partie.

La peau de lion, la massue, les angles du rocher sont composés de petits détails, qui, par leur opposition aux formes du corps d'Hercule, en font ressortir la simplicité et la grandeur.

On remarque encore une succession de lignes esthétiques horizontales formant une masse verticale, telles que la ligne d'implantation des cheveux, celle des yeux, des épaules, des pectoraux;

L'attache du pouce, l'extrémité de la peau de lion, le pubis;

Les nœuds de la massue, le genou, l'intersection du profil du triceps gauche avec la jambe droite, etc.

Toutes ces lignes rattachent les détails à l'ensemble et donnent à cette statue un aspect de grandeur héroïque.

Hercule Farnèse, vu de dos. (Pl. IV.)

Hercule, vu de dos, offre également une harmonie de lignes irréprochable. Le bloc sur lequel il s'appuie apporte son concours à l'ensemble, et les accidents ou les détails dont il se compose sont calculés de façon à former un tout parfait.

Le rocher est élargi à sa base pour combler un vide qui ferait paraître les jambes grêles comparativement au torse. Le profil de cette anfractuosité soutient et prolonge la ligne de la hanche et de la cuisse droites, et lui donne de la grandeur.

La ligne oblique de l'avant-bras gauche est prolongée par les lignes que forment les cassures du milieu du rocher.

La brisure du rocher, à la hauteur des triceps, est un rappel de la ligne du bras gauche, et se lie au profil du triceps droit et du pied gauche pour rentrer dans l'harmonie générale.

La ligne oblique que présente la peau de lion soutient la ligne du torse à droite.

Le deltoïde gauche, la main, le talon gauche sont sur une même ligne oblique.

Le profil du cou, à droite, et le profil intérieur du bloc sont aussi sur une ligne de l'harmonie verticale.

La ligne du torse, à gauche, est prolongée par la ligne du profil intérieur de la jambe gauche.

Les parties correspondantes du corps présentent une succession de lignes obliques de l'harmonie horizontale formant une masse verticale. Tels sont les omoplates, les deltoïdes, es dentelés, les hanches, les fessiers, qui se relient à la peau de lion, les triceps, etc. Tout nfin, dans cette admirable statue, concourt à affirmer la donnée verticale et à varier ette donnée par des lignes simples, afin de faire grand et sublime, suivant le précepte e Platon.

On déterminera le centre de gravité en menant une ligne par les deltoïdes, en abaisant des verticales de ces points esthétiques et en tirant les diagonales, qui donneront à eur intersection le centre de gravité de la figure, lequel passe par une brisure du rocher, et s'appuie sur l'horizontale qui va du pied gauche à la base du rocher.

Le Laocoon. (Pl. V.)

Le groupe du Laocoon, par Agésandre et ses fils, Athénodore et Polydore de Rhodes, été exécuté, suivant Visconti, sous les premiers empereurs. Pline parle avec une grande dmiration de cet ouvrage, qu'il dit être d'un seul bloc, bien qu'il soit composé de six morceaux.

On a trouvé, près du palais Farnèse, des fragments d'un autre Laocoon, de plus grandes roportions que celui-ci, et l'Espagne en possède un troisième.

Celui du Vatican est bien l'original, car Pline dit qu'il ornait les bains de Titus, et c'est à précisément qu'il a été découvert au xvie siècle.

Le chef-d'œuvre d'Agésandre a inspiré tous les grands peintres de la Renaissance, qui lonnèrent souvent aux martyrs l'expression sublime de Laocoon. Plusieurs d'entre eux avaient dessiner ce groupe de mémoire, montrant par là quelle estime ils faisaient de cet uvrage, et quelle route doit suivre la jeunesse studieuse.

Le centre de gravité de Laocoon est soutenu par le fessier droit, ce qui lui permet d'éendre facilement et avec force la jambe gauche, qui, avec le bras droit, forme la grande igne esthétique du groupe.

Cette ligne est doublée par l'oblique secondaire, passant par le profil du sommet de la ête, le coude gauche, l'anneau qui enveloppe le bras de l'enfant, à droite, et celui du ou-de-pied gauche.

Une autre parallèle tertiaire résulte du bras droit de l'enfant à gauche, de son torse t de la jambe droite de Laocoon. Toutes ces lignes appartiennent à l'harmonie verticale, insi que d'autres qu'il est facile de reconnaître.

L'œil de l'enfant, à droite, le bout de ses doigts, l'œil de Laocoon sont sur une même igne, ainsi que la bouche de cet enfant, ses doigts pliés et la bouche de Laocoon.

L'œil gauche de Laocoon, celui du serpent, le profil extérieur du genou gauche et les oigts des pieds sont sur une même ligne, qui rend l'œil dominant; le pli vertical de a draperie, près du pied droit, concourt aussi à cet effet.

Ce groupe présente d'autres lignes esthétiques verticales, horizontales, obliques, qu'il est facile de découvrir; elles ont pour effet de ramener tous les détails à l'ensemble, d'établir la relation morale des personnages entre eux, de sorte que tout se rattache à la masse pour en constituer l'unité et la parfaite harmonie.

En appliquant la méthode analytique de M. Charles Lévêque à ce groupe, on verra que toutes les parties sont conformes aux lois de l'ordre et de la grandeur, soit dans le caractère physique, soit dans le caractère moral.

Le style du dessin de la tête de Laocoon, dans la gravure, ne se rattache pas suffisamment à la masse du groupe, dont le clair-obscur est formulé par des traits vigoureux. Cette partie devait présenter un rappel de ces vigueurs dans la partie ombrée de la barbe et des cheveux, afin de créer l'harmonie de l'ensemble.

Le Gladiateur. (Pl. VI.)

Les Grecs placèrent pendant longtemps les dons naturels au-dessus des richesses, qu'ils regardaient comme un accident du hasard, incapable d'augmenter le mérite personnel; aussi les vainqueurs des jeux olympiques étaient-ils admirés de toute la Grèce, et leur statue érigée en lieu sacré : glorieuse récompense, disputée par les personnages les plus considérables de la nation! Platon et Pythagore ne dédaignèrent pas de se mettre au nombre des lutteurs, et ce dernier se distingua dans les jeux célébrés à Sicyone et à Corinthe. On sait que la ville d'Égée fit construire un portique, autant pour honorer un de ses concitoyens qui avait remporté plusieurs fois le prix de la lutte, que pour lui fournir le moyen de s'exercer commodément.

Polydamas de Scotussa, Théagène de Thase, Glaucus de Caryste, étaient des athlètes renommés par toute la Grèce; dans la suite on attribua à la statue de Polydamas, à Olympie, et à celle de Théagène, à Thase, le pouvoir de guérir les malades atteints de la fièvre.

Pindare a fait l'éloge de Glaucus, dont on pourrait voir l'image dans la statue du Gladiateur que nous donnons en exemple.

Chez les Romains, les exercices du corps étaient aussi un moyen de s'illustrer. Papirius était plus admiré, suivant Tite-Live, pour avoir remporté le prix de la course que pour avoir défait les Samnites et les avoir fait passer sous le joug.

Dans ces sortes de statues, que l'on appelait *iconiques*, la réalité l'emportait sur la recherche du beau idéal : c'étaient des portraits d'une grande fidélité, où l'artiste choisissait les mouvements les plus propres à mettre les muscles en action, et à caractériser le vainqueur.

Elles ne pouvaient pas être plus grandes que nature; les hellanodices veillaient à ce que les artistes ne s'écartassent pas des vraies proportions, et se montraient plus sévères dans cet examen qu'envers les athlètes eux-mêmes.

En comparant la statue du Gladiateur à celle d'Apollon, on verra combien est grande la distance qui sépare le réalisme, même le plus parfait, du beau idéal.

Le centre de gravité de la figure, soutenu par deux forces inégales, a son point d'appui près du talon gauche. La tension des muscles de la cuisse et la position des bras donnent de la fermeté à l'aplomb.

La grande ligne esthétique est une ligne oblique de l'harmonie verticale.

Le mouvement en arrière du bras gauche balance le bras droit et affirme la grande ligne esthétique du sujet.

Les doigts de la main droite, le genou gauche et les doigts du pied droit sont trois points formant une grande ligne oblique de l'harmonie verticale.

La main gauche et le talon droit sont situés sur une verticale parallèle à la ligne baissée du centre de gravité.

La ligne formée par la jambe gauche correspond, dans son prolongement, au visage du Gladiateur et fortifie la grande ligne du côté droit, qui a également pour objet de mettre l'œil en saillie.

On voit que les gestes violents du Gladiateur et du Laocoon sont ramenés à l'unité et à l'harmonie dans leur donnée générale, aussi bien que l'Hercule Farnèse dans sa pose paisible.

LE FAUNE DE LA VILLA BORGHÈSE. (Pl. VII.)

Les Faunes, dans leur forme idéale, se rapprochent plus de la réalité que les autres dieux; ils ont un air de simplicité, de bonhomie, conforme à l'idée des Grecs sur les divinités champêtres. On les représente dans l'âge viril, avec des muscles développés, tenant le milieu entre l'Hercule et le Gladiateur. En comparant cette statue à celle d'Hercule, on verra que les attaches ont moins de grâce, que les doigts des pieds et des mains sont plus carrés, et que la différence qui les distingue est rigoureusement observée.

Les lignes esthétiques étant plus contrastées, le geste a moins de noblesse et de grandeur que celui des dieux et des héros.

Le centre de gravité est soutenu par la jambe gauche et par le bras droit, appuyé sur un tronc d'arbre, ce qui permet au Faune de relever le bras gauche avec aisance, et d'avancer la jambe droite.

L'avant-bras gauche forme une horizontale dominante, qui est ramenée à l'unité verticale par une succession de lignes parallèles et obliques formant une masse verticale :

1° La ligne qui va de l'œil au sommet de l'épaule gauche;

2° La ligne oblique de la clavicule et des épaules;

3° La ligne oblique qui passe par le sommet du deltoïde gauche, le pectoral gauche et l'avant-bras droit;

4° La ligne horizontale qui passe par les points esthétiques formés par le haut de l'extenseur supérieur du carpe, l'oblique interne, l'os des iles, et le sommet du petit fessier;

5° Le pouce droit, le pubis, la pointe du grand fessier;

6° Les lignes obliques des genoux, des triceps, des pieds.

Toutes ces lignes obliques appartiennent à l'harmonie horizontale, et forment une masse verticale, excepté, toutefois, la ligne oblique n° 3, qui appartient à l'harmonie verticale. Elle est soutenue par d'autres lignes obliques se rapprochant de plus en plus de la verticale, telle que la ligne qui passe par le haut du biceps gauche, le sommet de la hanche, le profil externe de la cuisse droite et la ligne qui passe par le fessier droit, le genou, le gros orteil droit;

La pointe du fessier gauche, le profil interne de la cuisse droite, le cou-de-pied;

La pointe du fessier gauche, la rotule gauche, le triceps, la cheville du pied droit, etc.

L'unité du clair-obscur n'est pas très-heureusement formulée par le trait. La main droite, qui est en arrière de la main gauche, est plus accentuée que celle-ci, et le grand fessier attire le regard en premier lieu, tandis que ce devrait être la tête du Faune, celle-ci correspondant au rayon normal, et le grand fessier, à un rayon oblique.

La Vénus de Médicis. (Pl. VIII.)

Les statues et les bas-reliefs antérieurs à Alexandre le Grand nous montrent Vénus drapée comme toutes les autres divinités. Polygnote peignit le premier des étoffes transparentes laissant voir le nu, telles qu'Euripide en revêt Iphigénie. Phidias exécuta aussi des étoffes transparentes dans les bas-reliefs du Parthénon; on cite encore, parmi les ouvrages remarquables dans ce genre, le groupe des Grâces, par Socrate, qui abandonna la sculpture pour la philosophie.

Praxitèle fut le premier qui osa représenter Vénus sans voiles. Il idéalisa l'image de Phryné. On sait l'admiration que causa cette statue par toute la Grèce, et la célébrité qu'elle donna au temple de Cnide. Les peintres suivirent l'exemple de Praxitèle et représentèrent cette déesse accompagnée des Grâces et des divinités de la mer.

La Vénus de Médicis, due au ciseau de Cléomène, fils d'Apollodore, est moins belle que la Vénus accroupie, ou que la Vénus de Milo; cependant ses formes souples et convexes sont bien celles d'une divinité jouissant d'une éternelle jeunesse, ignorant sa beauté, loin d'en être fière comme la Vénus Callipyge. Elle est sans orgueil ni vanité: son regard st chaste; une atmosphère de pudeur circule par tout le corps et commande le respect, car les Grecs regardaient l'Amour comme l'ami de la Sagesse.

Théocrite compare le sein d'une jeune vierge à des raisins encore verts; celui de Vénus a plus de développement, bien qu'elle soit ici plus jeune que dans ses autres statues. Le ventre n'est pas d'un modelé parfait; l'ombilic est gros et enfoncé; les mains, malheureusement, sont modernes. Il existe fort peu de belles mains et de beaux pieds antiques. Le pied droit est très-allongé, parce qu'il est certain que cette statue devait être vue de face et posée sur un piédestal peu élevé. Si le pied eût été plus petit, il aurait paru difforme, vu en raccourci. Lucien nous a laissé une description de la célèbre statue de Praxitèle placée dans le temple de Cnide, dont le geste se rapproche de celui de la Vénus de Médicis, qui en est probablement une copie. Quoi qu'il en soit, la Vénus de Médicis n'en est pas moins un des plus beaux types de la femme divinisée. Si Praxitèle et Cléomène surent donner plus de grâce aux têtes de femmes, plus de délicatesse aux traits, ils sont loin toutefois du mâle talent de Phidias, qui mit le comble au grand style dans son œuvre immortelle.

La donnée esthétique est une courbe elliptique de l'harmonie verticale, qui s'harmonie parfaitement avec la grâce et les formes « modestement opulentes » de Vénus.

Le centre de gravité est soutenu par la jambe gauche, ce qui permet de relever le bras droit et de porter la jambe en arrière avec grâce.

Le profil de la tête, la partie inférieure du radius droit, le doigt de la main gauche, le genou droit, le cou-de-pied gauche, sont cinq points esthétiques situés sur une courbe de l'harmonie verticale. La réunion de ces cinq points sur une même ligne est comme un voile protégeant la pudeur de Vénus, sentiment exprimé par le mouvement en arrière du bassin. Nous ferons remarquer que, chez l'homme, le bassin est naturellement porté en avant. Les femmes grecques modernes portent aussi le ventre en avant, ce qui leur donne un air bien différent de l'idée de noblesse et de beauté qu'on s'en fait d'après la population de marbre de nos musées.

La ligne courbe qui résulte du derrière de la tête, du dos, du grand fessier et des petits mours, a son point d'appui sur un angle de la base, et balance la ligne du profil de droite.

La ligne des cheveux, sur le côté gauche du front, l'œil gauche, le bout du sein gauche, le pouce de la main gauche, le genou droit, l'angle du socle, sont sur une ligne oblique de l'harmonie verticale.

D'autres lignes, qu'il est facile de reconnaître, ramènent tous les détails à l'ensemble.

Les lignes esthétiques sont simples, afin de donner de la grandeur et de la noblesse au sujet, dont le caractère moral est représenté par les lignes elliptiques, qui sont le symbole de l'amour, comme nous l'avons dit dans les définitions.

Le Tireur d'épine. (Pl. IX.)

Les anciens surent donner des formes d'une beauté idéale aussi bien à l'enfance et à l'adolescence qu'à leurs divinités, et si la rareté ajoutait quelque chose au mérite esthétique d'une œuvre d'art, celle-ci serait, à ce titre, d'un prix incomparable, attendu qu'il existe peu de statues représentant cet âge d'innocence et de pureté.

Le Bacchus enfant du musée de Naples, et l'Enfant à l'Oie du Capitole, sont, dans ce genre, les plus beaux marbres antiques que nous possédions, excepté toutefois quelques Amours en haut et bas-relief. Les pierres gravées très-anciennes figurent l'Amour sous les traits de l'adolescence, avec de longues ailes; ce n'est que plus tard qu'on lui donna des formes enfantines et de petites ailes.

Le mérite du Tireur d'épine est tout entier dans l'exécution, car le sujet n'a rien d'intéressant par lui-même. La beauté et l'harmonie de ces formes jeunes et sveltes montrent l'acheminement de l'adolescence vers la virilité : âge charmant, où la beauté du corps fait présager celle de l'âme.

Cette statue, vue par le profil de droite, présente une masse verticale, composée du torse et du bloc qui lui sert de siége.

Les épaules, le cou, la ligne d'implantation des cheveux forment une horizontale, doublée des deux parallèles suivantes : l'une qui passe par le fessier droit et le genou gauche; l'autre, par la base du bloc et le pied gauche. Ces trois lignes horizontales forment une masse verticale.

La grande ligne esthétique dominante résulte de la face, des mains et de la jambe gauche, dont le profil extérieur correspond au haut du front, et le profil intérieur, au maxillaire.

Le talon gauche, le pouce de la main droite, l'œil, sont situés sur une oblique de l'harmonie verticale.

La mâchoire inférieure, le profil du bras gauche, l'arête du bloc, forment une verticale dominante.

Les extrémités de la figure sont reliées à la masse par l'oblique qui part de l'œil et passe par les doigts des pieds.

Toutes ces lignes esthétiques créent l'unité, la variété et la parfaite harmonie de l'ensemble.

La Bergère grecque. (Pl. X.)

La Bergère grecque, plus connue aujourd'hui sous le nom de *Vénus Callipyge*, est un bel exemplaire de l'unité, de la variété et de l'harmonie des lignes esthétiques.

Le haut du corps, légèrement incliné à droite, est balancé par le bras droit, mais surtout par le bras gauche. Le centre de gravité est donc soutenu par deux points d'appui : la jambe gauche et le pied droit, afin qu'il n'y ait pas de contraction de muscles plus ressentie d'un côté que de l'autre, et que le plein développement de la forme paraisse dans toute sa beauté, dans toute sa grâce.

La draperie, par le jet et la nature de ses plis, forme une masse verticale, qui fait opposition à la masse des chairs, dont elle fait ressortir la souplesse et le modelé.

Toute masse paraît d'autant plus grande qu'elle est plus simple. Or, pour faire paraître la masse simple, il fallait, à la masse lumineuse des chairs, et pour lui donner plus d'éclat et de grandeur, opposer de petits plis, peu accentués, et formant une masse de lumière tempérée par les petites ombres de ces mêmes petits plis.

Les lois de l'harmonie du clair-obscur doivent être scrupuleusement observées dans la sculpture; celle-ci, n'ayant pas à son service, comme la peinture, la magie des couleurs, ne doit négliger aucun de ses avantages, et le clair-obscur est un de ses plus puissants moyens de séduire les regards et de charmer l'esprit.

La Bergère grecque, vue de dos, présente une grande ligne esthétique verticale dominante, qui est créée par le profil gauche de la figure, et par la draperie soutenue par la main gauche.

La ligne secondaire résulte du profil gauche de la tête, de l'omoplate, du pli qui suit le milieu du dos, de la ligne des fessiers et du profil intérieur de la jambe gauche;

La ligne tertiaire, du profil droit de la figure.

La grande ligne esthétique de la composition est la ligne qui va de la main gauche en passant par le coccyx et le talon droit. Elle relie les différentes parties entre elles, et met en relief la donnée du sujet.

Les épaules forment une ligne oblique appartenant à l'harmonie horizontale. Cette ligne est entraînée dans l'harmonie verticale par la ligne oblique de la draperie, soulevée par la main gauche. Cette partie de la draperie, en passant sous le bras droit, forme des plis qui se combinent avec le profil de la hanche droite, pour rentrer dans la masse verticale.

Une ligne esthétique peu apparente, parallèle à la draperie qui va de la main gauche sous le bras droit, est celle qui résulte des points suivants : le pli formé à la hauteur des genoux, le triceps gauche, le talon droit. On peut y découvrir encore d'autres lignes obliques, ramenant chaque détail à la masse.

On remarquera également des lignes horizontales qui accompagnent la ligne oblique des épaules et forment une masse verticale.

Chez les Grecs, on retrouve partout les mêmes soins, les mêmes calculs; le sentiment le plus exquis s'allie toujours à la plus saine raison. Les antiques nous montrent constamment l'application de ce sage précepte d'un auteur grec[1] : « Il faut obéir au frein; il faut savoir être sobre et se rappeler que la fougue est aussi bien une maladie du style qu'un vice des chevaux. L'exécution doit suivre, à pied, la pensée à cheval. »

L'Apollon du Belvédère. (Pl. XI.)

Les anciens trouvèrent les formes idéales d'Apollon en combinant la beauté des adolescents à celle des castrats, destinés au culte de Cybèle. La castration avait pour effet de prolonger la jeunesse et de conserver les formes délicates de l'adolescence. Telles étaient les idées qu'ils avaient de la grâce et de la force du dieu « qui lance au loin ses traits, » comme le dit Homère.

Les formes de l'Apollon du Belvédère, harmonieusement développées, expriment la force réunie à toute la grâce de la jeunesse; mais c'est principalement sur la tête, source de l'inspiration et du génie, que se portèrent les efforts du sculpteur grec. Elle est haute, le front est noble, la bouche éloquente, le regard profond. L'âme et la pensée se réfléchissent sur ce visage, d'une beauté inspirée, qui est bien celle du dieu de la poésie et de la lumière.

La légèreté attribuée aux divinités par le prince des poëtes était la marque de leur nature spirituelle. Apollon semble à peine toucher la terre; Atalante court si légèrement qu'elle ne laisse aucune trace de ses pas; l'Hercule au repos pèse de tout son poids sur le sol.

Apollon est représenté au moment où, irrité contre le serpent Python, il vient de lui décocher une flèche, action indiquée sur le tronc d'arbre qui sert de contre-poids à la figure et qui donne l'idée du lieu de la scène.

L'élévation des narines marque la colère; le mouvement relevé de la lèvre inférieure et du menton, le mépris d'une victoire si peu digne d'un dieu.

Les cheveux, par leur belle disposition, semblent couronner la tête comme d'un diadème; ils retombent sur le cou, prolongeant la ligne d'implantation, qui prend son point d'appui sur l'agrafe du manteau, et continue son mouvement en suivant le profil du côté droit de la figure.

La draperie jetée sur la poitrine crée une opposition qui fait noblement dominer la tête; celle-ci serait moins saillante si la lumière glissait trop facilement de la tête sur la poitrine, et si elle n'était pas, en quelque sorte, retenue par ces petits plis, mais sans rompre toutefois l'unité du clair-obscur par une ombre trop marquée.

Le geste, plein de noblesse et de dignité, est conforme à ce principe des anciens qui voulait que, dans le discours, les orateurs n'élevassent jamais la main à la hauteur du visage. On pourrait voir en ceci un effet de l'antagonisme de la verticale et de l'horizon-

---

[1] Lucien, *Comment il faut écrire l'histoire*, trad. d'Eugène Talbot.

…le, symbolisant la distance qui sépare l'orateur de génie de la foule qui l'écoute. C'est
…ussi le geste du commandement; et, si l'on étend l'index, l'ordre donné devient, par cela
…ême, péremptoire.

La partie des bras au-dessous du coude est moderne; le genou, un peu en dedans,
…ent probablement à ce que les parties brisées n'ont pas été rajustées avec toute l'adresse
…ésirable.

Le centre de gravité de la figure est soutenu par le pied droit.

Le bras droit est abaissé dans le sens du tronc d'arbre, qui, par sa masse, balance le
…ôté gauche et affirme la dominante verticale.

Le bras gauche, tendu en avant, forme une ligne horizontale dominante, qu'il faut neu-
…raliser pour créer l'unité verticale de l'ensemble.

En effet, le sculpteur a jeté une draperie sur le bras gauche, afin de rompre la ligne
…orizontale, la diviser en parties inégales, de façon que la plus éloignée soit la plus petite.

Cette disposition établit la pondération des parties, et les plis obliques de la draperie
…ont rentrer le bras dans l'harmonie verticale.

La main gauche, l'extrémité du pli vertical de la draperie, les doigts du pied gauche,
…orment une ligne oblique appartenant à l'harmonie verticale.

Le pied droit, la partie interne du genou gauche, le grand pli oblique qui tombe de
…'avant-bras, sont des points esthétiques placés sur une ligne oblique qui relie ces dif-
…érents objets entre eux et ramène tous les détails à l'unité verticale.

L'agrafe est placée sous la ligne d'implantation des cheveux, afin d'affirmer la verticale,
…t de donner de la grandeur et de la noblesse au visage, suivant la règle constamment
…bservée dans l'art grec; placée partout ailleurs, l'agrafe attirerait le regard aux dépens
…e l'ensemble, et produirait un mauvais effet.

LE SILÈNE DE LA BIBLIOTHÈQUE DE VENISE. (Pl. XII.)

Cette statue représente Silène dans les campagnes de l'Arcadie, après son retour de
…a conquête de l'Inde. Il est dans l'âge mûr; sa face réjouie, son nez court, épaté, ses
…èvres charnues, sont les signes de la sensualité et de l'insouciance. Il est Lydien, tandis
…ue les satyres sont Phrygiens. On sait que Pan, Silène et les satyres furent les compa-
…nons déifiés de Bacchus. Les lignes de cette statue sont simples et grandes, mais elles
…anquent de cette dignité qui caractérise les dieux. Le bras, relevé au-dessus de la tête,
…st un geste dépourvu de noblesse; les jambes croisées indiquent la mollesse, qui con-
…ient à l'expression morale du sujet. C'est le lieu de faire remarquer que l'on ne voit
…amais de dieux ni de déesses ayant les jambes croisées, excepté Apollon gardant les
…roupeaux d'Admète.

Le centre de gravité de la figure est soutenu par la jambe droite; le bras gauche est relevé, et la jambe du même côté fait le mouvement suivant la règle générale.

La grande ligne verticale dominante passe par le milieu de la figure.

La main gauche rentre dans la masse verticale par trois lignes esthétiques :

1° La verticale, qui résulte de la main, de la peau de lion et du bas du tronc d'arbre;

2° L'oblique créée par la main, le profil interne de la peau de lion jetée sur l'épaule, le profil gauche du torse et le talon droit;

3° L'oblique formée par la main, le visage et le bras droit.

Le coude gauche, l'œil de la peau de lion, le pubis et un angle de la peau, à gauche, sont sur une ligne oblique qui a pour objet de relier ces parties entre elles, et de fortifier l'harmonie de l'ensemble.

La peau de lion, jetée sur le bras gauche, rompt l'horizontale des épaules et de l'avant-bras, et cette ligne est doublée par une succession d'autres lignes esthétiques horizontales, formant une masse verticale.

La main droite se rattache à la masse par des obliques qu'il est facile de reconnaître.

OBSERVATIONS SUR LES ANTIQUES.

Gérard Audran fait remarquer, dans son ouvrage sur les proportions de quelques statues antiques, que le Laocoon a la jambe gauche plus longue que la droite de quatre minutes de module; que la jambe gauche d'Apollon est de neuf minutes plus longue que la droite, et la tête plus grosse qu'elle ne paraît (?).

On observe des différences analogues dans la Vénus de Médicis, l'Hercule Farnèse, la Diane Chasseresse, et, généralement, toutes les fois que les pieds d'une statue appartiennent à des plans différents. La jambe la plus longue est en arrière de celle qui soutient le centre de gravité de la figure, et la différence de longueur des jambes est en raison directe de la dégradation de l'angle visuel.

Le mouvement rapide des jambes d'une personne qui marche ne permet pas de remarquer la différence de longueur résultant de la situation des pieds; mais la connaissance des lois de l'optique et la réflexion, favorisant l'observation, font connaître qu'en réalité la jambe la plus rapprochée de l'œil du spectateur paraît plus longue que celle qui est en arrière. Il faut donc, pour qu'elles paraissent d'égale longueur, dans une statue vue de face, que la jambe qui est en arrière soit plus longue que celle qui est en avant.

Lucien donne une description du temple de Cnide et de la Vénus de Praxitèle, que l'on y adorait; cette description vient confirmer ce que nous avons dit des proportions de cette statue et de la façon dont on la voyait. «Le sol de la cour n'est point revêtu de dalles de pierre; il abonde en arbres fruitiers, dont la tête verdoyante et élevée enferme l'air sous n épais berceau. Le myrte, chargé de fruits, pousse un abondant feuillage sous l'influence de la déesse, tandis que les autres arbres déploient à l'envi leurs beautés naturelles. Le cyprès et le platane s'élèvent au plus haut des airs, et, parmi eux, l'on voit se réfugier, aux pieds de Vénus, le laurier, l'arbre de Daphné, qui, jadis, se dérobait à la déesse. Le lierre amoureux rampe autour de chaque tronc, qu'il tient embrassé. Des vignes entrelacées et touffues sont chargées de raisins. Dans les endroits où le bocage épaissit l'ombre, des lits de verdure offrent un doux repos à ceux qui voudraient y faire un festin. Les citoyens distingués y viennent quelquefois, mais le peuple s'y porte en foule aux jours de solennité, et fête réellement Vénus. La déesse occupe le milieu du temple : c'est une statue de marbre de Paros, de la plus parfaite beauté. Sa bouche s'entr'ouvre par un gracieux sourire; ses charmes se laissent voir sans qu'aucun voile les dérobe; elle est entièrement nue, seulement, de l'une de ses mains, elle cache furtivement sa pudeur. Le talent de l'artiste se montre avec tant d'avantage que le marbre semble s'amollir pour exprimer les membres délicats de Vénus. Le temple a une seconde porte pour ceux qui veulent examiner la déesse et la voir par le dos; en entrant par cette porte, on peut aisément contempler ce dos bien proportionné, ces chairs s'arrondissant avec grâce. Quelle pureté de dessin dans cette cuisse et dans cette jambe, qui se prolonge en ligne droite jusqu'au talon? etc. [1] »

Il paraît évident que cette statue de Vénus et toutes celles qui étaient adorées dans les temples étaient vues de points déterminés, et, comme elles ne devaient pas être changées de place, l'artiste modifiait l'effet des raccourcis, afin que ces divinités parussent dans toute la beauté de leurs formes idéales.

[1] OEuvres complètes de Lucien de Samosate, traduction de M. Eugène Talbot, chez Hachette et Cie.

CHAPITRE II.

PIERRES GRAVÉES.

Les Grecs furent réputés de tout temps pour leur supériorité dans l'art de graver sur pierres fines, et principalement les Cyrénéens. Grâce à l'usage non interrompu des bagues et des cachets, la pratique de cet art charmant s'est conservée jusqu'à nous et n'a varié que dans le plus ou le moins de perfection des sujets représentés.

Le droit de porter un anneau n'était point en Grèce, comme à Rome, le privilége d'une certaine classe de citoyens : chacun pouvait posséder un cachet ou des anneaux enrichis de portraits, de scènes rappelant des exploits guerriers ou des succès remportés dans les jeux olympiques; la superstition conduisait aussi à orner les anneaux de l'image des dieux protecteurs et d'*ex-voto*. En raison de ces usages, le nombre des graveurs sur pierres fines était considérable, et l'on trouve en quantité des portraits d'hommes, de femmes, d'enfants, des attributs des différentes divinités, des faits de la mythologie, de l'histoire, et même de la vie des champs [1].

La gravure en creux et en relief marcha toujours d'un même pas en Grèce; elle suivit les progrès de la sculpture, qu'elle dépassa quelquefois dans la représentation des têtes de dieux et de héros, en leur donnant un degré supérieur de beauté idéale.

Cronius et Apollonide se rendirent célèbres dans cette partie des beaux-arts, de même que Dioscoride, qui, étant venu à Rome, obtint seul l'honneur de graver les portraits de l'empereur Auguste, comme autrefois Pyrgotèle ceux d'Alexandre.

Les pierres gravées offrent de nombreuses reproductions des belles statues, et l'on croit, avec fondement, que, dans le nombre, se rencontrent la plupart des ouvrages célèbres détruits par le temps. Parmi les cornalines de la Bibliothèque impériale, on remarque l'Hercule Farnèse, le groupe de Laocoon, et l'un des chevaux de *Monte-Cavallo*, attribués à Phidias. Les camées sont généralement des répétitions de pierres gravées en creux.

Les Romains, avant leurs relations avec la Grèce, portaient des anneaux de fer, et les anneaux d'or distinguèrent dans la suite les nobles des plébéiens. Lors de la conquête ils

---

[1] Une pierre de la Bibliothèque impériale, représentant des paysans faisant un sacrifice aux dieux lares, rappelle le style d'Adrien Van Ostade.

rapportèrent de ce pays, avec les statues et les tableaux, un nombre considérable de pierres gravées en creux et en relief, et firent venir à Rome Dioscoride et Hyllus, son élève. Beaucoup d'autres habiles graveurs habitaient l'Italie, tels que Pamphile, Allion, Philémon, Aspase, Tryphon, Plotarque, qui ont signé leurs œuvres, mais dont on ne connaît ni la vie, ni l'époque précise où ils vécurent.

La passion des Romains pour ce genre d'ouvrages fut poussée très-loin, et les dames romaines, à l'exemple des femmes de l'Asie, relevaient leur coiffure et la magnificence de leurs ajustements par des camées semés à profusion. Les pierres en creux enrichissaient plus volontiers les anneaux, les bracelets, les ceintures, les agrafes. L'histoire rapporte qu'Héliogabale portait des chaussures ornées de camées du plus grand prix, et qu'il mettait chaque jour une chaussure nouvelle.

Marcus Scaurus, fils de Sylla, fut le premier amateur romain qui forma une collection de pierres gravées. César et Pompée, qui eurent cette même passion, firent don à la ville de leurs riches cabinets. Pompée exposa au Capitole toutes ses pierres gravées, auxquelles il adjoignit les bijoux enlevés à Mithridate, et César consacra, dans le temple de Vénus Genitrix, celles qu'il avait rassemblées à grands frais. Marcellus, neveu d'Auguste, se conformant à de si louables exemples, déposa sa collection dans le sanctuaire du temple d'Apollon, sur le mont Palatin.

Il fallait être puissamment riche pour faire alors de semblables collections; le prix des belles pierres était excessif, et ceux qui en possédaient consentaient difficilement à s'en dessaisir. Pline cite le sénateur Nonius, qui préféra subir l'exil plutôt que de livrer son cachet, orné d'une pierre gravée avec la plus rare perfection.

Telles étaient les principales richesses de Rome en glyptique, lorsqu'elles passèrent à Constantinople après le démembrement de l'Empire. Les Croisés en rapportèrent un grand nombre en France, où elles servirent à orner les autels et les reliquaires des saints; plus tard, elles passèrent dans la collection de la Bibliothèque impériale. Les Vénitiens en remplirent le trésor de la basilique de Saint-Marc, et Rome, Naples, Florence, en formèrent de nombreuses collections. Les plus riches sont celles de Paris et de Florence, dont les plus beaux spécimens ont été reproduits par la gravure dans les ouvrages de Mariette et de Maffei, où nous avons pris nos exemples [1].

La reproduction des pierres gravées qui font l'objet de nos démonstrations est assez fidèle pour que l'on puisse en inférer que les Grecs se sont acquis une juste réputation dans toutes les branches des beaux-arts, et que les mêmes lois d'ordre et d'harmonie étaient observées dans toutes leurs œuvres, variées à l'infini. On sait que ces savants artistes fai-

---

[1] L'ouvrage de Mariette, *Traité de la gravure sur pierres fines*, contient, en outre, un catalogue des différents recueils de pierres gravées conservés dans nos musées et nos bibliothèques.

saient des maquettes très-étudiées des sujets qu'ils avaient à représenter, et que cet art microscopique était aussi sérieusement traité que les statues des grands maîtres.

Les pierres gravées renferment des trésors de grâce et d'harmonie qui ont enrichi l'imagination et développé le goût des artistes italiens les plus justement admirés; quelques-uns d'entre eux se sont même laissé séduire au point de faire entrer dans leurs tableaux des figures tirées de ces modèles incomparables.

Le Cachet de Michel-Ange. (Pl. XIII.)

La pierre gravée connue sous le nom de *Cachet de Michel-Ange*, suivant Mariette, a été réellement en la possession de ce grand artiste. On en trouve la preuve dans le tableau du plafond de la Sixtine, représentant Judith emportant la tête d'Holopherne, dans lequel Michel-Ange a introduit le joli groupe des deux femmes placées dans la partie droite de la composition.

La donnée esthétique du sujet, reproduisant une scène de vendanges, est un ovale placé dans le sens horizontal.

La grande ligne esthétique dominante passe par les têtes des figures debout. Elle sous-tend deux lignes courbes, de l'harmonie horizontale, dont la principale se compose des neuf points esthétiques suivants :

L'oiseau posé sur une petite branche de l'arbre à gauche, la tête du satyre, l'extrémité de la corne dans laquelle il souffle, les corbeilles des deux jeunes filles, la coupe dans laquelle un amour vient de laisser tomber des raisins, le nœud de la branche gauche de l'arbre de droite, les têtes des deux jeunes filles, dont une se baisse pour recevoir une corbeille sur la tête, mouvement créé afin de terminer régulièrement la ligne esthétique.

La seconde ligne courbe sert à relier l'ovale à la masse horizontale. Elle est composée de six points esthétiques : l'oiseau, la branche d'arbre et le petit amour de gauche; la vigne, les feuilles de l'arbre et la corbeille de la jeune fille à droite.

Cette ligne est variée par la tenture horizontale supportée par les deux amours; puis, par la ligne oblique composée de la branche d'arbre et du petit amour de droite.

La partie supérieure de la composition est donc formée de la ligne horizontale dominante, et des deux courbes se rapprochant de plus en plus de l'ovale de la pierre.

La partie inférieure présente les lignes horizontales suivantes :

Les têtes de l'enfant qui tient une chèvre, du faune à genoux, de la jeune mère, forment une horizontale prolongée par des points esthétiques moins apparents que ceux-ci, et qui résultent de la hauteur du pubis des quatre figures de droite;

La ligne formée par les pieds des figures, et celle du terrain sur lequel ils reposent.

Une grande ligne oblique, de l'harmonie horizontale, traverse la composition, afin d'établir la relation des différents objets entre eux, tout en introduisant un élément de variété de plus dans le sujet.

Cette ligne est composée de six points esthétiques : l'enfant tenant une chèvre, la jeune fille qui tient une flûte de Pan, la coupe, la tête du jeune homme, les pieds du petit amour et la touffe de feuillage de l'arbre de droite.

Au-dessous de la scène principale, le graveur, pour remplir la partie inférieure de la pierre, a introduit un épisode figurant un amour qui pêche à la ligne.

Ce petit amour, placé au-dessous de la figure principale du sujet, prolonge la ligne esthétique de cette figure, et, par cela même, la rend dominante.

Le terrain sur lequel il repose appartient à l'harmonie horizontale, et la simplicité des lignes fait valoir le groupe du faune, de la femme et de son enfant.

Suivant l'opinion de Mariette, la figure dominante représente le maître de la vigne, venu à cheval pour présider aux vendanges.

Les deux lignes courbes, résultant du dos du faune et de la jeune mère, dont il remplit la coupe, font partie d'une ellipse qui établit la symétrie du groupe, et indique, même de loin, que ces deux personnages s'occupent d'un même objet.

Si l'analyse était poussée plus loin, on verrait que des lignes esthétiques relient les détails de chaque figure en particulier, que ces lignes sont un élément de variété qui donne de la grâce à chacune d'elles, et du mouvement à toute cette scène.

Les draperies, savamment agencées, sont gracieuses; elles recouvrent le nu sans le masquer, et sont entièrement conformes aux principes que nous avons fait remarquer dans la statue de l'Amazone.

Les lois de l'unité optique ne sont pas observées de tout point dans la gravure. Le maître de la vigne tient à la main une coupe dont l'accent empêche l'œil de se diriger immédiatement sur la tête de ce personnage, figure principale du sujet. Le regard devrait être attiré par cette figure, que la combinaison des lignes esthétiques met en évidence, tandis qu'il se porte sur la corbeille de la jeune fille, qui devient, par cela même, sujet principal du tableau. Si les figures étaient ombrées, les corbeilles pourraient être représentées dans tout leur détail; mais, en ne faisant qu'un simple trait de l'ensemble, il fallait simplifier le tracé des corbeilles et les faire rentrer dans la masse, en reproduisant l'accord de la ligne et du clair-obscur de cette belle composition.

BRITANNICUS. (Pl. XIV, n° 1.)

Les draperies de Britannicus se font remarquer par l'application des principes que nous avons analysés à propos de l'Amazone du palais Cesi. La simplicité du geste et l'expression du visage montrent cette sagesse que Platon disait n'être point l'objet des ens. Les grands hommes, en général, les personnages élevés en dignité, ont une contenance majestueuse digne de soutenir les regards de la postérité.

Le centre de gravité est supporté par la jambe droite; le bras gauche est relevé, tandis que le bras droit soutient la draperie. Toutes les lignes esthétiques affirment la verticale.

Nous ferons observer que la draperie horizontale est trop accentuée, de même que celle du bras droit. La première surtout détruit l'unité de la masse lumineuse verticale.

Harpocrate. (Pl. XIV, n° 2.)

Harpocrate, représenté sous les traits d'un adolescent, est d'une grande beauté. Le mouvement est plein de grâce et d'harmonie. Le centre de gravité est soutenu par la jambe droite; le bras droit est replié, et l'index, posé sur les lèvres, commande le silence. La jambe gauche est reportée en arrière, et le bras gauche tombe naturellement pour tenir avec grâce la corne d'où sort une fleur de lotus.

Cet exemple contient une exception à la règle qui veut que le bras relevé soit opposé au centre de gravité. Mais ce n'est pas sans raison que l'artiste grec s'écarte ici du principe et qu'il s'affranchit de la règle. En effet, si le centre de gravité était supporté par le côté gauche, le côté droit deviendrait plus léger; il changerait ou varierait facilement ses mouvements, ce qui serait en contradiction avec le symbole du silence. L'expression morale du sujet en reçoit donc une force incontestable. Cette raison paraît d'autant mieux fondée que toutes les représentations d'Harpocrate, peintures ou sculptures, ont le centre de gravité soutenu par la jambe droite.

La grande ligne esthétique verticale passe par le profil extérieur de la fleur de lotus placée sur la tête, l'œil, le pubis, la cheville du pied droit.

La feuille de lotus, l'œil, le bras droit sont sur une ligne esthétique de l'harmonie verticale, ayant pour objet de rendre l'œil dominant.

Une belle ligne courbe, pleine de grâce, part de l'oreille, en passant par les pectoraux, la cuisse et la jambe gauches, afin d'accompagner et de soutenir harmonieusement le profil droit de la figure.

Le côté gauche, composé de petites lignes esthétiques, fait valoir, par opposition, le beau développement du côté droit, qui est encore rendu dominant par l'éclat d'une lumière large, circulant verticalement sur toute la figure.

Des lignes obliques, de l'harmonie verticale, qu'il est facile de reconnaître, rattachent les petits détails à l'ensemble.

La fleur de lotus, destinée à faire valoir l'œil de la figure, attire le regard par une valeur qui n'est pas proportionnelle au degré d'obliquité du rayon visuel, auquel elle correspond. Le nombril, de même que la corne d'abondance, présente les mêmes défauts, qui nuisent à l'unité optique de cette figure, composée d'ailleurs de lignes si harmonieuses.

Livia Augusta. (Pl. XV, n° 1.)

Le portrait de Livia Augusta, représentée en Cérès en souvenir des distributions de blé qu'elle fit au peuple de Rome dans un temps de famine, est un des plus beaux camées que l'on possède.

Le voile, qui retombe sur l'épaule, forme la ligne verticale dominante. Le bas de ce pli est un point esthétique correspondant à la ligne d'implantation des cheveux : ce point est celui où serait placée l'agrafe du péplum, s'il y en avait une.

Les cheveux sur le front, le profil de l'œil, la ligne du cou, sont trois points esthétiques situés sur une oblique de l'harmonie verticale, ayant pour objet de mettre l'œil en saillie.

Le nez, le pli de la draperie sur la poitrine, forment une ligne verticale. Ce même pli sert de point d'appui à la ligne qui passe par l'intersection de l'épi avec le dessus de la tête, l'œil et le coin de la bouche. Cette ligne contribue également à faire dominer l'œil.

Les lignes esthétiques affirment la verticale, afin de donner de la grandeur et de la noblesse au buste. Tous les beaux portraits, en effet, affirment la verticale pour faire ressortir la dignité du personnage.

C'est une loi générale.

La grande ligne verticale, formée par le profil intérieur du voile, n'est pas assez accentuée. Cette ligne, destinée à affirmer la donnée verticale et à faire ressortir la noblesse de la tête, ne remplit pas complétement son importante fonction. La bouche est trop noire, de même que le dessous du buste.

Caligula. (Pl. XV, n° 2.)

Cette belle pierre gravée est un des rares portraits de Caligula. On sait qu'après sa mort le Sénat ordonna de détruire toutes les statues et tous les portraits de cet empereur, afin qu'aucun monument ne rappelât aux hommes ce règne détesté.

L'harmonie esthétique des lignes résulte de plusieurs lignes qui ramènent tous les détails à l'ensemble.

Comme dans le portrait de Livie, la grande ligne qui met l'œil en saillie résulte du profil des cheveux sur le front, de l'œil, du cou.

La feuille de laurier, les profils de l'œil, de la bouche, de la draperie, sont quatre points esthétiques placés sur une oblique de l'harmonie verticale.

Une seconde ligne rattache l'autre feuille de laurier à l'ensemble, en passant par le coin de l'œil, le dessous du menton et le profil de la draperie.

ANTIQUITÉ. — PIERRES GRAVÉES.

L'agrafe prolonge la ligne d'implantation des cheveux, afin d'affirmer la verticale et de donner de la grandeur et de la noblesse à la tête.

La couronne de laurier forme une courbe correspondant à la draperie de l'épaule, ligne qui est également prolongée par l'une des attaches de la couronne.

Le derrière de la tête, le profil de la draperie, sont sur une ligne esthétique verticale, ainsi que la narine, le menton et le profil de la draperie sur la poitrine.

L'unité, la variété et l'harmonie des lignes de ce portrait sont admirables, et l'exécution en est merveilleuse.

La verticale étant la ligne de la noblesse, de la grandeur, de la majesté, la couronne doit être placée sur une oblique de l'harmonie verticale, et non sur une oblique de l'harmonie horizontale. Parmi les têtes laurées des empereurs romains que représentent les émaux du Musée, quelques-unes ont la couronne placée sur une oblique de l'harmonie horizontale, ce qui est une faute; il suffit, même en ignorant la règle, de comparer les deux systèmes pour donner la préférence à celui qui est conforme aux principes établis par les Grecs.

Dans les bustes couronnés, la couronne crée toujours des points esthétiques se raccordant aux grandes lignes qui passent par l'œil du personnnage; placée différemment, la couronne nuirait à la beauté de la tête, au lieu de lui donner un plus haut degré de distinction. Mal placée, une couronne peut rendre ridicule la tête qui la porte, ou, tout au moins, lui faire perdre considérablement de sa dignité naturelle.

Dans la gravure, le sourcil est trop marqué; il nuit à l'expression de l'œil. Comme la lumière ronge les surfaces horizontales, cette observation s'applique également au profil supérieur de la tête.

LA FOI PUBLIQUE. (Pl. XVI, n° 1.)

Le bras qui porte la corbeille est soutenu par le petit autel qui est au-dessous. Ces lignes esthétiques horizontales forment une masse verticale secondaire. La masse verticale principale résulte de la figure, dont les lignes esthétiques sont conformes à la règle.

Le sommet de la tête est trop accentué; il en est de même des épis et du coude droit, qui correspondent à des rayons visuels obliques. On peut en dire autant de la corbeille et du petit autel qui est au-dessous.

LA VÉNUS AU THYRSE. (Pl. XVI, n° 2.)

La donnée du sujet forme un ovale placé dans le sens de sa hauteur, ce qui implique une harmonie de lignes esthétiques verticales.

L'Amour accroupi est placé de façon à équilibrer la masse horizontale du bras de Vénus et des flèches qu'elle tient à la main.

L'avant-bras droit de Vénus forme une horizontale doublée par la cuisse du même Amour et par la ligne de terre pour former une masse verticale et faire rentrer ces lignes dans l'harmonie de l'ensemble.

Cette belle composition présente une masse verticale dominante, créée par la figure debout; une secondaire, par l'Amour debout et le thyrse; une tertiaire, par les flèches et l'Amour accroupi.

Les flèches, le dessous du bras droit de Vénus et de l'Amour accroupi, sont trop accentués et rompent l'unité optique de cette belle composition.

Signe céleste. (Pl. XVII, n° 1.)

Le centre de gravité est soutenu par la jambe droite; le bras gauche est relevé pour tenir l'amphore.

Le sommet de la tête, l'œil droit, le profil du bras droit, forment une oblique de l'harmonie verticale, laquelle est doublée par l'oblique qui résulte de l'amphore, du pubis et du scorpion.

Une grande ligne oblique relie le mouvement de la tête à celui de la hanche, de la cuisse, de la jambe et du pied gauches.

L'harmonie de cette figure est rompue par les accents trop marqués des épaules, de l'avant-bras droit, du coude gauche, et surtout du profil gauche, du torse et des jambes.

Apollon. (Pl. XVII, n° 2.)

Ce dieu est représenté portant une lyre de la main droite. Le centre de gravité est soutenu par la jambe droite, ce qui donne de la grâce au côté gauche.

Les plis du manteau soutiennent les lignes esthétiques de la lyre et du bras gauche, en même temps qu'ils créent une opposition faisant valoir les chairs.

L'autel, en doublant la verticale de la figure, neutralise la partie de droite, tandis que l'espace à gauche fait dominer la tête et l'attribut de ce dieu.

Le rayon normal, qui doit naturellement se diriger sur la partie dominante de l'objet, est sollicité ici par le cordier de la lyre, dont les lignes horizontales sont trop accentuées, de même que les plis du manteau sur la poitrine, en sorte que l'œil se dirige avec effort sur la tête d'Apollon. Le profil du bras gauche est lourd, parce que le trait ne différencie pas les parties convexes des parties concaves.

Amour montant un cheval marin. (Pl. XVIII, n° 1.)

Ce sujet présente des lignes courbes qui s'harmonient avec la donnée esthétique de la

Amour traîné par des dauphins. (Pl. XVIII, n° 2.)

Le sujet est renfermé dans un ovale placé horizontalement; par conséquent l'harmonie des lignes affirme la donnée horizontale; on voit, en effet, une ligne horizontale qui passe sous le premier dauphin et le dessous de la roue.

Le dessus de la tête du second dauphin, l'extrémité supérieure de la queue, la jambe droite de l'Amour, créent une ligne inclinée se rapprochant de l'horizontale.

L'œil du premier dauphin, le coude gauche et le bout de l'aile de l'Amour, sont sur une oblique appartenant à l'harmonie horizontale.

L'œil du second dauphin, la main qui tient les rênes, le dessous de l'aile, forment aussi une oblique de l'harmonie horizontale.

L'inflexion du bout de la baguette, le dessus de la tête, l'extrémité de l'aile, créent une ligne courbe qui s'harmonie avec l'ovale du cadre.

Le profil du visage, le coude gauche de l'Amour, les queues des dauphins, sont quatre points esthétiques formant une verticale ayant essentiellement pour objet de faire dominer la tête de l'Amour.

Cette verticale est soutenue par d'autres lignes de l'harmonie verticale, telles que les lignes qui résultent :

Des yeux des dauphins et de l'extrémité de la baguette;

Du bout de l'aile, du pied droit et du derrière du char.

Les guides forment des lignes obliques qui conduisent le regard sur la tête de l'Amour, de même que la ligne formée par la jambe gauche et le profil de la figure.

Les rênes sont trop accentuées, ainsi que le dessous du bras gauche, la ligne du grand fessier et le dessus de la cuisse gauche de l'Amour, le dessous de la queue et le dessus de la tête du second dauphin.

Apollon et Marsyas. (Pl. XIX, n° 1.)

La donnée est composée de lignes esthétiques verticales. La figure de Marsyas forme la grande ligne esthétique dominante de la composition. Marsyas devient sujet principal par la disposition du tronc d'arbre et la pose du petit Amour qui est au-dessous, puis, par l'espace majeur de droite. Apollon, toutefois, est bien caractérisé par la grandeur et la simplicité des formes, qui contrastent avec les lignes tourmentées de Marsyas.

La ligne esthétique verticale qui résulte de la tête, de l'avant-bras d'Apollon, de la cuisse et de la jambe de Marsyas, relie les deux personnages l'un à l'autre et constitue le rapport moral des personnages principaux et l'unité du groupe. Le petit Amour s'y rattache par des lignes verticales et obliques.

La boucle de cheveux du profil gauche de la tête d'Apollon nuit par son accent à l'expression des yeux, de même que la lyre, dont les traits sont trop violents.

L'épaule droite de Marsyas, l'épaule et la cuisse gauches du petit Amour, sont exprimées par des traits de même valeur, qui font prédominer la ligne esthétique formée par ces deux figures. Mais Apollon étant ici la figure principale du sujet, placée sur le premier plan, c'est un défaut de convenance de ne pas l'avoir rendu dominant par des valeurs coordonnées entre elles et avec l'ensemble, comme la composition originale en offre l'exemple.

NÉRÉIDE PORTÉE PAR DEUX CHEVAUX MARINS. (Pl. XIX, n° 2.)

Ce groupe forme une masse composée de lignes obliques de l'harmonie horizontale qui conduisent l'œil du spectateur sur celui de la Néréide. Ce sont les lignes qui résultent de la jambe droite et de l'avant-bras gauche de la figure, puis du sabot gauche du premier cheval, de ses naseaux et de l'œil.

La lumière arrive par l'espace majeur de gauche; calcul qui rend la figure dominante par la masse de lumière, et cette direction semble ajouter à la vitesse des chevaux.

Les lignes parallèles qu'offrent les têtes, les poitrails et les jambes des chevaux, expriment la conformité d'idées, la tendance à un même but.

Le pied gauche du premier cheval, le poitrail du second, les épaules de la Néréide, sa main droite et la queue du cheval, sont des points esthétiques formant une courbe de l'harmonie horizontale, reliant entre eux les différents objets de la composition pour en constituer l'unité. Il en est de même de la ligne oblique de l'harmonie horizontale qui résulte de la jambe droite du premier cheval, du profil inférieur de la cuisse de la Néréide et de la queue du cheval.

Une autre ligne esthétique horizontale est créée par le pied de la Néréide, la vague et le pied droit du cheval.

La ligne horizontale tertiaire est formée de l'épaule droite de la Néréide, des naseaux et de l'extrémité de l'aile du second cheval.

On remarque encore plusieurs lignes esthétiques verticales et obliques de l'harmonie verticale, formant une masse horizontale, qui relient tous les détails entre eux et concourent ainsi à l'harmonie parfaite de l'ensemble.

Le profil du bras droit est plus accentué que la ligne oblique de l'avant-bras, ce qui est une faute dans l'expression de l'inclinaison des plans. Rappelons, une fois pour toutes, que les plans horizontaux sont plus clairs que les plans verticaux, et que les plans obli-

…es sont de plus en plus clairs, à mesure qu'ils se rapprochent de l'horizontale, toutefois
…sque la lumière vient de haut. Le dessous du bras droit et la main droite n'ont pas des
…cents proportionnels au degré d'obliquité des rayons visuels auxquels ils correspondent.
… sont trop apparents pour la place qu'ils occupent dans le tableau; il en est de même
…s rênes, dont l'aspect nuit à la grandeur de l'encolure des chevaux.

L'ABONDANCE. (Pl. XX, n° 1.)

Le centre de gravité est soutenu par la jambe droite, et, conformément à la règle, le
…as gauche est relevé.

La main droite soutient une draperie formant une petite masse oblique, parallèle à la
…rne d'abondance, à l'avant-bras et à la jambe gauches.

Ces lignes obliques de l'harmonie verticale constituent la variété de la donnée géné-
…le, qui est une et caractéristique.

Le dessus de l'épaule droite et le pli de la draperie qui recouvre la cuisse gauche
…truisent, par leur accent, l'harmonie du clair-obscur de cette gracieuse figure.

ISIS. (Pl. XX, n° 2.)

Le centre de gravité est supporté par la jambe droite, et opposé à la jambe mise en
…tion.

L'avant-bras droit forme une horizontale qui serait discordante dans une donnée ver-
…ale, si elle n'était neutralisée par la ligne oblique formée du sistre et du vase, qui la
ramène à des conditions d'unité et d'harmonie.

Le sistre, la tête et le bras gauche forment une courbe de l'harmonie verticale, ayant
…n point d'appui sur le pied gauche.

L'œil, le pli de la draperie qui tombe de l'épaule droite, et le profil extérieur de la
…nbe gauche, déterminent une ligne oblique de l'harmonie verticale, laquelle donne de
… grandeur et de la noblesse à la figure, tout en rendant l'œil dominant.

Le dessous du bras droit, la ligne courbe de la draperie qui se relève sur la hanche
…uche, le goulot du vase, ont trop d'accent; il en est de même du dessus de l'épaule
…uche, dont la valeur est plus accentuée que la ligne inclinée du bras.

APOLLON ET L'AMOUR. (Pl. XXI, n° 1.)

Ce groupe présente une masse verticale, variée principalement par les deux lignes
…liques qui rendent dominante la tête de ce dieu.

Elles résultent : l'une de la tête et du bras de l'Amour, de la lyre et de la tête d'Apollon ;
…utre, du tronc d'arbre et du bras de la figure principale.

Le centre de gravité est soutenu par la jambe droite et par le bras qui s'appuie sur le tronc d'arbre, ce qui permet facilement à la jambe gauche de se porter en avant. La simplicité des lignes donne de la noblesse et de la grandeur au sujet.

Le pectoral droit, le bras gauche, la lyre, sont trop accentués. La lyre surtout, point esthétique intermédiaire entre la tête d'Apollon et celle de l'Amour, devait avoir une valeur relative tertiaire. La convenance exige qu'un accessoire ne soit jamais aussi apparent que les choses principales dont il est l'attribut.

Silène conduit par les Amours. (Pl. XXI, n° 2.)

Ce groupe charmant présente une harmonie de lignes horizontales.

La figure de Silène est rendue dominante par la ligne oblique formée de l'Amour qui pousse le char, et par la verticale qui résulte de la roue située au-dessous de la main et de la tête de Silène.

Les mouvements parallèles des Amours indiquent l'unité d'action, la conformité d'idées.

Le dessous du bras droit de Silène est plus affirmé que le bras gauche, qui est en avant. Les bras des trois Amours sont trop noirs et d'une valeur égale dans les parties concaves et convexes. Il en est de même de la ligne du char, sous le bras de Silène, dont l'affirmation devrait créer un neutre qui lui fît opposition; de l'ornement situé en arrière de sa main droite, et de la base du char, qui fixe le regard avant toute chose.

CHAPITRE III.

PEINTURES ANTIQUES.

La peinture, chez les Grecs, ne parvint à son plus haut degré de perfection que long-
[tem]ps après la sculpture. On ne voyait encore que des sujets dessinés au trait ou bien des
[pei]ntures polychromes, dans le genre des vases étrusques, lorsque les deux plus belles
[sta]tues de l'antiquité, le Jupiter de Phidias et la Junon de Polyclète, existaient déjà.
[Ap]ollodore, surnommé *le peintre des ombres*, et Zeuxis, son élève, furent les premiers
[art]istes qui introduisirent le clair-obscur dans leurs tableaux et donnèrent du relief aux
[ob]jets. Euphranor, suivant Pline, dépassa Zeuxis dans la science de la perspective linéaire
[et] aérienne, et dans l'art de composer les tableaux.

Sous Périclès, les villes de Delphes et de Corinthe instituèrent les premières des
[con]cours dans le but de faire progresser la peinture. Timagore de Chalcis remporta le prix
[su]r Panænus, parent de Phidias; Timanthe, savant dans le raccourci des figures, fut vain-
[qu]eur de Parrhasius, l'ami de Socrate; Aëtion reçut la couronne des mains de Proxénide,
[hel]lanodice ou membre du jury, qui lui donna sa fille en mariage. Lucien nous a laissé une
[de]scription du tableau d'Aëtion, qu'il avait vu en Italie. Voici sa narration : « Le sujet repré-
[sen]te le mariage d'Alexandre et de Roxane. Dans une chambre est un lit magnifique; Roxane
[est] assise; c'est une vierge d'une beauté parfaite; elle regarde à terre, toute confuse de
[la] présence d'Alexandre. Une troupe d'Amours voltige en souriant. L'un, placé derrière la
[jeu]ne épouse, soulève le voile qui lui couvre la tête, et montre Roxane à son époux. Un
[aut]re, esclave empressé, délie la sandale, comme pour hâter le moment du bonheur. Un
[tro]isième saisit Alexandre par son manteau, et l'entraîne de toutes ses forces vers Roxane.
[Le] roi présente une couronne à la jeune mariée. Près de lui, comme paranymphe [(1)], se
[tien]t Éphestion, une torche allumée dans la main, et appuyé sur un beau jeune homme,
[que] je crois être l'Hyménée, son nom n'étant pas écrit. Dans une autre partie du
[tab]leau (?) sont des Amours qui jouent avec les armes d'Alexandre; deux d'entre eux
[por]tent sa lance, lourd fardeau, et paraissent accablés comme sous le poids d'un ais; deux

[(1)] Jeune garçon qui accompagnait la mariée chez son époux.

autres traînent par les courroies le bouclier, sur lequel est assis un troisième, qui a l'air d'un souverain sur son char; un dernier s'est glissé dans la cuirasse, qui gît à terre, et il semble épier les autres pour leur faire peur, quand ils passeront près de lui.

« Ces épisodes ne sont point des hors-d'œuvre, continue Lucien, et Aëtion ne les a pas placés sans dessein dans son tableau; mais ils rappellent les goûts guerriers d'Alexandre, qui, malgré sa passion pour Roxane, n'a point oublié celle des armes. D'ailleurs on peut dire que cette toile respire comme un air nuptial, puisqu'elle fit donner pour épouse à l'artiste la fille de Proxénide; de telle sorte qu'Aëtion ne s'en retourna qu'après avoir célébré un mariage qui fut, pour ainsi dire, la suite de celui d'Alexandre. Le roi servit de paranymphe au peintre, et le prix d'un mariage en peinture fut un véritable hymen [1]. »

Timomachus était réputé pour la convenance avec laquelle il savait choisir le moment de l'action le plus favorable à la peinture; ses tableaux d'Ajax et de Médée sont cités avec éloge.

Phidias, Polyclète, Myron, Scopas, Apollonius, Alcamène, Praxitèle, furent les grands sculpteurs du style héroïque. Pendant ce temps, Sophocle disputait à Euripide et à Euphorion le prix de la tragédie, et l'on représentait les comédies d'Eupolis et d'Aristophane; époque glorieuse, qui rendait Athènes la reine du monde. Sous les empereurs romains, les fils de patriciens allaient encore se perfectionner à Athènes, qui demeurait, malgré son abaissement politique, la ville des arts et des sciences. Dans l'antiquité on venait de toutes les parties de la Grèce et de l'Italie étudier à Athènes, comme on alla à Rome pendant la Renaissance, et comme on vient de nos jours à Paris.

Après la mort de ces grands artistes, l'idéal s'abaissa en se rapprochant trop de la nature; on répudia leur dessin carré, pour s'attacher davantage à la grâce et au joli. La peinture ne rechercha pas le sublime, mais le beau, et sut se maintenir longtemps dans ses véritables limites esthétiques. A Sicyone, Pamphile et Mélanthus soutenaient la peinture avec éclat, et l'on rapporte qu'Apelle, surnommé *le peintre de la grâce*, se rendit auprès de ces deux artistes éminents, auxquels il donna un talent (6,000 francs), moins pour se perfectionner dans son art que pour s'assurer leur patronage.

Lucien raconte qu'Apelle ayant exposé un tableau représentant la famille d'un centaure, dont la femelle allaitait deux petits, tous les spectateurs se récrièrent sur l'étrangeté de l'invention et la nouveauté du sujet. Apelle, voyant que personne n'appréciait l'exécution admirable de cette peinture, dit à son élève : « Allons, Micion, roule cette toile, et reportons-la chez nous. Ces gens-là ne louent que la boue du métier; ils ne se soucient pas de l'essence même du beau, de ce qui fait l'art réel; le mérite de l'exécution disparaît à leurs yeux devant la singularité du motif. »

---

[1] OEuvres complètes de Lucien, traduction d'Eugène Talbot; 2 vol. chez Hachette et Cie.

Les artistes, récompensés généreusement par la nation, vivaient à l'abri du besoin,
[a]yant en vue que l'excellence de l'art. Leur mérite était loyalement proclamé par des
[ju]ges compétents; ils ne connaissaient ni l'envie, ni la jalousie; ils se communiquaient
[leu]rs observations sur la nature, et l'émulation nourrissait leur enthousiasme. Toutes leurs
[as]pirations, tous leurs désirs étant tournés vers la perfection, vers la vraie gloire, ils durent
[à c]ette noblesse, à cette élévation de la pensée, de laisser des œuvres immortelles.

L'histoire cite de nombreux ouvrages dus à l'association d'artistes célèbres. Nous en
[po]ssédons encore quelques-uns, tels que les groupes de Laocoon, des Niobé, du Tau[re]au Farnèse. Pausanias nous apprend que Phidias dirigea avec Mnésiclès l'édification des
[m]onuments dont Périclès dota la ville d'Athènes, et que le peintre Parrhasius, qui le
[se]condait dans l'ornementation des statues, composa les dessins du bouclier de Minerve,
[re]présentant, entre autres sujets, un combat de centaures, gravé par Mys.

Plusieurs artistes cultivaient à la fois la peinture, la sculpture et l'architecture. Le
[m]ême auteur dit qu'Apelle fit la statue de Cynica, fille d'Archidamus, roi de Sparte, et le
[pe]intre Micon, celle de Callias, le riche époux de la sœur de Cimon.

Apollodore, Polygnote, Zeuxis, Euphranor, Parrhasius, Apelle, Pamphile, Timanthe,
[E]tion, Mélanthus, Pausias, Protogène, furent les maîtres les plus illustres de la Grèce,
ceux qui portèrent la peinture à son apogée. Ces grands artistes, suivant Pline, ne firent
[pa]s de peintures murales; Pline se trompe évidemment, car il dit ailleurs que Polygnote
[dé]cora le temple de Delphes et le Poecile d'Athènes. On parle aussi de la Cassandre du
[m]ême artiste, de la Junon d'Euphranor, et des divers ouvrages d'Apelle et de Pausias, qui
[or]naient les temples et les édifices publics.

La peinture, du temps de Zeuxis, n'était pas, comme la sculpture, uniquement vouée
[au] culte des dieux; elle ne servit que plus tard à orner les temples et les édifices publics.
[Pa]usanias mentionne une peinture du temple d'Égée représentant Minerve, mais il ne
[di]t point qu'elle y fût adorée, et Strabon en parle dans le même sens.

L'histoire de l'art grec, comme nous l'avons dit ailleurs [1], comprend quatre époques :
[1°] celle de la peinture monochrome et au trait; 2° celle de Polygnote; 3° celle de
[Ze]uxis; 4° celle d'Apelle. Le siècle de Périclès (494 à 429 avant J. C.) marque l'apogée
[de] la sculpture et les progrès rapides de la peinture; celui d'Alexandre le Grand
[(3]23 avant J. C.), l'apogée de la peinture et le commencement de la décadence de la
[scu]lpture.

Dès la plus haute antiquité, l'intérieur des maisons fut orné de peintures murales,
[us]age qui se propagea rapidement en Grèce, et, dans la suite, à Rome. Le genre de déco-

---

[1] Voir l'indroduction de notre *Philosophie des Beaux-Arts*.

ration auquel on a donné le nom d'*arabesques* fait l'admiration de tous les artistes. Quelle variété dans l'invention, quelle élégance, quelle sûreté de main dans l'exécution!

Malgré l'infériorité relative des peintures antiques que nous possédons, on peut cependant prendre une haute idée de la perfection des ouvrages des grands maîtres, en étudiant les peintures et les mosaïques trouvées à Rome, Herculanum, Pompéia et Stabia, dont quelques-unes paraissent être des reproductions de tableaux célèbres. On y remarque en effet certains ouvrages d'une bonne exécution, et d'autres, au contraire, qui ne sont point en rapport avec la science déployée dans la composition du sujet.

Rome possède quelques peintures antiques remarquables : les Noces Aldobrandines, que le Poussin admirait fort, et dont il s'inspira pour l'ordonnance des lignes de ses tableaux, dont la donnée est horizontale; la Vénus du palais Barberini, restaurée par Carle Maratte, le dernier des grands peintres romains; les beaux paysages avec figures du collége Saint-Ignace, lesquels pourraient être attribués au Ludius dont parle Pline, et, enfin, quelques-unes des peintures des catacombes. Mais c'est au musée de Naples qu'on peut le mieux apprécier cette partie de l'art chez les anciens. Le nombre des ouvrages y est assez considérable, et le mérite de quelques-uns hors ligne. On les trouve reproduits par la gravure dans le *Musée Borbonico* et dans le *Musée secret de Naples*, recueils qui font partie du Cabinet des estampes de la Bibliothèque impériale.

Les peintures antiques découvertes jusqu'ici ne remontent pas au delà des empereurs romains, mais la grande mosaïque représentant une grande bataille d'Alexandre contre Darius paraît être évidemment la copie d'un tableau de grand maître, tant l'ordonnance en est parfaite. Les paysages, avec des sujets de chasse ou de pêche, sont dus à des ouvriers plutôt qu'à des artistes romains; leur exécution n'offre aucun intérêt esthétique et les Grecs ne traitèrent jamais ce genre de peinture.

Indépendamment du style, on distingue les ouvrages grecs des ouvrages romains et napolitains par la nature de l'enduit. Celui des premiers est fait de marbre pilé, préparation absorbante qui demande une grande dextérité et une extrême sûreté de main; celui des seconds est un mélange de chaux et de pouzzolane. D'autres ouvrages sont à l'encaustique, ou seulement glacés d'une couche de cire, soit pour donner plus d'éclat à la couleur, soit pour la préserver de l'humidité.

Quelques peintures antiques nous montrent des étoffes de soie de couleurs changeantes, importées de l'Inde, et dont l'usage était général à Rome sous les empereurs. On en voit de couleur rouge, relevée de vert; de violette, relevée de jaune; ce qui dénote une connaissance des opposants harmoniques des couleurs, telle que nous la possédons aujourd'hui. Le rouge désigne le drap ou la soie. On appelait *couleur de mer* le pourpre violet ou bleu céleste (Th. Gautier dit *mer de cobalt*), et *pourpre de Tyr*, l'écarlate. En général,

couleur des étoffes est d'une grande vivacité, opposée à des neutres de nuances très-
licates.

VÉNUS À LA CONQUE DU MUSÉE SECRET DE NAPLES. (Pl. XXII.)

Cette peinture décorative, trouvée à Gragnano en 1762, formait la perspective d'une
tite allée de jardin. Elle confirme ce que nous avons dit du caractère des lignes courbes,
ns les règles de la plastique.

La donnée étant horizontale, toutes les lignes esthétiques affirment cette donnée par
s courbes de l'harmonie horizontale.

Le haut du corps est supporté par le bras droit, ce qui permet au bras gauche de sou-
nir avec grâce la draperie, qui flotte dans l'air.

La masse horizontale, formée par le corps de Vénus, est composée de diverses lignes
urbes :

Le profil gauche de la tête, celui du torse, de la cuisse et de la jambe gauches;

La main droite, le profil intérieur de la cuisse et de la jambe gauches;

La ligne qui résulte de la partie de la coquille qui se relève, à droite, et du profil inté-
ur de la jambe gauche;

La tête de Vénus, sa main gauche, la tête du petit Amour sont également sur une
ne courbe de l'harmonie horizontale.

Le dauphin indique la route que suit Vénus et soutient le petit Amour.

Les cannelures de la conque[1], tombant perpendiculairement sur le profil du corps de
nus, font une opposition qui fait ressortir la grande ligne formée par le corps de la
esse. Cette peinture est une des plus précieuses du Musée de Naples.

Le mode est exprimé par la douce lumière d'une belle matinée de printemps. Le ciel
t légèrement bleuté; la mer, d'un gris bleu violacé, avec des reflets argentins. La cou-
ir dominante résulte de la masse rose des chairs; elle est soutenue par le jaune clair
la draperie. La conque a des rappels de rose clair et des tons d'algue en dessous. Le
eu léger du ciel et de la mer crée l'opposition.

TRIOMPHATEUR COURONNÉ PAR LA VICTOIRE, PEINTURE DE POMPÉIA. (Pl. XXIII.)

Cette magnifique peinture est regardée comme la plus belle des peintures qui ornaient
Panthéon de Pompéia. L'expression de ce vainqueur « qui, loin de se reposer, médite de
uveaux triomphes, » est pleine de noblesse et de grandeur; son maintien est majestueux.
Victoire qui le couronne est d'une beauté idéale.

Cette composition fait concevoir la supériorité avec laquelle les anciens exprimaient les

---

[1] Les naturalistes ont conservé le nom de *Vénus* à ce genre de coquillage.

passions et savaient résumer en une seule personne les beautés éparses sur plusieurs figures.

La tunique du triomphateur est couleur gris de lin, le manteau pourpre, les cothurnes rouges, avec des filets d'or; le diadème est de couleur or.

La Victoire a une tunique sans manches, de couleur pourpre violacée, ce qui laisse dominer la figure principale et constitue un rouge secondaire. Le pallium est vert, les cothurnes blancs; la couronne de feuillage est ornée de rubans rouges, pour rappeler la couleur dominante du tableau.

Le clair-obscur de cette peinture est aussi remarquable que celui des plus beaux ouvrages d'Herculanum.

L'harmonie des lignes est verticale. Elles sont simples et peu variées, afin de donner de la noblesse et de la grandeur au sujet.

La grande ligne esthétique de la composition est une diagonale allant de droite à gauche; la lumière suit cette direction : elle entre par le premier plan, à droite, et se résout dans le haut du tableau, à gauche.

Thésée vainqueur du Minotaure, peinture d'Herculanum. (Pl. XXIV.)

Cette peinture, une des plus importantes du Musée de Naples, représente Thésée vainqueur du Minotaure, recevant les témoignages de reconnaissance des jeunes victimes qu'il vient de délivrer. Les Athéniens envoyaient tous les ans, comme on se le rappelle, sept jeunes garçons et sept jeunes filles pour être la proie du Minotaure, et Thésée délivra Athènes de cette terrible redevance. Cette composition nous montre l'éternelle lutte de l'intelligence et de la matière, présentée sous une forme allégorique.

L'émule d'Hercule est figuré plus grand que nature, tel qu'un héros doit être; il tient en main la massue, et porte à l'annulaire la bague qui rappelle ses exploits. Le Minotaure est étendu à ses pieds. Dans le haut du tableau, à gauche, la figure assise, dont la tête manque, représente probablement Diane, à qui Thésée, suivant Pausanias, érigea un temple à Trézène après sa victoire, ou peut-être Vénus, protectrice de son expédition en Crète. La flèche qu'elle tient à la main est un attribut de ces deux divinités, mais le carquois semble plutôt désigner Diane que Vénus.

Les artistes anciens ont tous traité ce sujet héroïque; aussi les exploits de Thésée figuraient-ils sur la plupart des monuments de la Grèce. On admirait à l'égal du Thésée du Parthénon celui qui ornait le trône de Jupiter à Olympie, et Euphranor, Parrhasius, l'ami de Socrate, Micon, Panænus, Polygnote, et bien d'autres encore, ont représenté dans leurs tableaux Thésée terrassant le Minotaure. On rapporte qu'Euphranor, parlant du Thésée de Parrhasius, disait « qu'il avait été nourri avec des roses, tandis que le sien

tait nourri de la chair des sacrifices. » Si l'on rapprochait cette critique de la couleur
strée des chairs du tableau qui nous occupe, on pourrait croire que ce beau spécimen
l'art antique est une copie d'après Euphranor, tant la conception du sujet, l'admirable
rmonie des lignes et de la couleur, l'expression des passions, révèlent un ordre d'idées
périeur à l'exécution.

Les peintures d'Herculanum se distinguent, en général, de celles de Pompéia par leur
vante ordonnance, par l'expression des passions et une puissance de modelé obtenue au
oyen de hachures semblables à nos gravures en taille-douce, mais plus largement dis-
buées. Les peintures de Pompéia sont d'une époque plus récente et forment, pour ainsi
re, une école distincte. On sait que Pompéia fut complétement détruite par un tremble-
ent de terre l'an 63 de notre ère, et que cette ville était presque entièrement rebâtie
rs de la terrible éruption de 79, qui la couvrit de ses cendres. En raison de ces faits,
mpéia devait nécessairement posséder un plus grand nombre de peintures appartenant
la décadence de l'art.

La figure de Thésée et celle de l'enfant qui lui prend le bras coupent à angles droits le
rps du Minotaure. Ces oppositions, qui symbolisent le caractère moral des personnages,
ésenteraient un grave défaut d'harmonie si elles n'étaient pas justifiées par le sujet, et
l'art ne venait y apporter les ressources et l'appui des règles pour faire rentrer ces dis-
nances dans l'harmonie de l'ensemble. C'est ce qui a lieu en effet. Le deltoïde et le
ctoral droits du Minotaure correspondent à la jambe et au profil gauche du corps de
nfant, dont la jambe droite se combine avec la tête du monstre, pour créer des lignes
thétiques verticales qui neutralisent la grande ligne horizontale du Minotaure et la ra-
ènent à l'unité verticale.

La figure de Thésée forme donc la ligne verticale dominante ;

La tête du Minotaure, le corps de l'enfant, le bras droit de Diane, la verticale
condaire ;

Les enfants, à droite, la verticale tertiaire.

Le Minotaure présente, par sa position, une oblique de l'harmonie horizontale, laquelle
t doublée par la cuisse droite du jeune garçon, le bras droit de Thésée, le carquois de
iane, lignes qui forment une masse verticale, tout en établissant la relation morale des
fférents personnages entre eux.

La lumière vient aussi apporter son concours pour renforcer l'expression des lignes et
armonie de l'ensemble : elle entre par le haut du tableau et se résout verticalement.
 lumière dominante est sur Thésée, au centre de la composition; la lumière secon-
ire, du côté du corps éclairant, et la lumière tertiaire à droite.

La masse des chairs détermine l'unité de la couleur dominante du tableau, laquelle est variée par les diverses draperies rouges, jaunes, violettes, roses, etc. La draperie de Thésée est rouge, si nos souvenirs sont fidèles, et nous n'hésitons pas à affirmer que cette composition remarquable peut supporter l'analyse la plus rigoureuse dans toutes ses parties.

Les peintures grecques présentent généralement dans chaque tableau une tonalité caractéristique de son mode; la couleur dominante, placée sur le personnage principal, est soutenue par des nuances analogues, tandis que d'autres couleurs la font valoir par le contraste.

OBSERVATIONS SUR LES PEINTURES ANTIQUES.

Plus on étudie l'art grec, plus on reconnaît que tout y est prévu avec un goût, un sentiment, une science qui commandent l'admiration. Aucun détail n'est placé au hasard; tout est ramené à la masse par les lignes esthétiques appartenant à l'harmonie de la donnée générale; ce sont les mêmes règles que dans la statuaire et la glyptique, unies à celles du clair-obscur et du coloris.

On reconnaît un même principe dans les peintures décoratives des édifices d'Herculanum et de Pompéia. La hauteur de la salle est divisée en trois parties inégales : le soubassement, les panneaux, la frise. La couleur la plus forte est sur le soubassement; les panneaux, réservés aux peintures, sont moins vigoureux; la frise est d'une couleur légère, de même que les plafonds. Cette gradation, de tout point conforme aux règles de la perspective aérienne, donne de la grandeur à la salle; puis, les mosaïques du sol font valoir les peintures, soit par l'uniformité de leur couleur, soit par leur puissante coloration.

Les peintures murales de Pompéia, avant d'être transportées au Musée de Naples, donnaient à ces ruines un aspect riant qui laissait dans la mémoire le plus charmant souvenir. On était émerveillé à la vue de toutes ces reproductions de tableaux illustres, exécutées avec un éclat et un *brio* si opposés à la monotonie de nos peintures murales.

Ces ouvrages, qui, pour la plupart, sont peu finis, se distinguent néanmoins par la fermeté et la hardiesse de l'exécution. Le modelé est fait par des hachures d'une touche grande et facile, tracées dans le sentiment de la forme. La vivacité du coloris, dans lequel le rouge, le jaune d'or, le vert, le violet, le noir dominent, ne nuit point à l'harmonie parfaite de l'ensemble.

On voit quelques anciennes peintures monochromes sur marbre, d'un grand goût et d'une grande science de dessin. Pline nous apprend que la première manière de représenter la nature, chez les Grecs, était le dessin au trait; la seconde, la peinture monochrome, faite ordinairement avec de la couleur rouge. Zeuxis, suivant le même auteur, fit aussi des dessins en blanc sur fond noir.

Ce genre de peinture, peu pratiqué du temps de Pline, prouve que le Thésée tuant le taure qui voulait enlever Hippodamie remonte aux plus beaux temps de l'art grec.

Les lois de l'harmonie des lignes y sont rigoureusement observées; la pureté et l'élégance des contours sont au-dessus de tout éloge. C'est le beau idéal de la forme, mis au service de l'expression des passions qui animent chacun des trois personnages représentés dans cette scène héroïque.

La grande mosaïque découverte en 1831 à Pompéia, représentant une bataille d'Alexandre, est probablement la reproduction d'un tableau attribué à Aristide de Thèbes, qui, suivant Pline, peignit de grands sujets de bataille.

On sait qu'à son retour d'Égypte, après avoir passé le Tigre et l'Euphrate, Alexandre se trouva en présence de Darius, qui l'attendait avec une armée innombrable. L'épisode choisi par l'artiste est le moment où Alexandre se met à la tête des siens, qui tombent avec fureur sur la ligne de bataille des Perses; il pénètre jusqu'à Darius, et, d'un coup de javeline, abat l'écuyer du grand roi.

Les Perses croient que c'est le roi qui est tué; leurs cris de douleur répandent au loin la consternation et l'épouvante, et tous commencent à lâcher pied. Darius lui-même, effrayé de voir Alexandre si près de lui, va sauter de son char pour monter à cheval et s'enfuir à toute bride.

Chaque personnage agit en vue d'une action multiple dans ses effets, mais une et caractéristique dans ses conséquences. Alexandre domine toute la scène par un grand air de dignité, et par le calme que doit avoir un chef d'armée, tandis que la terreur est exprimée à divers degrés chez les soldats de Darius, terreur qui se manifeste même parmi les chevaux.

Cette belle composition, d'un travail précieux, donne parfaitement l'idée de ce que devait être la grande peinture chez les anciens.

L'espace y est si bien rempli, qu'on ne saurait ajouter ni retrancher une seule figure sans rompre l'harmonie de l'ensemble.

Les détails, tous variés, témoignent de l'élévation de la pensée, de la richesse de l'imagination et du goût exquis des convenances que possédaient les artistes de la Grèce.

La donnée de la composition est un parallélogramme allongé, qui caractérise cette grande bataille; toutes les lignes concourent à l'harmonie horizontale, qui résulte d'une succession de lignes verticales.

Par une subtilité qui témoigne d'une connaissance approfondie de la perspective, la ligne d'horizon est peu élevée au-dessus des figures du premier plan, afin de donner l'idée de la foule avec un moins grand concours de personnages.

Le raccourci des figures, celui des chevaux, montrent la grande science que possédait l'auteur de cette peinture, la plus considérable de toutes celles qui ont été découvertes jusqu'ici.

La couleur du tableau présente une unité jaune d'or. Alexandre, par son riche costume bleu, et des espaces habilement ménagés à droite et à gauche de la tête, est la figure dominante du sujet, bien qu'il soit placé un peu à gauche de la composition.

Le grand espace est réservé aux vaincus, qui relèvent, par leur multitude, l'héroïsme du roi de Macédoine dans cette mémorable bataille.

Les peintures d'Herculanum et de Pompéia sont généralement des reproductions des chefs-d'œuvre d'artistes grecs ou romains.

La gravure étant inconnue des anciens, on faisait un nombre considérable de copies, et même des copies d'après d'autres copies, ce qui explique l'extrême différence que l'on remarque entre la composition et l'exécution de certains tableaux. Toutefois quelques-unes de ces œuvres sont d'un mérite achevé. On y trouve la beauté du coloris et du clair-obscur, la savante disposition du sujet, l'expression des passions traduite par les plus belles formes, la richesse de l'imagination unie à la vérité de la nature dans le noble but d'idéaliser les actions des hommes et de les élever jusqu'à l'apparence divine.

Nous aurions pu multiplier les exemples, et nous laisser entraîner par un si grand nombre de sujets offrant le plus vif intérêt; mais nous avons dû nous poser des limites, et nous en tenir aux sujets indispensables à nos démonstrations théoriques. D'ailleurs tous ces chefs-d'œuvre de l'art antique sont gravés et publiés dans des ouvrages que l'on peut aisément consulter dans nos bibliothèques.

Les règles de la plastique, dont l'objet est de constituer l'harmonie des lignes esthétiques en ramenant tous les détails à l'ensemble, contribuent puissamment à la pureté, à la grâce, à la force du dessin, à la noblesse, à la grandeur des productions de l'art; c'est pourquoi on ne saurait trop recommander de se rendre ces règles familières, en les appliquant à l'analyse des nombreuses productions des Grecs. Une fois le principe bien compris, on se l'assimilera promptement, et l'on pourra composer un sujet avec la détermination et l'ordre que les anciens ont apportés dans leurs ouvrages, sources de l'initiation des grands artistes de la renaissance italienne. Au lieu de copier ou d'imiter les œuvres de ces maîtres, il faut s'efforcer de posséder aussi bien qu'eux les principes qui les ont dirigés, car, ainsi que le disait Michel-Ange, lorsqu'on suit quelqu'un, on ne le dépasse jamais.

Les gestes et l'expression du visage manifestent, par des signes extérieurs, les facultés de l'âme, qui sont le fondement de toute création où l'homme agit dans la plénitude de sa liberté; aussi les grands artistes de la Grèce s'attachèrent-ils à représenter non-seulement les beautés du corps, la force et la grâce, mais encore l'âme divine et humaine dans plein développement de sa puissance, maîtresse souveraine d'elle-même, dominant les passions, afin d'inspirer le sentiment de l'ordre, du beau, du vrai, du juste.

Gardés par la croyance religieuse, devenue spiritualiste avec Socrate et Platon, ils réunirent les facultés de l'intelligence aux beautés de l'âme. Leurs œuvres ne parlent point aux sens; elles sont l'expression de la beauté et de l'harmonie, elles charment l'imagination et délectent la pensée.

Les nuances, souvent très-délicates, qui différencient leurs divinités, montrent toute la puissance de la faculté esthétique des anciens, et avec quelle supériorité ils surent établir les gradations pleines de sens, de convenance, et quelle science approfondie venait féconder leurs créations dans tous les genres.

Ah! que l'on ne dise point que les ouvrages de ces grands maîtres sont dépourvus de sentiment! Malheureux celui qui n'est pas animé du plus pur enthousiasme à la vue de ces œuvres immortelles! Les esprits supérieurs sentent vivement combien ces artistes divins ont mis de science, de sentiment et de vie dans toutes leurs créations en s'appropriant les procédés de la nature, et en les appliquant aux sublimes conceptions de leur génie.

II. DESSINS D'APRÈS NATURE,

CORRIGÉS PAR L'APPLICATION DES RÈGLES.

Les anciens n'ont traité qu'accessoirement le paysage. Ce sont les dieux, l'homme ou animaux qui, par leurs actions, forment toujours le sujet principal de leurs ouvrages. s peintres de la Renaissance accordèrent plus d'importance à la représentation de la na- e; mais les figures jouent encore le principal rôle. Cette manière d'interpréter la nature nna plus tard naissance à une sorte de paysage historique, genre bâtard, ayant la pré- ition d'intéresser autant par le site que par l'action des personnages. Les figures étaient trop petites pour nous toucher par l'expression des passions, ou trop importantes pour pas attirer l'attention aux dépens du paysage. L'intérêt, divisé, perdait de sa force, et lois de l'art n'étaient point respectées. C'est pourquoi ce genre, tout de convention, is naturel et sans vie, devait, à un moment donné, tomber dans un discrédit universel. Il y a deux façons caractéristiques d'interpréter le paysage : le point de vue historique le point de vue pittoresque. Dans le premier cas, le tableau doit résumer une localité inue historiquement, réunir tout ce qui peut intéresser dans cette localité, et, si l'on y roduit des personnages, ils doivent être secondaires et en harmonie avec le mode du et; il faut même qu'on puisse les supprimer sans que la signification du tableau en t changée. Dans le second cas, le tableau est la représentation d'un site quelconque, nt tout le charme réside dans la science et l'habileté de l'exécution.

David, qui transportait les bas-reliefs du Parthénon dans ses tableaux, appréciait peu paysagistes. Il ignorait qu'il est plus difficile de modeler un arbre de premier plan 'une figure, et, si ses contemporains étaient inhabiles à reproduire la vérité de la nature, i'en est pas moins acquis que le paysage est soumis aux mêmes lois, aux mêmes règles e la peinture d'histoire. Le soleil n'éclaire-t-il pas tous les objets de la création en vertu in même principe? Les instruments de l'art ne sont-ils pas les lignes, la lumière, la ileur? Or, du moment que l'interprétation de la nature a reçu son baptême esthétique, beau tableau a sa place à côté d'un autre beau tableau; l'essentiel est d'y trouver du le et un mode qui relie la vérité à l'idéal.

Tout l'univers s'adresse à l'homme dans un langage qui touche nos sens, et qui n'est entendu que de l'âme. C'est un sentiment individuel inné, renfermé dans le sanctuaire de la pensée, que la raison ne peut expliquer, et qui est entièrement du domaine de la poésie. C'est ce sentiment qui fait les grands artistes : l'imagination les guide dans l'interprétation de la nature, et leur en fait découvrir toutes les beautés.

Les écrivains modernes ont donné aux descriptions, à la fois vraies et poétiques, des scènes de la nature des développements pleins de délicatesse et d'observation qui ont été, en quelque sorte, une révélation pour les peintres de paysage. Ceux-ci, à leur exemple, ont représenté la nature sous son véritable aspect pittoresque, en la traitant comme sujet principal du tableau. Aussi le réalisme devait-il être, au début, l'objet de toutes les aspirations, afin de donner au paysage cette vie et cette vérité sans lesquelles aucun art ne saurait remplir ses conditions esthétiques.

Dans la description d'un soleil levant, George Sand nous montre comment le poëte, dans sa constante recherche des beautés de la nature, reçoit l'impression, découvre l'idée et trouve le procédé ; comment il perçoit le côté visible et le côté invisible des œuvres de la nature, et comment il possède l'intuition des mystères sacrés, inconnus du vulgaire ; l'artiste, à son insu, marche d'accord avec la science.

« ..... L'orient rougit longtemps avant que la couleur et la forme fussent éveillées dans le paysage. Enfin la forme sortit la première du chaos. Les contours des plans avancés se détachèrent, puis tous les autres successivement, jusqu'aux plus lointains ; et, quand tout le dessin fut appréciable, la couleur s'alluma sur le feuillage, et la végétation passa lentement par toutes les teintes qui lui sont propres, depuis le bleu sombre de la nuit, jusqu'au vert étincelant du jour.

« Le moment le plus suave fut celui qui précéda immédiatement l'apparition du disque du soleil. La forme avait acquis la grâce de son développement. La couleur, encore pâle, avait un indéfinissable charme ; les rayons montaient comme des flammes derrière de grands rideaux de peupliers qui n'en recevaient rien encore, et qui se dessinaient en noir sur cette fournaise..
....

« Avec le soleil, la couleur, jusque-là incomplète et vague, prit toute sa splendeur. Les bords argentés des masses de feuillage se teignirent en vert sombre d'un côté, et en émeraude étincelante de l'autre. Le point du paysage que j'examinais de préférence changea d'aspect, et chaque côté eut deux faces : une obscure, et une éblouissante. Chaque feuille devint une goutte de la pluie d'or ; puis des reflets de pourpre marquèrent la transition de la clarté à la chaleur. Les sables blancs des sentiers jaunirent, et, dans les masses grises des rochers, le brun, le jaune, le fauve et le rouge, montrèrent leurs mélanges pittoques. Les prairies absorbèrent la rosée qui les blanchissait et se firent voir si fraîches si vertes que toute autre verdure sembla effacée. Il y eut partout des nuances au lieu teintes; partout, sur les plantes, de l'or au lieu d'argent, des rubis au lieu de pourpre, s diamants au lieu de perles. »

Cette belle description offre une double leçon : elle fait voir d'abord avec quelle attenn on doit regarder la nature avant de fixer sur la toile l'impression produite sur l'âme l'intelligence; en second lieu, que, pour être vrai dans l'interprétation qu'on en fait, s procédés doivent être conformes à ceux qu'elle emploie elle-même dans ses manifestans. Traduisons maintenant ces observations en langage scientifique.

1° La lumière détermine les profils par lesquels nous jugeons de la forme des objets, crée en même temps un neutre qui la fait valoir.

2° Cette forme est d'abord établie par des tons neutres qui différencient les plans, et, r ces neutres, on pose la lumière et les couleurs. Le plus ou le moins d'intensité de ces utres crée la modalité du tableau : c'est l'ébauche, ou la préparation servant de base à armonie des couleurs;

3° Il faut masser l'ensemble avant d'y introduire les détails; si les détails produisaient première impression, ce serait aux dépens de l'ensemble, du mouvement et de la vie sujet représenté.

Tel est le procédé de la peinture à l'huile pour l'ébauche et le fini du tableau, procédé nforme à celui des peintres vénitiens, flamands ou hollandais.

Lorsqu'on se promène dans la campagne, par un temps gris, il se présente des sujets tableaux qui promettent d'être admirables dès qu'ils seront animés des vives clartés du leil; mais, lorsque celui-ci vient les dorer de ses rayons, on est souvent surpris de ne plus ır trouver la beauté que l'imagination nous avait fait entrevoir. En voici la raison : les ofils des objets changeant d'aspect avec la direction de la lumière, ces objets n'étant plus lairés par le soleil dans le même sens qu'ils l'étaient par les reflets de la lumière atmosphé[ue, il y a désaccord entre la direction de la lumière et les lignes esthétiques du tableau, et tre attente est trompée. Il arrive encore, par une raison semblable, que des sites, dépours de beauté le matin, sont d'un effet très-pittoresque à une autre heure de la journée.

Le ciel de la nature n'est pas non plus, au moment où l'on peint, toujours conforme 'harmonie esthétique des lignes de la composition. On est ordinairement obligé de choisir de créer des formes de nuages, soit pour balancer ou soutenir le sujet principal, soit ur créer des oppositions d'ombre et de lumière, soit enfin pour affirmer la direction de lumière ou l'unité des lignes du tableau.

Il découle de ces observations qu'on ne saurait méconnaître le rapport intime qui existe tre les lignes et la lumière, et que, partout où cet accord est rompu, le sujet n'est pas dans des conditions esthétiques. L'ordre, quel que soit le sujet du tableau, résulte d'un même principe, et, si les objets ne sont pas dans des conditions esthétiques, on doit pouvoir les rectifier par l'application des règles qui découlent de ce principe. La règle est donc le seul guide que l'on puisse consulter avec assurance en toute occasion; sans son application, aucune œuvre d'art ne mérite l'admiration des esprits éclairés.

ARBRE DESSINÉ D'APRÈS NATURE. (Pl. XXV.)

L'unité, la variété et l'harmonie des lignes esthétiques se rencontrent quelquefois dans la nature avec une détermination égale à celle de l'art le plus prévoyant, et, dès lors, il ne reste à l'artiste qu'à copier ce qu'il a devant lui. C'est ainsi que ce petit orme du carrefour de l'Épine, dans la forêt de Fontainebleau, présente un ordre parfait, semblable à celui des draperies de l'Amazone du palais Cesi, que nous avons donnée (pl. II). Cette comparaison prouve une fois de plus que la règle, tout en étant absolue, se plie néanmoins à tous les cas particuliers, et que l'harmonie des lignes, qu'il s'agisse d'un arbre ou de tout autre objet, est toujours créée en vertu d'un même principe.

La masse étant verticale, tous les détails doivent affirmer la donnée verticale.

Nous voyons, en effet, qu'il part du tronc trois branches mères, dont l'inclinaison appartient à l'harmonie verticale.

La branche mère de droite forme, avec le tronc, la grande ligne verticale dominante.

De cette branche sort une succession de petits rameaux qui s'inclinent peu à peu vers l'horizontale.

La branche horizontale à gauche est soutenue par une suite de petites branches horizontales formant une masse verticale.

De la branche mère de gauche, qui se rapproche également de la verticale, partent de petites branches qui en constituent la variété. Les unes se relient à la branche mère de droite, les autres à la troisième branche mère de gauche, inclinée à 40 degrés environ. Cette branche donne naissance à des rameaux qui, peu à peu, arrivent à former des lignes de l'harmonie horizontale.

La branche horizontale dominante est doublée par une succession de petites branches horizontales constituant une masse verticale.

Cet arbre forme donc une masse verticale, une et caractéristique, que les autres objets, ainsi que la forme et la disposition des nuages, doivent affirmer, afin de créer l'harmonie de l'ensemble. Nous ferons observer, à ce sujet, que le côté gauche de l'arbre, qui offre une masse plus grande et plus variée que celle du côté droit, est la partie dominante, ou, autrement dit, le côté affirmé du profil de l'arbre. Il fallait opposer un neutre à cette affirmation, et changer la disposition des accessoires que présente ici la nature. Si les fonds de

ite étaient à gauche, et ceux de gauche à droite, les petites branches qui partent du
nc ne seraient pas neutralisées par le profil des arbres du second plan, et le profil
ait rendu dominant en se détachant librement sur le ciel. Il fallait, en outre, que la
nière vînt fortifier cette donnée en entrant par le haut du ciel, à gauche, pour se ré-
dre sur le premier plan, à droite.

Même après ces observations, il faut encore faire remarquer que le feuillage de l'arbre
ncipal manque de modelé, et qu'il n'a pas assez de valeur sur le ciel.

Vue prise dans les Apennins, près le couvent de L'Avernia. (Pl. XXVI.)

Ce site des Apennins avoisine la grotte de Saint-François-d'Assise, sur l'emplacement
laquelle est bâti le couvent que l'on y voit aujourd'hui. Le sujet présente un groupe
rbres et de rochers, formant une masse horizontale, qui s'harmonie très-heureusement
c les lignes des terrains et les montagnes qui lui servent de fond. Mais cet ensemble
nque de détermination dans son mode.

Cette vue pouvait être interprétée de deux manières différentes, et toutes deux carac-
istiques :

1° Si l'on voulait reproduire le contraste piquant d'ombre et de lumière que présentent
arbres et les rochers, il fallait renfermer l'effet du clair-obscur dans son cadre esthé-
ue, qui est selon la donnée verticale.

2° Le groupe des arbres et des rochers étant pris comme sujet principal, le tableau
vait résumer l'ensemble du paysage, afin de reproduire l'impression générale de la
ture.

Dans ce cas, le cadre esthétique comportait une donnée horizontale ayant plus de déve-
pement que le croquis d'après nature.

Première interprétation. (Pl. XXVII.)

Le groupe des arbres et des rochers étant pris comme sujet principal, le dessin original
l. XXVI) ne résume pas complétement l'ensemble du paysage, et ne reproduit pas l'im-
ession générale de la nature.

La lumière, dans le croquis d'après nature, entre par le ciel à gauche et se résout sur
premier plan à droite; elle coupe par conséquent la grande ligne esthétique du tableau,
i va, du premier plan à gauche, vers les fonds à droite; elle divise le sujet, au lieu de
lier les objets entre eux, et rompt l'unité et l'harmonie de l'ensemble.

On corrigera ces défauts en agrandissant les premiers plans; en reportant le sujet prin-
al plus à gauche, afin de créer la variété dans les espaces, et en faisant entrer la lu-
ière par le premier plan à gauche, pour se résoudre dans le ciel à droite. De cette façon

la lumière suivra la direction de la grande ligne esthétique de la composition, reliera les objets entre eux, et l'harmonie sera rétablie.

Le premier plan à droite et le ciel à gauche sont les parties neutres, créées par la direction de la lumière.

Dès lors les figures ont leur place déterminée : elles seront situées sur la ligne de résolution de la lumière, afin d'affirmer le rayon lumineux et de conduire l'œil du spectateur sur le sujet principal du tableau.

On pourrait également faire entrer la lumière par le ciel à droite, au lieu de la faire entrer par le premier plan à gauche, car elle suivrait également la grande ligne esthétique de la composition. Dans ce cas, la lumière secondaire serait dans le ciel à droite, et la lumière tertiaire sur le premier plan à gauche; la situation des figures resterait la même, car elles doivent toujours être placées dans le sens de la grande ligne esthétique de la composition.

Nous ferons remarquer qu'en thèse générale,

Si les lignes de la perspective vont à des points accidentels, les figures ou les accessoires doivent être situés sur des lignes esthétiques allant au point de vue.

Si le premier plan est éclairé, les figures doivent être plus nombreuses du côté opposé à la résolution de la lumière.

Cette règle a été scrupuleusement observée par Claude Lorrain, dans toutes ses belles compositions.

L'épaisseur des terrains à gauche n'est pas en perspective; elle devrait se dégrader conformément à la déclinaison des lignes, et ne pas être de même largeur.

Deuxième interprétation. (Pl. XXVIII.)

Le rocher de gauche, dans la donnée verticale, est superflu. Il introduirait vers le bord de la toile un détail trop volumineux, qui lutterait avec la dominante du tableau. On ne verrait pas entièrement l'arbre principal, ni les terrains qui complètent la variété du sujet.

La suppression de ce rocher ouvre un espace majeur à la lumière, qui se résout à droite sur le premier plan.

Cet ordre détermine une lumière dominante au centre de la composition; une lumière secondaire du côté du corps éclairant, et une lumière tertiaire ou de résolution, à droite, sur le premier plan.

La partie du ciel à droite, et le premier plan à gauche, sont les neutres créés par la direction de la lumière, qui se propage en ligne droite, et forme une résolution selon la diagonale. Dans ces conditions la donnée verticale est une et caractéristique.

COUVENT DE SANTA-TRINITÀ DELLA CAVA, AUX ENVIRONS DE SALERNE. (Pl. XXIX.)

Ce dessin, dont le cadre esthétique est vertical, n'est pas caractéristique dans les lignes. silhouette des objets forme sur le ciel une ligne horizontale dominante, qui lutte avec donnée verticale, et la masse du ciel est trop grande pour les terrains.

Le clair-obscur manque également d'unité. L'œil du spectateur est sollicité de tous les és, et il n'est pas franchement attiré par le sujet principal du tableau ; en un mot, il a pas de parti pris, ni dans les lignes, ni dans le clair-obscur.

MÊME SUJET CORRIGÉ. (Pl. XXX.)

On rendra la masse verticale une et caractéristique en ajoutant du terrain au premier n, en remontant la ligne des fonds à droite par une ligne oblique de l'harmonie ver ale ; de cette manière, on fera comprendre le voisinage de la montagne qui domine le vent, et l'on donnera une idée plus étendue du sujet.

On supprimera la petite lumière du côté gauche, parce qu'elle rompt l'unité de la masse mbre ; on atténuera celle du mur à droite, qui correspond à un rayon visuel oblique, l'on donnera au nuage une forme se développant en spirale, afin d'affirmer la donnée ticale.

Nous ferons observer, en outre, que le premier plan n'est pas assez simple dans le ssin d'après nature, et qu'il lutte avec les fabriques, sujet principal du tableau. « Un t étant donné, moins il contient d'objets, plus ceux-ci paraissent grands. » En vertu ce principe, nous agrandirons la composition en supprimant une des arcades du 1t.

Nous avons conservé, dans cet exemple, les lumières qui éclairent le couvent et le pre er plan. Mais ces deux lumières, d'égale valeur, luttent ensemble, et l'ordre veut néces rement que l'une soit soumise à l'autre : de ce choix dépend le caractère du sujet.

Or, le couvent étant ici le sujet principal du tableau, il doit être éclairé par la lumière minante, le milieu du premier plan par la lumière secondaire, le ciel par la lumière tiaire ou de résolution. Ces lumières superposées déterminent une résolution selon la ticale, qui relie les objets de la composition et en complète l'unité.

On peut également envisager ce site, soit au point de vue historique, soit au point de e pittoresque. Dans le premier cas, il faut faire les corrections que nous venons d'indi er ; dans le second, le premier plan du dessin d'après nature doit être conservé, parce 'il devient alors sujet principal du tableau, et, à ce titre, il ne saurait être trop riche, p varié. Les fabriques, ne remplissant plus le même rôle, seront éclairées par la lumière ondaire, et le ciel par la lumière tertiaire.

Ce sont ces interprétations différentes que nous allons présenter dans les deux planches suivantes.

Tombeau d'Adrien. (Pl. XXXI.)

Cette vue du Tombeau d'Adrien, aujourd'hui château Saint-Ange, est traitée, comme le titre de la planche l'indique, au point de vue historique.

Par la disposition du clair-obscur, et au moyen des règles que nous avons enseignées, l'œil est attiré par le sujet principal du tableau, de façon qu'il regarde immédiatement le Tombeau d'Adrien.

Ce monument rappelle à l'esprit l'ancienne Rome des Césars, les pillages, les guerres civiles, la fragilité des empires, toutes les vicissitudes humaines, et remplit l'âme de pensées sérieuses que le mode du clair-obscur doit exprimer. Tout, dans ce dessin, doit être sévère afin qu'il ait sa signification morale.

Le clair-obscur de la gravure n'est pas très-conforme au mode du dessin original, qui était mieux approprié au caractère du sujet; quoique trop léger, il sollicite néanmoins l'œil du spectateur, qui se dirige en premier lieu sur le mausolée.

Même sujet. (Pl. XXXII.)

Ici nous avons traité le même sujet au point de vue pittoresque. Le premier plan devient alors sujet principal du tableau; ce n'est plus une vue du tombeau d'Adrien, mais une vue des bords du Tibre, dans laquelle on pourrait remplacer le monument par d'autres fabriques, sans altérer le caractère du tableau.

Le clair-obscur est moins monté de ton, la lumière est plus large que dans la vue du Tombeau d'Adrien, afin d'exprimer un mode gai ou gracieux, en harmonie avec la scène représentée.

Les valeurs ne sont pas très-respectées dans cette gravure, le mur et les terrains sont trop uniformément blancs, et les embrasures du château Saint-Ange font un cordon trop noir, qui rompt l'unité de l'édifice.

Vue prise à Saint-Ouen. (Pl. XXXIII.)

La variété étant une des conditions essentielles de l'harmonie, de la beauté, le tableau ne doit pas renfermer deux sujets ou deux objets d'égal volume ou d'égale importance. Le côté droit et le côté gauche de ce dessin présentent chacun une masse ou groupe d'objets à peu près d'égale dimension; l'art exige que l'un ou l'autre de ces côtés soit dominant, ou qu'ils soient reliés par d'autres objets propres à créer une masse horizontale une et caractéristique.

MÊME SUJET CORRIGÉ. (Pl. XXXIV.)

Si l'on reporte les objets du côté droit sur un plan plus éloigné, le tableau sera composé de trois plans distincts, qui formeront la variété esthétique du sujet. Mais, en se reflétant dans l'eau, le sujet principal crée une ligne verticale dominante qu'il faut rompre par des accessoires placés dans cette partie de la composition.

Si les nuages étaient horizontaux, ils affirmeraient, par le contraste, la ligne verticale produite par les reflets dans l'eau; il faut donc qu'ils forment des lignes obliques, appartenant à l'harmonie horizontale.

On pourrait conserver le dessin d'après nature en introduisant des bateaux avec des mâts, des voiles, dont les reflets dans l'eau créeraient une succession de lignes verticales, formant une masse horizontale.

Dans ce cas, les nuages affirmeront cette donnée, et la lumière se résoudra horizontalement.

L'art est libre; l'artiste peut se placer comme il l'entend, choisir les lignes selon sa fantaisie; mais, le choix une fois arrêté, les déductions doivent être logiques.

VUE DE FLORENCE, PRISE DE PONTE-ROTTO. (Pl. XXXV.)

La lumière dominante étant dans le ciel, le paysage est neutre. Alors la silhouette des édifices joue le rôle principal : c'est la phrase dramatique du sujet. La variété dans les écartements des objets qui se détachent sur le ciel est, par conséquent, ce qu'il importe de déterminer avec ordre.

En principe, la lumière dominante doit occuper un espace majeur. Or le seul défaut, dans l'ordre esthétique, des écartements, consiste à diviser la lumière dominante du ciel en deux parties égales.

Il faudrait donc porter le *Palazzo Vecchio* un peu plus à droite, ce qui n'altérerait en rien la vérité de l'ensemble, afin que la tour de ce palais créât, à gauche, un espace majeur à la lumière dominante, et un espace secondaire à droite.

Les autres monuments resteraient à leur place, l'art ne pouvant mieux combiner la variété dans les espaces que ne l'a fait ici la réalité.

Pour mettre en saillie un personnage ou un objet quelconque, il faut créer un espace majeur du côté du corps éclairant, et un espace secondaire du côté opposé.

Cette variété dans les écartements est exactement reproduite dans le tableau du mariage de la Vierge, de Raphaël, du musée de Brera à Milan. Au centre de la composition, un espace majeur et un espace secondaire mettent en relief la sainte Vierge, sujet principal du tableau; puis des espaces plus petits, et tous variés, donnent plus ou moins d'importance aux figures, suivant le rôle qu'elles remplissent dans la cérémonie à laquelle elles assistent.

Le tableau de la Cène, de Léonard de Vinci, présente les mêmes calculs; aussi l'œil du spectateur voit-il, avant toutes les autres, la belle figure du Christ.

Paul Véronèse, dans le tableau des Noces de Cana, a failli à cette règle importante en plaçant une figure accessoire entre le Christ et la sainte Vierge, comme on le verra plus loin quand nous ferons l'analyse de cette vaste composition.

III. RENAISSANCE.

CONFIRMATION DES RÈGLES PAR L'ANALYSE DES ŒUVRES DES GRANDS MAÎTRES DES DIFFÉRENTES ÉCOLES DE PEINTURE.

L'histoire de l'art, riche en documents de toute sorte, contient des appréciations individuelles passionnées, qui se sont produites aux époques voisines ou contemporaines des diverses écoles de peinture. Souvent ce qui est blâmé par l'un est approuvé par l'autre, de sorte qu'il est quelquefois difficile de reconnaître la vérité parmi ces contradictions.

Une des principales gloires de notre époque, c'est d'avoir fait la synthèse de cette histoire, assigné à chaque école la part de mérite esthétique qui lui appartient, et fixé, par comparaison, la place due à chaque maître dans l'estime ou l'admiration des hommes.

Si les artistes qui ont écrit la vie des peintres ont donné des appréciations techniques plus approfondies que ne pouvaient le faire les historiens en général, ceux-ci, toutefois, étant placés en dehors de l'esprit de parti, leurs jugements ont fait autorité.

On sait que Michel-Ange rendit proverbiale la bêtise de Pérugin et de Francia; que Domenico Ghirlandajo, jaloux de tenir le premier rang à Florence, fit partir son frère pour la France; que Pierre de Cortone n'aimait pas les tableaux de Guido Reni; que Zucchero n'appréciait pas la peinture du Caravage; que le Guerchin n'était pas loué de Guido Reni, et enfin, ce qu'il y a de plus incroyable, que les œuvres du Dominiquin furent, à Rome, blâmées de tous les peintres ses collègues. Falconieri, rapporte, à ce sujet, que le tableau du Saint-Jérôme, regardé par le Poussin comme un des trois plus beaux tableaux de Rome[1], fut décrié par tous les artistes, et que le Dominiquin, arrivé depuis peu dans la ville éternelle, se trouva lui-même obligé d'approuver leurs critiques, pour ne pas se perdre complètement dans l'esprit de ses émules.

Ces faits démontrent combien il était prudent de se tenir en garde contre les appréciations des artistes qui ont écrit l'histoire des peintres leurs contemporains.

[1] *La Transfiguration*, de Raphaël; *la Descente de Croix*, de Daniel de Volterre; *le Saint-Jérôme*, du Dominiquin.

Le travail le plus complet, le plus impartial qui ait été publié jusqu'ici, c'est, sans contredit, *l'Histoire des peintres de toutes les écoles, depuis la Renaissance jusqu'à nos jours*, par M. Charles Blanc, ancien directeur des Beaux-Arts[1]. Ce savant écrivain a résumé tout ce qui avait été dit par ses devanciers, rectifié les noms, les dates et comblé l'immense lacune qui existait entre une critique passionnée et une véritable érudition, fruit de patientes et consciencieuses études. Cet auteur, se plaçant à un point de vue élevé, voit le peintre avant toute chose; s'il parle de l'homme, c'est pour le faire connaître moralement, laissant de côté les épisodes insignifiants, sur lesquels tant d'historiens se sont appesantis avec complaisance.

Les moindres détails intéressent, sans doute, dans ce qui concerne les hommes qui ont illustré la peinture; mais il n'en est pas de même des talents secondaires : ceux-ci doivent être esquissés vivement et à grands traits.

Ce qu'il importe de connaître, c'est la nature du talent de chaque artiste, son style, sa manière de peindre et le degré de mérite esthétique qui le distingue, soit comme chef d'école, soit comme élève ou imitateur d'un grand maître.

En donnant une reproduction des œuvres les plus remarquables ou les plus caractéristiques du talent de chaque artiste, M. Charles Blanc facilite les études; il abrége considérablement la route au jeune peintre, qui trouve dans la comparaison de tant d'œuvres diverses l'occasion de développer son goût, son sentiment, son imagination, et de se fortifier dans l'application des règles, soit en se rendant compte de la raison des beautés qui s'offrent à ses regards, soit en rectifiant, par la pensée, les défauts qui s'y rencontrent.

Avec l'exercice, on s'habitue à distinguer les airs de tête, la manière de grouper les figures, le style des draperies, les contrastes d'ombre et de lumière, le genre familier à tel ou tel maître, et c'est ainsi qu'on arrive, par gradation, à reconnaître les œuvres de chaque artiste et l'école à laquelle il appartient. Posséder cette science, c'est avoir fait la moitié du chemin pour devenir un connaisseur en peinture.

Si l'Italie a été égalée et même surpassée dans les lettres et les sciences, personne ne lui conteste le premier rang dans les arts plastiques, ni l'honneur d'avoir formé ou perfectionné la plupart des artistes étrangers. L'étude des antiques a développé, chez cette nation, le sentiment du beau idéal de la forme et de l'harmonie, principalement à Rome, la plus favorisée de toutes les villes de l'Italie sous le rapport du nombre et de la beauté des œuvres qu'elle possède. Le grand style qui caractérise l'école romaine rendit son influence prépondérante, non-seulement en Italie, mais encore dans tous les autres pays où la peinture fut cultivée avec succès.

La fin du xve siècle et le commencement du xvie est l'époque la plus remarquable de

[1] Publié chez Mme veuve Jules Renouard, rue de Tournon, n° 6.

stoire de l'art en Italie. Après Léonard de Vinci, Michel-Ange, André del Sarte, à Florice, on voit briller Raphaël à Rome, le Corrége à Parme, Giorgione et Titien à Venise. tte réunion de peintres célèbres à une même époque est une conséquence de l'enseignent des maîtres de ces grands artistes, auxquels l'histoire a donné le beau nom d'*Initiars*, qui, depuis Giotto, avaient marché constamment dans la voie philosophique tracée r Platon et Aristote. Tous les esprits étaient imbus des pures maximes de l'art grec, aussi nilières aux amateurs et aux protecteurs des beaux-arts qu'aux artistes eux-mêmes. De te conformité de vues et d'aspirations naquit cette émulation merveilleuse si propre au veloppement du génie qui a marqué de son sceau l'apogée de l'art italien.

Comme il n'entre pas dans le plan de cet ouvrage de donner l'histoire de toutes les ɔles de l'Italie, nous ne parlerons que des principaux artistes, dont nous analyserons les ıvres au point de vue de l'application des règles; nous montrerons la route qu'ils ont ivie dans leurs études, et nous ferons ressortir l'influence du caractère moral sur le veloppement des facultés intellectuelles.

CHAPITRE PREMIER.

ÉCOLE ITALIENNE.

MICHEL-ANGE ET LÉONARD DE VINCI.

Les deux plus grands génies de l'école florentine, Léonard de Vinci et Michel-Ange onarroti, firent progresser l'art par des doctrines basées sur la philosophie et sur l'obvation de la nature. Léonard de Vinci a laissé un traité de la peinture renfermant une tie de ses doctrines, et Michel-Ange fit espérer un ouvrage sur l'anatomie, qui ne parut ais. Condivi avait promis de le publier et ne tint pas parole. On trouve quelques-uns préceptes de Michel-Ange dans Vasari et dans les sonnets du poëte. A l'exemple de dore de Sicile, qui nous apprend que les Égyptiens avaient la mesure dans les mains es Grecs dans les yeux, Michel-Ange disait « qu'il fallait avoir, avant tout, le compas is l'œil. » Ce grand artiste étudia le dessin dans la chapelle de Masaccio et sur les antes, puis il s'adonna avec ardeur à l'étude de l'anatomie durant douze années.
Le célèbre carton de la bataille de Pise, qu'il fit, en concurrence avec Léonard de Vinci, ir la salle du palais public de Florence, était, suivant Cellini, supérieur aux peintures la chapelle Sixtine. Il servit à former la plupart des artistes de cette époque; mais ce vail fut détruit, à ce que l'on croit, par Baccio Bandinelli, en haine de Michel-Ange, ir favoriser le Vinci, qui ne portait pas ombrage à sa réputation de sculpteur éminent.
Constamment occupé de sculpture et d'architecture, Michel-Ange fit très-peu d'ouvrages peinture en dehors de la chapelle Sixtine. Ses élèves, suivant Vasari, avaient peu de nt, et divers artistes exécutèrent ses nombreuses compositions : Sébastien del Piombo, usti, le Pontormo, Salviati, Bugiardini, mais principalement Daniel de Volterre et le nacci, qui vécurent dans la familiarité du maître, travaillant sous ses yeux et recevant conseils.
Michel-Ange a imprimé à son œuvre un caractère de grandeur et de puissance qui va lquefois jusqu'au sublime; mais sa noble ardeur lui fit souvent dépasser le but; c'est

pourquoi on rencontre si rarement dans ses créations l'unité et l'harmonie esthétique des lignes, qui sont les sources du beau. Cependant ses poésies [1], qui seules l'eussent immortalisé, témoignent assez de l'élévation de ses pensées et de son sentiment exquis du rhythme et de l'harmonie.

Passionné pour l'œuvre du Dante, Michel-Ange fit, d'après *la Divine comédie*, une quantité de dessins à la plume, qui malheureusement ont été perdus. *La Divine comédie*, une des créations les plus hautes, les plus parfaites de la poésie, où les idées s'enchaînent, grandissent et s'élèvent progressivement, sous le feu de l'inspiration, jusqu'aux éblouissements de la pensée, était bien faite pour séduire Michel-Ange, dont le génie avait tant de points de ressemblance avec le poëte florentin. Mais le Dante se soumit aux règles de l'ordre et de l'harmonie, tandis que Michel-Ange, dans son œuvre peinte, ne voulant imiter personne, les a méconnues. Il voulut faire passer le terrible de l'*Inferno* dans son Jugement dernier, et il se laissa entraîner au delà des limites qui séparent la peinture de la poésie.

La recherche du beau ne suffisait pas à la nature du génie de Michel-Ange; ses aspirations allaient plus haut encore : il visa constamment au sublime. Mais le sublime n'ayant pas, comme le beau, de règles sur lesquelles il s'appuie, on conçoit que les peintures de la Sixtine présentent si rarement l'application des lois essentielles de l'unité et de l'harmonie; aussi sont-elles, par cela même, un danger pour l'artiste qui les consulte sans réflexion.

Le Jugement dernier, cette page immense, composée de près de quatre cents figures, pour la plupart de grandeur naturelle, offre bien un ordre métaphysique dans la conception du sujet, mais, dans l'exécution, chaque figure se trouve isolée et ne se rattache par aucun lien aux figures qui l'avoisinent. L'ordre esthétique était surtout obligatoire dans la partie supérieure, où le Christ, les saints et les élus sont placés, tandis que les lois du contraste et de la convenance autorisaient un certain désordre parmi les réprouvés; encore aurait-il fallu que les groupes de ceux-ci se rattachassent, par des lignes esthétiques, à la partie supérieure du tableau, afin d'établir la relation morale du sujet et de créer l'unité de l'ensemble.

M. Didron fait observer que Michel-Ange a donné à son Christ une pose violente, qui est l'opposé du caractère doux et plein de bonté du sauveur des hommes, pose qu'il a imitée sans la comprendre, dans le Christ du Jugement dernier d'Orcagna, au Campo Santo de Pise. En effet, le Christ d'Orcagna ne menace pas les méchants : il leur montre ses plaies. De la main gauche, il découvre son côté percé de la lance, et il lève la main droite, qu'il ouvre en même temps. Le Christ du Campo Santo est assis, coiffé d'une tiare, somptueusement vêtu : « c'est un Pape, un Dieu, et par cela même il est pacifique et bienveillant

---

[1] Il va paraître prochainement une traduction très-remarquable de ces poésies par un savant philologue, M. Camille Drague.

core. Celui de Michel-Ange est debout, sans nimbe, sans auréole, nu-tête; il appartient à la classe la plus vulgaire, et son attitude violente lui donne un caractère redoutable : mais Dieu n'a été plus abaissé que par le dur artiste de Florence[1]. »

Ce jugement est sévère, cependant on ne peut pas dire qu'il soit faux. Michel-Ange a primé une idée née avant lui : c'est le dernier interprète du terrorisme de l'Église du moyen âge.

Le plafond de la Sixtine offre plus d'ordre que le Jugement dernier, en raison des divisions géométriques qui servent de cadre aux sujets qui y sont représentés. Toutefois l'ordre esthétique ne s'y montre que rarement et dans les tableaux composés de peu de figures. Le prophète Jérémie, la Sibylle Érythrée, la Création de l'homme, sont des conceptions sublimes, mais les anges qui, dans ce dernier tableau, soutiennent le Créateur, sont superflus. Dieu n'avait pas besoin d'être supporté, et le groupe, formant une masse arrondie, remplit trop la droite de la composition et laisse vide la partie gauche. Si Michel-Ange eût seulement représenté les deux figures principales dont les lignes parallèles établissent un rapport moral, et si la jambe gauche d'Adam ne faisait pas des angles droits avec le bras gauche et la jambe droite, les conditions de l'unité et de l'harmonie des lignes eussent été remplies et le sublime de la conception réalisé. On peut croire que le *Paradiso*, montrant toujours l'Éternel environné d'anges et de chérubins, avait influencé le peintre, et que c'est aux descriptions du poëte qu'est dû le cortége d'anges de cette composition.

Il est toujours pénible de critiquer les œuvres des grands génies, même dans l'intérêt de la vérité. Cependant c'est un devoir de signaler les défauts et de prémunir les élèves contre les entraînements de l'imagination. Pour juger avec équité et glorifier le génie comme il mérite de l'être, il faut se reporter aux circonstances qui ont exercé une influence sur le talent de l'artiste et tenir compte des difficultés avec lesquelles il s'est trouvé aux prises. L'art, il est vrai, ne doit voir que la production en elle-même, mais la philosophie peut fermer les yeux sur des incorrections de détail pour s'attacher aux grandes vues de l'ensemble.

En effet, les fautes de détail que l'on remarque dans les compositions de Michel-Ange disparaissent devant l'éblouissement que produisent la fécondité et la vaste science de ce puissant génie, passant si brusquement d'un art à un autre avec un succès si inouï. Ce fait, pris en lui-même, confirme une vérité essentielle à l'éducation des artistes : lorsqu'on a le sentiment de la couleur, on sait bientôt peindre.

Jules II, préoccupé de sa renommée, avait commandé à Michel-Ange un splendide

---

[1] *Iconographie chrétienne*, par M. Didron, ouvrage publié sous les ordres du Gouvernement et par les soins de M. Villemain, alors ministre de l'instruction publique. Ce livre est indispensable aux artistes qui se sont voués à la peinture d'histoire sacrée; il est enrichi d'un grand nombre de dessins d'après les monuments anciens, les vitraux, les statues, les peintures murales, exemples orthodoxes de la symbolique chrétienne, approuvés par Mgr Affre, archevêque de Paris.

mausolée orné de quarante statues plus grandes que nature. Un travail si important excita à Rome de vives jalousies parmi les artistes, qui, froissés en outre par le caractère altier de Michel-Ange, profitèrent de son séjour à Carrare pour détourner le pape de son projet. Ils donnèrent à entendre à Sa Sainteté qu'elle tirerait un bien meilleur parti du talent de l'artiste en lui confiant la décoration de la Sixtine, attendu qu'il était bien plus grand peintre que sculpteur éminent. En effet, Jules II ordonna à Michel-Ange, dès son retour de Carrare, de décorer le plafond de la Sixtine, à la grande satisfaction de ses envieux, qui pensaient le voir échouer dans ce travail et le couvrir de honte. Mais il en fut tout autrement. Michel-Ange, n'ayant jamais fait de peinture, appela d'habiles ouvriers, qui travaillèrent devant lui, et, lorsqu'il eut vu le procédé de la fresque, il fit jeter à terre leurs peintures, se mit à l'ouvrage seul, et, sans l'aide de personne, il acheva cette vaste décoration dans l'espace de vingt mois! Michel-Ange avait alors trente-sept ans.

Quand la voûte de la Sixtine fut livrée à l'admiration publique, cette merveille de l'art excita un tel enthousiasme que les ennemis du sculpteur, couverts de confusion, se trouvèrent dans la nécessité de louer les travaux du peintre. Vasari rapporte que, le jour où Michel-Ange descendit des échafaudages, les yeux du grand artiste s'étaient tellement habitués à regarder en haut, qu'il ne pouvait plus les tourner vers la terre, et Alexandre Dumas ajoute : « Touchant et douloureux symbole du génie, obligé de faire encore route avec les hommes, après avoir habité quelque temps les régions célestes [1] ! »

Le sublime est un éclair de génie qui n'a pas de durée. L'intelligence le plus richement douée ne saurait se maintenir à ces hauteurs où l'homme se surpasse lui-même; il y touche rarement, et c'est toujours sans préméditation. Le sublime est comme la grâce, que l'on perd dès qu'on en veut avoir. C'est en cela que le génie de Michel-Ange diffère de celui de Léonard de Vinci et de Raphaël, qui, constamment à la poursuite du beau, l'ont toujours reproduit et ont aussi quelquefois trouvé le sublime. Néanmoins les vastes conceptions de Michel-Ange ne pouvaient germer que dans une grande âme, planant au-dessus des intérêts mondains. Celui qui sut accomplir de si glorieux travaux, tout en nous laissant un volume de poésies[2] qui le placent à côté de Dante et de Pétrarque, doit demeurer dans la mémoire des hommes comme un modèle imposant de grandeur, de constance, de volonté.

Léonard de Vinci, laissa paraître de bonne heure un esprit élevé, réfléchi, désireux d'apprendre toutes choses, et plein d'ardeur pour l'étude, non-seulement des trois arts du dessin, mais encore pour les mathématiques, la mécanique, la musique, la poésie, sans

---

[1] *Michel-Ange et Raphaël*, 2 vol. par Alex. Dumas.
[2] *Rime di Michelagnolo Buonarroti*, col comento di Biagioli. Dédié à Son Altesse Royale la duchesse de Berri. Paris, 1821. Dondey-Dupré.

arler de son goût pour les armes, l'équitation, la danse. Il parvint dans tous ces arts à
1 degré de talent si éminent que, lorsqu'il en exerçait un, il paraissait n'avoir jamais
atiqué que celui-là. Il joignait à cette puissance intellectuelle une force de corps re-
arquable et possédait une grâce dans les manières qui le faisait aimer de tout le
onde.

Léonard de Vinci, né en 1452, étudia la peinture chez le Verrochio, qu'il surpassa
entôt, et cependant les excellents principes de ce maître laissèrent leur trace dans toute
carrière de l'artiste. S'il ne se distingua pas au même degré dans la sculpture, cet art
i fut néanmoins très-utile pour le modelé et le relief de ses figures peintes, auxquelles
sut donner la grâce, le mouvement, la vie.

Personne n'a surpassé le Vinci dans la science du clair-obscur. Il disait qu'il ne fallait
as prodiguer la lumière, mais la réserver aux parties importantes, qui en recevaient une
us grande puissance d'expression.

Il renforçait peu à peu les ombres par des glacis jusqu'à ce qu'elles eussent atteint la
rce et la transparence convenables au sujet. Dans cette partie de l'art, il a suivi deux
odes caractéristiques : l'un, chargé d'ombres intenses, qui faisaient merveilleusement
loir les lumières; l'autre, plus doux, plus calme, procédant par demi-teintes peu con-
astées.

Ce maître admirable se fait principalement remarquer par la science du dessin, du clair-
bscur et l'expression des affections de l'âme, qu'il a rendues avec une grande vérité. La
râce de ses compositions, ornées d'architecture, de beaux paysages, de détails du meil-
ur goût, le fini précieux de son exécution, le placent au premier rang dans la peinture.

Léonard de Vinci quitta Florence en 1494, suivant Vasari, pour se rendre à Milan, où
était appelé par Louis le More, qui le chargea de créer une académie de peinture. Cette
cadémie servit de modèle à toutes les académies qui se formèrent depuis dans les différentes
arties de l'Italie. Elle continua d'être fréquentée, après le départ du maître, par d'excel-
nts artistes, qui professèrent ses doctrines en s'appuyant de ses exemples et de ses écrits.

La bibliothèque Ambrosienne, à Milan, possède quatorze manuscrits du Vinci, qui sont
ommuniqués au public. Plusieurs de ces ouvrages ont été composés en vue d'aplanir à
 jeunesse les difficultés de l'art; mais, étant écrits de droite à gauche par une bizarrerie
ont l'auteur a gardé le secret, la lecture en est lente et pénible.

Léonard de Vinci, lié d'amitié avec Marc-Antonio della Torre, célèbre professeur de
avie, fit, avec celui-ci, des travaux d'anatomie, dans le but de rendre accessible à tous
étude d'une science alors peu connue et qui est un des fondements de la peinture. Très-
ersé dans la poésie et l'histoire, de même que Luini et plusieurs autres artistes de cette
poque, il propagea le goût de l'antique et la connaissance des mœurs des anciens. Sa

connaissance des lois de l'optique appliquées à la perspective linéaire et aérienne, transmise à ses élèves, est restée comme un privilége de l'école qu'il a fondée.

Léonard de Vinci fut le premier peintre qui sut concilier le précieux de l'exécution avec le grandiose et le sublime dans l'art. Tout en copiant la nature dans ses plus petits détails, il étudia à fond la partie la plus élevée de la peinture, c'est-à-dire l'âme humaine, manifestée par la physionomie et le geste. On peut affirmer qu'en cela il a contribué au progrès de tous les artistes qui sont venus après lui.

Le goût de Léonard était si fin, si délicat, si élevé, que s'il ne se fût pas adonné à tant de travaux divers, s'il eût concentré toute sa puissance créatrice sur la peinture, on est en droit de penser que personne ne l'aurait égalé dans la grâce et l'expression des affections de l'âme.

Le Vinci n'était jamais satisfait du degré de perfection auquel il conduisait son travail. Son esprit lui faisait entrevoir une exécution supérieure au résultat obtenu; par cette raison, il regardait ses peintures comme des ouvrages inachevés; cependant, comparés aux œuvres des autres artistes, ils paraissent d'un fini parfait. On peut citer comme exemple le portrait de *Monna Lisa Gioconda,* auquel il travailla pendant quatre années sans parvenir à le terminer à son gré.

LA CÈNE, PAR LÉONARD DE VINCI. (Pl. XXXVI.)

Le tableau de la Cène, que Léonard de Vinci peignit dans le réfectoire de Santa Maria delle Grazie à Milan, offre l'application la plus complète des théories du maître et le résultat de toutes ses études sur la philosophie de l'art.

Ce tableau nous montre le Christ au moment où il dit à ses disciples : *Un de vous me trahira.* Cette parole inattendue émeut les douze apôtres de différentes manières. Saint Jean semble accablé sous le poids de sa douleur; d'autres se lèvent pour protester de leur innocence ou de leur attachement. Judas, le visage tranquille, a la trahison écrite dans tous ses traits. Il n'y a pas de doute, c'est à lui que s'adressent les paroles prophétiques du Messie; les trois apôtres situés en face de lui, à l'autre extrémité de la table, le regardent avec la certitude que le traître ne peut être que Judas Iscariote.

Pendant plus d'une année, Léonard de Vinci se préoccupa de la tête de Judas, fréquentant les lieux où se réunissaient les malfaiteurs, espérant y rencontrer ce type de l'hypocrisie, de la lâcheté, de l'avarice.

La figure du Christ lui donna plus de peine encore : ne pouvant exprimer comme il l'avait conçue l'âme divine du Rédempteur, il laissa cette tête inachevée, suivant Vasari. Mais l'Armenini, qui a vu le tableau cinquante ans après qu'il fut terminé, affirme que la figure du Christ était de la plus grande beauté et d'une exécution admirable, de même

e la table, les ustensiles, l'architecture, la perspective, la distribution des lumières ; que
tes les parties enfin étaient du pinceau le plus savant, le plus précieux qui fut jamais.

Le cadre esthétique de la Cène est un parallélogramme très-allongé, placé dans le
s horizontal.

La grande ligne dominante est formée par les têtes de tous les personnages ; la direction
la lumière suit cette ligne et se résout horizontalement.

Le point de vue du tableau est au centre de la composition ; il est placé sur le sommet
la tête du Christ ; afin que le concours des lignes perspectives la rende dominante.

La succession des lignes verticales crée une variété de la masse horizontale, laquelle
t affirmée par les lignes de la table, les pieds des chevalets qui la supportent, la ligne
cadre, et la perspective du plafond.

Les lignes obliques des panneaux et l'intersection de celles-ci avec le plafond sont des
nes appartenant à l'harmonie horizontale, habilement introduite pour varier la donnée
tableau.

Les supports du milieu de la table forment des lignes esthétiques obliques qui se com-
nent avec les mouvements des bras du prince des apôtres, et le rendent dominant.

Jésus domine encore et principalement par l'espace majeur de gauche et l'espace secon-
ire de droite. L'espace le plus grand est du côté du corps éclairant, suivant la loi gé-
rale.

Des espaces moins grands différencient les groupes ; mais celui auquel appartient Judas
t rendu secondaire par un espace secondaire, qui le sépare de son voisin. Il est égale-
ent mis en saillie par la ligne verticale du profil extérieur de la figure, qui est prolongée
r la ligne de la table.

La ligne esthétique qui résulte des mains de Judas et des bras de l'apôtre qui montre
Christ est une horizontale établissant la relation entre le Christ et Judas.

La tête du Christ est la plus noble ; elle domine par la beauté des traits du visage et
us montre une tête divine, révélée par son expression de douceur, de bonté, de puis-
nce.

L'implantation des cheveux, par une courbe qui laisse rayonner le front, forme une
ne prolongée par le profil intérieur du bras droit. Cette ligne, affirmant la verticale,
t une des principales causes de la noblesse, de la dignité, de la grandeur de la figure
Christ.

Du côté gauche, la ligne des cheveux se raccorde avec la courbe formée par la draperie
i tombe de l'épaule gauche. Cette draperie, pleine de grâce, soutient le profil du côté
oit de la tête, et la forme ovale qu'elle décrit est le symbole de l'amour du Rédempteur
ur l'humanité.

Les lignes obliques du bras appartiennent à l'harmonie verticale; elles convergent au-dessus de la tête du Christ, convergence qui est le signe de sa nature divine.

Suivant le précepte de Platon, Léonard de Vinci a composé la figure de Notre-Seigneur avec des lignes simples, pour faire grand et sublime.

On remarque chez les apôtres que la ligne d'implantation des cheveux est plus ou moins prolongée, afin de graduer la noblesse et la dignité des airs de tête. Chez Judas, au contraire, le pli horizontal de la draperie coupe cette ligne à angle droit. Cette brusque opposition contraste avec l'harmonie des lignes des autres personnages; elle ajoute à la bassesse de cette figure. Nous pourrions pousser jusque dans ses plus petits détails l'analyse de cette peinture, sans y trouver la moindre infraction aux règles de l'art, si bien observées par les Grecs.

Le plus pur sentiment de la convenance, réuni à la plus grande science des lignes, du clair-obscur, du coloris, placent la Cène de Léonard de Vinci au premier rang des chefs-d'œuvre, et il est permis de croire que les peintres grecs eux-mêmes ne firent rien de plus parfait.

Marco d'Oggione, moins connu par ses tableaux de chevalet que par ses peintures à fresque, a copié la Cène de Léonard de Vinci pour la Chartreuse de Pavie. Cette copie, que l'on voit aujourd'hui au Musée de Brera, est de la grandeur de l'original et d'une exécution si parfaite qu'on peut la considérer, suivant Bossi, comme pouvant tenir lieu de l'original; mais nous ne partageons point cette opinion.

On voit également à Brera la copie faite, par le chevalier Bossi, pour servir de modèle à l'auteur de la grande mosaïque transportée à Vienne.

Le Musée national de Londres possède aussi une très-belle copie à l'huile de la Cène, attribuée à Marco d'Oggione,

Combien ne doit-on pas regretter que Léonard de Vinci n'ait pas suivi la manière de peindre à fresque dont l'excellence était attestée par plusieurs siècles d'expérience? Du temps d'Armenini, cette peinture était en partie écaillée, et Scanelli, qui la vit en 1642, atteste que ce n'était qu'à grand peine que l'on pouvait en découvrir les traces. On a fait de nombreux essais pour faire revivre ce chef-d'œuvre, qui a passé par de cruelles vicissitudes. Aujourd'hui, excepté trois têtes d'apôtres, il ne reste à peu près rien du pinceau du maître. Toutefois il est impossible de regarder sans émotion les derniers vestiges de cette savante composition.

RAPHAËL SANZIO.

Les richesses incalculables que possède Rome, comme monuments, statues, bas-reliefs, …ées, pierres gravées et peintures antiques, développèrent de bonne heure dans l'école …aine un goût passionné pour le beau idéal et les compositions grandioses. Ce goût, fé-…dé par la munificence des papes et des princes de l'Église, fit de Rome le centre vers …uel gravitèrent les artistes italiens et étrangers qui voulaient se perfectionner, agrandir … manière ou recevoir la consécration de leur talent. Ceux qui s'y fixaient étaient géné-…sement accueillis, et l'Académie de Saint-Luc leur accordait les mêmes prérogatives aux nationaux.

Habitués à dessiner d'après l'antique, ayant constamment sous les yeux les modèles les …s précieux de l'art grec, les peintres transportèrent dans leurs tableaux la beauté des …mes et le noble style de ces modèles parfaits. Chacun les interpréta à sa manière, et …là découlent les inventions à la fois vraies et poétiques, les compositions bien ordon-…s, l'exactitude des costumes, le naturel des expressions, qui sont le propre de l'école …aine, parvenue à son apogée sous Raphaël et Michel-Ange.

Raphaël Sanzio, né à Urbino en 1483, reçut les premières leçons de son père, Gio-…ni Sanzio, qui l'envoya chez Fra Carnevale, dont la réputation était grande à cette …oque; puis il partit pour Pérouse afin de perfectionner ses talents chez le Pérugin, qu'il … tarda pas à surpasser.

Lorsque Raphaël vint à Rome, appelé par Jules II, pour peindre les chambres du Va-…an, il avait déjà eu l'occasion de donner des preuves de son vaste génie. En outre des …vaux exécutés au sortir de l'école du Pérugin, il avait peint le célèbre tableau du Ma-…ge de la Vierge, qui se voit aujourd'hui à Milan, au palais Brera, et les cartons de la …ristie du dôme de Sienne, où sont représentés les actes mémorables du cardinal Enea …vio Piccolomini, élu pape sous le nom de Pie II.

Ces derniers ouvrages parurent gigantesques à une époque où l'on n'avait pas encore … représenter des sujets composés de nombreux personnages de grandeur naturelle. …yant rien vu jusque-là qui pût lui donner l'idée des scènes historiques qui lui étaient …mandées, Raphaël eut tout à créer. Obligé d'inventer, dans ces onze cartons, la pompe … cours et leur cérémonial, il sut varier chaque composition avec le plus rare talent.

Ces peintures, exécutées en grande partie par le Pinturicchio, furent terminées en …o4; Raphaël avait alors vingt ans.

De Sienne, il se rendit à Florence, désireux de voir les célèbres cartons de Vinci et de …chel-Ange, cherchant les grands exemples, pour étendre ses idées et arriver à la per-…tion. Il étudia les œuvres de Masaccio dans la chapelle du Carmine, et emprunta à ce peintre, d'un talent si expressif, les figures d'Adam et d'Ève, qu'il peignit plus tard dans les loges du Vatican.

Déjà savant en anatomie et en géométrie, il se lia d'amitié avec Fra Bartolommeo, auquel il enseigna la perspective, et qui, en retour, lui apprit une meilleure manière de peindre.

Dès son arrivée à Rome, en 1508, Raphaël se prit de passion pour les antiquités; il étudia en elles la beauté des formes, les plis des draperies, leurs mouvements et le principe générateur de l'harmonie des lignes. Ses méditations constantes en présence de ces créations de l'art le plus élevé mirent le comble à son talent.

Raphaël reçut en outre, pendant six ans, les conseils du savant architecte Bramante, auquel il succéda dans la fabrique de Saint-Pierre. Il commenta Vitruve, et fit, pour plaire à Léon X, la description de Rome ancienne, dessins et texte. Malheureusement cet ouvrage remarquable s'est perdu, à ce que l'on croit, dans le palais du Vatican.

Federigo Zuccaro nous apprend que le Sanzio, dans ses peintures comme dans son enseignement, a toujours pratiqué cette maxime : « que les choses ne doivent pas être peintes telles qu'elles sont, mais telles qu'elles doivent être. » Le paysage, les animaux, les fabriques, les différents âges de l'homme, chaque condition, chaque passion, il comprit toutes ces choses avec son puissant génie, et les rendit avec perfection.

On sait que Raphaël copiait d'abord son modèle, tel qu'il le voyait, même avec ses imperfections, le corrigeant ensuite d'après l'idéal qu'il s'était formé. A ce propos, il écrivait au comte Castiglione, lorsqu'il peignait la Fable de Galathée au palais de la Farnesina : « Je désirerais que Votre Seigneurie pût m'aider de ses conseils dans le choix des figures; mais, comme il y a disette de bons juges et de belles femmes, je me sers d'une certaine idée qui est en moi. »

On retrouve, en effet, dans plusieurs de ses tableaux les traits embellis de la Fornarina, qui lui servait de modèle et dont on a plusieurs portraits.

Si Léonard de Vinci a excellé dans l'art d'exprimer les passions, on peut assurer que Raphaël ne lui est pas inférieur dans cette partie de la peinture. Celui-ci, concentrant toutes ses facultés sur un même objet, acquit une facilité d'exécution prodigieuse, qui lui permit de représenter avec une vérité, une force, une grâce incomparables, les mouvements de l'âme de chaque personnage de ses tableaux. Sa mémoire était si sûre et son imagination si puissante, qu'il dessinait toutes sortes d'objets comme s'ils eussent été présents à ses yeux.

Les fresques de Raphaël tiennent le premier rang dans la peinture monumentale, mais il n'en est pas de même du coloris de ses tableaux de chevalet. On reconnaît généralement qu'il le cède, à cet égard, au Titien et au Corrége. Toutefois quelques-uns de ses porits se distinguent par des qualités de couleur qui rivalisent avec les meilleurs maîtres ce genre. On y trouve la puissance, la finesse, la variété de la nature, et ses personnes sont vivants à ce point qu'ils paraissent entrer en conversation avec le spectateur, t la pensée se reflète sur tous les traits du visage.

Le clair-obscur des tableaux de Raphaël est, en général, moins puissant que celui du rrége; mais dans les tableaux d'Héliodore, du Saint-Pierre en prison, de la Transfigura-1, pour lesquels il s'est servi de modèles en cire éclairés de manière à obtenir des constes puissants, il s'élève au premier rang dans cette partie fondamentale de la peinture.

Personne n'a jamais su mieux choisir les circonstances favorables à l'expression du su-, ni trouver des détails plus ingénieux pour rendre intelligible la signification de la ne représentée, montrant encore ce qui vient d'avoir lieu et ce qui va se passer. C'est]ue se manifestent la puissante imagination, la haute raison, le sentiment exquis et la ance profonde de ce maître divin.

Toutes ces qualités réunies placent Raphaël au premier rang, non qu'il soit le premier 1s chacune des parties de la peinture, mais parce qu'il a possédé les principales à un gré éminent, et les secondaires d'une façon très-remarquable.

Préoccupé constamment d'agrandir sa manière, il étudia les œuvres des Grecs, et prinalement le torse du Belvédère, comme l'avait fait Michel-Ange.

Mengs pense avec raison que les bas-reliefs de l'arc de Titus et ceux de l'arc de Constin, qui faisaient primitivement partie de l'arc de Trajan, enseignèrent à Raphaël à éli-1er les petits détails, à marquer les jointures et les os, à faire les contours des chairs s simples et plus faciles.

Le Prophète Isaïe de l'église Saint-Augustin et les Sibylles de Santa Maria della Pace ent la cause d'une grande dispute entre les partisans de Sanzio et ceux de Michel-Ange. question était celle-ci : Raphaël a-t-il agrandi sa manière pour avoir vu les peintures la Sixtine? Crespi résout spirituellement ainsi la question : « Qui veut voir ce qui nque aux Sibylles de Michel-Ange n'a qu'à observer les Sibylles de Raphaël. Qu'il rede l'Isaïe de Raphaël, celui qui veut connaître ce qui manque aux prophètes de Michel-ʒe. »

1 est certain que, sans méconnaître la grandeur et la fierté du dessin de Michel-Ange, ıi de Raphaël est aussi noble, aussi correct, et qu'il renferme, de plus, une science l'harmonie esthétique des lignes, une grâce et une beauté idéales que n'a pas le Buoroti. Il faut reconnaître toutefois que l'émulation de ces deux grands génies fut utile à s les deux.

La Transfiguration. (Pl. XXXVII.)

Malgré les immenses travaux du Vatican [1], Raphaël trouva encore le temps de faire des dessins d'architecture pour diverses constructions particulières qu'il orna de ses peintures, et un grand nombre de tableaux de sainteté, dont le plus parfait, le plus précieux est, sans contredit, celui de la Transfiguration, commandé par le cardinal Jules de Médicis, qui fut depuis Clément VII.

Sébastien del Piombo ayant fait, d'après les dessins de Michel-Ange, une fresque représentant le même sujet dans une chapelle de Saint-Pierre *in Montorio*, Raphaël voulut se surpasser lui-même dans cette œuvre, qui résume en effet toutes les qualités de son divin auteur.

Ce tableau est composé de deux sujets différents : la scène principale se passe sur le sommet du mont Thabor; l'autre, au pied de la montagne, où sont rassemblés plusieurs disciples, auxquels on présente un enfant possédé du démon.

Le cadre esthétique du sujet est un parallélogramme placé dans le sens de la hauteur, ce qui implique une harmonie de lignes verticales.

Or, l'ovale placé dans le sens de sa hauteur appartenant également à l'harmonie verticale, Raphaël l'a choisi comme ligne esthétique de la composition. Cette courbe, qui, dans son caractère moral, exprime les sentiments d'amour, convenait parfaitement au sujet.

La tête du Sauveur est placée au sommet de l'ellipse, plus régulière dans la partie supérieure que dans la partie inférieure, afin d'exprimer la différence qui existe entre le calme du ciel et le trouble des passions des hommes.

La courbe se développe à gauche, en passant par les points esthétiques formés par la figure du prophète Élie, les mains des spectateurs témoins du mystère de la transfiguration, les têtes des deux apôtres, situées au-dessous l'une de l'autre, l'épaule et la jambe tendue de saint Jean l'Évangéliste.

La courbe de droite est composée de la figure de Moïse, du profil de la montagne, de la main du personnage qui tend le bras vers le ciel, la tête du père, celle de l'enfant, son bras gauche et la draperie qui couvre le genou de la jeune fille.

Cette donnée générale est variée par les lignes esthétiques suivantes :

La grande ligne horizontale passant par les têtes des apôtres, qui sont debout, et celles des figures qui accompagnent l'enfant, les trois disciples, éblouis par la lumière divine que répand le Christ, et le sommet de la montagne.

---

[1] On trouvera une description de toutes les fresques du Vatican exécutées par Raphaël, de même que le catalogue de son œuvre, dans la *Vie des peintres de toutes les écoles*, par M. Charles Blanc.

Cette grande ligne horizontale sert à relier le groupe des apôtres à celui du peuple, vient au-devant d'eux en accompagnant l'enfant qu'on leur présente.

Un ordre simple donne de la grandeur au groupe des apôtres, et fait opposition aux nes plus petites, plus tourmentées du groupe formé par le peuple. Il n'y a pas à s'y mper : ici est la simplicité vulgaire, là est la supériorité de l'intelligence.

La grande ligne horizontale est encore doublée par celle qui passe par l'épaule droite l'Évangéliste saint Jean, le bas du pli de la draperie qui retombe du dos de la jeune e, la main du possédé, le genou du père de cet enfant; puis, par celle qui passe par pied de saint Jean, la jambe gauche de la jeune fille, l'ombre portée de la plante de ite.

Toutes ces horizontales concourent à la masse verticale.

Les lignes esthétiques de la partie supérieure de la composition ont une symétrie par-e, une simplicité, une grandeur, une harmonie, qui rendent sublime l'incomparable re du Christ.

Cette harmonie suave est l'image de la béatitude céleste répandue dans les âmes qui vent les préceptes du Divin Maître.

Les deux groupes de figures réunis au pied du Thabor établissent la gradation morale différencie le Christ de ses disciples, et ses disciples de la foule. Les lignes tumul-uses de celle-ci expriment l'agitation que provoque une scène douloureuse et le trouble érent à l'espèce humaine, privée des consolations de la grâce.

Ces trois groupes caractéristiques dans leur progression morale montrent comment les ultés de l'âme, passant par des phases différentes, arrivent peu à peu aux régions les s élevées de l'entendement et de la perfection.

La grande ligne esthétique de la composition qui relie les trois groupes est formée par Christ, l'apôtre qui montre de la main l'enfant possédé du démon, la jeune fille à ge-x. Cette ligne se rapproche beaucoup de la verticale; elle donne de la grandeur, de noblesse à la composition, et conduit l'œil du spectateur sur le Christ, figure domi-ite du sujet.

D'autres lignes obliques conduisent encore l'œil sur la figure du Christ.

Le geste de saint Matthieu, qui tend le bras vers le prince des apôtres, en s'adressant père de l'enfant, fait comprendre son impuissance à opérer le miracle qu'on lui de-nde, et montre par là que Dieu seul en a le pouvoir.

Les draperies du Christ, celles des apôtres, sont simples et grandes, recouvrant le nu s le masquer. Celles de la jeune fille, au contraire, manquant relativement de simpli-é et de grandeur, désignent la classe inférieure, à laquelle elle appartient.

Le costume établit la condition de chaque personnage, chaque figure est ce qu'elle doit être, il n'y a pas la moindre confusion dans cette œuvre si complexe, tout y est admirable d'ordre et d'harmonie, tout y est exposé avec force, avec clarté.

La savante distribution des lumières vient se joindre à l'unité des lignes pour renforcer l'expression du tableau et rendre intelligible l'unité mystique des deux sujets.

Le Christ, source de toute lumière, répand une clarté qui éblouit les apôtres Pierre, Jacques et Jean, son frère; ils tombent à terre en entendant cette parole de Dieu : « C'est mon fils bien-aimé, dans lequel j'ai mis toute mon affection; écoutez-le. »

Moïse et Élie s'entretiennent avec Jésus et sont éclairés de sa lumière, de même que les saints martyrs Julien et Laurent, anachronisme que s'est permis Raphaël, pour plaire au cardinal de Médicis, qui avait commandé le tableau.

La scène d'en bas est éclairée par la lumière naturelle, qui entre largement par le premier plan à gauche, venant de haut, afin de se relier à la lumière divine.

La figure de Notre-Seigneur est éclairée par cette lumière solaire, qui établit la relation entre le fils de Dieu et les hommes, donnant à entendre qu'il s'est fait homme pour racheter nos péchés par sa mort, « que nous devons l'imiter par une transfiguration spirituelle, qui consiste dans le perfectionnement de nos mœurs, et par une tendance à nous élever au-dessus des vues et des passions humaines. »

La lumière, en se résumant verticalement, relie toutes les parties de la composition; elle en fortifie l'unité.

La perspective aérienne, la distribution des couleurs, leur signification emblématique, leur harmonie, tout, dans cette œuvre, est réuni pour concourir au même but et offrir la plus haute expression de l'élévation, de la grandeur du mystère représenté.

Ce tableau, composé de deux sujets, a été l'objet de sévères critiques de la part des esthéticiens allemands, qui n'y ont pas trouvé *l'unité d'action*.

L'unité d'action est obligatoire dans un tableau où l'action doit être une et caractéristique; mais ici ce n'est point le cas. L'action matérielle est double, il est vrai, mais elle tend à un même but moral, et *l'unité morale* du sujet est dans des conditions parfaites d'harmonie.

On présente aux disciples un enfant possédé du démon, en leur demandant un miracle. Les apôtres ne pouvant chasser le mauvais esprit, saint Matthieu prend la parole et montre le ciel de la main, pour indiquer la source de toute puissance.

Le geste de saint Matthieu a lieu précisément au moment où le Christ donne à trois de ses disciples une preuve de sa divinité; là est la relation mystique des deux sujets, dont la concordance crée l'unité morale.

Cette unité est renforcée par la gradation infinie des expressions de toutes les figures, par l'unité des lignes, du clair-obscur, du coloris.

L'économie du tableau est si bien entendue, qu'on ne saurait y apporter le moindre changement sans rompre l'admirable harmonie de cette sublime composition.

Il paraît impossible de s'élever plus haut dans l'expression des passions, ni de traiter plus heureusement un thème si compliqué. Les Grecs ne nous ont point laissé d'exemple de sujets aussi complexes que celui-là. La religion chrétienne pouvait seule le fournir, Raphaël pouvait seul le concevoir et l'exécuter.

Le *Spasimo di Sicilia* et la Transfiguration sont, dans ce genre de peinture, les modèles les plus parfaits que nous ait laissés Raphaël; aussi n'est-il pas surprenant que les artistes se soient efforcés, de tout temps, d'imiter ces chefs-d'œuvre ; malheureusement l'imitation est une voie stérile, qui amène forcément la décadence. On ne se substitue pas à un autre; il faut voir au dedans de son âme, exprimer ses propres sensations, en s'appuyant sur les principes, sur les règles, qui en facilitent la bonne exécution; en un mot, il faut faire usage de sa liberté, de son sentiment, de sa raison.

Saint-Michel Archange. (Pl. XXXVIII.)

Le sujet est compris dans une donnée verticale, dont la grande ligne dominante est formée : de l'aile droite, du visage, de la jambe droite de l'archange et de la tête du démon, qu'il vient de terrasser.

La ligne verticale secondaire résulte de l'aile gauche, de la draperie, de la jambe gauche de saint Michel et des jambes du démon.

La ligne tertiaire est composée de la main droite de saint Michel, du rocher et du bras droit de la figure qui est à terre.

La ligne oblique de l'harmonie horizontale que forme le démon est neutralisée par plusieurs lignes obliques qui l'entraînent dans l'harmonie verticale.

La principale de ces lignes résulte de l'avant-bras droit de la figure qui est à terre, du genou droit, du bas de la tunique, de la ligne oblique de la draperie flottante, de l'extrémité de l'aile gauche de l'archange.

La lumière est large; elle suit la grande ligne de la composition, et se résume verticalement.

Cette composition est aussi habilement pondérée que les œuvres les plus parfaites des Grecs, et par les mêmes moyens.

La Vierge à la chaise. La Vierge d'Albe. (Pl. XXXIX, n° 1 et n° 2.)

Ces deux ravissantes compositions n'ont d'autre défaut que la nature du cadre esthétique qui les renferme.

Nous avons fait remarquer dans le chapitre *de la propriété et du caractère des lignes* que le cercle n'est pas une forme esthétique, puisque la verticale et l'horizontale y sont de même longueur. Les lignes de la composition ne peuvent avoir dans ce cas la même force d'expression que l'ovale, qui présente une donnée caractéristique, soit dans le sens horizontal, soit dans le sens vertical. Rappelons, à ce propos, que l'ovale dans le sens vertical exprime l'amour divin, et dans le sens horizontal, l'amour profane.

Il est donc permis de regretter que le magnifique tableau de la Vierge à la chaise (fig. 1), si parfait sous tant de rapports, ne soit pas renfermé dans un ovale. Alors le vide de gauche serait moins apparent, il y aurait plus d'air dans le haut du tableau, on verrait davantage la draperie qui retombe dans le bas du cadre, la verticale serait caractéristique, et la composition gagnerait à ces légères modifications une plus grande noblesse.

Le tableau de la Vierge d'Albe (fig. 2), dont la grâce est admirable, le paysage magnifique, offre le même défaut : la ligne horizontale n'est pas caractéristique, le vide à droite est trop grand, il ne balance pas le côté gauche de la composition.

Il est facile de comparer ces deux tableaux avec les sujets pris dans les pierres gravées que nous avons donnés en exemples, et de se convaincre que les Grecs sont dans le vrai en rejetant la forme circulaire en tant que donnée esthétique. Quand on est forcé d'employer une toile ronde ou carrée, il faut avoir recours à une harmonie de lignes obliques pour créer une dominante.

Après le tableau de la Transfiguration, Raphaël ne reprit plus ses pinceaux. Il mourut l'année 1520, le jour du vendredi saint, qui avait été aussi le jour de sa naissance.

L'année suivante, Léon X est empoisonné. Adrien VI, qui lui succède, professe la plus grande aversion pour les beaux-arts; tous les travaux sont suspendus. Ce pontife meurt après dix-huit mois de règne. Jules de Médicis, sous le nom de Clément VII, monte sur la chaire de saint Pierre. Les travaux reprennent leur cours, et Jules Romain achève la salle de Constantin, dont Raphaël avait fait les cartons.

Après la mort de Raphaël, Sébastien del Piombo, protégé par Michel-Ange, a le premier rang dans l'école romaine et obtient toutes les commandes.

Jules Romain, dès que les peintures de la villa Madame sont terminées, part pour Mantoue, où il fonde une école. Le Fattore passe à Naples, et l'année suivante, lors du sac de Rome, tous les élèves de Raphaël se dispersent dans les différentes parties de l'Italie, propageant les nouvelles idées.

A partir de cette époque, l'école romaine ne fait plus que décroître, et finit par se composer de peintres maniéristes jusqu'à l'arrivée des Carrache, qui lui redonnent de l'éclat.

LE CORRÉGE.

La vie privée du Corrége est peu ou mal connue. Vasari représente ce grand artiste [cha]rgé d'une nombreuse famille, vivant misérablement, peu apprécié et mal payé de ses [tra]vaux, ce que semble confirmer l'opinion émise par Annibal Carrache, dans une lettre [dat]ée de Parme, adressée, en 1580, à son cousin Louis. Annibal dit à ce sujet : « Je deviens [fou], je pleure, en songeant à la misère de ce pauvre Antonio : un si grand homme, si ce [n'e]st pas toutefois un ange descendu sur la terre, se perdre ainsi dans un pays où il est [in]connu; lui, si divin, mourir si misérablement! »

La négligence des écrivains contemporains du Corrége est réellement inexplicable. [Com]ment admettre que les œuvres de ce peintre studieux, modeste, vivant en lui-même, [plei]n du désir de s'instruire, de se perfectionner dans son art, et dont chaque pas marque [un] progrès, n'aient pas été appréciées de son temps? Ne sait-on pas que Jules Romain en [fai]sait le plus grand cas et qu'il fit choisir au duc de Mantoue, en remplacement d'un de [ses] propres tableaux, une peinture du Corrége pour être comprise au nombre des ouvrages [env]oyés par ce prince à Charles-Quint?

D'un autre côté, il n'est pas permis de penser qu'on se fût adressé au Corrége pour les [gra]nds travaux de Parme si sa renommée n'eût pas été bien établie et s'il n'eût pas été [jug]é digne, plus qu'aucun autre, d'exécuter des peintures aussi considérables.

Lors de la découverte des fresques de l'ancien monastère de Saint-Paul, le père Affò [pu]blia un opuscule sur le Corrége, dans lequel il prouve, d'après les livres de la fabrique [de] San-Giovanni et du dôme de Parme, que cet artiste a été honorablement payé de ses [tra]vaux. Mais, en comparant ces prix à ceux que l'on mettait aux ouvrages de Raphaël et du [Tit]ien, Vasari pouvait dire, avec quelque raison, « que le Corrége vécut misérablement. »

Toutefois la pauvreté du Corrége, bien que relative, fait le plus grand honneur à son [car]actère, aucun peintre n'ayant apporté plus que lui de recherche dans la bonne prépa[rat]ion des toiles et des couleurs, ni plus de richesse dans les empâtements et la profusion [du] lapis-lazuli.

La vie du Corrége prouve, une fois de plus, que le génie n'est pas toujours la source [des] honneurs et des richesses, et que cette iniquité des temps est, un jour ou l'autre, flétrie [et] redressée par la postérité. Mais qu'importe, au fond, cette passagère injustice des con[tem]porains du Corrége? Son âme chrétienne, pleine des sentiments les plus élevés, aspi[rai]t non-seulement à la perfection dans l'art, mais encore à cette immortalité bien [sup]érieure à celle qui nous fait vivre dans la mémoire des hommes, ne pouvait être abattue [par] le peu de succès de ses ouvrages. Dans les cœurs fortement trempés, les douleurs qui [s'at]tachent au côté périssable de l'homme, loin d'être une cause d'abattement, sont, au contraire, comme une force agissante qui les rapproche sans cesse du but que nous enseigne la parole divine.

Les peintures du Corrége présentent des sentiments exprimés avec tant d'élévation, de sincérité, de douce piété, de tendresse, qu'elles sont, en quelque sorte, l'image de cette béatitude céleste que l'esprit conçoit, sans la rencontrer au même degré sur la terre.

Il est de tradition à Correggio, petite ville du duché de Modène, qu'Antonio Allegri, surnommé *le Corrége*, apprit les premiers éléments de la peinture chez son oncle Lorenzo, puis qu'il étudia à Modène, avec Francesco Bianchi, la sculpture, la géométrie, la perspective et l'architecture [1]. Mais, poussé plus particulièrement vers la peinture par son génie, il alla à Mantoue étudier les œuvres d'André Mantegna. Celui-ci, pendant le séjour qu'il fit à Rome, avait peint une chapelle au Vatican, étudié les statues et les bas-reliefs antiques, et acquis un excellent style de dessin, perfectionnant sans cesse la manière qu'il tenait du Squarcione, un des maîtres les plus savants de son époque.

Son école possédait quelques antiques remarquables, des moulages et un choix de beaux dessins. Le Corrége, lié d'amitié avec Francesco, fils d'André Mantegna, profita des riches matériaux rassemblés par ce dernier et se perfectionna dans le métier de la peinture en copiant, entre autres ouvrages du maître, le célèbre tableau de la Victoire, dernier anneau de cette chaîne qui relie l'ancien style au nouveau.

Vers cette époque, le Corrége peignit un grand nombre de petits sujets, dans lesquels on remarque moins de sécheresse que chez la plupart des peintres de cette époque. Cependant, la différence extrême qui existe entre ces peintures (excepté toutefois le Saint-George de la galerie de Dresde) et la manière qui a rendu cet auteur immortel, fait qu'elles sont généralement attribuées à d'autres peintres.

Le séjour de Mantoue fut d'une grande utilité au Corrége; c'est là qu'il développa tous les germes dont la nature l'avait doué, et qu'il acquit ce grand style de dessin et cette manière suave qui le distinguent. On peut donc inférer de ces faits que la question de savoir si le Corrége était allé à Rome pour y étudier les peintures de Raphaël et de Michel-Ange doit être résolue négativement.

De même que ces grands génies, il a surpassé ses maîtres et s'est créé une manière originale, en combinant les lois de l'art avec l'étude de la nature.

Il adopta les formes pleines, les belles carnations des habitants de son pays, dont il a si bien saisi le caractère qu'il n'est pas rare, en se promenant dans les rues de Parme, d'y reconnaître, même aujourd'hui, les heureux modèles dont il s'inspira.

La végétation grasse, plantureuse, et principalement la forme des arbres des environs de Parme, n'offrent pas moins d'analogie avec les œuvres peintes du Corrége; à Rome, les

---

[1] On attribue au Corrége trois des figures du groupe de *la Pietà* de l'église Sainte-Marguerite.

…res ont toute l'élégance, la noblesse, la grandeur, la pureté des lignes esthétiques qui …t le propre de cette école; à Florence, ils ont la beauté des contours et de jolis détails, …is un peu de maigreur. Il est intéressant de reconnaître combien les peintres de cha-…e de ces écoles ont su rendre le côté typique de ces différentes contrées et de le com-…rer au style qui les fait distinguer entre elles, soit par la manière de peindre, soit par … caractère des compositions.

La connaissance de la sculpture fut aussi utile au Corrége qu'à Léonard de Vinci; il y …isa une grande puissance de modelé, une variété et une beauté de clair-obscur qui, dans …te partie de l'art, le placent au-dessus du peintre florentin. Il se servait de maquettes …tes de cire ou de glaise, éclairées de la façon la plus favorable à l'expression des figures … aux masses d'ombre et de lumière, étudiant l'action des reflets, au point de vue du …ir-obscur et du coloris.

Cette constante étude lui fit acquérir un genre de supériorité qui n'a été égalé par aucun … intre. Les figures de ses tableaux ont le relief de la nature même, elles se détachent …ns effort; l'art y est masqué à force d'art.

Observateur scrupuleux des lois de l'optique, il dégradait les lumières et les couleurs …nformément à la dégradation perspective des lignes et suivant l'inclinaison des plans, …nnant la plus grande vivacité à ceux qui reçoivent la lumière le plus perpendiculaire-…ent, établissant ainsi l'ordre et la variété dans les lumières comme dans les couleurs.

Pour adoucir la dureté des contrastes trop violents, le Corrége introduisait systémati-…lement quelque détail d'une valeur intermédiaire, afin de rendre plus suave le passage … l'ombre à la lumière. C'est ainsi que, dans le tableau du Saint-Jérôme, les feuilles des …bres tiennent le milieu entre l'ombre du tronc et la lumière du ciel, et qu'un petit ar-…isseau se détache en demi-teinte sur le fond d'ombre de la tenture.

…Dans les masses lumineuses, les petites ombres y sont reflétées et adoucies par le rayon-…ment des parties éclairées, ce qui donne de la grandeur à ces masses.

Le Corrége n'a pas connu aussi bien que Raphaël et le Poussin l'art de draper les …gures; il n'a pas eu comme eux l'avantage d'avoir constamment sous les yeux tout ce que …ome possédait alors de belles antiques. Il se contenta de créer des plis grands, larges, …mples, formant de belles masses d'ombre et de lumière, en vue de l'effet que produit …e bonne disposition des couleurs et du clair-obscur.

Il peignait les draperies d'après nature ou d'après des maquettes ingénieusement ha-…llées; mais si ce procédé est excellent pour reproduire la couleur et la nature de l'étoffe, …n'est point ainsi que l'on arrive au beau style dans cette partie de l'art. Il faut créer les …is d'après les formes du nu et les indications de la myologie, faire sentir les articulations, …ettre les grandes formes en saillie et se conformer aux lois de l'harmonie esthétique des lignes, comme nous l'avons fait observer dans l'art grec. Les plus habiles parmi les modernes se sont rapprochés des anciens autant qu'une intelligente imitation pouvait le permettre; toutefois ils n'ont pas possédé, aussi bien que ces derniers, le principe générateur de cette partie essentielle de la peinture.

Le Corrége, par son coloris éclatant, moins varié cependant que celui du Titien, se rapproche beaucoup de ce maître. Il a conservé dans les ombres le caractère de chaque couleur, en y introduisant la couleur complémentaire, c'est-à-dire, en mettant du vert dans les ombres du rouge, du bleu dans l'orangé, du violet dans le jaune, et *vice versa*. Les couleurs primitives sont distribuées dans ses tableaux avec un grand sentiment des convenances, qui laisse dominer telle ou telle nuance suivant le mode du sujet, afin de donner à l'ensemble une force, une harmonie, une suavité incomparables.

La manière de peindre du Corrége est conforme aux procédés de l'école vénitienne. Quoique recherchée, elle paraît d'une simplicité, d'une facilité, d'une grâce inimitables. Il ébauchait ses toiles, préparées avec une légère couche de gypse, avec de forts empâtements dans les lumières, mettant chaque couleur à sa place et faisant passer les tons les uns dans les autres au moyen d'une brosse sèche; puis il harmoniait sa peinture par des glacis, la terminant précieusement avec des demi-pâtes.

L'école de Mantoue, resplendissante du génie d'André Mantegna, avait éveillé celui du Corrége, qui en donna des marques à son retour dans sa ville natale. Il avait alors vingt-cinq ans. Sa réputation étant parvenue à Parme, on lui offrit de décorer une salle de l'ancien couvent de Saint-Paul, où il peignit une Diane chasseresse, environnée d'une foule de petits Amours placés dans des compartiments de feuillages. Ces peintures, par le style, prouvent la persistance du Corrége à copier l'antique, en même temps qu'elles accusent la prédilection pour les formes grandes et convexes qui ont fait l'originalité de cet artiste, dont la place est marquée entre Raphaël et Titien.

L'excellence des fresques de Saint-Paul valut au Corrége les travaux de l'église Saint-Jean; il les exécuta dans l'espace de quatre années, pour le prix de 472 ducats d'or (environ 5,000 francs).

Lorsque la tribune de cette église dut être abattue pour l'agrandissement du chœur, Annibal Carrache conserva à la postérité le souvenir des admirables peintures murales dont elle était ornée, par une copie qui se voit aujourd'hui au musée de Parme, ainsi qu'un fragment original, représentant la sainte Vierge tenant l'enfant Jésus sur ses genoux.

Bien que ces peintures aient paru un *miracol' d'arte*, le Corrége se surpassa dans celles de la coupole du dôme de Parme, où il représenta l'Assomption de la Vierge. Toute la scène est vue de bas en haut, genre de perspective dans lequel Mantegna et ses fils ont excellé, et après eux le Corrége, sur une plus vaste échelle.

Ces peintures sont le plus grand tour de force que l'art puisse se permettre dans le [rac]courci des figures. Malgré tant de difficultés accumulées, le Corrége a su conserver à [ses] personnages toute la grâce, toute la beauté de ses tableaux de chevalet. La foule des [an]ges qui entourent ou qui supportent la sainte Vierge semble se mouvoir dans l'espace [av]ec une facilité et un naturel qui rendent cette composition semblable à une scène divine [se] passant en réalité dans le ciel.

SAINT-JÉRÔME. (Pl. XL.)

Les ouvrages qui donnent la plus haute idée du génie du Corrége, à l'exception des [gra]ndes fresques dont nous avons parlé, sont, certainement, ses tableaux du Louvre et le [Sa]int-Jérôme du musée de Parme. La gravure de ce dernier tableau n'est pas de tout [po]int conforme à l'original. Le graveur a cru donner plus de grâce à cette admirable com[po]sition en arrondissant le haut du tableau; mais, en supprimant une partie de l'arbre, à [ga]uche, il a détruit l'effet de la grande ligne esthétique qui fait dominer saint Jérôme; [de] plus, le rappel de lumière que présente le coin de droite, et qui forme une ligne esthé[tiq]ue verticale destinée à balancer le côté gauche, n'existe plus. Il faut donc restituer par [la] pensée ce que l'on a cru pouvoir impunément supprimer de ce merveilleux tableau, [afi]n de le rétablir tel que l'a conçu le Corrége.
Nous ferons observer, en outre, que les lumières du Saint-Jérôme sont trop claires dans [no]tre gravure. La lumière, entrant par le premier plan, à droite, pour se résoudre sui[va]nt la diagonale, ne donne pas lieu à des lumières dominantes sur le premier plan à [ga]uche. Le Corrége n'a point commis une semblable erreur. Nous ferons observer encore [qu]e le terrain sur lequel repose le pied de la sainte Vierge ne prolonge pas, comme [da]ns l'original, la masse verticale de l'ombre.
La donnée générale de cette composition est comprise dans un parallélogramme placé [da]ns le sens de sa hauteur, ce qui implique une harmonie de lignes esthétiques verticales.
La figure du saint et le tronc d'arbre qui se prolonge dans le haut du cadre forment [un]e ligne verticale dominante; le tronc d'arbre est encore destiné à créer une opposition [av]ec le petit nuage éclairé qui passe derrière pour la résolution de la lumière.
La tête de l'ange, le livre qu'il présente à l'enfant Jésus, la jambe droite de saint Jé[rô]me sont des points esthétiques placés sur une même ligne verticale.
La tête de la sainte Vierge, le profil de droite du corps de l'enfant Jésus, la main et le [pie]d de la Vierge, la plante sur le premier plan, forment également une ligne esthétique [ve]rticale, de même que le bras gauche de Marie Madeleine, son genou et la draperie qui [re]couvre la jambe.
La ligne inclinée de la tenture, qui se prolonge dans le haut du cadre, à droite, est

parallèle à la direction de la lumière, et contribue par cela même à rendre dominante la ligne esthétique qui relie tous les objets importants de la composition. Cette ligne passe par la jambe gauche de Marie Madeleine, la main de la Vierge, la jambe de l'enfant Jésus, le livre et l'épaule de l'ange, la tête de saint Jérôme et le petit nuage, sur lequel se résout la lumière.

L'enfant Jésus est rendu dominant par la ligne esthétique formée par la lumière du ciel comprise entre l'arbre et la tenture, la tête de Jésus et l'extrémité de la draperie que tient à la main Marie Madeleine. Le petit arbre a encore pour objet d'adoucir l'angle que forme la tenture.

La ligne esthétique verticale de l'extrême droite du tableau passe par la draperie éclairée (supprimée par la gravure), par la joue du petit ange de droite, le vase qu'il tient à la main, et le pied de Marie.

Le clair-obscur forme des masses d'ombre et de lumière qui se font valoir par le contraste, et qui affirment les lignes esthétiques de la composition.

L'ombre de la tenture, sur le ciel, renvoie les fonds et fait dominer les figures par le contraste.

La lumière entre par le côté droit du premier plan, suit la direction de la grande ligne esthétique de la composition et relie tous les objets entre eux [1].

Les peintures du Corrége sont exécutées avec tant de facilité et de naturel qu'on ne pense jamais au procédé en regardant ses ouvrages. Le charmant sourire qui anime ses têtes de femmes et d'enfants est bien l'image de cette âme chrétienne qui a su trouver dans son cœur, pour nous émouvoir, les expressions les plus aimables, les formes les plus gracieuses, assouplissant les contours avec la plus extrême suavité. Quoi de plus ravissant que l'expression de Marie Madeleine s'approchant pour baiser le pied du divin enfant? Comme la physionomie de cette tête résume bien toute une existence! Quelle satisfaction! Quel attendrissement! Quelle grâce! Jamais la peinture n'a offert rien de plus parfait. Annibal Carrache était tellement épris de ce tableau qu'il écrivait à son cousin : « Je ne changerais pas le Saint-Jérôme du Corrége contre la Sainte-Cécile de Raphaël, » et il engageait en même temps Augustin à venir le joindre à Parme, l'assurant qu'on ne saurait trouver une meilleure instruction que dans l'étude des œuvres du Corrége, où tout est grand, noble et gracieux.

Le dessin du Corrége n'a pas toute la variété que l'on remarque dans les ouvrages des Grecs, ni même dans ceux de Raphaël; s'il exagère les formes convexes, on est obligé de

---

[1] Nous avons donné, dans notre *Philosophie des Beaux-Arts*, une analyse des couleurs de ce tableau, et leur signification emblématique.

connaître que ces formes contribuent à la grâce de son dessin, qui est, en somme, très-
rrect. On ne trouve pas non plus, dans le Saint-Jérôme, toute la science anatomique de
chel-Ange; mais qui oserait nier l'exactitude des mouvements et du nu de cette figure?
L'originalité du Corrége tient à l'idéal qu'il s'était formé par ses études de l'antique et
la nature, et il est donné à bien peu d'artistes de pouvoir imiter sa manière. Ses com-
sitions sont simples; elles n'imposent pas de recherches d'esprit pour être comprises;
st une adoration constante de ce que l'homme conçoit de plus naturel, de plus pur, de
ıs élevé.

Les immenses peintures du dôme, toutes de la main du Corrége, furent commencées
1558 et terminées dans l'espace de cinq ans. Un si pénible travail ayant altéré sa
nté, il se retira dans sa ville natale, où il resta durant quatre années. A la suite de dis-
ssions survenues avec les directeurs de la fabrique, qui s'étaient écriés en voyant les
intures de la coupole, « Quel plat de grenouilles nous avez-vous fait là? » le Corrége
commença même pas les peintures de la tribune, qu'il s'était engagé à faire, et, pen-
nt l'été, après une longue marche, il eut une pleurésie, dont il mourut, à l'âge de
arante ans.

LE TITIEN.

Les peintres vénitiens se sont distingués, dès le principe, par une interprétation intel-
ɛente de la nature, et surtout par la puissance, la finesse, la vérité de leur coloris.
La peinture à l'huile, vulgarisée à Venise par Antonello de Messine en 1474, ne tarda
s à atteindre aux limites de la perfection. Les artistes se prirent de passion pour ce
uveau procédé de peinture, qui répondait si bien à leur instinct, naturellement porté
reproduire tous les objets de la nature avec la plus scrupuleuse exactitude : Vivarini, le
rpaccio, Basaiti, le Squarcione, Mantegna, Cima da Conegliano, et principalement Jean
llin, se firent remarquer par des tableaux d'une puissance et d'une suavité inconnues
sque-là.

Le caractère animé du peuple vénitien, si vivement épris de l'éclat et du faste, se tra-
ısit, dans la peinture, par de vastes compositions enrichies de tous les accessoires qu'é-
lait à leurs yeux le luxe le plus raffiné. Habitués à copier la nature, les artistes étaient
jà parvenus à représenter la forme apparente des objets avec une précision commune,
reste, à tous les peintres de cette époque, une couleur vraie, une touche large, facile,
un style plein de grandeur et de distinction.

La réputation que Léonard de Vinci s'était acquise à Milan excita, parmi les peintres
nitiens, une louable émulation. Animés du plus vif désir d'améliorer leurs œuvres, ils
communiquèrent réciproquement leurs découvertes avec le plus grand désintéressement,

cherchant à perfectionner les procédés déjà connus, plutôt qu'à découvrir des voies nouvelles. De là le progrès rapide, de là cette conformité dans la manière de peindre qui a souvent fait attribuer à un maître le tableau d'un autre maître.

Dans la suite les rivalités excitèrent des jalousies qui nuisirent aux progrès de l'art. Giorgion devint l'ennemi du Titien, le Titien du Tintoret, et ces grands artistes n'eurent pas, comme Jean Bellin, la gloire de faire des élèves qui surpassèrent le maître.

Le Titien, né à Cadore en 1477, montra de bonne heure un esprit sérieux, réfléchi, perspicace, aimant le vrai, le simple. Élevé à l'école de Jean Bellin, il devint habile dans l'exécution et ne tarda pas à suivre la manière de son condisciple Giorgion, dont la supériorité se manifesta par une lumière large, puissante, une ampleur de touche, une suavité de coloris que le Titien même n'a pas dépassées.

Les études d'anatomie, de perspective et de dessin d'après l'antique que fit le Titien, contribuèrent à la distinction de son style, qui s'est élevé quelquefois jusqu'à la beauté idéale de la forme, de la lumière, de la couleur.

Il introduisait dans ses tableaux des têtes copiées d'après les sculptures antiques dont Venise s'était enrichie par ses conquêtes en Orient, et l'on sait qu'il emprunta à un bas-relief grec de l'église Santa Maria dei Miracoli les anges qui figurent dans le tableau du Saint-Pierre martyr. Respectant toutefois les limites qui séparent la sculpture de la peinture, il modifia ces copies par l'étude de la nature, afin de leur donner cette vitalité agissante qui est le propre de la peinture.

Malgré l'assiduité avec laquelle il dessinait d'après l'antique, la liberté du pinceau, d'où découle l'excellence de la manière de peindre, a nui à la pureté de son dessin; mais, s'il n'a pas atteint la perfection de Léonard ou de Raphaël, il n'en demeure pas moins le premier des dessinateurs parmi les coloristes de toutes les écoles.

Le Titien n'a jamais mis d'affectation à montrer sa profonde connaissance de l'anatomie, cependant on peut la reconnaître dans le nu des femmes et des enfants de ses Bacchanales, de ses Vénus, et dans les extrémités des figures de plusieurs de ses tableaux.

Ayant commencé la peinture à une époque de scrupuleuse imitation de la nature, le Titien rechercha le *rendu* de la qualité des choses; il les différencia dans ses tableaux comme elles le sont dans la réalité, variant les empâtements, les glacis, la touche, suivant chaque élément, chaque substance, de façon que l'interprétation fût exactement proportionnelle à la nature elle-même.

Connaissant le degré de puissance de chaque couleur et les qualités qui les rendent propres à reproduire l'ombre et la lumière, à reculer ou avancer les plans, il sut donner le plus grand charme à ses tableaux. Il rendit chaque détail avec la plus rare précision, et

perdit jamais de vue l'harmonie de l'ensemble, qui dépend de l'application savante
s lois de l'optique.

Au moyen des trois couleurs primitives, le rouge, le jaune, le bleu, il formait des
isses dominantes, dont l'office était de créer l'unité du coloris et d'en caractériser le
)de. Il plaçait la couleur la plus forte ou la plus lumineuse au centre de la composition,
 la figure ou le groupe principal, afin de le rendre par cela même dominant.

En outre de ces qualités, qui tiennent, chez lui, au métier le plus habile, le plus sa-
at qui fut jamais, le Titien sut parfaitement exprimer les affections de l'âme, donner à
aque personnage le caractère typique de sa condition dans le monde et de sa fonction
ns le tableau.

Personne n'a représenté l'enfance avec plus de beauté idéale qu'il ne l'a fait. Les Bac-
anales et l'Offrande à la Fécondité, du palais Ludovisi, ont servi d'exemple au Domi-
quin, au Poussin, à l'Albane, au Fiamingo, et même à Rubens, qui les copia pendant
n séjour à la cour d'Espagne, où on les voit encore aujourd'hui.

L'œuvre du Titien est considérable. Toutes les galeries publiques et particulières de
'urope possèdent des tableaux de ce maître. Et si nous ne pouvons pas montrer la
ande Assomption de l'académie de Venise, ou le Bacchus et Ariane de la galerie de
ndres, l'Offrande à la Fécondité du musée de Madrid, la collection du Louvre peut
norgueillir, toutefois, de posséder la célèbre Mise au tombeau et le Christ couronné
épines, qui, avec le Saint-Pierre martyr, de l'église Saints-Jean-et-Paul, à Venise, sont
issés parmi les principaux chefs-d'œuvre de ce prince des coloristes.

LE MARTYRE DE SAINT PIERRE. (Pl. XLI.)

Le sujet offre une masse verticale, carrée à la base et terminée en haut par une courbe
i donne de la grâce à l'expression des deux anges apportant au saint la palme du
artyre.

Si nous atténuons, dans notre gravure, les blancs trop violents des montagnes du fond,
 ciel qui borde les trois petites touffes de feuillage le long du gros arbre, ceux de la
;ure de gauche et des plantes du premier plan, nous aurons à peu près l'effet que pré-
nte le tableau. La tête de saint Pierre deviendra dominante, et l'on pourra admirer
xcellence de l'harmonie des lignes esthétiques de cette composition, qui est de tout
int conforme aux principes établis par les Grecs.

Les lignes verticales dominantes se combinent avec les lignes obliques de l'harmonie
rticale pour constituer la variété et l'unité de l'ensemble.

L'espace majeur de gauche fait dominer la tête du saint, dont les bras se raccordent
ec la grande ligne verticale dominante formée par le tronc du gros arbre.

Les trois figures principales sont reliées entre elles par la grande ligne oblique formée par les bras du meurtrier, ceux de saint Pierre et les pieds de la figure de gauche.

La lumière se résout verticalement, afin d'affirmer la donnée du tableau et le caractère moral du sujet.

Le nu des figures, les raccourcis, attestent une grande science du dessin et de l'anatomie, une profonde connaissance de la perspective. Les draperies sont naturelles, recouvrant le nu sans masquer les grandes formes. Le paysage est un des plus splendides que le Titien ait exécutés. Cette page sublime allie les couleurs de la nature à la magie de l'art, aux éblouissements de la lumière.

L'expression des passions n'est pas moins remarquable que ne le sont les qualités du coloris et de l'exécution. Inspiré par le Laocoon, dont il avait fait une étude toute spéciale, le Titien a donné au saint martyr une expression de souffrance contenue qui révèle une âme inspirée de Dieu. Quoiqu'il soit renversé à terre, la noblesse des lignes fait ressortir sa dignité, sa supériorité morale, que met encore en lumière le contraste résultant de la fureur de celui qui va le frapper à mort.

Le meurtrier n'est pas un assassin vulgaire; c'est un fanatique, dans lequel la brutalité peut n'être que passagère, supposition qui permet de lui donner un certain degré de beauté dans les formes, de grandeur dans le geste, sans offenser la convenance esthétique du sujet. Aussi l'action est-elle dramatique sans affectation, sans trivialité.

Un caractère intermédiaire complète heureusement la gradation morale de chacun des personnages de cette scène émouvante : c'est celui du complice, qui, épouvanté par l'intervention divine, fuit le lieu du crime pour échapper aux remords qui s'éveillent dans sa conscience.

Le Titien s'est élevé à la plus grande hauteur dans la conception de son sujet. Sa profonde science lui a permis d'analyser chaque détail et de le rendre dans la perfection, comme le sentiment de l'art lui a fait trouver la donnée la plus convenable pour résumer l'ensemble.

Animé par la passion, il se montre inspiré et nous émeut. Si le Titien eût persévéré dans cette voie, qui mettait en action les plus hautes facultés de son intelligence, il aurait été considéré non-seulement comme le meilleur des coloristes, mais encore comme la plus puissante individualité que pût offrir l'histoire de la peinture.

LE CHRIST COURONNÉ D'ÉPINES. (Pl. XLII.)

Avant d'être transporté à Paris, ce tableau était placé à côté de la Cène de Léonard de Vinci, dans l'église *delle Grazie*, à Milan. Il semble qu'en raison de cette circonstance le Titien ait fait un suprême effort pour atteindre à l'excellence de son immortel compéti-

ır. Soutenu par une louable émulation, il a réuni dans son œuvre, non-seulement la
ésie de la couleur, mais encore la correction du dessin, la science de la perspective et de
natomie, le beau idéal dans l'expression des passions et une savante ordonnance dans
composition.

L'expression du Christ est touchante; c'est bien là une douleur humaine représentée
r le front du fils de Dieu.

Les exécuteurs du supplice appartiennent ici à la classe la plus infime. Ils n'ont plus
grandeur des meurtriers fanatiques de saint Pierre : ces âmes basses exécutent froide-
ent un ordre cruel.

Le contraste puissant qui résulte de l'opposition dans les caractères fait d'autant mieux
ssortir la divine douceur de Jésus-Christ, qui, prenant en commisération ces êtres dé-
adés, adresse une prière à son Père céleste pour que la lumière se fasse en eux.

Le buste de Tibère, heureusement introduit dans la composition, complète l'expression
orale du sujet, et indique l'époque du supplice.

Le cadre esthétique de cette scène est un parallélogramme placé dans le sens verti-
l; les lignes de la composition affirment cette donnée, qui est variée par des lignes
ıliques de l'harmonie verticale.

L'architecture prolonge la ligne esthétique du Christ, dont la jambe gauche, bien que
acée naturellement, n'affirme pas assez la verticale.

Le buste de Tibère se relie aux figures qui sont au-dessous par des lignes esthétiques
rticales.

La figure à gauche est soutenue par la ligne architecturale du mur.

Des lignes obliques relient le Christ à ses bourreaux ; mais la grande ligne esthétique
ıi doit passer par tous les objets caractéristiques de la composition et les relier entre eux
est pas nettement établie.

Il aurait fallu que la main droite de la figure qui lève les bras fût plus à gauche, afin
 créer un point esthétique intermédiaire entre le buste de Tibère et le Christ.

De cette façon, on aurait eu une grande ligne oblique reliant entre eux les trois élé-
ents dont se compose le sujet.

La lumière, en suivant une direction parallèle à la ligne esthétique dont nous venons
 parler et se résolvant suivant la diagonale, confirme notre observation.

L'intention évidente du Titien a été de relier ces mêmes objets par la direction de la
mière, afin de fortifier l'expression morale du sujet et d'en créer l'unité et l'harmonie.

Raphaël, dans le tableau de la Transfiguration, n'a pas oublié cette grande ligne es-
étique, et l'on a vu quelle unité l'observation de cette règle fondamentale donne à cette
blime composition.

Les portraits du Titien sont les plus parfaits qu'on possède, et l'on conçoit aisément que, réunissant tant de qualités essentielles, il se soit rendu incomparable dans ce genre.

Satisfait de sa fortune, le Titien donnait ses tableaux à ses amis et aux princes, qui l'admiraient. C'est ainsi que Henri III, en revenant de Pologne, accepta plusieurs tableaux de ce grand peintre, dont la vie, comme celle de Raphaël, a été exempte de tout chagrin.

Le Titien est, parmi les peintres, celui qui a vécu le plus longtemps. Il mourut de la peste, en 1576, âgé de quatre-vingt-dix-neuf ans. La vénération et l'admiration qu'il avait su inspirer à tout le monde l'emportèrent sur la crainte du danger : ses obsèques furent solennelles. Sa dépouille mortelle, portée en grande pompe à l'église Santa Maria dei Frari (qui possède son célèbre tableau de la famille Pesaro), repose près d'une chapelle, où on lit, sur une simple plaque de marbre : Ici reposent les cendres du Titien.

LE TINTORET ET PAUL VÉRONÈSE.

Tandis que les écoles de Rome, de Florence, de Milan perdaient les grands artistes qui les rendirent si célèbres, Venise soutenait encore sa gloire avec éclat par les travaux du vieux Titien, de Paul Véronèse, du Tintoret. Mais ce dernier, emporté par son génie, aussi impétueux que fécond, couvrait en quelques mois les toiles les plus gigantesques, et, n'ayant pas su maîtriser sa fougue par cet empire sur soi-même qui est la marque de la vraie supériorité, il n'a point donné à ses œuvres la perfection que l'on était en droit d'espérer de ses consciencieuses études et de ses brillants débuts. On sait qu'il consacra plusieurs années au dessin d'après l'antique, à la perspective, à l'anatomie.

Voulant, dans la suite, rivaliser avec la prodigieuse facilité d'exécution de Véronèse, il chercha plus à étonner, à séduire les yeux, qu'à émouvoir l'âme, et, dans cette lutte avec son compétiteur, il fut vaincu. C'est pourquoi l'histoire ne l'a pas placé au rang des grands Vénitiens : Giorgion, Titien, Paul Véronèse.

Le Tintoret montre cependant plusieurs pages remarquables; mais ses ouvrages, pris dans leur ensemble, prouvent clairement combien est grande l'influence qu'exerce sur les créations de l'esprit le caractère moral de l'artiste. En effet, si les facultés de l'intelligence n'ont pas pour appui une raison éclairée, soutenue elle-même par une forte volonté, les plus belles conceptions restent stériles, ou, tout au moins, elles n'acquièrent pas ce complément de beauté dans la forme qui donne tout son prix à l'idée.

Paul Véronèse, dans son célèbre tableau des Noces de Cana, semble, par une appréciation allégorique que la postérité a consacrée, faire allusion à sa supériorité sur le Tintoret. Ayant spirituellement placé ses émules parmi les musiciens qui égayent la fête, il s'y est représenté jouant de la viole d'amour, de façon à donner à entendre que c'est lui qui tient la première partie. Le Tintoret joue du même instrument, mais simplement une parl'accompagnement, tandis que le Titien fait entendre sur son instrument les notes ves de la basse fondamentale, comme cela convenait au plus ferme soutien de l'école itienne.

Né à Vérone en 1530, Paolo Caliari fut destiné à suivre la carrière de la sculpture, s laquelle son père s'était fait remarquer; mais, plus particulièrement doué pour la ature, il entra chez son oncle Badile, qui lui enseigna les principes de cet art.

Le génie des habitants de Vérone, naturellement porté vers la poésie, développa de ine heure chez les artistes l'intelligence des belles compositions, comme le prouvent peintures qui ornent les églises et les palais de cette ville. Lors des débuts de Paolo, one possédait des peintres tels que les Ricci, les Farinati, formés à l'école de Giorgion du Titien; il n'était donc pas facile de s'y distinguer, ni même de s'y maintenir avec cès. Ainsi s'expliquent les difficultés qu'éprouva notre jeune peintre durant les premières iées de sa carrière.

Les exigences de la vie matérielle le forcèrent à partir pour Vicence, où il eut occasion montrer la noblesse de son style, la correction de son dessin, la magnificence de ses npositions dans les peintures de l'église Santa Corona et au réfectoire du couvent de Madonna del Monte, pour lequel il peignit le Christ pèlerin assis à la table du pontife égoire le Grand, tableau considéré comme un des chefs-d'œuvre du maître.

Lorsque Paul Véronèse passa à Venise, seul théâtre sur lequel il pût donner carrière à s grandes conceptions, on y voyait déjà des tableaux composés d'un grand nombre de ures de petites dimensions, représentant des sujets historiques, des intérieurs de mai- as seigneuriales somptueusement ornées, des fêtes, des repas au milieu de la campagne. us tard on composa des sujets où les acteurs étaient représentés de grandeur naturelle, ais aucun artiste ne sut mieux que Paul Véronèse combiner des scènes grandioses, se ssant dans de splendides palais, où la richesse des accessoires et des costumes s'allie erveilleusement à la dignité des personnages.

Le Véronèse perfectionna sa manière de peindre sur les exemples du Titien, et son iir-obscur, d'après les ouvrages du Tintoret. Il dessina les statues et les bas-reliefs an- ues que possédait Venise, ainsi que les gravures du Parmigianino, dont le style élégant vait séduit, se proposant de donner plus de richesse aux costumes, aux accessoires, et l'ensemble une grandeur à laquelle on n'avait pas encore atteint jusque-là.

Les premières peintures du Véronèse exécutées à Venise se voient dans l'église Saint- bastien, construite par Serlio. L'histoire d'Esther, représentée sur le plafond, mérita pprobation de tous les artistes et les commandes du sénat.

L'ambassadeur Grimani, envoyé à Rome par la République, fit le voyage accompagné Véronèse, qui était très-désireux de connaître les merveilles de l'art des anciens, de même que les sublimes peintures de Raphaël et de Michel-Ange. La vue de tant de chefs-d'œuvre développa encore sa puissante imagination, dont il donna des preuves lors de son retour à Venise.

La peinture qu'il fit au palais ducal et qui représentait une apothéose de Venise, mit le comble à sa réputation. La variété du coloris, l'air, la lumière, le relief des objets, la richesse, le bon goût des draperies, des accessoires, la légèreté, l'esprit de la touche, toutes les qualités d'une brillante exécution, s'allient merveilleusement, dans cet ouvrage, à l'air noble et élégant des personnages.

Paul Véronèse s'est élevé quelquefois à la hauteur du Titien en traitant des sujets mythologiques; ses tableaux religieux sont très-remarquables par l'expression de piété qu'il a donnée aux personnages contemporains en adoration devant la sainte Vierge. Il disait que « le complément du talent de l'artiste consiste dans la moralité et l'excellence des mœurs. » On reconnaît, en effet, dans les nombreux portraits dont ses tableaux sont animés, une image sincère des sentiments de piété dont s'inspirait ce grand peintre. Mais les ouvrages qui placent Véronèse à côté de Giorgion et du Titien sont principalement ces repas splendides qui lui ont valu le surnom de *peintre des Cènes*. Le souper chez Lévi, de l'académie de Venise, et les deux Cènes que possède le Louvre, sont les plus remarquables en ce genre:

Les Noces de Cana par Paul Véronèse. (Pl. XLIII.)

Le tableau des Noces de Cana a trente pieds de longueur sur vingt pieds de hauteur et contient cent trente figures, dont la plupart sont de grandeur naturelle.

Le texte sacré parlant de nombreux serviteurs et du maître d'hôtel des époux, l'esprit peut accepter la représentation d'un luxe somptueux, étalé au milieu d'une riche architecture. Quoi de plus opposé, cependant, à la vérité que l'expression de tous ces personnages contemporains de Véronèse, occupés à fêtoyer, comme si le Christ, sa mère et les apôtres n'étaient pas présents à cette fête? On y cherche, sans la rencontrer, l'expression d'étonnement, d'admiration, qu'a dû produire sur tous les convives ce premier miracle de Notre-Seigneur.

Le peintre a bien représenté les urnes remplies que tiennent les serviteurs, le maître d'hôtel regardant le vin miraculeux, et un jeune nègre qui en présente une coupe à l'époux; on peut encore supposer que les personnages éloignés de la scène principale, n'ayant pu entendre les paroles du Christ, sont occupés d'autres intérêts; mais comment admettre que les témoins mêmes du miracle y restent insensibles? Si le Christ et sa mère n'avaient pas la tête entourée du nimbe, cette belle composition n'offrirait aucun caractère religieux.

En se reportant à la Cène de Léonard de Vinci, quelle différence ne remarque-t-on entre ces deux génies dans la partie philosophique de l'art!

Paul Véronèse, dans l'éminente page qui nous occupe, s'est laissé entraîner par sa prédilection pour les beaux spectacles, et, à ce point de vue, on peut affirmer qu'il a complètement réussi. N'exigeons donc pas de ce peintre magnifique un autre esprit que celui dont l'avait doué la nature; acceptons-le tel qu'il est, avec ses qualités et ses défauts, et sachons-lui gré de nous avoir laissé un exemple si parfait des mœurs et des costumes de la brillante époque où il vécut, ainsi que les portraits des plus illustres de ses contemporains. Abstraction faite du caractère moral du sujet, il ne restera plus alors que des éloges à adresser à l'auteur de cette admirable composition, qui, en dehors des qualités pittoresques, n'est pas dépourvue d'une certaine dignité dans l'expression des physionomies.

La donnée générale du tableau est renfermée dans un parallélogramme placé dans le sens horizontal, ce qui implique une harmonie de lignes horizontales. Nous voyons, en effet, une succession de lignes horizontales, à partir de la bordure, jusqu'à la ligne dominante de la composition, qui est la ligne d'horizon même, et au centre de laquelle est placée la tête du Christ.

La galerie est composée de balustres formant une succession de petites verticales, qui forment une masse horizontale.

Cette ligne horizontale est doublée par les têtes des figures qui circulent sur la galerie.

L'architecture présente des points esthétiques par lesquels passent des lignes horizontales qui affirment la donnée générale de la composition.

La succession des grandes lignes verticales des monuments concourt à la masse horizontale et en constitue la variété.

Une ligne esthétique verticale heureusement trouvée est celle que forment la statue qui décore le fronton du monument de gauche et la figure coiffée d'un turban située au-dessous, sur le premier plan.

Les lignes esthétiques de la composition sont pleines de mouvement, de vie. Les mouvements du premier plan concourent au point de vue du tableau, placé, comme dans la Cène de Léonard, au sommet de la tête du Christ.

La perspective des monuments situés derrière la galerie concourt à des points accidentels, afin de varier les lignes architecturales, qui contribuent au mode gai, animé de cette fête.

Le Christ est encore rendu dominant par la ligne esthétique suivante : la ligne résultant du vase qui est à terre, sur le premier plan, à droite, du serviteur qui verse le vin miraculeux dans une coupe, du bras droit du maître d'hôtel, de la main qui presse les cordes de la contre-basse et enfin des têtes des personnages qui sont derrière, regardant le spectateur.

Cette ligne esthétique, qui va du Christ aux différents objets qui ont trait au miracle, établit l'unité du sujet, de même que la ligne de gauche, composée de la tête du chien, de la tête du serviteur qui tient l'amphore, du turban de la figure debout, relie la figure de Marie au sujet.

Les personnages placés dans les entre-colonnements de droite et de gauche forment des lignes obliques allant au point de vue ; ces lignes ont pour effet de rendre le Christ dominant.

La forme des nuages crée des lignes obliques qui servent à relier la ligne horizontale de la galerie aux lignes verticales des monuments.

La grande ligne esthétique dominante est la ligne courbe qui passe par les têtes de tous les personnages assis autour de la table.

Le clair-obscur crée aussi des lignes esthétiques, qui conduisent l'œil du spectateur sur le sujet principal du tableau.

Cette vaste composition, si variée, si mouvementée, est donc de tout point conforme aux règles de l'harmonie des lignes esthétiques trouvées par les Grecs. On pourrait cependant observer que l'espace majeur et l'espace secondaire, qui mettraient en saillie la figure du Christ, ne sont pas suffisamment marqués.

Dans notre gravure, le nuage blanc a trop d'éclat ; il établit une dominante lumineuse qui lutte avec la figure de Notre-Seigneur. Il faut donc l'atténuer pour reproduire l'harmonie de la peinture originale. D'après l'angulaison de la lumière, le ciel doit être relativement neutre.

La donnée de la composition étant horizontale, la lumière entre par la droite du tableau et se résout sur le côté gauche, de manière à relier tous les objets entre eux.

L'unité du coloris est rouge. Cette dominante est variée par des tons orangés, des jaunes, des verts, des bleus, des gris, qui constituent à la fois les oppositions et l'harmonie des couleurs, calculs entièrement conformes aux règles et au mode du sujet. C'est ainsi que cette peinture, admirable par son harmonie variée et suave, enchante le regard, comme un concert de voix pures et sonores charme les oreilles.

Dans la peinture décorative, on peut dire que Paul Véronèse n'a jamais été égalé. Il a recherché la vérité de la nature en peignant les riches costumes vénitiens et orientaux qu'il avait sous les yeux, dont la richesse répondait si bien à la pompe de ses compositions. Son dessin est correct, sa touche franche, facile ; ses portraits sont vivants ; ils sont l'image de ce peuple brillant, aimant les arts, le faste, et qui sut allier la grâce des habitudes sociales aux profondes combinaisons d'une politique ombrageuse.

Le nombre des peintures de Paul Véronèse est considérable. Toutes les galeries im-
tantes possèdent de ses œuvres, qui, bien que de genres très-variés, sont toujours
nes du maître. L'élévation de son caractère et le respect qu'il portait à son art lui ont
rechercher constamment l'excellence dans la manière qu'il s'était créée. Il employa
tes les ressources que lui offrait sa grande science de la perspective et de l'optique à
niner ce qui pouvait offenser les yeux. Il avait reçu le don de trouver la consonnance
couleurs agréables à la vue, et il déduisit de ses observations des règles qu'il n'est
donné à tous d'apercevoir.

On peut dire, à la louange de Véronèse, que jamais les œuvres d'aucun maître n'ont
plus souvent copiées que les siennes, honneur que n'a pas eu son fougueux compéti-
r, le Tintoret.

La bonne conservation des tableaux de Paul Véronèse est due à la préparation blanche,
détrempe, de ses toiles ou panneaux, et à la franchise avec laquelle il peignait, met-
t chaque couleur à sa place exacte, et faisant passer les tons les uns dans les autres
c une brosse sèche, afin de conserver la fraîcheur du coloris.

Le Tintoret, amant d'un clair-obscur violent, inventa des préparations en noir aux-
elles est attribuée l'altération de la majeure partie de ses peintures.

Paul Véronèse se servit, pour le tracé perspectif et l'architecture de ses tableaux, de
frère Benedetto, qui mourut encore jeune; Zelotti, son ami, moins connu que ne le
ritent ses ouvrages, l'aida principalement dans ses peintures à fresque.

Après la mort du maître, qui eut lieu en 1588, ses fils, Carlo ou Carletto et Gabriele,
minèrent les œuvres laissées inachevées par leur père.

Carletto, *le delizie del padre,* succomba dans sa vingt-quatrième année, à la suite de trop
indes études. Gabriel, victime de son dévouement lors de la peste de 1631, mourut à
ge de soixante-trois ans.

Privée de ses chefs, l'école vénitienne tomba à son tour dans la décadence, au moment
me où les Carrache relevaient la peinture en Italie.

LES CARRACHE.

L'heureuse influence que les Carrache exercèrent en Italie en remettant en honneur
principes sur lesquels reposent les beaux-arts se fit sentir pendant plus d'un demi-
cle, soit par les Carrache eux-mêmes, soit par les élèves remarquables qui sortirent
leur école. Annibal tient le premier rang comme peintre; Augustin, son frère, vient
uite; mais Louis, leur cousin, les domine tous deux par sa haute intelligence et ses
es qualités morales. Il fut l'âme de cette association qui se proposa de relever la dignité
'excellence de l'art, tombé dans la manière pour avoir négligé l'étude de la nature.

Louis Carrache, né à Bologne en 1555, avait appris les éléments de la peinture chez Fontana, qui lui conseilla de changer de carrière, ne lui trouvant pas les dispositions naturelles propres à l'artiste. Le Tintoret, à Venise, lui donna à peu près le même conseil. Tout concourait donc à abattre sa volonté; mais, peu convaincu par l'opinion de ses deux maîtres, il n'en persévéra pas moins dans sa première résolution.

Considérant, à bon droit, le faux idéal qui régnait alors comme un écueil où devaient échouer ses contemporains, Louis Carrache rechercha dans l'étude intelligente de la nature le principe de la beauté et de l'harmonie, persuadé que l'art ne consiste pas seulement dans l'habileté du pinceau, et que ce genre d'habileté doit être le résultat de l'habitude de bien faire. Une façon aussi juste, aussi profonde de concevoir la direction qu'il devait donner à ses études montrait un esprit pénétré de la grandeur de l'art et une intelligence élevée. Fort de sa volonté et de la conscience de sa propre valeur, il étudia les ouvrages de Titien et de Véronèse, s'efforçant de comprendre les règles mises en pratique par ces grands coloristes. Il alla ensuite à Florence, chez le Passignano, et copia les œuvres parfaites d'André del Sarte.

Florence, à cette époque, assistait à un triste spectacle : elle voyait les peintres modernes déprécier les œuvres des grands génies auxquels elle devait sa gloire. Cette disposition des esprits ouvrit complétement les yeux à notre jeune artiste. Il comprit que, désormais, pour sortir de la routine dans laquelle il voyait les peintres se traîner, il fallait combattre résolûment leurs fausses doctrines en s'appuyant sur les préceptes des maîtres, c'est-à-dire étudier la nature en la choisissant avec intelligence, et la soumettre aux lois d'ordre et d'harmonie qui la régissent elle-même.

Louis Carrache, après un court séjour à Rome, partit pour Parme, afin d'y étudier les œuvres du Corrége. Il en fut si émerveillé qu'il les copia, les commenta dans toutes leurs parties, et s'efforça durant toute sa vie de suivre la manière de ce divin maître.

De retour à Bologne, Louis fut regardé comme un peintre de talent, mais comme un novateur sans idéal, se bornant à imiter la simple nature. C'est alors qu'il comprit toute la portée de la lutte qu'il allait avoir à soutenir avec ses compatriotes. Trop modeste et trop doux pour résister seul à toute une école soutenue, d'ailleurs, par l'esprit public, il jeta les yeux sur ses deux cousins Augustin et Annibal, dont le premier avait déjà donné des preuves de talent dans la gravure.

Doué d'un grand esprit philosophique, d'une conception élevée, et possédant une grande connaissance de l'art, Louis fut le maître par excellence qui dirigea l'éducation de ses deux cousins. De plus il parvint à force de tact, de soins, de patience, à concilier les caractères des deux frères, dont l'inimitié s'était déclarée de bonne heure.

Augustin, plus jeune de deux ans que son cousin, montra un esprit distingué, ayant

es aptitudes les plus variées et l'amour du travail. Il se fit remarquer dans les lettres, les
iences, le dessin, la musique ; aussi faisait-il l'admiration de son père, simple tailleur de
ologne.

Annibal, moins richement doué que son frère aîné, travaillait avec son père, ne con-
evant rien au delà de sa modeste profession. Ces tendances opposées furent la cause
'incessantes querelles entre les deux frères. Augustin, un peu vain de ses connaissances
tendues, avait honte de la vulgarité et de l'ignorance d'Annibal. Par ses remontrances,
lui faisait sentir le poids de sa supériorité; mais ce dernier, entier dans ses idées, dé-
ourvu de souplesse dans le caractère, supportait mal les prétentions et les admonesta-
ons fraternelles, descendant parfois aux menaces et aux injures.

Tel était l'état d'esprit des jeunes Carrache lorsque leur cousin Louis revint à Bologne.

Celui-ci, ayant reconnu des dispositions pour la peinture chez tous les deux, les prit en
ualité d'élèves. Il leur inspira un grand amour de l'art et cette passion pour l'étude qui
est maintenue pendant toute la durée de leur existence. Les deux frères, très-affection-
és au maître, étaient pleins d'admiration pour son enseignement, que rendait attachant
a connaissance approfondie des grands peintres qu'il avait étudiés pendant ses voyages;
eur animosité se calma peu à peu, et l'identité du but poursuivi acheva de resserrer entre
ux les liens de la plus vive affection.

Entraîné par ses aptitudes diverses, Augustin interrompit souvent ses travaux pour
asser de la pratique d'un art à un autre. Il se perfectionna dans la gravure chez Corné-
us Cort, à Venise; Cornélius en devint jaloux et le renvoya de son atelier. C'est alors
u'Augustin se mit à copier les chefs-d'œuvre des grands Vénitiens. De retour à Bologne,
fit son tableau de la Communion de saint Jérôme, que cette ville place avec raison parmi
es chefs-d'œuvre qu'elle possède.

Si cet artiste se fût exclusivement adonné à la gravure ou à la peinture, il est permis
e croire qu'il serait considéré aujourd'hui, soit comme un des premiers graveurs de l'Italie,
oit comme un de ses peintres les plus savants, les plus parfaits. Annibal, bien qu'infé-
ieur à son frère, au point de vue des connaissances générales, le dépassa néanmoins dans
a composition et l'exécution des tableaux.

Pendant qu'Augustin revenait à Bologne, Louis envoya Annibal étudier, à son tour, les
uvres du Corrége et des grands maîtres de Venise; une correspondance aussi intéressante
u'instructive s'établit entre eux. Lorsqu'ils furent de nouveau réunis à Bologne, la récon-
liation des deux frères était déjà opérée, et ils se retrouvèrent tous trois unis par la plus
troite amitié. Ils prirent en commun la résolution de ne point se marier, afin d'être plus
mplétement dévoués à leur art. La grande sagesse de Louis avait opéré ce miracle.

Les trois Carrache, dont l'unité de vues était si complète, entreprirent ensemble des travaux à fresque qui paraissaient être de la même main et dont la supériorité ne tarda pas à être universellement constatée.

Cependant les débuts de ces trois artistes furent assez difficiles.

La jalousie et l'envie se manifestèrent par de violentes critiques de la part des peintres leurs rivaux, très-soutenus alors par le public. Louis et Augustin étaient au moment de faire des concessions au goût régnant, lorsque la fermeté d'Annibal, taillé pour la résistance et la lutte, toujours entier dans ses idées, soutint leurs âmes chancelantes. Pénétré de l'excellence de leur méthode, confirmée d'ailleurs par les exemples des grands génies de l'art, il leur persuada de persévérer dans la voie où ils étaient entrés et de répondre victorieusement à leurs adversaires par des œuvres et non par des paroles.

Les Carrache, par le réalisme intelligent qu'ils avaient ramené dans la peinture, étaient en opposition avec l'idéalisme de mauvais aloi des artistes de Bologne, qui se contentaient de la plus pâle imitation de l'école de Raphaël. Mais ces trois frères dans l'art, se complétant les uns par les autres, l'emportèrent sur l'opinion; tout céda bientôt devant eux; des travaux importants leur furent confiés, et ils s'attirèrent les élèves de tous les autres professeurs.

C'est alors que Louis proposa de fonder une académie de peinture où seraient étudiés la perspective, l'architecture, l'anatomie, l'histoire, le dessin, d'après de bonnes estampes, les moulages des plus belles antiques et le modèle vivant. Un semblable enseignement, basé sur la raison, les soins, la patience, la bonté qu'apportaient ces maîtres, leur valut, entre autres élèves, le Guide, le Dominiquin, l'Albane, qui abandonnèrent Denis Calvärt, brutal au point de frapper ses disciples pour les moindres incorrections de dessin. Ceux-ci entraînèrent à leur suite la foule de la jeunesse studieuse.

Suivant le comte Malvasia, c'était aux excellents principes de Louis, aux soins infatigables d'Augustin, chargé des cours de perspective, d'architecture, d'anatomie et d'histoire, et enfin au zèle d'Annibal, que furent attribués les brillants succès de cette académie. Les études y étaient réglées de façon que chaque partie de l'art avait ses heures déterminées. Les élèves étaient entièrement libres de suivre leurs aptitudes et de tenir la voie qui était le mieux dans leur goût : c'est pourquoi l'on vit surgir d'un même enseignement tant de talents divers.

Les seules récréations permises consistaient en promenades à la campagne, utilisées soit en dessinant, soit en peignant quelque site d'après nature.

Les élèves, pleins d'admiration et d'affection pour des maîtres si dévoués, travaillaient jour et nuit. L'émulation était entretenue par des concours, où le vainqueur entendait son nom proclamé publiquement, et quelquefois même était chanté dans les vers d'Augustin.

Louis Carrache avait su intéresser à son entreprise les riches amateurs, les lettrés, les

mmes puissants, qui formaient le jury des concours. Le public venait embellir ces fêtes
imes, qui prenaient un caractère de solennité par l'assistance de tous les grands per-
inages de Bologne et des étrangers les plus illustres.

Telles étaient la prospérité et la splendeur de cette académie, lorsque, la réputation des
rrache s'étant étendue jusqu'à Rome, le cardinal Odoard Farnèse leur fit savoir qu'il
sirait leur confier la décoration de la galerie de son palais, bâti sur les dessins de San-
llo et achevé sous la direction de Michel-Ange.

La modestie de Louis et d'Augustin, d'ailleurs presque exclusivement adonnés à l'en-
ignement, ne leur permit pas d'accepter la flatteuse distinction du cardinal. Ils ré-
lurent d'envoyer Annibal à Rome, comme le plus capable d'exécuter des travaux si
nsidérables et d'assumer une si grande responsabilité.

Cependant Annibal, redoutant d'être seul à Rome, privé des lumières de Louis et
Augustin, mit pour condition de son assentiment que ceux-ci viendraient le rejoindre
n de l'assister de leurs conseils. Il partit donc pour la ville éternelle, en 1600, et, après
avoir longuement admiré les anciens monuments, les antiques, les chefs-d'œuvre de
iphaël et de Michel-Ange, il se mit courageusement à composer les cartons de ses pein-
res à fresque, dont monseigneur Agucchi lui avait fourni les sujets.

Augustin, qui était venu à Rome accompagné du Dominiquin, du Guide, de l'Albane,
ntribua par son érudition à la parfaite ordonnance de l'ensemble, de même qu'à l'exé-
tion matérielle. On alla jusqu'à dire : « Dans les fresques du palais Farnèse, le graveur
montre supérieur au peintre. » Ces propos réveillèrent les anciennes jalousies que Louis
tait efforcé d'éteindre, et Annibal, voulant avoir seul toute la gloire de ce travail, ren-
ya son frère, malgré toutes les concessions que celui-ci s'était décidé à faire.

Ce fut un coup mortel pour Augustin, qui, protégé par le cardinal, partit pour Parme,
le duc Ranuccio lui confia des travaux dans son palais. Mais, dominé par son chagrin,
ne put achever la dernière figure des peintures qu'il avait entreprises, et le duc, par
spect pour l'artiste, ne permit pas qu'elle fût terminée par une main étrangère.

Augustin, dont la santé était gravement compromise, se retira dans un couvent pour
pier les erreurs de sa jeunesse et se préparer à une mort chrétienne. Pendant son séjour
Venise, il avait gravé plusieurs pièces licencieuses pour les ouvrages de l'Arétin dans le
t de gagner plus d'argent et de faire bonne figure dans le monde; cet oubli du respect
l'art et de la morale affligea ses derniers moments.

Il mourut à Parme en 1605, âgé de quarante-cinq ans, laissant un fils naturel nommé
itoine. Cet enfant fut élevé et instruit dans l'art par son oncle Annibal, qui l'avait conduit
Rome. Ses talents ont fait penser qu'il aurait été le plus grand peintre de la famille,
la mort ne l'eût enlevé à l'âge de trente-cinq ans.

On connaît encore un Francesco Carrache, frère cadet d'Annibal, élevé et instruit comme lui par son cousin Louis. Plus orgueilleux que savant, Francesco osa écrire sur la porte de son atelier : *C'est ici la véritable Académie des Carrache*. Cet artiste vécut sans honneur malgré ses talents, et mourut, jeune encore, dans un hôpital de Rome.

Les travaux de la galerie Farnèse avançaient toujours; Annibal y donnait tous ses soins, n'épargnant ni la fatigue, ni les modèles, afin d'avoir constamment la nature sous les yeux dès qu'il s'agissait de perfectionner un mouvement ou un détail. Le comte Malvasia rapporte une lettre d'un élève d'Annibal, Bonconti, dans laquelle celui-ci dit que « son maître travaille et tire la charrette toute la journée comme un cheval ; il peint des galeries, des chambres, des salons, des tableaux, des ornements, travaux de mille écus, et il souffre et il se meurt, sans compensation pour une telle servitude[1]. »

Enfin, après tant de soins apportés durant huit années à l'achèvement parfait de cet ouvrage, Annibal espérait que le cardinal récompenserait généreusement des travaux qui firent l'admiration de Rome tout entière; mais Jean de Castro, un Espagnol au service du cardinal, supputant la quantité des couleurs, et le pain et le vin fournis à l'artiste, trouva qu'en lui allouant 500 écus d'or il serait suffisamment rémunéré.

Cet infortuné Annibal, qui, dans sa jeunesse, avait pleuré sur le triste sort du Corrége, ne s'attendait pas à être si mal récompensé. Cette injustice porta atteinte à une santé déjà affaiblie par tant de labeurs. Il partit pour Naples, espérant y trouver une solitude et une tranquillité que Rome ne pouvait plus lui offrir. Mais, comme nous portons en nous-mêmes la source de nos chagrins, il ne trouva pas à Naples le repos qu'il était venu y chercher, et revint bientôt à Rome, resplendissante de sa gloire. Il y mourut âgé de quarante-neuf ans.

Antoine, fils naturel d'Augustin, l'assista à ses derniers moments. Plein de reconnaissance pour la bonté, le zèle et les soins que son oncle lui avait prodigués, il lui fit de brillantes funérailles dans l'église même où Raphaël était inhumé.

LE CORPS DU CHRIST RENDU À SA MÈRE. (Pl. XLIV, n° 1.)

Annibal Carrache est demeuré le grand peintre de la famille. Il eut un dessin correct, élégant, une entente savante de la lumière, qu'il distribuait avec ordre dans ses compositions, et conformément aux lois de l'optique. S'il n'a pas atteint à la suavité du Corrége, il n'en a pas moins conservé, dans l'expression des têtes de femmes et d'enfants, ainsi que dans les figures d'hommes, une grâce et une noblesse qui le placent près du maître qu'il a tant admiré.

On peut recueillir, de ce talent si judicieux et si sain, de bons exemples dans toutes les parties de l'art.

---

[1] On sait qu'Annibal avait 10 écus d'or par mois durant ces travaux.

Les peintures du palais Farnèse témoignent de ses constantes études de l'Hercule et 1 torse du Belvédère, qu'il dessinait exactement de mémoire; de son goût pour la pureté l'élégance des Grecs, et pour la grâce des compositions de Raphaël.

Le tableau du Christ mort rendu à sa mère, que possède le Louvre, sans être comparable aux grandes fresques dont le Poussin disait « qu'après Raphaël personne n'avait ieux composé qu'Annibal, » est une des bonnes toiles de ce peintre.

L'expression des passions y est touchante sans affectation; la composition bien balancée, armonieuse dans les lignes, et la résolution de la lumière plus franchement déterminée ême que dans bien des tableaux de maîtres supérieurs aux Carrache.

On peut cependant observer, dans le tableau qui nous occupe, que la forme générale st comprise dans un parallélogramme qui se rapproche trop du carré. La lumière entrant rgement par le premier plan à droite, la partie de gauche, où elle se résout, est un peu op resserrée. En ajoutant un centimètre à la gravure, le parallélogramme, étant plus llongé, donnerait, suivant les principes, plus d'harmonie et de grandeur au sujet.

La grande ligne esthétique qui relie tous les objets entre eux forme un ovale, comme ans la Transfiguration de Raphaël; mais ici le grand axe est dans la direction de la diaonale du tableau. Cette courbe va du corps du Christ jusqu'au nuage blanc et revient ar le profil extérieur des saintes femmes et les pieds du Christ.

Cette donnée est variée par des verticales et des obliques de l'harmonie verticale, dont es points esthétiques sont déterminés par les objets suivants:

La tête de celle des Marie qui soutient la Vierge, le bras droit de la Vierge, l'avant-bras roit de Jésus-Christ;

La tête de sainte Marthe, la tête et le bras de Notre-Seigneur;

Le coude gauche de Marie Madeleine et les linges qui couvrent les hanches du Christ;

La cuisse gauche de Madeleine et les genoux de Jésus.

Ces lignes relient au sujet principal les personnages secondaires et constituent l'harionie de l'ensemble.

La lumière dominante est placée sur le Christ; elle entre par le premier plan à droite, iit la grande ligne de la composition, relie tous les objets entre eux, et se résout sur le etit nuage blanc à gauche, créé à cet effet.

LA SAINTE-FAMILLE. (Pl. XLIV, n° 2.)

Cette Sainte-Famille, connue sous le nom *du Raboteur*, est une composition très-simple, 'une grande naïveté et d'un ordre parfait. Ici il n'y a rien à ajouter ni à retrancher; le idre esthétique est de tout point conforme aux principes de l'harmonie.

Le sujet du tableau, tout en étant familier, acquiert de la noblesse par le style simple avec lequel il est traité. Les expressions sont caractéristiques; chaque personnage est ce qu'il doit être suivant les saintes Écritures.

Les lignes esthétiques forment une harmonie de lignes horizontales.

Les lignes verticales de l'architecture sont habilement neutralisées par les lignes obliques des accessoires et des nuages, qui forment une succession de lignes horizontales doublées par les lignes du paysage, du mur, de l'établi, des copeaux, afin de créer une succession de lignes esthétiques formant une masse horizontale.

La composition est ouverte à gauche pour laisser un libre passage à la lumière, qui arrive par ce côté, et se résout horizontalement à droite.

La grande ligne esthétique de la composition est une ligne oblique de l'harmonie horizontale.

Elle résulte du vase, de la tête de saint Joseph, de celle de l'enfant Jésus et du coude de la Vierge.

Cette ligne est doublée par une parallèle, afin de donner plus de force au caractère moral du sujet; elle est composée des points esthétiques suivants : les fleurs de lis, le haut de la planche appuyée contre le mur et la tête de la sainte Vierge.

L'enfant Jésus, principale figure du tableau, est rendu dominant par un espace majeur à gauche, du côté du corps éclairant, et un espace secondaire à droite. Cet espace secondaire devient majeur pour la sainte Vierge et la fait valoir secondairement.

Jésus est encore rendu dominant par les lignes esthétiques suivantes :

La ligne qui passe par l'angle du mur, le haut de la planche, la tête de Jésus, le pied de la Vierge;

Le haut des fleurs de lis, le sommet de la montagne, l'angle du mur, la tête de Jésus, le grand pli de la robe de la Vierge et le linge de la corbeille;

Puis, par les lignes verticales de l'architecture, auxquelles répond la jambe qui supporte le centre de gravité de l'enfant Jésus.

Saint Joseph, le troisième personnage de cette scène, est rendu tertiaire par le vase de fleurs, dont l'éclat neutralise la lumière de la tête de ce personnage : la tête serait en effet trop dominante sans cet accessoire, qui forme une ligne prolongée par le pied de l'établi.

On peut observer, en outre, que la ligne esthétique qui va des fleurs de lis à la tête de saint Joseph et à l'angle de la caisse qui est à terre n'est pas doublée comme celle qui va des fleurs de lis à la tête de Jésus, et qu'elle a moins de force d'expression que celle-ci.

La relation établie par la ligne qui part des fleurs de lis pour passer par la tête de Jésus et les genoux de la Vierge est une heureuse allusion au mystère de l'Annonciation, qui a pour effet de compléter le caractère moral du sujet.

Tout dans cette œuvre est soigné et prévu avec une grande intelligence des principes qui ont fait la gloire de l'école des Carrache.

Louis Carrache survécut de quelques années à ses deux cousins. Plaisance, Parme, Ferrare possèdent de ses œuvres, mais c'est à Bologne qu'on peut le mieux apprécier les mérites de cet excellent maître. Son tableau du Saint-Georges est resté comme un modèle précieux de l'art et soutient la comparaison avec les meilleures peintures d'Annibal. En général, les œuvres de Louis accusent un tempérament moins puissant que celui d'Annibal; mais Louis n'en reste pas moins le grand maître de cette école et une des plus belles figures d'artiste dont l'histoire puisse s'honorer.

Après être allé à Rome visiter les travaux de son cousin, qui lui fit peindre une des figures du médaillon de Syrinx, il revint à Bologne finir tranquillement son existence, et mourut âgé de soixante-trois ans.

L'école des Carrache marque la fin des grands maîtres italiens; leurs élèves prolongèrent glorieusement de quelques années cette belle époque, mais leurs descendants ne purent point en perpétuer la grandeur. Les études sérieuses furent de nouveau abandonnées, l'art décrut peu à peu et resta pendant de longues années plongé dans la médiocrité.

LE DOMINIQUIN.

Le Dominiquin offre cet exemple, assez rare d'ailleurs, du génie qui s'acquiert par la constance dans le but poursuivi, par le travail incessant et par la bonne direction dans les études. Le moins bien doué, en apparence, des élèves distingués des Carrache, il les surpassa tous avec le temps, et quelques-unes de ses œuvres sont restées des modèles du grand art pratiqué par les plus célèbres peintres de l'Italie. Son esprit, lent à se développer, n'eut jamais la fécondité de celui d'Annibal, ni la facilité de conception du Guide, de l'Albane, de Lanfranc, mais il y suppléa par la puissance de la volonté et la profondeur des pensées.

Son caractère timide et son amour de la perfection augmentèrent les difficultés de ses commencements, qui furent souvent tournés en ridicule par ses condisciples.

Sévère envers lui-même, il acquit un dessin correct, et il dut à ses études d'après le Corrége et le Titien de posséder un coloris vrai et une bonne manière de peindre.

Tout entier à son art, il fuyait la société des oisifs, et, s'il se mêlait au monde, c'était dans l'unique but d'y observer la manifestation extérieure des différentes passions des hommes. Aussi s'est-il montré dans cette partie un des plus savants peintres après Léonard de Vinci et Raphaël.

Le Dominiquin, à la fois peintre, sculpteur et architecte, a donné à quelques-unes de ses peintures une puissance, une grandeur, une harmonie qui font exception dans son œuvre.

Cette inégalité démontre qu'il n'a pas possédé aussi bien que les grands maîtres l'ensemble des principes d'où naît l'unité. De là ce défaut de souplesse et la difficulté de pénétration qu'il tenait de la nature même; aussi n'a-t-il pu constamment franchir, malgré un travail opiniâtre, la faible distance qui le sépare des premiers maîtres de l'art.

Moins heureux dans l'invention que dans les autres parties de la peinture, et peu confiant dans ses propres forces, il fut souvent conduit à imiter les attitudes des statues antiques, des figures du Corrége ou des Carrache, ce que ne manquaient pas de lui reprocher ses ennemis.

Pour prouver le plagiat du Dominiquin et la stérilité de son imagination, ceux-ci répandirent dans Rome, lors de l'apparition de la Communion de saint Jérôme, la gravure du même sujet, traité par Augustin Carrache. Lanfranc, son condisciple, principal instigateur de ces menées, faisait ainsi valoir sa propre fécondité et sa facilité d'exécution.

Abattu par un indigne rival, privé de commandes, le Dominiquin fut un moment sur le point de quitter la peinture pour la sculpture. S'il eût été taillé pour la lutte, comme son maître Annibal, il aurait eu facilement raison de ses adversaires en prouvant qu'il n'était pas un servile imitateur, et qu'il ne faisait jamais rien avant de l'avoir conçu dans son esprit.

On peut dire, à la louange de Guido Reni et de l'Albane, qu'ils soutinrent toujours leur émule. Guido, révolté de l'injustice de ses collègues et animé par la discussion, dit un jour « que le Martyre de sainte Agnès du Dominiquin était dix fois meilleur que les œuvres de Raphaël. » C'était dépasser le but.

Dans une excellente étude sur le Dominiquin, M. le marquis de Belloy montre le caractère moral et la nature du talent de cet artiste sous son vrai jour. « Naturellement porté à l'observation, dit-il, et dominé dès l'enfance par la théorie, le jeune Dominique négligeait de se former la main et semblait mépriser la rapidité dangereuse de l'exécution; aussi les études consciencieuses, qu'il retouchait sans cesse, n'avaient-elles pas préparé ses condisciples au succès qu'il obtint, sous leurs yeux, dans un concours où sa composition réunit tous les suffrages. Il perdit, depuis ce moment, une partie de sa timidité et entreprit des travaux plus importants, dans lesquels l'expression et le sentiment rachetèrent l'incertitude et la recherche. »

A propos des paysages du Dominiquin, ce judicieux auteur dit encore : « Amoureux de la solitude, même dans ses moments de loisir, ses récréations se bornaient à quelques promenades dans la campagne de Rome, où la contemplation d'une nature grande et

ère, comme son génie, lui inspira ces admirables paysages dont notre musée possède
elques-uns et qui contribuèrent si puissamment à former le Poussin. »
En effet, on trouve généralement dans les paysages du Dominiquin l'application des
nds principes de l'art et cet accord des lignes et de la lumière qui a été une révélation
ur les paysagistes des Flandres, aussi bien que pour le Poussin et Claude Lorrain,
i complétèrent les observations de ce maître, et portèrent cette partie de la peinture au
s haut degré de perfection.

Tobie et l'Ange. (Pl. XLV.)

Le paysage de Tobie et l'Ange présente une harmonie de lignes verticales.
Tobie est rendu dominant par la place centrale qu'il occupe et par les lignes suivantes :
La ligne oblique de l'harmonie verticale qui résulte du profil droit de cette figure, de
ui de l'arbre situé au troisième plan et du feuillage de droite du grand arbre éclairé ;
Puis la ligne créée par le genou et la tête de Tobie, l'intersection de l'arbre du troi-
me plan avec l'eau, et le profil gauche de l'arbre de droite.
L'ange est la figure principale du sujet. Il l'emporte sur Tobie par la noblesse de la
e, qui offre une verticale dominante, et par la masse de lumière.
La ligne oblique qui correspond au profil de l'arbre de gauche rattache cette figure au
ysage, de même que la verticale formée par la jambe droite de Tobie et le profil de
rbre du troisième plan.
Le parallélisme des lignes obliques, résultant de la masse des deux figures, établit leur
ation morale, ainsi que les lignes qui passent par le bras droit de l'ange, la tête de
bie, la queue du poisson et par le dessous de l'aile, l'avant-bras gauche de l'ange, l'a-
t-bras de Tobie et le poisson.
Cette donnée est variée par une succession de lignes esthétiques horizontales, formant
e masse verticale.
Bien que la lumière arrive par la gauche du tableau, elle est distribuée de façon à pré-
ter une résolution suivant la verticale, qui est déterminée par la ville éclairée qu'on
erçoit à l'horizon et le petit nuage blanc situé au-dessus de Tobie.

Saint Jérôme au désert. (Pl. XLVI.)

Les lignes esthétiques verticales et les lignes obliques, multipliées par le profil des
bres, forment une masse horizontale, à laquelle concourent les parties vides du tableau.
Saint Jérôme, le haut du tertre à droite et le profil gauche de l'arbre du premier plan,
t des points esthétiques situés sur une même ligne oblique, ayant pour but de relier
figure au paysage et de la rendre par cela même dominante.

Le mouvement de la figure produit une masse oblique prolongée par l'arbre situé sur la droite du tertre.

D'autres lignes horizontales et obliques, qu'il est facile de reconnaître, relient encore la figure au paysage, et complètent l'harmonie des lignes de cette composition.

La résolution de la lumière suit la diagonale et relie tous les objets entre eux. Elle entre par le premier plan, à gauche, et se résout, à droite, sur le nuage blanc, créé à cet effet.

La figure de saint Jérôme, étant le sujet principal du tableau, est placée, suivant la règle, sur la ligne de résolution de la lumière; mais comme elle est éclairée par une lumière dominante, correspondant à un rayon visuel oblique, elle n'est pas à sa vraie place dans la composition.

Cette lumière dominante, située sur le bord du cadre, détruit l'ordre optique et tend à former deux sujets dans une même toile. En effet, si nous masquons la partie de droite, la figure et les arbres situés sur le tertre forment un tableau vertical complet.

D'un autre côté, si l'on supprime la figure, le paysage est parfait dans son ensemble, et l'on voit immédiatement que la place des figures doit être sur la ligne d'ombre comprise entre le tertre et le tronc d'arbre.

La figure de saint Jérôme est donc placée ici contrairement aux règles de la nature même, qui veut que le sujet principal, comme la lumière dominante où la couleur la plus forte, corresponde au rayon visuel le plus puissant. La hiérarchie établie par la nature ne saurait être méconnue sans amener le désordre. Or, si le désordre ne convient pas au sujet, il faut nécessairement se conformer aux lois de l'harmonie.

Cet exemple démontre encore que, si les lois de l'harmonie esthétique des lignes, tout en étant observées, ne se combinent pas avec l'harmonie du clair-obscur et du coloris, l'ensemble de la composition ne saurait avoir d'unité.

Il faut donc que les lignes, la lumière, la couleur, soient soumises à un principe commun, qui est la relation des rayons visuels entre eux.

Ce défaut d'ordre dans la distribution des lumières n'existe pas dans le Tobie, ni dans bien d'autres ouvrages de ce maître, mais on peut le remarquer assez souvent dans l'ensemble de son œuvre. Le Martyre de sainte Agnès, de l'église Saint-André della Valle à Rome, entre autres, a été l'objet de violentes critiques de la part des détracteurs du Dominiquin, parce que la lumière dominante, placée sur le bourreau, fait, de celui-ci, la figure principale du sujet.

LA COMMUNION DE SAINT JÉRÔME. (Pl. XLVII.)

Le tableau de la Communion de saint Jérôme est non-seulement le chef-d'œuvre du ître, mais il est encore, et à juste titre, considéré comme une des trois plus belles ntures que possède Rome.

Le degré de puissance, de grandeur, de dignité, que présente la donnée du sujet est harmonie avec la condition de chaque personnage. La tendresse et la vénération dont nt Jérôme est l'objet nous touchent et nous émeuvent. La beauté du lieu où la scène passe, la vérité et la convenance des accessoires, l'ordre de la composition, la correction dessin, la bonne distribution des lumières, la beauté et l'harmonie du coloris, l'unité du de, tout enfin nous attache et nous fixe devant cette toile sublime, dont l'impression est si issante qu'il est impossible de l'oublier ni d'en parler sans le plus sincère enthousiasme. Le sujet n'a pas besoin d'argument. Chaque personnage, soit par le geste, soit par xpression du visage, indique ce qu'il est, ce qu'il sent, ce qu'il fait, aussi bien que la role pourrait l'expliquer. La clarté de la mise en scène, qui tient à l'invention, n'est pas moindre des qualités de cette peinture remarquable.

Par leur pose, les figures s'allient aux grandes lignes de l'architecture, qui affirment la nnée verticale, et cette détermination dans le caractère des lignes fait ressortir la no- esse du sujet. La voûte du milieu, par sa courbe, introduit une variété qui enrichit la mposition, tout en donnant de la grâce au groupe des anges qui viennent assister le nt à ses derniers moments.

Bien que l'architecture ait de chaque côté une largeur égale, le côté gauche n'en est pas ins rendu dominant par le nombre des figures et par les arbres du paysage, qui éta- ssent la pondération des groupes. Tout ici contribue à rendre saint Jérôme dominant.

La grande ligne esthétique, destinée à relier tous les objets entre eux, est formée de la e de l'ange à droite, des pieds de l'autre ange, du profil des arbres du fond, de la tête prélat qui présente l'hostie, de celle de saint Jérôme, de son bras, de celui de la figure i le soutient et du dos du lion. Cette grande ligne oblique appartient à l'harmonie ver- ale.

La figure de saint Jérôme est rendue dominante par un espace majeur à droite, du côté corps éclairant et un espace secondaire à gauche.

La tête du saint est reliée aux autres objets par différentes lignes esthétiques dont elle en quelque sorte le point de concours.

La ligne composée des points esthétiques suivants : la tête du personnage qui soutient nt Jérôme, celle de ce saint, la main et l'avant-bras gauches du prélat, le haut du oire et le sommet de la tête de celui qui le présente, forme une ligne oblique servant ntermédiaire pour entraîner les horizontales dans l'harmonie verticale. Les autres lignes nt faciles à reconnaître, nous ne les signalerons pas spécialement.

La figure du saint, malgré sa pose accroupie, a néanmoins de la noblesse; la masse verticale est rendue dominante par la ligne qui résulte du bras droit et du pied, et par la draperie verticale qui prolonge le profil gauche de la tête. Ces deux lignes ont encore pour effet de neutraliser les horizontales des cuisses.

La lumière suit la direction de la grande ligne de la composition et relie tous les objets entre eux, le lion excepté. Il y a là un temps d'arrêt dans le mouvement lumineux que rien ne motive, puisque les figures situées à gauche, sur le même plan que le lion, sont éclairées.

En s'arrêtant sur la figure de saint Jérôme, la lumière ne se résout pas, et, par la brusque opposition qui en est la conséquence, la grâce du clair-obscur est amoindrie dans cette partie du tableau. Il aurait fallu une lumière tertiaire sur les draperies de la figure de gauche et sur le dos du lion. De cette façon, la lumière aurait rattaché le lion à l'ensemble du sujet; elle éclairerait les anges d'une lumière secondaire, le saint d'une lumière dominante, et le premier plan, à gauche, d'une lumière tertiaire ou de résolution.

La draperie du prélat, très-belle de mouvement, présente les mêmes calculs dans les plis que ceux de l'Amazone du palais Cesi, dont nous avons donné l'analyse. Les draperies, dans les autres ouvrages du Dominiquin, ont généralement moins de style que dans celui-ci; elles sont distribuées plus volontiers au seul point de vue de l'effet général, comme l'ont pratiqué les peintres qui, à l'exemple du Corrége, ont négligé la beauté et l'harmonie des formes dans cette partie de l'art, que les Grecs eux-mêmes regardaient comme présentant de nombreuses difficultés.

Les émules du Dominiquin, Guido Reni, l'Albane, Lanfranc, le Guerchin, formés à l'école ou sur les exemples des Carrache, furent moins savants, moins profonds; cependant leurs œuvres ont été dignes de captiver les esprits et de leur plaire par la correction du dessin, par la grâce des compositions ou la suavité du pinceau.

Guido, heureusement doué de qualités aimables, eut pour lui l'approbation et l'appui des grands seigneurs, qui payaient ses productions un prix très-élevé.

L'Albane, non moins bien favorisé de la nature et de la fortune, fut chanté par tous les poëtes de son temps, en raison des sujets de ses tableaux, puisés dans la fable.

Le Dominiquin, au contraire, modeste et vivant retiré, avait peu de commandes et passa son existence dans de continuels mécomptes. Visant constamment au beau, il eut de moins nombreux admirateurs que ses émules, qui se contentaient du joli ou du gracieux.

Guido et l'Albane ont créé chacun une manière qui leur est propre et ont recherché tous deux la beauté de la forme, qu'ils ont étudiée dans les ouvrages des Grecs et de Raphaël. Si le Dominiquin savait exactement dessiner de mémoire l'Hercule Farnèse et le Gladiateur, Guido et l'Albane ne connaissaient pas moins bien la Vénus et les Niobé. C'est pour-

si le Dominiquin réussit mieux dans les figures d'hommes, Guido et l'Albane dans les [figu]res de femmes.

Le style de Guido dérivait en partie de l'étude des fresques de Bartolommeo Cesi, qu'il [ava]it admirées à Bologne et devant lesquelles il passait des heures entières. Au sortir de [l'éc]ole des Carrache, il fit à Rome quelques tableaux dans la manière forte du Caravage, [ma]is il revint bientôt à ce coloris argenté qui le distingue et dont le mode, en harmonie [ave]c son sentiment naturel, lui rappelait ses impressions de jeunesse.

Cet artiste, aimant le luxe, s'abandonna à la dissipation, qui fut la ruine de son beau [tal]ent. Adonné au jeu, il abusa de sa facilité pour produire des œuvres hâtées, dont le [pri]x était bientôt dissipé. Les tableaux qui appartiennent à cette triste période ne trou[ve]nt pas grâce devant l'Albane, son constant rival. Celui-ci en relevait implacablement [tou]tes les négligences et prétendait que le sentiment du beau n'était pas inné chez le Guide, [ma]is qu'il était le résultat de l'étude des statues, des médailles et des pierres gravées an[ciqu]es, auxquelles il fit souvent des emprunts. Quoi qu'il en soit, les bons tableaux de ce [maî]tre sont dignes de figurer avec gloire dans les galeries de l'Europe, à côté de ses [bri]llants compétiteurs.

Le Guerchin, considéré par les écrivains italiens comme élève des Carrache, appartient [à l']école de Ferrare, dont la petite ville de Cento, où il est né, est une dépendance. Il [de]meura quelque temps à Bologne, où il étudia les œuvres des maîtres de cette école, puis [v]int à Rome avec un talent fait, qu'il modifia par les exemples d'Annibal et de ses élèves, [ma]is plus encore par ceux du Caravage, dont le clair-obscur puissant l'avait séduit. On [tr]ouve dans sa manière forte, accentuée, savamment empâtée, les traces des grands [Vé]nitiens, qu'il avait étudiés dans ses voyages.

A la vue du succès qu'obtenaient les peintures de Guido, le Guerchin s'efforça de donner [plu]s de grâce à ses compositions, plus d'aménité à sa couleur. Préoccupé de la vérité de [la] nature, il acquit une grande perfection dans le modelé et le rendu des objets; mais il [né]gligea l'étude de l'expression des passions, qui est à peu près nulle dans ses tableaux, [com]me dans ceux de l'Albane et de Lanfranc.

La prodigieuse facilité du Guerchin et le grand nombre de commandes qu'il recevait [fur]ent cause de la précipitation qu'il apporta dans plusieurs de ses ouvrages et des obs[tac]les qui nuisirent à ses progrès. Cento, sa ville natale, possède les œuvres les plus re[ma]rquables de ce maître; mais la Sainte-Pétronille martyre[1], son chef-d'œuvre, de même [que] le tableau du Saint-Jean-Baptiste et celui de la Madeleine, qui se voient au Vatican, [ti]ennent honorablement leur place à côté des plus belles peintures.

La vie privée du Guerchin n'est pas moins recommandable que son talent. Comme les

Une gravure de ce tableau figure dans *la Vie des peintres,* par M. Charles Blanc.

Carrache et le Guide, il vécut dans le célibat pour s'adonner tout entier à son art. Sincèr[e] dans ses paroles, bienveillant envers ses collègues, toujours prêt à obliger, le Guerchi[n] était estimé de tout le monde et chéri de ses élèves, qu'il assistait souvent de sa bourse o[u] de son crédit. Ses aimables qualités se font jour dans ses œuvres, où l'on remarque un[e] vérité, une correction, une force de volonté, qui sont l'image de sa puissante organisatio[n] artistique.

Lanfranc, doué de qualités brillantes, d'une imagination féconde et d'une prodigieus[e] facilité d'exécution, suivit la voie de la grande peinture décorative, sacrifiant tout à l'effe[t] et ne se proposant pas un but plus élevé. Comme lui, Pierre de Cortone, et plus tard Luca Giordano, que nous retrouverons à Madrid, ces habiles artistes laissèrent de côté le[s] études sérieuses et la partie philosophique de l'art, dont ils abaissèrent le niveau, mu[s] uniquement par l'ambition de séduire les yeux et d'acquérir beaucoup de richesses. Il[s] entraînèrent à leur suite la généralité des artistes, et la prompte décadence qui devait être la conséquence de cet oubli des principes ne fut arrêtée un moment que par Carle Maratte, le dernier peintre digne de figurer à côté des grands maîtres qui ont illustré l'Italie.

CHAPITRE II.

ÉCOLE FRANÇAISE.

L'école française se rapproche plus qu'aucune autre de l'école romaine, qui lui a donné naissance. Elle prédomine par la science du dessin et l'élévation des idées, qualités brillantes qui nous montrent l'homme dans sa vie intellectuelle et morale. Par l'idéal, elle nous attire et nous fixe; elle offre l'alliance de l'imagination et de la raison, qui est l'expression du caractère national, manifesté par des pensées nobles et sincères, d'où naît cet amour, fruit d'une âme légère portée naturellement à réussir et à plaire.

Mais cette légèreté tient plus aux qualités du cœur qu'à un manque de profondeur, à la générosité qu'à l'égoïsme, au pardon des offenses qu'à l'indifférence en matière de point d'honneur, car l'esprit de rancune et de vengeance est une rare exception.

La délicatesse dans les procédés, le charme dans les manières, la facilité des rapports, la condescendance et la grâce que l'éducation enseigne dès le jeune âge, constituent cette politesse du cœur qui réagit dans les relations sociales comme dans les créations de l'esprit. On concevra la juste influence que la France s'est acquise dans le monde des idées si l'on joint à ces qualités aimables, ce bon sens, fruit d'une instruction solide, que l'on remarque dans ses poëtes, ses philosophes, ses historiens, ses savants et ses artistes.

La logique l'emportant sur la fantaisie, l'esprit sur la matière, le dessin devait, *a priori*, l'emporter sur la couleur.

L'idée donne naissance au dessin; elle provoque la comparaison, stimule l'observation et la méditation. La comparaison augmente et fortifie nos connaissances, et, comme la représentation de la nature s'adresse aux sens et à l'âme, elle nous achemine vers la perfection intellectuelle et morale. C'est pourquoi la connaissance du dessin a été de tout temps considérée comme le complément de toute éducation soignée.

On peut, avec quelque raison, reprocher à l'école française trop de dédain pour le procédé. Impatiente d'obtenir au premier coup l'effet final que produit la combinaison des empâtements et des glacis, il en résulte que l'exécution, par son défaut de variété, n'est point en harmonie avec l'idéal des conceptions, et que la reproduction par la gravure est souvent préférable aux peintures originales. Au point de vue du métier, cette école n'a, dans le genre historique, aucun maître à opposer aux chefs des écoles italienne, espagnole, flamande et hollandaise.

Transportée dans le domaine de l'art, la vivacité de conception qui caractérise la nation française a poussé les artistes à employer les moyens les plus expéditifs pour traduire leur pensée, au lieu de rechercher les mystérieuses combinaisons de la lumière et les ressources infinies de la palette, qui donnent à l'idée une vitalité puissante et la rendent plus conforme à la force agissante de la nature.

Le Poussin, en abandonnant la manière de peindre de l'école vénitienne, qu'il avait étudiée, propagea une erreur que le respect dû à la profondeur de ses connaissances devait accréditer. Il accorda la prépondérance au mode de la couleur et négligea le procédé. Ses imitateurs tombèrent dans l'exagération de ce principe, vrai au point de vue spéculatif, mais qu'un esprit sage doit appliquer dans de justes proportions.

L'étude du métier est l'affaire de quelques années; l'éducation de l'esprit, la préoccupation de toute la vie. La partie de l'exécution s'adresse à nos sens; elle doit leur plaire par une harmonieuse distribution des lumières et des couleurs, et par une savante exécution; l'effet moral s'adresse à l'intelligence et nous porte à la réflexion, afin de nous faire saisir les rapports des objets avec la sensation qu'ils produisent : réussir dans ces deux parties, c'est atteindre à la perfection; c'est le but auquel l'artiste doit tendre sans relâche.

Chardin retrace ainsi la manière dont on étudiait les arts de son temps : « On nous met à l'âge de sept ou huit ans le crayon à la main; nous commençons à copier des yeux, des bouches, des nez, des oreilles, ensuite des pieds et des mains. Nous avons eu longtemps le dos courbé sur le portefeuille lorsqu'on nous place devant l'Hercule ou le Torse, et vous n'avez pas été témoin des larmes que ce Satyre, ce Gladiateur, cette Vénus de Médicis, cet Antinoüs ont fait couler.

« Après avoir *séché* des journées et passé des nuits à la lampe, devant la nature immobile et inanimée, on nous présente enfin la nature vivante : tout à coup le travail de toutes les années précédentes semble *se réduire à rien;* on ne fut pas plus emprunté la première fois qu'on prit le crayon. Il faut apprendre à l'œil à regarder la nature; et combien qui ne l'ont jamais vue et qui ne la verront jamais ! C'est le supplice de toute notre vie. On nous a tenus cinq ou six ans devant ce modèle, lorsqu'on nous livre à notre génie, si nous en avons. Le talent ne se décide pas en un moment; ce n'est pas au premier essai qu'on a la franchise de s'avouer son incapacité. Combien de tentatives, tantôt heureuses, tantôt malheureuses ! Cependant des années précieuses se sont écoulées avant que le jour du dégoût, de la lassitude, soit venu. L'élève a atteint l'âge de dix-neuf à vingt ans lorsque, la palette lui tombant des mains, il reste sans état, sans ressources et bien souvent sans

eurs; avoir sans cesse sous les yeux la nature toute nue, être jeune et sage, cela se voit
à. Que faire alors? Que devenir? Il faut ou mourir de faim, ou se jeter dans quelqu'une
ces conditions subalternes dont la porte est ouverte à la misère. On prend ce dernier
rti. A l'exception d'une vingtaine qui viennent au salon, tous les deux ans, s'exposer
x bêtes, les autres, ignorés et moins malheureux peut-être, ont le plastron sur la poi-
ne dans une salle d'armes, ou le mousquet sur l'épaule dans un régiment, ou l'habit
théâtre sur les tréteaux. Ce que je vous dis là, c'est l'histoire de Bellecour, de Brisard,
Le Kain, mauvais peintres, que le désespoir a rendus comédiens. »

Cette révélation d'un peintre de talent, qui fut membre de l'Académie à l'âge de vingt-
uf ans, fait voir ce que l'on exigeait des élèves et combien, alors, les études étaient in-
mplètes au point de vue de la théorie de l'art, comme au point de vue moral. Les esprits
airés ont proclamé de tout temps que c'est le caractère moral qui fait l'artiste, et que
rtiste, sans ce précieux auxiliaire, est impuissant à développer toutes les facultés qu'il a
;ues de la nature. Il faut donc, dans l'enseignement, faire concourir le perfectionnement
ellectuel au perfectionnement moral, par la règle, par la sincérité apportée dans les
ides, par l'amour de la perfection.

L'école française, sortie de sa voie sous l'influence des Van Loo, des Boucher, y rentra
ec Louis David.

La réaction, toujours violente, ne se contenta pas de revenir à l'étude de l'antique,
e transporta la statuaire dans le domaine de la peinture, ne respectant pas assez, dans
 commencements, les limites qui séparent ces deux arts. Cependant, en considérant le
ent du maître et celui des élèves qu'il forma, on lui doit une sincère reconnaissance de
 efforts et de sa persévérance à combattre les hérésies de l'art. Louis David a été pour
cole française ce que furent les Carrache pour l'école italienne : il a prouvé, une fois
 plus, qu'il n'y a pas de progrès possibles sans un travail soutenu, sans moralité, sans
e étude approfondie des maîtres et de la nature.

Sans contredit, l'école s'est efforcée de compléter l'enseignement artistique autant que
ssible, mais elle semble toujours attacher peu d'importance à la manière de peindre [1].
lève, dans cette partie importante de l'art, est trop abandonné à lui-même. Avant de
indre le modèle vivant, il devrait y être préparé par des copies de tableaux de maîtres
oristes; puis, une fois initié aux différents procédés, il appliquerait le métier sur le
dèle vivant; il interpréterait alors la nature suivant son sentiment individuel.

Par exemple, l'élève mettrait une semaine à ébaucher sa figure; il laisserait sécher
te ébauche pendant le temps convenable; il prendrait une séance du même modèle
ur glacer son ébauche et en rehausser la tonalité; puis, quelque temps après, il termi-

[1] On vient de réorganiser l'École des Beaux-Arts et d'ouvrir des ateliers de peinture sous la direction d'artistes expérimentés.

nerait cette étude avec le plus grand soin en revenant sur son travail par des demi-pâtes ou de nouveaux glacis, afin de donner aux ombres plus de transparence, aux lumières plus d'éclat, au modelé plus de ressort, plus de perfection.

La peinture d'*atelier* n'est pas autre chose qu'une ébauche, une préparation, et l'élève, en prenant l'habitude de peindre le modèle vivant avec le procédé le plus expéditif, le plus *écrit*, finit par corrompre en lui le sentiment du rendu de la nature et perdre de vue le résultat final. De là la monotonie dans la touche, dans les empâtements, dans le clair-obscur et dans le coloris. Ne sachant pas reconnaître le procédé des maîtres, il copie un tableau de Titien, de Corrége, de Rembrandt, comme il peint sa figure académique; c'est-à-dire que la copie ne ressemble au modèle que par la forme et non par la manière dont elle est peinte.

Dans la peinture à l'huile, il y a l'ébauche, le glacis, le fini, trois choses se combinant ensemble pour former un tout harmonieux, complet. De même, dans l'expression de la forme par le dessin, on emploie trois sortes de lignes : la ligne droite, la ligne courbe, la ligne mixte; dans le clair-obscur, l'ombre, la lumière, la demi-teinte. Ainsi, employer la manière simple de l'ébauche pour copier les tableaux des maîtres, c'est prendre la partie pour le tout. La manière simple n'est acceptable que dans la peinture monumentale; elle est insuffisante pour les tableaux de chevalet. De plus, l'emploi des glacis conduit à l'entente des *milieux colorants*, qui sont la poésie de la couleur.

Lorsque le romantisme parut triomphalement, préconisant l'idée et le sentiment, supprimant le contrôle de la raison, mettant le caprice au-dessus de la règle, soumettant le vague des idées à une forme plus vague encore, les coloristes se séparèrent de l'école, renfermée dans de trop étroites limites. Chaque artiste ne voulut plus relever que de lui-même; l'anarchie arriva à son comble. On se mit à faire des tableaux sans savoir dessiner, sans connaître la perspective, l'anatomie, sans même posséder les procédés qui tiennent au métier : on remplaça l'ordre par la licence. Et n'en sera-t-il pas toujours de même toutes les fois que les élèves s'apercevront que ceux qui les dirigent sont dans une fausse voie?

Les classiques avaient raison de s'appuyer sur les règles et les modèles grecs, les romantiques, sur le sentiment; mais ces vérités n'ont toute leur valeur que combinées entre elles dans de justes rapports : c'est là qu'est la vérité absolue, c'est là qu'est la perfection.

Cette anarchie dans l'art, ce mépris des études sérieuses, cet abaissement momentané du niveau moral de l'artiste, ont amené l'indifférence parmi le public, dont le bon sens s'est révolté quand on lui a présenté d'informes ébauches pour des chefs-d'œuvre. Il n'a point accepté cette dégradation comme un progrès, ni cette forme incomplète comme un type fécond; son enthousiasme a dégénéré en curiosité et sa curiosité en indifférence. Heureusement, dans les arts comme dans la politique, le désordre porte en soi son antie, car, une fois arrivé à son paroxysme, le désordre, engendré par de fausses doctrines, uve, par son absurdité même, l'excellence de l'ordre, comme en géométrie le faux uve le vrai.

L'action amène la réaction, la réaction la réflexion : telle est la loi du mouvement. Le ordre produit par la révolte appelle donc une réaction qui provoque des dispositions illeures. En rétablissant, par l'éducation, l'équilibre entre la sensation et la volonté, re les facultés intellectuelles et les facultés morales, le progrès sera certain. Déjà les 'sagistes sont allés interroger la nature pour lui dérober ses secrets, car la nature est le nd maître de l'artiste. Elle renferme tous les genres, tous les caractères, toutes les ıbinaisons, tous les mystères du clair-obscur et du coloris. Or, si l'on enseigne à l'élève lois qui la gouvernent, il parviendra sûrement à l'apogée de son talent.

Le génie, naturellement libre et actif, trouve en soi des types préconçus que l'obseron révèle à l'imagination. C'est ainsi que l'art possède des combinaisons sans fin, où ément moral se combine avec la nature sensible, et cet accord est d'autant plus expressif, ıtant plus vivant, que l'idée et la réalité s'y rencontrent dans leurs vraies conditions.

La connaissance de l'anatomie, de la perspective, de l'optique, de la physique des cours, des lois du mouvement, de l'harmonie des lignes et de la lumière, nous prépare observation de la nature, en présidant aux applications et en les faisant naître dans pensée. Or, comme la morale offre le type de l'harmonie des facultés intellectuelles, elle est une expression de l'ordre universel qui se réfléchit en nous, ses règles doivent combiner avec celles des arts pour susciter les chefs-d'œuvre. Dans cet accord, dans te union, sont renfermés les progrès de l'avenir.

La méthode est la condition fondamentale du succès.

Elle se compose de quelques lois générales absolues, lesquelles se prêtent à toutes les ıbinaisons, à toutes les modifications qui font l'originalité des talents individuels. Si ı voulait tout apprendre à la fois, on n'arriverait à rien de pratique. Les commencements t toujours pénibles; il faut puiser dans la force morale, dans l'empire de soi, l'énergie donne le calme, la réflexion, la patience. On acquiert ainsi chaque jour de nouvelles naissances, dont l'application amène le progrès.

Le génie dans les arts, pour se soutenir et tendre constamment vers la perfection, a oin de la tranquillité d'esprit, si propice à la réflexion et à la méditation. Cette tranquil-, ce calme, résulte de la paix intérieure de la conscience, fruit de l'harmonie de nos ıltés intellectuelles et morales. Il faut donc que l'artiste soumette son imagination à la le, à la raison, afin que ses spéculations se résument en applications; autrement il tomait dans une contemplation et une rêverie stériles. Il doit non-seulement étudier les de l'art, mais encore travailler à son perfectionnement moral, afin d'allier ces deux éléments dans de justes rapports. Il obtiendra ainsi la plus haute intelligence possible des chefs-d'œuvre sublimes qu'il est dans l'essence du christianisme de susciter.

Nous savons avec quelle méthode les Grecs méditaient leurs ouvrages, et le temps qu'ils mettaient avant de procéder à l'exécution. Socrate disait que « les artistes étaient les plus sages parmi les hommes, parce qu'ils étaient sans affectation. » N'est-ce pas là une preuve que les anciens possédaient l'harmonie de ces facultés si nécessaires à la perfection dans les arts ? Pline ne nous apprend-il pas que Cléon était à la fois philosophe, rhéteur, peintre et statuaire, et que ses ouvrages contenaient des enseignements de plus d'un genre ? Que Diogénète, le peintre, enseigna la philosophie à Marc-Aurèle, et que le peuple vénérait les artistes à l'égal des dieux sortis de leurs mains ? C'est à cette union que les Grecs ont dû de réaliser toutes les perfections que comportait une religion anthropomorphique. Ils sont restés les seuls dépositaires des vrais préceptes de l'art ; c'est chez eux que les modernes les ont en partie découverts en étudiant leurs œuvres.

Les Grecs n'ont pas consumé leurs forces intellectuelles dans l'invention de types toujours nouveaux ; ils se sont plus spécialement appliqués à perfectionner les anciens. C'est à cet esprit de suite qu'ils sont redevables de la beauté et de la parfaite harmonie de leurs temples et de leurs statues. La charmante fable de Pygmalion n'est-elle pas un témoignage irrécusable de l'ardeur des artistes grecs pour atteindre à la perfection ?

L'amour de la gloire est une passion qui échauffe nos facultés, donne la vie à nos productions et se communique aux autres âmes, mais elle offre des tentations dangereuses pour l'amour-propre ; sa tendance dans les arts peut devenir corruptrice, si l'on cherche à paraître et si l'on sacrifie tout aux apparences ; voulant surprendre, étonner, on s'adresse à l'imagination plutôt qu'aux sentiments du cœur. Les Grecs étaient simples ; la philosophie les maintenait dans un esprit d'ordre et d'harmonie qui leur fit concevoir et réaliser leurs immortels chefs-d'œuvre. Les Romains avaient l'amour de la gloire, et l'émulation fut grande dans les armes et les lettres ; mais l'art s'abaissa entre leurs mains par le peu d'estime qu'ils avaient en général pour ceux qui l'exerçaient.

La prééminence de l'art chrétien sur celui des anciens ne s'est pas encore pleinement manifestée ; l'esprit peut concevoir des sources de beautés plus élevées, conséquence naturelle d'un ordre d'idées plus parfait. Or l'art chrétien, n'étant pas arrivé à son apogée, doit nécessairement progresser encore.

Comme on l'a justement observé, pour qu'une ère artistique supérieure à celle de Phidias puisse se produire, pour que de nouveaux chefs-d'œuvre sortent des méditations du génie, il faut qu'il se rencontre des conditions de civilisation favorables à son développement ; il faut qu'une civilisation se complète et s'élève en se fondant sur une religion nouvelle, qui crée un monde moral nouveau, intellectuel, politique. La religion païenne,

ivinisant l'homme, devait donner naissance à une architecture élégante, mais de pro-
ons moyennes, embrassant l'espace dans le sens horizontal; aussi ses temples pré-
ent-ils généralement des masses horizontales dominantes, renfermées dans de gracieux
llélogrammes.

a religion chrétienne, au contraire, révélant la nature et la toute-puissance d'un Dieu
ue, montra à l'homme sa faiblesse et lui enseigna l'humilité et la prière; elle suscita
ordre d'idées élevé que l'architecture devait interpréter et rendre visibles à tous les
. Le premier architecte chrétien qui affirma la donnée verticale dans ses monuments
t une révélation du ciel; il trouva la véritable interprétation du culte par l'édifice,
nouveau correspondant à la religion nouvelle.

n présence du chef-d'œuvre d'Ictinus et de Phidias, M. de Lamartine dit : « L'âme,
pée d'un coup trop fort à l'aspect de cet édifice, n'a plus de force pour admirer les
es (le temple d'Érechthée et celui des Cariatides[1]) : il faut voir et s'en aller, en pleu-
, moins sur la dévastation de cette œuvre surhumaine de l'homme que sur la possibi-
de l'homme d'en égaler jamais la sublimité et l'harmonie. Ce sont de ces révélations
le ciel ne donne pas deux fois à la terre. »

ertes la mélancolie du génie a inspiré là au poëte de touchantes paroles et de justes
ets; mais ce noble enthousiasme pour de si grandes beautés, bien qu'il retentisse dans
les cœurs, ne doit pas faire oublier les merveilles de l'architecture chrétienne, ni ce
lle doit devenir dans la suite des temps.

)ans la cathédrale gothique, la croix latine est le symbole matérialisé par le plan, mais
nt par l'élévation; c'est à la fois l'esprit et la matière. La hauteur de l'édifice est l'image
aspirations de l'humanité vers un monde supérieur; la profondeur rappelle les mys-
s de la révélation. Cette image de l'infini calme l'agitation des passions, invite au re-
llement, à la prière; elle dit à l'homme d'espérer; elle lui enseigne la valeur des choses
e monde; elle lui rappelle que tout secours efficace vient d'en haut, secours spirituel,
rend l'homme fort dans sa faiblesse, riche dans sa misère. De quelle vive admiration
t-on pas saisi lorsqu'on visite pour la première fois certaines églises gothiques? Saint-
n, à Rouen, par exemple, offre un spectacle unique. Lorsqu'en passant sous la porte
se de la chapelle de Notre-Dame-des-Sept-Douleurs, qui donnait autrefois accès aux
nes pour se rendre dans le chœur, quel saisissement n'éprouve-t-on pas tout à coup à
ue de cette nef dont on ne voit pas le faîte? La comparaison instantanée, involon-
e, de cette porte basse avec la grandeur infinie du vaisseau, pénètre l'homme de sa
tesse et de la grandeur de Dieu. Là sont les proportions humaines, là l'immensité : le
traste est sublime!

L'École des Beaux-Arts possède des moulages de ces trois édifices.

Au dehors, les contre-forts du clocher s'élèvent en aiguilles avec une unité, une détermination saisissantes; c'est une révélation de l'harmonie et de la perfection à laquelle cet ordre d'architecture peut parvenir dans l'ensemble de la forme extérieure. Et ces orgues, dont les longs tuyaux accouplés concordent si bien avec la donnée verticale de l'architecture, leur voix n'est-elle pas sublime encore? N'est-ce pas l'instrument chrétien par excellence? L'union de l'orgue et de la cathédrale n'est-elle pas admirable? L'esprit humain a-t-il jamais conçu rien de plus grand, de plus profond, de plus complet?

Admirons les Grecs, empruntons les secrets de leur art, interrogeons-les sans cesse pour compléter l'art nouveau, mais ne désespérons pas de l'avenir. La perfection est lente à se produire, et cette lenteur est un grand bienfait, car, dès qu'il connaît, l'homme cesse d'aimer.

L'architecture gothique, sans doute, n'a pas encore atteint dans toutes ses parties, à la perfection des temples grecs. La multitude des aiguilles, des flèches, offre un ordre compliqué, il est vrai; mais la difficulté, pour rapporter les détails à l'ensemble, n'est pas insurmontable du moment que l'on connaît le principe de l'harmonie esthétique des lignes et du clair-obscur. Dans l'architecture, comme dans la statuaire, la ligne et la lumière doivent se combiner pour produire l'unité d'impression : là est le grand secret de l'art grec.

Si l'art chrétien ne présente que des parties où l'harmonie soit complète, il faut reconnaître que ces parties sont sublimes comme la religion révélée, dont cet art est l'expression.

Dans l'art grec, art plus simple, résultat d'une religion purement naturelle, l'harmonie de l'ensemble était plus facile à concevoir et à réaliser. Parvenu à son apogée, n'ayant plus de raison d'être, il tomba en désuétude.

L'art chrétien, au contraire, est loin d'avoir tenu tout ce qu'il doit réaliser. Aucune de ses productions n'est assez parfaite pour que l'esprit ne puisse aller au delà de ce qui a été fait. Pour qu'il atteigne à son apogée, il faudra s'appliquer, comme les anciens, à perfectionner les types convenus, en les soumettant aux lois de l'ordre et de l'harmonie, en les assujettissant à des règles plus approfondies. Telle est la mission réservée à l'école française.

Le génie, comme la morale, existe dans tous les âges, dans toutes les nations, mais ces hautes facultés n'ont le pouvoir de se manifester complétement qu'à de certaines époques et dans de certaines conditions. Avant ou après ce moment, elles demeurent à l'état latent. Ceci explique pourquoi les chefs-d'œuvre sont si rares dans tous les genres, et comment ils n'apparaissent que lorsque le sentiment du beau, du bien, du vrai, est généralement répandu dans une nation. Le progrès s'opère par des transformations qui amènent un désordre momentané. Ces transformations ont lieu lorsque les vérités éternelles sont mécon-

s, ou que la forme sous laquelle elles sont représentées est incomplète. Alors il se crée
opposition nécessaire, active, qui provoque la réflexion et suit la marche inflexible
siècles.

i nous regardons de haut, le désordre au milieu duquel nous vivons ne doit pas faire
ager mal de l'avenir; il faut le considérer comme une préparation à un ordre d'idées
érieur. Quand on a connu le mal, on apprécie davantage le bien; on l'aime avec plus
ergie, plus de conviction. Nos facultés intellectuelles et morales se développeront dans
plus parfaite harmonie, et l'art qui en sera l'expression surpassera tout ce qui a été
par les anciens.

NICOLAS POUSSIN.

e plus grand peintre de l'École française, et en même temps un des plus beaux carac-
s qu'offre l'histoire de l'art, est sans contredit Nicolas Poussin. Comme les maîtres de
tiquité, il possédait toutes les qualités et toutes les connaissances qui permettent de don-
un libre essor à la pensée et de créer des œuvres grandes, pleines d'enseignements.
e Poussin naquit, en 1594, aux Andelys, sur les bords de la Seine, en Normandie. Son
t précoce pour le dessin, l'emportant sur l'étude du latin, décida son père à le placer
z Quentin Varin, où il demeura jusqu'à l'âge de dix-huit ans. Alors il vint se perfec-
ner à Paris à l'atelier d'Elle, peintre de portraits en réputation, puis chez L'Allemand,
ste lorrain.

ans protection et presque sans argent, le Poussin faisait de la peinture décorative
r gagner sa vie et continuer ses études. L'œuvre gravée de Raphaël, que possédait le
hématicien Courtois, révéla au Poussin sa véritable vocation, et, son imagination s'en-
mant à la vue des merveilles que possédait la ville éternelle, il rêva le voyage de
ne.

arti pour l'Italie, il demeura quelque temps à Florence; mais, faute d'argent, il revint
aris, où il retrouva son ancien condisciple, Philippe de Champagne, et fit avec lui des
aux pour le Luxembourg. Muni des économies qu'il avait faites, le Poussin se mit de
veau en route pour Rome. Arrivé à Lyon, il exécuta, pour le couvent des Jésuites,
peintures murales, qui furent remarquées par le chevalier Marini. Celui-ci lui confia
dessins de son poëme d'Adonis, et, en 1624, le Poussin alla rejoindre le chevalier, qui
ait précédé à Rome, puis, recommandé au cardinal Barberini, il put enfin s'abandonner
n goût pour l'étude, tout en gagnant sa vie avec ses pinceaux.

Malheureusement Marini mourut à Naples l'année suivante, et le cardinal s'était rendu
s les Légations; le Poussin se trouva de nouveau sans protecteur et dans la néces-
de vendre ses ouvrages au plus vil prix pour subsister. On rapporte même qu'il

donna, pour douze écus, un grand tableau de bataille. Il est vrai qu'à ce moment le Guide, l'Albane, le Dominiquin, attiraient tous les regards. Cependant le Poussin, fortifié par ces nobles paroles de Léonard de Vinci : « N'alléguez pas pour excuse votre pauvreté, qui ne vous permet pas d'étudier et de vous rendre habile; l'étude de la vertu sert de nourriture au corps aussi bien qu'à l'âme. Combien a-t-on vu de philosophes qui, étant nés au milieu des richesses, les ont abandonnées de peur qu'elles fussent un obstacle pour l'étude et la vertu?" Le Poussin, disons-nous, étudiait avec plus d'ardeur que jamais la perspective, l'architecture, l'anatomie, et surtout les statues et les bas-reliefs antiques, ainsi que tous les ouvrages d'histoire et de poésie, dans lesquels il puisait les sujets de ses savantes compositions. Il améliora sa manière de peindre en copiant des tableaux du Titien et de l'école lombarde, s'efforçant de donner à ses ouvrages toute la perfection possible, sans avoir égard au prix auquel il les vendait. A cette époque, un sculpteur romain lui acheta soixante écus le célèbre tableau de la peste, qui fut vendu mille écus au duc de Richelieu, et qui est estimé aujourd'hui cent cinquante mille francs.

Le Poussin, dans ses moments de loisir, faisait des promenades solitaires dans la campagne de Rome. Il y trouvait ce calme si propice à la méditation, en même temps que des sujets de paysage ou des accessoires pour ses compositions. Au retour d'une de ces promenades, il se vit attaqué un jour par des soldats, qui lui firent une blessure à la main; dans ce temps les Français n'étaient pas aimés à Rome, et, par prudence, le Poussin adopta le costume du pays pour ne pas être inquiété dans ses excursions.

En 1629, à la suite d'une grave maladie, il épousa Anna-Maria Dughet, fille d'un de ses compatriotes, qui lui avait prodigué ses soins. Comme il n'en eut pas d'enfants, il adopta ses deux jeunes beaux-frères : Gaspard, qui fut paysagiste, et Jean, qui s'adonna à la gravure.

Semblable au Corrége, le Poussin était simple de cœur; il paraissait ignorer les hautes facultés dont il était doué. Son intérieur modeste, embelli par les charmes de la grâce et du dévouement, répandait la sérénité dans ses esprits et le laissait tout entier à son art. La paix et l'harmonie qui régnaient dans son âme devenaient de jour en jour un auxiliaire plus puissant qui concourait au développement de toutes ses facultés. Il pouvait sans crainte descendre en lui-même et y puiser ces expressions à la fois hautes et pleines de grâce qui nous fixent devant ses peintures.

L'année qui suivit son mariage, le Poussin exécuta la ravissante composition du Triomphe de Flore, où il représenta la déesse sous les traits embellis de sa jeune épouse. Les jeunes filles du cortége ont une grâce et une chasteté révélées par des gestes et des expressions que la décence chrétienne pouvait seule inspirer.

En se chargeant de l'éducation de ses jeunes beaux-frères, le Poussin s'imposa de nouux devoirs, qui venaient se lier à sa vie de famille et en étendre les obligations. Ces oirs, favorables au progrès moral, donnaient en outre une valeur à chacun de ses tants, et changeaient en sanctuaire l'intérieur de son existence domestique; ils l'affer-saient dans le sentiment du bien et du beau, et lui faisaient acquérir progressivement complément de perfection qui résulte de l'exercice des vertus actives.

Le Poussin s'était logé au Monte Pincio, où demeuraient Salvator Rosa et Claude Lor-n. Il voyait de là ces magnifiques soleils couchants et ces horizons aux lignes grandioses ? l'on retrouve dans ses belles compositions. Sa réputation s'établissait lentement, mais des bases solides. Chaque tableau révélait de nouveaux progrès et la haute intelligence l'artiste. De zélés protecteurs lui aplanirent le chemin de la gloire et de la fortune. adant son séjour à Rome, Jacques Stella, peintre de Louis XIII, se lia intimement avec Poussin et le mit en rapport avec des personnages de la cour, qui lui adressèrent des com-ndes. Les tableaux qu'il fit à cette occasion furent très-admirés par le roi, qui chargea ssitôt son ministre, M. de Noyers, d'engager le Poussin à venir se fixer à Paris. Mais, svoyant les luttes et les jalousies que la haute position qui lui était offerte ne manquerait ; de lui susciter, le Poussin hésita pendant près d'une année à se rendre à l'invitation du . Cependant, sollicité de nouveau avec courtoisie par M. de Chanteloup, qui était venu îome pour le déterminer à quitter sa paisible vie d'étude, le Poussin partit pour Paris 's la fin de l'année 1640, conduisant avec lui son beau-frère Jean, le graveur.

La cour était alors à Saint-Germain. Le roi envoya ses carrosses au-devant du grand iste, et lui-même s'avança sur le pas de la porte pour le recevoir, lui faisant le plus cieux accueil. Louis XIII donna des ordres pour installer son nouveau protégé dans un villon du Jardin des Tuileries et le nomma son peintre, avec trois mille livres d'appoin-nents.

Le Poussin, durant un séjour de deux années à Paris, fit les dessins des douze travaux lercule pour la grande galerie du Louvre et divers tableaux destinés aux chapelles /ales. Mais, fatigué des tracasseries que lui suscitaient les menées de Vouet, de Le Mer-r, l'architecte, et du paysagiste flamand baron Feuquières, il demanda un congé, sous le itexte d'aller régler ses affaires à Rome, se promettant en son âme de rentrer dans te vie paisible qu'il avait menée au milieu des chefs-d'œuvre de l'art et à laquelle il iit dû ses rapides progrès.

En vrai philosophe, le Poussin avait vécu parmi les grandeurs de la cour sans se con-idre avec son brillant entourage. Il y était arrivé avec défiance, il y vécut dans le trouble, il comprit qu'une vie écoulée au milieu des intrigues et des mesquines passions de l'in-êt ou de l'amour-propre devait à la longue porter atteinte au développement de son ent. Il retourna donc demander à Rome, à la ville des poëtes, des savants, des artistes, à ces sublimes modèles de l'art antique, le calme et l'*aurea mediocritas*, si favorables à la méditation, à l'harmonie des facultés intellectuelles et morales. Il vint y jouir dans la paix, pour le reste de ses jours, du bonheur de la famille, sacrifiant sans peine les satisfactions de l'orgueil au culte de l'idéale perfection qui embrasa son âme de l'amour le plus pur, le plus éthéré. Ainsi s'expliquent les résistances qu'il apporta aux sollicitations de retour que lui fit adresser Louis XIII.

Les progrès constants du Poussin tiennent à l'empire de soi, à la volonté, et surtout à la simplicité de son cœur, qui le protégea contre les atteintes de l'envie, de la jalousie, de la cupidité. En effet, la simplicité du caractère écarte les tourments de la vanité; elle rend l'intelligence rapide et sûre, elle la dirige vers un but clairement aperçu et procure un repos salutaire à l'esprit et à l'âme. Elle lui fit comprendre de bonne heure la vocation de l'homme ici-bas, et regarder son art comme un sacerdoce; aussi les productions du Poussin nous montrent-elles la relation qui unit le monde matériel au monde moral : il connut le premier par la science, le second par la liberté, la vertu, la religion.

En lisant la correspondance du Poussin, on comprend mieux qu'on ne peut le dire toute la grâce, toute la délicatesse de ses sentiments, toute la profondeur de ses pensées. Dans une des dernières lettres adressées à Félibien, il dit à cet ami fidèle, « qu'il se prépare à la mort, regrettant la vie seulement parce qu'il se sent enflammé plus que jamais de se surpasser et d'atteindre à une plus haute perfection. »

Après une laborieuse carrière de soixante et douze ans, rappelant par sa grandeur et sa simplicité les philosophes de l'antiquité, le Poussin mourut à Rome vers la fin de l'année 1665. Son célèbre tableau du Déluge, achevé un an avant sa mort, marque le terme de cette jeunesse d'esprit qu'il garda jusqu'au dernier moment, jeunesse que les bonnes mœurs et le génie ont seuls le privilége de conserver toute la vie.

L'œuvre de ce grand artiste nous montre l'homme dans toute sa dignité, dans toute sa splendeur. Éclairées du flambeau de la raison et de la religion, ses conceptions prennent une forme qui nous enchante d'autant plus qu'on les analyse avec attention : le respect pour l'homme s'allie à l'admiration pour le peintre.

En parlant de Raphaël, qu'il aimait jusqu'à l'enthousiasme, le Poussin dit que, comparé aux modernes, Raphaël était un dieu, mais qu'il n'était plus qu'un homme, comparé aux anciens. Ce jugement est juste; il prouve combien le Poussin s'était identifié avec les œuvres des Grecs, dont il déroba les secrets pour nous émouvoir, nous plaire et nous instruire. Ses ouvrages témoignent tous de son respect pour l'art. Jamais la moindre licence ne s'y rencontre, et si l'on y remarque des défauts, ce ne sont point ceux que révèlent l'insouciance ou le désir de briller.

« La fin de la peinture, dit-il dans une de ses lettres, est la délectation. Tout homme ble de raison peut apprendre les règles qui régissent les choses visibles. Le sujet doit [tou]jours être noble et favorable à l'expression de la beauté. Il faut commencer par la dis[posit]ion et finir par l'ornement, mettant la beauté, la grâce, la vivacité, la vraisemblance [et le] jugement partout. Ces dernières parties ne se peuvent enseigner; c'est le rameau de Virgile, que nul ne peut cueillir s'il n'a été conduit par le destin. »

[C]es paroles sobres et profondes démontrent que le Poussin s'est toujours proposé de [for]mer l'esprit et d'instruire, rejetant tout spectacle qui aurait nui à l'effet moral qu'il [voul]ait produire. Elles font voir encore ses tendances vers un même but, et comment il est [arriv]é à créer des tableaux d'une harmonie parfaite, soit dans l'expression des passions, soit [dans] les lignes, la lumière, la couleur.

[R]echerchant toujours la grâce, il la reproduit dans toutes ses compositions. La grâce, [« plu]s belle encore que la beauté, » est le privilége d'une âme naïve, pleine de candeur et [de vi]e; c'est l'esprit et la beauté qui s'ignorent, qualités qui rendent la grâce doublement [séduis]ante, et que le peintre puise dans la vivacité, la pureté et l'élévation de ses senti[men]ts.

[L]e Poussin, qui a si pleinement possédé la grâce, a dû à l'étude de l'antique de pouvoir [fa]ire passer de son sentiment intérieur dans ses tableaux. Mais le peintre chrétien se [mon]tre toujours, à travers même les sujets de la fable, par la noblesse des pensées et la [chas]teté des expressions.

[N']est-ce point là le premier élan de cet art nouveau dont le charme et la beauté doivent [s'éle]ver au-dessus de la donnée païenne, autant que l'une des deux religions est supé[rieu]re à l'autre? Les œuvres de Raphaël et du Poussin ne sont-elles pas les plus parfaits [modè]les qui aient rendu visible à tous les yeux cette supériorité?

[R]aphaël se laisse voir tout entier dans trois peintures caractéristiques : le Mariage de [la Vi]erge montre la virginité et la pureté de sa belle âme; l'École d'Athènes, la profondeur [de se]s pensées; la Transfiguration, les progrès de l'expérience. Le Poussin se rapproche [mo]ins de cette perfection dont Raphaël est l'image; mais il le domine par la grandeur [du c]aractère. La Fornarina a obscurci un instant la vie morale de Raphaël, dont les progrès [se ra]lentirent; il fallut la venue du grand Michel-Ange pour le ranimer et lui inspirer de [nouv]eaux chefs-d'œuvre. Le Poussin, lui, n'a jamais faibli; il a toujours marché en avant, [laiss]ant des traces visibles de la route qu'il faut suivre pour réaliser une beauté supé[rieur]e à celle des anciens. La postérité consultera toujours avec fruit les tableaux sincères [de c]e peintre au style pur, à l'âme élevée, dont la vie et les mœurs resteront des mo[dèles] irréprochables. Les élèves y puiseront la noble ambition de suivre les enseignements [du] grand génie, qui les conduira par le chemin fleuri de la sagesse aux conceptions les [plus] sublimes de l'art.

L'œuvre du Poussin commande à la fois le respect et l'admiration, tant le vrai génie y apparaît sous une forme toujours noble, toujours variée. Les actions y sont si vraisemblables, qu'elles paraissent ne pouvoir se passer autrement; tout y est prévu, caractéristique, jusque dans les moindres détails.

Toutefois les draperies, bien que jetées avec grâce, offrent un système de plis qui manque de simplicité, partant de grandeur. De petits plis, placés sur les parties larges du corps, nuisent à la beauté des masses d'ombre et de lumière. La lumière, pour être une, doit circuler facilement sur toute la figure, afin que l'œil embrasse celle-ci promptement dans son ensemble.

Les Grecs, dans la peinture comme dans la statuaire, ont apporté à la composition du mouvement des figures et des draperies la plus grande attention, de manière à créer l'unité entre la ligne et la lumière, et que celle-ci donnât naissance à un clair-obscur harmonieux.

Si la composition du sujet a le don de séduire l'imagination, si la profondeur des pensées nous fait admirer la raison éclairée et le sentiment délicat de la convenance que possédait éminemment le Poussin, ses compositions, cependant, ne sont pas toujours irréprochables au point de vue de l'unité optique. Ce genre d'unité y est même assez souvent compromis par des fragments de draperies rouges qui attirent l'œil du spectateur aux dépens du sujet principal, ou bien par des rouges qui ne sont pas accompagnés de couleurs analogues.

Par exemple, le jupon rouge de la femme qui tient Moïse (n° 417 du Catalogue du Musée) rompt l'harmonie de l'ensemble en devenant spectacle dominant.

Ce même défaut se rencontre dans les tableaux portant les numéros 418, 426, 431, 436, 449, qui tous contiennent un rouge faisant tache dans le tableau, parce qu'il n'est pas soumis à l'ordre hiérarchique des rayons visuels.

Cependant le Poussin se montre quelquefois avec toutes les qualités d'unité et d'harmonie qui distinguent les grands coloristes; on peut même dire que, parmi ceux-ci, il n'y en a pas qui aient mieux compris que lui la relation du mode de la coloration avec le caractère moral du sujet. Les tableaux de la Peste (421), Jésus-Christ instituant le sacrement de l'Eucharistie (428), le Déluge (451), sont, sous ce rapport, des modèles parfaits.

Dans le tableau de l'Enlèvement des Sabines (435), où tout doit être confusion, le désordre dans la couleur donne ici de la force à l'expression du sujet. Le rouge, le bleu, le jaune, dispersés par taches, produisent un mouvement extraordinaire. L'œil va d'un objet à un autre objet sans pouvoir se fixer sur aucun; il est sollicité de tous les côtés à la fois; il se sent agité comme si les personnages se mouvaient en réalité : la mêlée est complète.

C'est ainsi qu'on créera le désordre, si le désordre convient au caractère moral du

, en prenant le contre-pied des lois de l'harmonie. Cet exemple prouve que, loin
e un obstacle et de gêner l'essor de la pensée, la connaissance des règles apporte
précieux concours dans toutes les circonstances. Il n'y a de contraire à cet essor que
emi-connaissances, parce qu'elles font prendre trop souvent, en toute chose, les cas
culiers ou les accidents, pour des lois générales.

'est en s'appuyant sur la connaissance des principes que l'on peut reconnaître les mo-
ations capables d'améliorer un ouvrage, car chaque détail a sa valeur, sa place, sa
ortion précise, par rapport à l'ensemble. Dans la Sainte-Famille de Raphaël, du
ée du Louvre (n° 377), d'après le principe, le ciel aurait dû être placé à droite et non
à gauche, puisque la lumière se résout sur le haut du tableau à droite. Il eût été
logique, en effet, de faire sortir la lumière par le ciel que de la résoudre sur le rideau
. Pour conserver l'harmonie du clair-obscur, il a fallu glacer le ciel et le rendre com-
ement neutre. Dans les gravures de ce tableau, le ciel étant trop clair, la lumière fait
essaut contre nature; elle ne suit plus une direction unique, et l'unité est rompue.

)ans les tableaux de la Vierge au poisson et de la Vierge à la perle, du musée de
rid, Raphaël n'a pas fait la faute que nous venons de signaler : aussi la grande ligne
a composition et la direction de la lumière sont-elles parfaites; celle-ci entre par le pre-
r plan à gauche, et se résout dans le ciel à droite, afin d'affirmer la grande ligne de
omposition. Ce dernier tableau serait plus parfait encore si la colonne de gauche
endait plus bas sur la ligne du terrain; elle neutraliserait la grande ligne esthétique
izontale sur laquelle elle repose et qui a trop d'importance dans une donnée verticale.

e sentiment, même le plus délicat, sera toujours sujet à l'erreur s'il n'est soutenu par
onnaissance des principes. Cette connaissance fait toute la supériorité des anciens sur
modernes; elle a donné aux premiers cette force calme qui a présidé à toutes leurs
ceptions, et cette sûreté de conduite que l'on remarque dans tous leurs ouvrages.

a peinture antique connue sous le nom de *Noces Aldobrandines* se compose d'une suc-
ion de lignes verticales formant une masse horizontale. La donnée est simple : elle
sente une grande ligne qui relie tous les objets entre eux et que la lumière affirme en
ésolvant horizontalement. Il est curieux de remarquer combien le Poussin a complé-
ent saisi le côté typique de cet ordre, et combien les compositions qu'il a traitées sui-
t cette donnée, telles que le Baptême du Christ, les Cendres, la Rebecca, etc. sont
s parfaites que les autres.

Comme tous les maîtres modernes, le Poussin s'est formé à la grande école des artistes
cs. C'est en méditant leurs œuvres qu'il lui a été donné de parvenir à un degré de
nt si éminent, tout en restant peintre français au milieu des Italiens; il a interrogé
œuvres des anciens et des modernes, mais il est resté fidèle à lui-même.

Le Testament d'Eudamidas. (Pl. XLVIII.)

Le Testament d'Eudamidas est une des plus parfaites compositions du maître. La grandeur et la simplicité du récit de l'historien grec ne pouvaient pas germer en terre mieux préparée. Le Poussin a donné la vie à cette simple histoire, à la fois touchante et sublime.

L'unité et la gradation dans l'expression des passions, la variété des caractères, de même que l'harmonie des lignes et de la lumière, toutes ces qualités réunies nous montrent ce rare génie dans toute sa puissance, dans toute sa grandeur. On peut faire remarquer toutefois qu'il eût été préférable de faire une fenêtre plus grande, afin de motiver l'étendue de la lumière qui éclaire la scène.

Les Bergers d'Arcadie. (Pl. XLIX.)

Les bergers forment un groupe dont la disposition simple est pleine de grâce. Mais l'espace de gauche, par lequel arrive la lumière, aurait dû prévaloir sur l'espace de droite; il fallait rendre celui-ci secondaire en ajoutant un autre tronc d'arbre ou tout autre objet, qui l'aurait divisé en parties inégales et aurait créé la variété dans les espaces, conformément aux principes.

En traitant une seconde fois ce sujet, on peut croire que le Poussin a été conduit, par une observation semblable, à placer le tombeau à droite, pour que la lumière arrivât plus franchement par la gauche du tableau. Si la composition que possède le duc de Devonshire est basée sur une donnée plus logique, il faut reconnaître aussi que la disposition des personnages est moins heureuse que dans le tableau du Musée. La figure allégorique surtout, située sur le premier plan, est trop grande pour un accessoire; elle neutralise, en le divisant, l'intérêt qui s'attache au sujet principal.

Rebecca et Éliézer. (Pl. L.)

Cette peinture est une des œuvres capitales du maître; elle balance en importance les célèbres Sacrements, que possède l'Angleterre. Le Poussin a peint ce tableau à l'âge de cinquante-quatre ans, c'est-à-dire au moment où il était à l'apogée de son talent. On y trouve toutes les rares qualités de l'artiste, et ce même défaut d'unité optique que nous avons signalé plus haut. Ici l'unité est rompue par le corsage rouge brillant de la dernière figure à droite.

Rebecca, sujet principal, étant vêtue d'une draperie bleue, les autres couleurs devaient être subordonnées à l'intensité du bleu. Toutes les fois que le rayon normal correspond au bleu, c'est une faute de placer un rouge brillant isolé, correspondant à un rayon visuel oblique.

a donnée du tableau de Rebecca est horizontale. Les personnages forment une suc-
on de lignes verticales créant une masse horizontale; il en est de même du riche
age qui leur sert de fond.

omme la lumière suit la grande ligne de la composition pour relier tous les objets
e eux, et qu'elle se résout horizontalement, l'ombre du premier plan à gauche est
rflue; elle nuit à l'introduction de la lumière.

ans notre gravure, l'intensité de la lumière qui éclaire la maison blanche rompt
té du clair-obscur. Cette vive lumière neutralise les figures qui sont au-dessous d'elle
est point conforme à l'original.

Diogène jetant son écuelle. (Pl. LI.)

e magnifique paysage, peint la même année que la Rebecca, nous montre une de ces
positions grandioses dont l'unité, la variété et l'harmonie sont admirables. La philo-
ie du maître s'y révèle par la gradation dans le caractère des divers personnages dont
e toile est animée.

)n aperçoit dans le fond la ville d'Athènes, arrosée par une rivière dont les bords sont
és de coteaux riants.

,es esclaves, indifférents aux beautés de la nature, se trouvent à la campagne dès qu'ils
franchi les murs de la ville; ils recherchent la foule et le bruit pour se distraire du
ail silencieux; les uns s'établissent dans les cabarets des faubourgs, les autres, en petit
bre, vont se baigner au plus près dans la rivière. Plus loin, des maisons de plaisance,
villas, offrent aux riches citoyens le repos et l'oubli des affaires; leur goût, plus délicat,
ve dans le culte et la pratique des arts, où dans la contemplation de la belle nature,
délassements pleins de charmes pour l'esprit. Le philosophe pousse plus loin encore
excursions. La foule le gêne; il recherche la solitude, si chère à la méditation; c'est là
i que le Poussin place Diogène, attiré par un clair ruisseau et prêt à entrer sous les
ombrages des arbres qui ornent la droite du tableau.

'harmonie des lignes affirme la donnée horizontale; la direction de la lumière, favo-
e par la disposition des nuages, suit la diagonale du tableau et relie la ville à la figure
cipale du sujet. Les masses d'ombre et de lumière sont grandes et bien pondérées; l'en-
ble est un et caractéristique.

,es paysages du Poussin ne présentent aucune recherche, aucune coquetterie de lumière
c couleur. Là, comme dans ses tableaux de figures, il s'adresse à l'esprit et à l'âme du
:tateur; tout y est grand, solennel. La perspective linéaire et la perspective aérienne
ent toutes deux un même principe d'harmonie, d'où résulte cette gradation logique
plans qui donne le sentiment de l'infini.

Le feuillé des arbres tendrait, par la touche, trop précise dans les plans éloignés, à devenir un défaut, si la perspective aérienne n'apportait pas son concours pour favoriser l'illusion des distances. Les gravures qui représentent les paysages de ce maître exagèrent encore cette recherche de la forme, et, privées des ressources de la couleur, elles en amoindrissent les proportions; on lit trop le travail dans les second et troisième plans, et l'ensemble paraît petit; elles reproduisent toute la richesse des compositions du maître, mais sans en retracer l'impression morale.

Disons en terminant que le Poussin s'était rendu très-savant, comme tous les maîtres italiens, dans la perspective vue de bas en haut, ainsi que le prouve le plafond inscrit sous le numéro 446 du livret du Musée. Cette peinture allégorique, exécutée pour un appartement du duc de Richelieu, représente la Vérité soustraite par le Temps aux atteintes de la Discorde et de l'Envie. Malheureusement elle est placée de façon qu'il est très-difficile d'en apprécier l'effet perspectif.

LE SUEUR.

Le Sueur est, sans contredit, après le Poussin, la plus belle nature d'artiste dont puisse s'honorer l'école française. Doué d'une vive imagination, d'une âme tendre et sincère, d'un goût délicat, d'une saine raison, il sut conserver cette virginité du cœur, qui le préserva de l'entraînement des passions, et cette droiture de caractère, dont son œuvre est l'image visible.

Le Sueur, né à Paris en 1617, était le fils d'un ouvrier tourneur en bois, qui le fit entrer, par recommandation, chez Simon Vouet, dont la réputation égalait alors celle de Raphaël. Le jeune Le Sueur, très-appliqué au travail, montra sa haute intelligence par la facilité avec laquelle il profitait des leçons de son maître et suivait sa manière. Plus tard, il étudia les gravures d'après Raphaël, pour se former un bon style de dessin et composer avec grâce et simplicité.

Le Sueur concevait promptement, avec grandeur, la disposition la plus favorable à l'expression de ses sujets, aidé en cela par une étude sérieuse du cœur humain, et par la connaissance approfondie de l'architecture et de la perspective.

Il donna à ses personnages des attitudes simples et nobles, et des gestes en harmonie avec les passions qu'ils exprimaient; les draperies sont agencées avec intelligence et révèlent ses études de l'antique.

Le Sueur resta chez Vouet jusqu'à l'âge de vingt-cinq ans, subissant l'influence de ce maître, qui sacrifia l'amour de l'art aux vaines passions qui exercent si facilement leur empire sur les esprits vulgaires. Il se soumettait, tout en gémissant de ne pouvoir secouer le joug; mais à la mort de son maître, arrivée en 1641, il rentra en pleine possession de

même, et put se livrer à son goût pour l'étude des anciens et des grands peintres ita-
s de la Renaissance.

Le Sueur, mis en relation avec Mariette, eut la permission d'étudier à loisir les pierres
vées du cabinet du Roi et la riche collection de dessins que possédait cet amateur éclairé.

Le Sueur, fut privé des beaux modèles grecs que l'on trouve en Italie, il put au moins
naître les principaux par les gravures et les moulages. Il les étudia, se forma un beau
e, épura son goût, et se maintint dans ce sentiment simple et naïf qui fait le charme
ses compositions.

Le Sueur surpassa son maître parce qu'il fut sincèrement attaché à son art et qu'il ne
aissa jamais entraîner en dehors de sa voie par de mesquines préoccupations d'amour-
pre ou d'intérêt. Né peintre, il regarda au dedans de lui-même et suivit l'impulsion
sa nature, qui le portait à aimer le beau.

Il dut à l'analyse des sensations intérieures d'exprimer les passions avec force et vérité,
mme il nous le montre dans l'histoire de saint Bruno, une des plus belles productions
l'école française.

La différence est grande entre Vouet, se contentant de brosser ses tableaux par cupi-
, et Le Sueur qui ébaucha, plutôt qu'il ne peignit, les vingt-deux tableaux dont se
pose la vie de saint Bruno.

Le Sueur avait épousé la sœur de Thomas Goussé, qui l'aidait dans ses travaux ; la fa-
le promettait de devenir nombreuse : il fallait donc proportionner l'exécution au bas prix
par les révérends Pères, sans songer à réaliser toute la perfection rêvée. Aussi disait-il
c tristesse « que ces peintures étaient les esquisses des tableaux qu'il aurait désiré peindre. »

Les travaux décoratifs de Le Sueur à l'hôtel Lambert eurent un grand succès. L'artiste
était montré avec toutes ses qualités, et chacun s'extasiait sur la grâce des compositions,
cellence du dessin, l'éclat et la vérité du coloris. Le Brun, qui y travaillait de son côté,
ortuné des éloges que l'on donnait à Le Sueur, abusa de son crédit pour empêcher
dernier de prendre la place que lui assignait son génie. Ce fut principalement à l'occa-
du Mai[1] de Notre-Dame, que ses sentiments de basse jalousie ne connurent plus de
nes. Le Sueur avait peint la Prédication de saint Paul à Éphèse, sujet noble, où il
ait montré aussi brillant coloriste que penseur profond. Alors Le Brun, afin d'enlever
et artiste, aussi doux que modeste, l'occasion de nouveaux triomphes, obtint, par ses
tes relations, de faire le Mai des années suivantes. Le Sueur se résigna en âme chré-
ne. Sa santé, gravement compromise par l'excès du travail, s'altérait rapidement, et il
urut en l'année 1655, âgé de trente-huit ans.

La jalousie de Le Brun s'était calmée en voyant Le Sueur dans l'impossibilité d'entre-

On donnait ce nom au tableau que la corporation des orfèvres offrait chaque année, au mois de mai, à Notre-Dame.

prendre de grands travaux; aussi suivit-il le convoi de son collègue, qui fut inhumé à Saint-Étienne-du-Mont.

Pendant l'office, Le Brun, ne pouvant cacher la satisfaction qu'il éprouvait d'être débarrassé d'un homme qui avait menacé si sérieusement sa gloire, dit à ce propos : « Sa mort m'enlève une fameuse épine du pied. »

L'épine était ôtée, il est vrai, mais le remords restait.

Le Brun, fils d'un sculpteur médiocre, avait eu, dès sa jeunesse, la fortune pour compagne fidèle. Le grand roi lui avait donné son portrait enrichi de diamants, et l'avait nommé son premier peintre, avec douze mille livres d'appointements; il l'anoblit en 1662, lui confia la direction de son Cabinet avec l'autorisation de l'enrichir de tout objet d'art qu'il jugerait digne de la collection royale. On conçoit que de telles faveurs aient troublé l'équilibre des facultés d'un artiste qui avait grandi par la flatterie et l'oppression.

Le Brun avait pesé sur Le Sueur, comme il pesa plus tard sur Mignard, qui refusa de faire partie de l'Académie, alors présidée par Le Brun. En 1683, le marquis de Louvois succédait à Colbert, et protégeait particulièrement Pierre Mignard, que Le Brun avait tenu à l'écart des faveurs royales, soit en lui suscitant des difficultés, soit en critiquant ses ouvrages. Bien que Le Brun fût accueilli par le roi comme à l'ordinaire, il ne put résister au coup que reçut son orgueil en se voyant déchoir dans l'esprit du nouveau ministre. Un jour, on le ramena accablé de chagrin de sa villa de Montmorency aux Gobelins, dont il avait la direction, et où il mourut quelques jours après.

Pendant sa faveur, tout pliait devant l'auteur des grandes Batailles d'Alexandre; il soumettait à ses volontés tous les peintres, sculpteurs ou décorateurs qu'il employait, ne leur accordant aucune initiative et leur imposant toujours ses propres dessins, sous peine d'être remplacés dans leurs travaux.

Lorsque Mignard se présenta à l'Académie, échappée enfin au despotisme de Le Brun, cette compagnie donna carrière à la joie de se sentir libre enfin, et nomma d'emblée, et à l'unanimité, Pierre Mignard académicien, professeur, recteur, directeur et chancelier.

Avec le temps, Le Brun a perdu la place qu'il devait autant à l'intrigue qu'au talent, et Le Sueur a grandi en raison de sa modestie, de sa sincérité, de son génie.

M. de Piles prétend que Le Brun « avait un zèle très-ardent pour faire fleurir les beaux-arts en France, répondant en cela aux bonnes intentions du roi, et que M. Colbert, chargé de faire exécuter ses ordres, s'en rapportait entièrement à Le Brun. » Le Brun recherchait toutes les occasions de paraître, et surtout aux dépens de ses émules; le titre de protecteur des beaux-arts plaisait à son orgueil : beaucoup de gens se sont trouvés satisfaits de son rôle. La postérité est plus exigeante; elle veut des preuves, et les assertions complaisantes des écrivains contemporains tombent infailliblement devant elle.

olbert, croyant que les intentions du souverain étaient loyalement remplies par son
nier peintre, favorisa constamment l'homme habile qui avait su se placer au-dessus
ous ses collègues par son savoir-faire. Cette erreur fut fatale. Que nous importent au-
d'hui les brillants succès qu'ont obtenus pendant leur vie les Vouet et les Le Brun?
ont dominé par l'intrigue, s'ils sont parvenus à faire repartir le Poussin, malgré
aute protection qui veillait sur lui, à étouffer la gloire de Le Sueur; s'ils ont mo-
tanément brillé d'un faux éclat, l'histoire ne doit-elle pas être d'autant plus sévère
ur égard qu'ils ont été plus injustes de leur vivant? Si, au lieu de développer dans
e leur plénitude les hautes facultés dont ils étaient doués, ils n'ont, par des causes
ales qu'il est possible d'apprécier, fait qu'une petite partie du bien qu'ils auraient pu
, n'en sont-ils pas responsables aux yeux du juge infaillible qu'on nomme la posté-
! Aussi, dans sa justice, est-elle heureuse de pouvoir distribuer aux uns et aux autres
part de mérite, et d'accorder au vrai génie la gloire immortelle, qui est sa juste ré-
pense.

a cause qui a nui au développement normal des beaux-arts, c'est le privilége accordé
u seul individu de tout concevoir, de tout diriger, de tout dominer. Le successeur
s, par esprit d'opposition, organise à nouveau, imprime aux idées une autre direction;
rit de suite est arrêté dans son cours; partant rien ne se perfectionne, tout est soumis
lois du moment, au courant de la mode; avec chaque nouveau directeur tout est à
mmencer.

ault de Saint-Germain rapporte que M. Pierre, nommé premier peintre du roi après
nort de Boucher, professeur et recteur de l'Académie, directeur des Gobelins, ne savait
distinguer une copie d'un original. On l'a vu, dit-il, « donner un tableau de Rubens
gardien pour *débarrasser* la collection d'Orléans, et il a regardé comme un triomphe
'être lui-même débarrassé, pour la somme de douze francs, du Saint-Charles Borromée
muniant les pestiférés de Milan, peint par Van Oost. C'est encore M. Pierre qui, le
nier, a exposé à la restauration d'une main barbare les vingt-quatre tableaux de
Sueur qui ornaient le petit cloître des Chartreux de Paris. »

e bon vouloir des gouvernements est incontestable, leur gloire y est attachée. Mais les
itutions fortes, généreuses, peuvent seules développer les grands talents, comme les
ads caractères; elles ne sauraient se fonder sous la direction de personnes avides de
ssances, subordonnant les intérêts généraux aux calculs de la personnalité. Il faut que
oralité du talent soit regardée comme indispensable, et que l'exemple vienne de haut.
ut que les directeurs et les professeurs soient désintéressés et apportent le plus entier
uement dans les importantes fonctions qui leur sont confiées, afin que les jeunes
stes soient assurés de rencontrer justice et bienveillance. Il faut que le sentiment du

beau, du bien, du vrai, serve d'antidote aux passions égoïstes qui matérialisent la pensée. L'élève, ainsi dirigé, prendra une idée plus haute de son art, et plus juste de sa vocation. Il ne séparera pas les intérêts moraux des spéculations de l'esprit; il trouvera en eux, au contraire, un précieux auxiliaire pour conformer à sa condition ses sentiments, ses habitudes, ses aspirations.

La méthode et la persévérance qu'exige la pratique des beaux-arts coûteront bien moins de peine à celui qui se sera soumis à l'ordre par l'éducation. Quels beaux exemples nous ont laissés, sous ce rapport, Léonard de Vinci, Michel-Ange, Raphaël, le Poussin, Le Sueur! Ils ont prouvé par leurs œuvres que c'est au développement harmonieux de leur facultés intellectuelles et morales qu'ils ont dû la gloire solide qu'ils ont acquise, et la vénération de la postérité.

La Mort de saint Bruno. (Pl. LII.)

La donnée esthétique de ce tableau implique une harmonie de lignes verticales. En effet, la lumière, placée au-dessous du religieux qui tient le crucifix, la main de celui qui baise la terre, et la travée du plafond, déterminent la grande ligne verticale dominante.

Le christ, la tête du saint, la cuisse du moine qui se prosterne, forment une ligne verticale secondaire.

La figure debout, à gauche, celle qui est au-dessous, la cuisse du moine qui est aux pieds du saint et le bénitier, font une ligne courbe de l'harmonie verticale.

Ces lignes sont variées par des lignes obliques de l'harmonie verticale qui résultent : du christ, du foyer de la lumière, du vase qui est à terre.

La lumière du flambeau détermine aussi des lignes obliques lumineuses de l'harmonie verticale qui établissent l'unité du clair-obscur et rendent le saint dominant.

D'autres lignes esthétiques, qu'il est facile de reconnaître, rattachent tous les détails à l'ensemble pour constituer l'ordre parfait de cette composition.

L'unité du caractère moral du sujet n'est pas moins remarquable que l'harmonie des lignes. Une seule idée, un seul sentiment exprimé suivant les différents âges des personnages, forment la variété et l'unité du sujet, qui remplit les conditions esthétiques de grandeur et d'ordre, image de la beauté.

Prédication de saint Paul à Éphèse. (Pl. LIII.)

Cette peinture, de même que la précédente, possède la grandeur et l'ordre, qui sont la marque des œuvres bien conduites. L'ensemble présente un système de lignes esthétiques verticales, qui en constituent l'unité. La variété résulte des lignes obliques qui, à droite et à gauche, conduisent l'œil du spectateur sur la belle figure de saint Paul.

s lignes horizontales de l'architecture forment une masse verticale, et ces lignes sont
:alisées par les lignes obliques dont nous venons de parler.

ae même passion anime cette scène, qui est une dans son caractère moral. La variété
. exprimée par les différents âges et les sentiments qui animent chaque personnage
ers degrés.

es draperies ne sont pas moins savamment variées que l'expression des passions. Elles
ıvrent le nu sans masquer les articulations, et favorisent par leur masse le jeu d'une
ère large, se résolvant verticalement.

ette œuvre, qui rattache Le Sueur à la famille des grands peintres, contient toutefois
léfaut d'ordre que nous devons signaler : le personnage accroupi du premier plan a
itiquement trop d'importance. Bien que la pose soit conforme à l'harmonie des lignes,
ıs fait une opposition trop marquée avec les marches de l'escalier et la face éclairée
aonument placé dans le fond du tableau. Cette ligne esthétique verticale vient cou-
à angle droit la ligne du dos, et c'est à cela que tient le mauvais effet que produit
 figure. L'étoffe qui en recouvre le torse devrait être claire, afin de ne pas arrêter la
 esthétique lumineuse dont il s'agit, laquelle viendrait s'appuyer sur la page blanche
ivre qui est au-dessous. De cette façon la figure accessoire du premier plan serait
samment neutralisée, et la figure de saint Paul deviendrait plus dominante.

ette observation démontre que l'on ne peut jamais contrevenir aux lois de l'optique
 qu'il en résulte une sorte de désordre, et qu'une valeur ou une couleur forte isolée
loit pas correspondre à un rayon visuel oblique.

CLAUDE LORRAIN.

oué du génie de l'observation et d'une âme de poëte, Claude Lorrain a tourné les
es facultés de son intelligence vers l'étude de la nature, dont il a représenté les sites
5s avec une vérité d'aspect à laquelle personne n'avait atteint avant lui. Il demandait
nature, cette institutrice universelle, de lui révéler les secrets de la science, qui seule
t offrir un guide assuré dans l'interprétation des œuvres de la création. C'est ainsi
n développant son intelligence par l'observation et la méditation Claude Lorrain entra
»leine possession de toutes ses facultés, qu'il acquit ce goût pur, cette grandeur d'ex-
.sion dont ses peintures nous montrent les séduisants exemples. A force de travail et de
.évérance il parvint à dégager son esprit des idées confuses qui retardèrent ses débuts,
jouir de ses longues et consciencieuses études, en traduisant son sentiment intérieur
la richesse des compositions, la magie de la lumière et de la couleur.

!aldinucci, qui a écrit la vie de Claude d'après des documents plus authentiques que
: de M. de Piles, nous apprend que le Lorrain partit à l'âge de douze ans de chez son

père, pour aller rejoindre un frère, graveur sur bois, qui habitait la Forêt-Noire. Celui-ci, après lui avoir enseigné les premiers éléments du dessin, l'envoya à Rome, dans la compagnie d'un marchand de sa connaissance, pour qu'il pût s'y perfectionner dans l'art de la peinture. De Rome, Claude alla à Naples, chez Walls, de Cologne, qui lui apprit à peindre le paysage; il lui enseigna aussi l'architecture et la perspective. Après un séjour de deux années dans cette ville, il revint à Rome, et, privé de ressources, il entra en qualité de domestique chez Agostino Tassi, élève de Paul Bril, qui jouissait de la réputation de bon peintre de décor et de paysage. Tassi, ayant pris le Lorrain en amitié, lui enseigna ce qu'il avait appris de l'expérience. A la mort de Tassi, Claude partit pour Nancy, et l'année suivante, après avoir réglé ses affaires de famille et reconnu l'impossibilité de se faire une réputation dans sa patrie, où il était sans protecteurs, il revint à Rome, en 1627, et y fit son entrée le jour même de la fête de saint Luc, patron des artistes.

Claude Lorrain prit un atelier au Monte Pincio, près de Salvator Rosa et du Poussin. Voué par la nature à fournir une carrière supérieure à sa condition, il vécut très-retiré, recevant peu de monde, renfermant ses aspirations en son âme. Lorsqu'il voyageait, et même dans ses promenades, il s'abandonnait aux vives impressions qu'il ressentait à la vue des beaux sites de l'Italie et des splendeurs du soleil couchant, reflétées par une mer tranquille. Ces majestueuses beautés parlaient si hautement à ses sentiments d'artiste que, par l'effort de la volonté, il trouva les moyens de les reproduire dans toute leur poésie. Il y fit concourir les circonstances qui s'offraient à lui, asservissant à son art, comme le Poussin, ses affections, ses relations, ses plaisirs mêmes, et se créant une vie concertée et liée dans toutes ses parties par l'action d'une raison et d'une logique admirables.

Les difficultés que rencontra Claude dans ses premières années portèrent son esprit vers la réflexion et l'observation. Il grava dans sa mémoire les effets poétiques de la nature, et, de cette façon, il se créa une faculté précieuse, qui lui permettait de reproduire sur la toile ce qu'il avait vu dans ses promenades solitaires; semblable en cela aux grands maîtres italiens, qui savaient dessiner de mémoire les belles antiques sous toutes leurs faces, ou un mouvement qu'ils avaient remarqué en passant.

L'exercice de la mémoire locale est d'une utilité qu'il n'est pas nécessaire de faire ressortir. On doit même regretter qu'elle soit si peu cultivée aujourd'hui, et que les maîtres ne développent pas chez les élèves cette précieuse qualité.

Peu de temps après son second retour à Rome, Claude fit deux paysages pour le cardinal Bentivoglio, qui les montra au pape, et tous deux se déclarèrent les protecteurs de cet admirable paysagiste.

A partir de ce moment la réputation de cet artiste grandit rapidement, et les commandes arrivèrent si pressées qu'il ne pouvait suffire à toutes les exigences. Après une vie

laborieuse, comblé d'honneurs et de richesses, Claude Lorrain mourut l'année 1682,
le quatre-vingt-deux ans.

…s sujets de ses tableaux ont été consevés dans le *Libro di verità*, livre composé de
cents dessins à la sépia, lesquels appartiennent au duc de Devonshire. Ces dessins
.té gravés à l'aqua-tinte en *fac-simile*, et forment deux volumes auxquels les éditeurs
it ajouté un troisième, contenant cent planches représentant divers dessins originaux
.aître. On a également de lui environ quarante paysages gravés à l'eau-forte pendant
unesse. Ces gravures portent l'empreinte d'un talent déjà mûr; la plus ancienne, datée
.30, prouve la fausseté des assertions de de Piles, qui nous représente Claude Lorrain
.ment privé d'intelligence qu'il ne pouvait pas même faire un pâtissier.

.aude Lorrain vivait seul avec un domestique nommé *Giovanni Ramano*, auquel il
it la peinture. Après vingt-cinq ans de séjour chez Claude, qui l'aimait à l'égal d'un
il se posa en rival de son maître, donnant à tous le spectacle de la plus noire ingra-
e.

epuis lors Claude ne reprit plus d'élève, mais il donna volontiers ses conseils à ceux
ui en demandaient; c'est ainsi que Herman Swanevelt et Le Courtois ont passé pour
lèves.

.ndrart, un des biographes du Lorrain, rapporte qu'étant allé un jour à la campagne
Claude, pour peindre d'après nature, celui-ci lui faisait remarquer, aussi bien qu'au-
pu le faire un physicien, les causes de la diversité des aspects d'une même vue, sui-
qu'on l'observait par l'effet du matin ou par l'effet du soir.

.laude se contentait difficilement de son travail et recommençait la même chose quel-
ois pendant une semaine entière, effaçant le soir ce qu'il avait peint durant la journée.
.anière de peindre est très-suave et procède d'une savante combinaison des empâte-
ts et des glacis, manière qu'il améliora pendant son séjour à Venise.

.es admirables paysages du Lorrain ont été loués par les écrivains de toutes les nations;
.alisent la plus haute perfection à laquelle on puisse atteindre comme richesse de com-
.ion, puissance et finesse de coloration, profondeur d'atmosphère et splendeur de lu-
.e. Dans ses marines, il a varié les lignes avec une grande science; on y trouve l'ap-
tion parfaite des lois de l'harmonie esthétique des lignes de la lumière et des couleurs,
.lation qu'il a due à sa connaissance de la perspective, et à son intelligente observa-
.de la nature.

L'ANCIEN PORT DE MESSINE. (Pl. LIV.)

.our créer le balancement des masses et l'harmonie de l'ensemble, Claude Lorrain a
. des vaisseaux à droite de la composition, lesquels forment des lignes esthétiques,

concourant au point de vue; il en est de même des autres petits bateaux, figures et accessoires. Cette disposition se retrouve à l'état de système dans tous ses tableaux; elle prend l'autorité d'un principe, du reste entièrement conforme aux lois de l'ordre, si habilement mises en pratique par les Grecs.

Cet ordre comporte deux modifications caractéristiques : 1° si les lignes architecturales vont à un point de concours accidentel, les figures sont placées sur des lignes allant au point de vue; 2° si les lignes architecturales vont au point de vue, les figures sont placées sur des lignes esthétiques, tendant à affirmer la donnée du tableau, afin d'établir la variété et l'harmonie de l'ensemble.

On peut remarquer que, dans les ombres portées des objets sur le sol ou sur l'eau, Claude mène du centre du soleil le rayon lumineux et la projection du rayon, ce qui donne une ombre plus grande qu'elle ne doit l'être en réalité. Il fallait abaisser la projection du soleil sur l'horizon, et, de ce point, mener les projections des rayons lumineux [1].

Les nombreuses figures qui enrichissent les compositions du Lorrain nuisent souvent à l'unité d'impression de ses tableaux. Les figures deviennent alors sujet principal, et le paysage un simple accessoire. Il ne saurait y avoir deux sujets principaux dans un même tableau, sans contrevenir aux lois de l'unité; l'un nuit nécessairement à l'effet de l'autre. Il faut donc que le tableau soit fait pour les figures ou pour le paysage. Dans le premier cas, le paysage devient un simple accessoire; dans le second, ce sont les figures qui doivent être soumises au paysage.

Le tableau du Moulin, de la galerie Doria Pamfili, et celui des Ruines du Palais des Césars, que l'on voit au palais Colonna, à Rome, offrent des exemples très-remarquables de la grande vérité avec laquelle Claude copiait la nature, en même temps que de la liberté dont il usait pour la disposition du sujet.

La vue du Palais des Césars a été prise du milieu du pont qui conduit dans l'île, sur le Tibre. Le dessin et la coloration des ruines et des fonds d'Albano sont de la plus grande vérité. Toutes les maisons qui bordent le fleuve ont été supprimées par l'artiste; il a peint seulement les terrains sur lesquels elles reposent et les a enrichis par des baigneurs et des vaches, qui vont s'abreuver. Du côté droit de la composition, le mur du quai et les maisons de l'extrémité de l'île ont été remplacés par de grands arbres faisant opposition à l'introduction de la lumière, qui se résout suivant la diagonale.

LE BOUVIER. (Pl. LV.)

Ce tableau présente une harmonie de lignes horizontales, et une résolution suivant la diagonale.

---

[1] Voir, dans notre *Traité de perspective*, la théorie du tracé des ombres au soleil.

a palette de Claude offre une harmonie de couleurs minérales qui lui servent principa-
nt pour les ébauches, et de couleurs végétales pour les glacis. Elle se compose de
-lazuli,[1] de blanc d'argent, de jaune de Naples, d'ocre jaune et de brun-rouge pour
iels. C'est avec la combinaison de ces cinq couleurs qu'il passe de la fraîcheur du ma-
ux tons éblouissants du soleil couchant.

Le lapis est un bleu qui absorbe toutes les couleurs vé- avec les couleurs minérales, qui, par leur solidité, offrent une
s qu'on lui associe; c'est pourquoi il faut le combiner précieuse analogie.

CHAPITRE III.

ÉCOLE ESPAGNOLE.

commencement de ce siècle l'école espagnole était presque inconnue en France. hevalier de Jaucourt ne dit rien des peintres Joanès, Velasquez et Murillo, qui sont hefs de l'école de Valence, de Madrid, de Séville. Les biographes italiens, de leur parlent à peine de quelques-uns des nombreux artistes espagnols qui allèrent étudier rois arts du dessin chez les grands maîtres de Venise, de Florence, de Rome. Ce ne onc qu'à la suite des guerres de notre premier Empire que la réputation de ces inter- s sincères de la nature franchit les Pyrénées, et que leurs tableaux parurent pour la ière fois dans les collections étrangères.

intérêt qui s'attacha tout d'abord à cette peinture puissante, pleine de vie, éveilla le des amateurs et des lettrés. Les tableaux de Cespedès, de Pacheco, de Carreño, de mino de Velasco, d'Antoine Ponz et de Cean Bermudez, sont les principales sources uisèrent les propagateurs de l'art espagnol. Ces artistes écrivains laissèrent, en outre, rents ouvrages de poésie et de philosophie artistique, ainsi que des traités de peinture, tomie, de perspective, d'architecture.

Dictionnaire des peintres espagnols, publié en 1816 par F. Quillet, plus intéressant e fond que par la forme, est l'œuvre d'un homme compétent, connaissant la langue livres d'art de l'Espagne, et qui a vu la plus grande partie des ouvrages dont il parle. articles *Philippe IV* et *Velasquez* on trouve une intéressante nomenclature des tableaux jets d'art que ce monarque fit acheter en Italie, par son peintre favori, pour servir aux es des jeunes artistes, et développer le goût du beau dans la nation.

. Louis Viardot, dans les *Musées de Madrid*, donne une excellente description des -d'œuvre sortis de l'Escurial, des résidences royales, des églises et des couvents; cet ır, dont le goût éclairé n'est pas contestable, affirme que le musée de Madrid est le riche de l'Europe par le mérite des œuvres réunies dans cette collection.

ces deux ouvrages, il faut ajouter l'*Histoire des peintres de toutes les écoles*, par M. Charles c, qui complète les renseignements dont nous pouvons disposer en France pour nous mettre au courant des productions de l'art espagnol. D'un autre côté, notre Musée possède des œuvres de Velasquez, de Murillo, de Moralès, de Zurbaran, d'Herrera le Vieux, de Ribera, de Collantès, qui peuvent donner une idée assez précise du mérite et du caractère des écoles de Séville et de Madrid, dont les chefs sont dignes de figurer à la suite des Corrége et des Rembrandt. Ces maîtres espagnols se font remarquer principalement par la puissance du clair-obscur, qualité portée chez eux à un haut degré de vérité et d'énergie.

L'Espagne, ayant longtemps vécu sous la domination étrangère, ou dans un état de guerre habituel, n'a possédé que fort tard le degré de liberté et d'instruction sans lequel les beaux-arts ne peuvent se manifester avec éclat. L'homme n'est grand que lorsqu'il est placé dans des conditions favorables au complet développement de sa liberté et de sa volonté : avec la liberté naît le désir, avec la volonté l'action. S'il est soumis à l'arbitraire, l'élan spontané du génie est arrêté dans son essor, le travail est sans attrait, et l'habitude de l'obéissance passive le rend mou, lâche, incapable d'aucun effort pour s'améliorer et se perfectionner intellectuellement.

L'émulation était extrême chez les Grecs tant que les hommes y furent estimés pour leurs talents et leurs vertus, et non pour les richesses qu'ils possédaient; l'amour du beau rendait le génie puissant, honoré, et les productions de l'art y étaient appréciées pour leur excellence. Au contraire, chez les nations barbares et dans les époques de décadence, la richesse de la matière ou les proportions colossales avaient seules le pouvoir de provoquer l'admiration publique.

La richesse aime le luxe, mais l'intelligence préfère les travaux de l'esprit, qu'elle a le privilége de concevoir et d'apprécier; aussi les arts ont-ils atteint la perfection ou s'en sont-ils du moins rapprochés, toutes les fois que la tendance générale des esprits a été dirigée par les poëtes et les philosophes vers un but élevé. Dès que le culte du beau, du bien, du vrai, c'est-à-dire dès que le sentiment religieux, source de toute grandeur, de toute vertu, n'est plus le promoteur des actions des hommes, les nations tombent dans l'abaissement et s'acheminent promptement vers la décadence et la barbarie.

Lorsque les Grecs foulèrent aux pieds la tradition de leurs anciennes mœurs, fruit d'une religion spiritualiste dans son principe, pour s'abîmer dans la licence et le matérialisme, ils se laissèrent subjuguer par les Romains. Ceux-ci, au contraire, puisèrent toute leur force dans l'austérité, dans le respect de la foi jurée, dans l'exaltation de l'honneur et de la vertu. Plus tard, entraînés eux-mêmes par la gloire qu'ils s'étaient acquise, et fiers des immenses richesses qu'ils avaient rapportées de leurs conquêtes, ils ordonnèrent des travaux gigantesques et des constructions ornées avec un luxe inouï. Mais, loin d'atteindre à l'élégance des Grecs, ils préparèrent la décadence de l'art, qui ne fleurit chez eux que par les grands artistes enlevés à la Grèce. L'art romain ne fut qu'un pâle reflet des Ictinus et des Phidias.

ÉCOLE ESPAGNOLE.

parole et l'épée se partageaient la gloire et la puissance; tous les esprits étaient
…és de ce côté, toutes les aspirations y concouraient; aussi Rome est-elle fière de ses
…aines, de ses orateurs, de ses lettrés, et, si l'on en excepte Fabius, qui peignit des
…aux de bataille, on peut dire qu'elle ne compte pas au nombre de ses hommes illustres
…eul de ces grands peintres ou sculpteurs qui firent de la Grèce la première nation
…onde, laissant à la postérité des modèles dans tous les genres.

…s artistes, peu considérés à Rome, sortaient de la classe esclave. Rabaissés par leurs
…queurs, les artistes grecs eux-mêmes ne purent que retarder l'époque de la complète
…dence de l'art.

…es mêmes causes, en Espagne, produisirent les mêmes effets. Les Ibériens sortirent
… barbarie sans pouvoir toutefois s'élever jusqu'au culte du beau. La nation, opprimée,
…t matériellement, et s'efforçait de se mettre à l'abri de l'arbitraire des gouverneurs
…ins. Ceux-ci exploitaient à leur profit toutes les richesses du sol pour fournir au luxe
… capitale et à l'entretien des armées. Cependant les édifices construits pendant la
…ination romaine donnèrent à ce peuple les premières notions de l'art et le goût des
…des constructions; mais, celles-ci ayant été détruites par les barbares, le souvenir du
…é fut presque la seule trace qui restât de ces conquérants du monde.

…a monarchie gothique-espagnole se maintint assez florissante du ve au viie siècle;
…, sous Recarède, la dépravation des mœurs en prépara la chute. Le comte Julien la
…ipita en appelant les Maures d'Afrique sur le sol de la patrie. En 756, l'Espagne vivait
… en partie sous le joug des kalifes. De cette époque date la magnifique mosquée de
…loue, élevée par les ordres d'Hescham Ier.

…vec la protection de Charlemagne, les chrétiens commencèrent à s'affranchir du tri-
…payé aux infidèles, et l'apôtre saint Jacques fut choisi pour patron des Espagnes. On
… que les reliques de ce saint sont conservées à Compostelle.

…rdoño Ier et Alphonse III suivent les glorieuses traces de leurs prédécesseurs. Pendant
…mps les kalifes de Cordoue bâtissent ces palais enchantés dont les ruines nous étonnent
…re, et font fleurir les arts et l'industrie.

…ous Alphonse le Grand, les combats avec les Maures se perpétuent ainsi que les usur-
…ns. Abd er-Rahman II, vainqueur des Espagnols au val de Jonquera, déploie à Cor-
… toute la magnificence orientale; il fait construire le palais de Zahrah, orné de colonnes
…orphyre et d'albâtre.

…andis que le royaume des Asturies et de Léon languit sous les faibles successeurs
…phonse le Grand, les Navarrais s'illustrent sous le sceptre de Sanche le Grand, qui
…it, au commencement du xie siècle, la Castille et l'Aragon. Il remporte sur les Maures
…rillantes victoires, où le jeune Rodriguez Diaz de Bivar, surnommé par les Arabes

le Cid (le seigneur), se distingue par sa grande bravoure. Les Espagnols ont célébré le Cid dans des poëmes, des tragédies, et dans les *romanceros*, qui ont été traduits en vers français, et dont M. Damas Hinard vient de donner le cycle complet[1]. Jamais la Castille n'enfanta plus de héros, jamais la chevalerie ne jeta plus d'éclat.

Pendant les siècles suivants, l'Espagne fait des efforts inouïs pour reconquérir le sol de la patrie et en chasser les Maures; mais ce n'est que sous le règne d'Isabelle la Catholique, en 1492, que les couronnes espagnoles sont réunies sur une seule tête. Le célèbre cardinal Ximenès, archevêque de Tolède, ministre et grand inquisiteur, protége les poëtes et les lettrés. Ceux-ci se pressent autour du trône d'Isabelle, reine majestueuse et sévère, qui imprime à la noblesse cette gravité et cette scrupuleuse observation de l'étiquette qui a contribué à l'élévation et au perfectionnement des mœurs. Comme le dit Joseph de Maistre, « tout ce qui gêne l'homme le fortifie et par cela seul le rend meilleur. » On peut encore ajouter que l'art espagnol, bien que réaliste, y a gagné de ne jamais tomber dans le trivial.

Tous les regards étaient tournés vers les chefs militaires et vers le clergé, dont la puissance prépondérante dirigeait la politique intérieure et étrangère. La protection que ce dernier accorda aux lettres prépara la gloire du grand règne de Charles-Quint.

Les fils de famille entraient, soit dans les ordres, soit dans l'armée; prêtres et soldats commencèrent à élargir les étroites limites dans lesquelles se renfermait la pensée. Ils publièrent des poëmes religieux, le plus souvent écrits en latin, des *romanceros*, des sonnets, des pastorales.

Gonzalez Berceo, au XIIIe siècle; Loveira, auteur de l'*Amadis des Gaules;* Alvarez de Oriente, ouvrirent la voie aux poëtes plus modernes de l'Espagne et du Portugal, qui illustrèrent le XVIe siècle.

Avec la gloire et la puissance naît l'enthousiasme qui enfante les poëtes, premiers instituteurs des nations; ils font germer les grandes idées, rayonner la beauté, et suscitent les productions des arts. Cet enchaînement rationnel se montre dans tous les pays, à toutes les époques, et l'on comprend par là comment les beaux-arts peuvent arriver à leur apogée au moment même où la grandeur des peuples commence à décroître. L'Espagne en fournit un nouvel exemple.

Le cardinal Ximenès seconda puissamment le mouvement de la renaissance italienne, dont les bienfaits s'étaient répandus sur toute l'Europe. Ferdinand d'Avalos, Villalobos, Velasco, préparèrent les esprits au mouvement intellectuel et firent passer promptement l'Espagne de l'enfance de l'art à la maturité.

Charles-Quint, à son tour, vivant au milieu d'une cour brillante, y attira les poëtes, les lettrés, les savants, en même temps qu'il envoyait les jeunes artistes chercher en Italie

---

[1] *Le Cid*, traduction avec notes et commentaires, publié chez Perrotin, libraire-éditeur.

nseignement que la patrie ne pouvait leur donner. Ce règne glorieux fut illustré par
crits de Michel Cervantès, du Camoëns, de Guilhem de Castro, auxquels viennent
iter Ercilla y Zuniga, l'ancien page de Philippe II; Garcias Laso, Antoine Guevara,
ir du *Diable Boiteux*; Lope de Vega, Montemayor, créateur du roman pastoral; Que-
de Villegas, l'ami de Velasquez; Calderon de la Barca, et quantité d'autres poëtes et
riens qui chantèrent la gloire des saints, les hauts faits de la chevalerie, les mille
es de l'amour.

e xvii° siècle fut la grande époque de l'art espagnol, comme le xvi° siècle avait été
de la gloire et des lettres.

ous Jeanne la Folle et Philippe Ier (1506), l'Espagne comptait déjà quelques ar-
s de mérite qui avaient étudié en Italie. Jean Nuñoz, élève de Sanchez de Castro, de
le, et Rincon, peintre du roi, étaient alors les plus grands maîtres de l'école espa-
e. Rincon peignait dans la manière de Ghirlandajo, sans toutefois égaler le peintre
ntin. Ses ouvrages se voient à la cathédrale de Tolède, où il travailla avec Pierre
uguete en 1483. Il faut encore mentionner Georges Inglès, de Grenade, et Damien
iente, qui sont à peu près les seuls peintres du xv° siècle dont on ait conservé des
ages authentiques.

lphonse Berruguete, fils de Pierre, est le premier artiste qui ait eu un dessin correct,
couleur vraie, une bonne entente de la composition. Pendant son séjour à Florence,
udia le célèbre carton de la bataille de Pise, par Michel-Ange, et suivit ce maître
me, où le Bramante l'employa comme sculpteur. Quand Berruguete revint en Espagne,
les-Quint le nomma son peintre et son sculpteur, et lui commanda de nombreux tra-
pour l'Alcazar et le palais qu'il faisait construire à Grenade. Cet artiste infatigable,
it en perspective, en anatomie, en peinture, en architecture, excella, comme son
re, principalement dans la sculpture. On aura une idée du prix attaché alors à ses
ages, en apprenant que l'évêque de Cuenca lui donna, pour décorer la galerie de
évêché, la somme de cent cinquante mille ducats d'or.

ependant, malgré les efforts des artistes, et les nombreux modèles que le grand empe-
avait réunis dans ses palais, où tous les hommes de génie de l'Italie étaient repré-
s par des œuvres de premier ordre, la nation restait plongée dans l'ignorance. Ce
n vain que les élèves des Titien, des Michel-Ange, des Raphaël, des Bramante, entre-
nt de communiquer à l'Espagne le bon goût qui régnait alors en Italie.

omblés de richesses, le clergé et la noblesse commandaient de nombreux travaux pour
glises et les couvents. Mais les artistes, privés de cette liberté féconde qui engendre
hefs-d'œuvre, étaient obligés de substituer à l'idéal le matérialisme le plus grossier,
que leurs ouvrages, s'adressant à un peuple superstitieux et ignorant, eussent une

action plus puissante sur les imaginations et secondassent les vues intéressées d'un despotisme religieux poussé à l'excès. De là ce nombre considérable de peintures représentant les scènes les plus tragiques de l'histoire sainte, et ce faste déployé dans les églises, dont la richesse surpasse l'imagination.

Becerra étudia les mêmes maîtres que Berruguete, et devint comme lui peintre, sculpteur et architecte. On lui doit la myologie de deux statues, faites en vue de faciliter aux jeunes artistes l'étude de l'anatomie. Ces statues servent encore aujourd'hui de modèle dans les académies.

Louis de Vargas, élève de Perino del Vaga et de Jules Romain, vécut à Séville, où il mourut en 1568. Son calvaire de l'hôpital de Las Rubas est une des œuvres les plus parfaites de l'école espagnole. A ces noms célèbres viennent s'ajouter ceux de Gaspard de Hoyos, de Borgogna, de Cabaja, de Gallegos, qui étaient en grande réputation lors de l'arrivée de Charles-Quint. L'empereur les attira à sa cour et leur fit de nombreuses commandes.

Sous Philippe II fleurirent Fernandez de Navarrete, *el Mudo*, élève du Titien; Michel Borroso, imitateur du Corrége; Paul de Cespedès, Pierre de Villegos, Vergara, les Ribalta père et fils, Las Roëlas, Sanchez Coello, tous artistes de mérite, ayant étudié en Italie et possédant les trois arts du dessin. Aussi n'est-il pas rare de rencontrer des ouvrages à la fois construits et ornés de peintures et de sculptures par le même artiste. Tous ces hommes savants, pieux et sincères préparent les voies de l'avenir, et l'école espagnole ne tardera pas à parvenir à son apogée avec Joanès, Velasquez et Murillo.

Philippe II, élevé au milieu des chefs-d'œuvre de Raphaël, de Léonard de Vinci, de Corrége, de Titien, de Véronèse, apprit de bonne heure à les comprendre et à les aimer. Ce prince, savant architecte et assez bon peintre, fournissait lui-même les plans des monuments qu'il faisait construire sous sa direction. Mais ce goût tout personnel du souverain exerçait peu d'influence sur la noblesse et moins encore sur le peuple; l'attention était tournée vers l'armée et la diplomatie, appelées à soutenir la prépondérance de l'Espagne dans le concert européen. Cependant, après l'achèvement de l'Escurial, les nobles commencèrent à faire décorer leurs palais et à les enrichir de peintures.

Valence voyait avec orgueil grandir la réputation de son école, dirigée par Vincent Joanès, qui en est demeuré le chef. Cet artiste, savant en anatomie et en perspective, possédait l'art des raccourcis, un dessin correct, un grand style, et un coloris qui rappelle celui de l'école romaine, où il s'était formé. Comme Louis de Vargas, Joanès, lorsqu'il avait à peindre un tableau destiné à un lieu sacré, ne se mettait jamais au travail sans s'y être préparé par la communion, et tous les tableaux qu'il fit dans ces conditions sont autant de chefs-d'œuvre. Il faut encore mentionner Orrente, imitateur du Bassan, dont il venait beaucoup de tableaux en Espagne, et Pantoja de la Cruz, élève de Sanchez Coello,

tre de Philippe II et de la famille royale. A partir de cette époque, les peintres espa-
s commencèrent à étudier la nature avec une grande vérité, mais toutefois sans recher-
l'idéal. Herrera le Vieux, le fougueux peintre de Séville, abandonna le premier la
ière châtiée et timide de ses prédécesseurs. Il procéda par de forts empâtements, et
ia à ses figures une puissance et une grandeur qui furent imitées par Velasquez.
ocopuli, *el Greco*, et Moralès, *el Divino*, complètent la série des principaux artistes
préparèrent la belle période de l'art espagnol.

a sculpture et l'architecture, loin de suivre la même marche, ascendante, s'anéantis-
it sous les richesses dont elles étaient recouvertes. Les statues devenaient de plus en
 des accessoires servant à exposer les couronnes d'or, les colliers de perles, les cœurs
iamants, les étoffes ornées de pierres précieuses, offerts par la piété des fidèles. La
ité de la forme et les belles proportions disparaissaient dans ces deux arts, sous l'ac-
ulation des ornements et l'excès des dorures. Plus que jamais on chercha à séduire les
:, et, par la valeur de la matière, à commander le respect. C'est alors qu'on vit le
id Pacheco, le poëte, le savant maître de Velasquez, dorer et peindre les statues et les
reliefs des élèves de Michel-Ange, et Castello colorier quarante-huit bustes de saints
e saintes pour les reliquaires de l'Escurial !

oussés dans la voie du réalisme par les dispensateurs des commandes, les artistes
iirent cette sévérité de dessin et de couleur, cette puissance de clair-obscur, cette fierté
)uche qui caractérisent l'école espagnole. Ces qualités furent portées à la perfection par
iès, Velasquez et Murillo, les chefs, ou, comme on les appelle en Espagne, les *cory-*
s des trois grandes écoles de Valence, de Madrid et de Séville.

lacés sous la direction du clergé, les artistes étaient rarement libres de traiter les
ts qu'ils préféraient, et, en raison de cette dépendance, on compte un très-petit nombre
ieintres de bataille, de paysage, de fleurs et de nature morte. Pacheco de Séville, le
tre le plus savant de l'Espagne, avait un beau coloris et une grande correction de
in, qualité très-rare chez les peintres de l'Andalousie. Palomino nous apprend que
onne ne fut plus studieux, ni plus appliqué au travail, et que les élèves se disputaient
ineur de l'avoir pour maître. Pacheco faisait toujours plusieurs dessins des sujets qu'il
ait traiter, et des études d'après nature pour l'expression des têtes et les mouvements
personnages.

)n compte de sa main plus de cent cinquante portraits à l'huile, et au moins deux
.s au crayon rouge et noir, parmi lesquels se trouve celui de Cervantès, que Lope de
a a chanté dans ses vers.

'acheco a fait aussi un traité de la peinture, dans lequel on retrouve le savant et sin-
 observateur de la nature, aussi bien que le profond érudit. Cet ouvrage, remarquable

pour son époque, est encore aujourd'hui regardé en Espagne comme indispensable à l'avancement des jeunes artistes.

Herrera le Jeune, revenu de Rome grand peintre et savant architecte, surpassa son père dans la peinture de fleurs et l'égala dans la science du clair-obscur et la fougue du pinceau. Ses principaux ouvrages se voient à Séville, à l'Escurial et à Madrid.

L'Estramadure a donné naissance, en 1598, à Zurbaran, de Fuente de Cantos. Ce grand artiste quitta les travaux des champs pour entrer dans l'atelier de Roëlas à Séville, où ses progrès furent rapides. Il étudia la nature avec l'intelligence et la sincérité qui distinguent l'école espagnole, puis il forma son goût et son style à Séville, sur les peintures du Caravage. Mais Zurbaran surpassa ce dernier dans l'expression des sentiments, la noblesse du style, la puissance et la vérité du clair-obscur et du coloris. Il posséda une manière savante de draper les figures, dont les articulations se font toujours sentir, sans diminuer l'effet des grandes masses d'ombre. Après un long séjour à la Chartreuse de Xérès, Zurbaran vint à Madrid, appelé par Philippe III, qui le nomma son peintre et lui commanda les Douze travaux d'Hercule, pour le palais de Buen-Retiro. Ce grand artiste orna de ses peintures plusieurs monuments publics, fit un nombre considérable de tableaux de chevalet, et mourut en l'année 1662.

Les Polancos, élèves de Zurbaran, ont peint dans la manière du maître, comme on peut en juger dans les églises de Saint-Étienne de Séville, de l'Ange-de-la-Garde, et à la sacristie du couvent de Saint-Paul, qui possèdent leurs meilleurs ouvrages. Barnabé d'Ayala, autre élève de Zurbaran, est plus particulièrement connu par son concours généreux à la fondation de l'Académie de Séville, en 1660.

Velasquez de Silva, né à Séville en 1599, est le grand maître vénéré de l'école espagnole. Dès l'enfance, Velasquez montra les plus heureuses dispositions pour le dessin, qui était sa seule occupation. Placé chez Herrera le Vieux, il quitta bientôt ce maître insociable pour le savant Pacheco, qui lui enseigna les lois de l'art tout en le faisant peindre constamment d'après nature. C'est pourquoi Velasquez n'imita jamais personne et se forma un talent original basé sur les lois de l'art. L'Aguador de Séville, qui est un de ses premiers tableaux, montre avec quelle intelligence il sut interpréter la nature et grouper les objets. Pour mettre tous ses moments à profit, Velasquez avait un jeune paysan qui lui servait de modèle; tantôt il le plaçait dans une position, tantôt dans une autre, étudiant les raccourcis les plus difficiles et les expressions les plus opposées. Souvent il le faisait rire par un mot plaisant, ou bien il le battait pour le faire pleurer. Velasquez peignait des fruits, des fleurs, des étoffes, apportant la plus scrupuleuse attention à la dégradation de la lumière et des couleurs, aux reflets, et secondé en cela par une connaissance approfondie des lois de l'optique et de la perspective.

endant ce temps, Pacheco ornait l'esprit de son jeune élève, soit par la lecture des
es, soit par la conversation des érudits et des artistes, dont sa maison était le rendez-
habituel. Ainsi préparé, Velasquez visita Tolède et Madrid, où les peintures de Louis
an, peintre pur et correct, lui suggérèrent de donner à ses compositions plus de grâce
 suavité. A peine de retour à Séville, Velasquez épousa la fille de son maître, et, pro-
 par le chanoine Fonseca, il revint à Madrid, appelé par le comte-duc d'Olivarès, dont
 le portrait. Le roi, à qui l'on montra cette peinture, en fut si charmé, qu'il admit
ur même Velasquez au nombre de ses peintres, et l'attacha particulièrement à son
ce.

utre les portraits de Philippe IV, du duc d'Olivarès et de tant d'autres, qui sont des
s-d'œuvre, on cite de Velasquez les trois tableaux suivants : les Forges de Vulcain,
eddition de la place de Breda, connue sous le nom de *Tableau des Lances*, et les
ses, dernière manière du maître, comme les peintures les plus parfaites au point de
de l'effet, de la couleur et de la composition.

ucca Giordano appelait le tableau des Fileuses « la théologie de la peinture, » et Ra-
l Mengs, disait en parlant du même tableau, « que la main paraissait n'avoir pris au-
 part dans cet ouvrage, mais la volonté seulement. »

an de la Corte et Pareja, connu sous le nom de *l'Esclave de Velasquez*, sont deux
s remarquables de ce grand maître. Jean de la Corte se distingua principalement
 les tableaux de paysage et de bataille, et Pareja fit des portraits, dont quelques-uns
 attribués à Velasquez lui-même.

artinez del Mazo était également réputé pour sa parfaite imitation des tableaux de ce
re, et l'on prétendait que ses copies n'offraient aucune différence sensible avec les
naux. Ce laborieux artiste s'adonna principalement au paysage, et, bien qu'il n'eût que
alette pour toute fortune, il s'était rendu assez remarquable pour que Velasquez lui
ât sa fille en mariage.

ureguy d'Aguilar, peintre, poëte et écuyer d'Élisabeth de Bourbon, femme de Phi-
 IV, étudia la peinture à Rome, et, par ses études de l'antique, il acquit un dessin
 élégant, et se distingua dans le portrait. Son excellente traduction de l'*Aminta*, de
 e que son dialogue en vers sur la nature, la peinture et la sculpture, lui assigne une
 distinguée entre les poëtes de sa nation.

rmi les peintres de paysage qui fleurirent sous Philippe IV, il faut citer Collantès,
 notre Musée possède un tableau caractéristique; Iriarte, élève d'Herrera le Vieux;
as Garcia de Mirande, son neveu; Pierre Rodriguez, Aguero, élève du gendre de Ve-
 ez, et Arteaga d'Alfaro.

elasquez favorisa aussi les études d'Alfaro de Gamez, poëte et lettré, dont les portraits sont très-estimés. On cite celui de Calderon, qui orne le tombeau du poëte, à Cordoue, comme une œuvre remarquable.

Careño de Miranda est encore une des grandes figures d'artiste de cette époque. Son père le plaça chez Las Cuevas, où il fit de rapides progrès. Il exécuta, à l'âge de vingt ans, les peintures du couvent du Rosaire et celles du cloître de Marie d'Aragon. Velasquez l'employa dans le palais du roi, où l'on voit des fresques de Careño représentant différents sujets de la fable. Careño fut nommé peintre de Philippe IV, titre que lui conserva Charles II, qui l'aimait pour sa douceur et son extrême modestie.

Le style de Careño est grand, son dessin correct; la suavité de son coloris rappelle celui de Van Dyck, et ses portraits, la manière de Velasquez. Le nombre des peintures de cet artiste est considérable : les palais et les églises de Madrid, les villes importantes du royaume, de même que les collections particulières, possèdent des œuvres de ce peintre fécond.

Les élèves de Careño imitèrent l'exécution facile de leur maître, sans s'attacher à l'étude consciencieuse de la nature, et contribuèrent à la décadence de l'art. Antoine de Pereda, condisciple de Careño à l'atelier de Las Cuevas, se distingua dans la peinture dès l'âge de dix-huit ans. La protection du duc d'Olivarès lui fit obtenir des travaux pour le palais du Retiro. La fraîcheur de son coloris, l'exactitude de son dessin, ont fait rechercher ses ouvrages, que l'on rencontre dans les collections particulières et dans quelques églises de Madrid.

Don François de Solis, né en 1629, à Madrid, parvint aussi à la réputation dès l'âge de dix-huit ans. Considéré comme un grand artiste, il devint le peintre de portrait à la mode; mais, l'amour du gain l'emportant sur l'amour de l'art, ses succès furent d'un fâcheux exemple.

Par le défaut d'élévation dans les idées, on prévoit déjà que la décadence de l'art ne tardera pas à suivre celle des lettres et de la vie politique de la nation.

Alphonse Cano, né à Grenade, en 1601, étudia d'abord l'architecture avec son père, et la sculpture d'après les statues et les bustes grecs que possédaient les ducs d'Alcala. Par conséquent, lorsque Alphonse Cano entra dans l'atelier de Pacheco, il était déjà sculpteur et architecte. Séville possède cinq grands autels dont l'architecture, la sculpture et la peinture sont entièrement de sa main.

Palomino faisait le plus grand éloge des sculptures de Cano; il cite comme un chef-d'œuvre la statue de la Vierge tenant l'enfant Jésus, dont le grand autel de l'église de Lebraja est orné.

Pendant son séjour à Grenade, Cano blessa grièvement en duel son rival Llano de Valdès, ce qui l'obligea de partir pour Madrid, où il fut reçu et protégé par son ancien

isciple Velasquez. Là il perfectionna sa manière de peindre d'après les ouvrages des
res italiens, et parvint à un degré de talent éminent.

lphonse Cano est un des artistes dont s'honore le plus l'Espagne, et dont elle est le
fière, parce qu'il ne sortit jamais de son territoire. Nommé plus tard chanoine du cha-
 de Grenade, il fit encore de nombreux travaux et mourut en 1667.

a vie d'Alphonse Cano nous conduit à faire cette remarque caractéristique sur les ar-
s espagnols : c'est qu'un grand nombre d'entre eux est entré dans les ordres; que le
 de Cano est peut-être le seul qui ait été provoqué par la rivalité du talent, et qu'en
ral la bienveillance entre confrères ou collègues est extrême. Au lieu d'employer dans
ivalités le fer ou le poison comme les Italiens, le peuple espagnol, qui s'est montré si
ent vaillant jusqu'à la férocité, ne connaît pas l'envie, et ne songe jamais à faire dis-
ître un émule favorisé de la fortune.

ntoine Bisquert, élève de Ribalta, Castillo de Saavedra, Claude Coello, soit en recon-
sant la supériorité d'un rival, soit pour un passe-droit, sont morts de chagrin sans
er à la vengeance. Les défis qu'ils se portaient volontiers se bornaient à provoquer
oncurrent à peindre en public, séance tenante, un tableau quelconque, et à faire pro-
er le nom du vainqueur par ce jury improvisé. On a vu même le provocateur d'un
il défi s'avouer vaincu et en mourir de honte et de chagrin, comme cela est arrivé, en
iée 1688, entre Bocanegra, élève distingué d'Alphonse Cano, et Ardemans, peintre
toire, sculpteur et architecte, élève de Claude Coello. Ardemans ayant terminé plu-
s tableaux dont le mérite était généralement reconnu, prétendait à la direction des
ux de la cathédrale de Grenade; son concurrent, Bocanegra, protégé par le seigneur
çois de Tolède, qui prêta la grande salle de son palais pour le défi, affichait la même
ention. Bocanegra convoqua les artistes et toute la noblesse du pays à ce concours. Les
 rivaux devaient faire réciproquement leur portrait : Ardemans s'écria qu'il ne recon-
sait personne plus habile que lui-même tant qu'il pourrait tenir une palette et un pin-
, et il exécuta en moins d'une heure le portrait de Bocanegra, chef-d'œuvre de hardiesse
 ressemblance. La foule applaudit. Bocanegra remit l'épreuve au lendemain. La so-
 s'assembla de nouveau, mais l'orgueilleux artiste ne parut pas et mourut quelques
 après de la honte de sa défaite.

 père Don Christophe Ferrado, né dans la principauté des Asturies, en 1620, sentit
 se révéler chez lui en voyant exécuter les peintures murales du couvent de la char-
se de Cazalla, dont il était recteur. Après de sérieuses études il se fit remarquer par
reté du dessin, la puissance du clair-obscur et la vérité du coloris. Le cloître Saint-
el, à Séville, possédait dix tableaux de sa main, lesquels figurent aujourd'hui, avec
eur, dans la collection de l'Alcazar.

Élève de Jean del Castillo, Pierre de Moya, condisciple de Cano et de Murillo, étudia en Flandre les ouvrages de Van Dyck. En 1640, il partit pour l'Angleterre, afin de suivre les leçons du peintre flamand. Mais, Van Dyck étant mort l'année suivante, Moya revint à Séville. Murillo, surpris de la suavité des ouvrages et du changement prodigieux qui s'était opéré dans la manière de son ancien collègue, conçut le projet d'aller se perfectionner en Italie.

Murillo avait vingt-quatre ans lorsque, animé par l'exemple de Montero de Roxas, de Manuel de Molina et de tant d'autres de ses contemporains, il fit des tableaux de pacotille pour les marchands qui commerçaient avec l'Amérique; il voulait se procurer les fonds nécessaires au voyage d'Italie. Il passa par Madrid; son compatriote Velasquez, alors en grand honneur à la cour, lui fit obtenir la permission de copier les chefs-d'œuvre renfermés dans les résidences royales, et Murillo, après trois années consacrées à cette étude, renonça à son voyage. De retour à Séville, il s'éleva bientôt au-dessus de ses émules, et le neveu de Jean del Castillo, autrefois son condisciple, étant venu de Cordoue à Séville voir les peintures de Murillo, dont on parlait beaucoup, s'écria : « Comment ce petit élève de mon oncle a-t-il pu faire tant de chefs-d'œuvre! Castillo est mort, Castillo est mort!... » En effet, le chagrin qu'il ressentit de se voir surpassé par son ancien condisciple, le fit mourir peu de temps après.

Murillo est devenu chef de l'école de Séville et un des plus grands coloristes de l'école espagnole. Ce peintre fécond eut trois manières : la première, qu'il tenait de son maître, Jean del Castillo, est un peu sèche; la seconde, plus ample, plus empâtée, plus puissante, résulte des études qu'il fit à Madrid, sous la direction de Velasquez; la troisième, fruit de l'expérience, est lumineuse, suave et lui a valu le titre de *Prince des coloristes*.

Murillo étant allé à Cadix, en l'année 1602, peindre le maître-autel de l'église des Franciscains, se blessa en tombant de l'échafaudage sur lequel il travaillait, et mourut des suites de cet accident. Il fut transporté à Séville, par les soins de son ami et élève Nuñez de Villavicencio, où on lui fit de brillantes obsèques.

Villavicencio et Menesès Osorio se sont rapprochés de Murillo dans les portraits, et Tobar, un autre de ses élèves, imitait si bien les tableaux de son maître, que l'on confondait les originaux avec les copies. Il consacra sa vie à ce genre de travail et l'on ne connaît de lui qu'un seul tableau, la Vierge de la consolation, qui orne un des autels de la cathédrale de Séville.

Sébastien Gomez, plus connu sous le nom de *Mulâtre de Murillo*, mérite également d'être cité parmi les meilleurs peintres de cette école.

Lorsque les rois d'Espagne voyageaient, il était d'usage d'élever des arcs de triomphe ornés de peintures, et de décorer les façades des maisons situées sur leur passage. On y

entait des faits historiques en l'honneur du prince, ou des sujets de sainteté. Chaque
se proposant de surpasser ses rivales, consacrait des sommes considérables à ces tra-
auxquels concouraient les peintres le plus en renom. Séville, réputée pour ces sortes
corations, possédait presque le monopole des peintures sur étoffes, qui figuraient en
nombre dans les processions. Tous ces travaux exigeaient un faire particulier, car il
frapper fort et atteindre de loin. L'effet de l'ensemble était par conséquent la prin-
préoccupation des artistes; leur style y gagna cette ampleur qui résulte de belles
s d'ombre et de lumière, et de l'absence de détails oiseux. Ces qualités, en se géné-
nt dans la grande peinture, aussi bien que dans les tableaux de chevalet, rappro-
t l'école espagnole des grands maîtres italiens dans cette partie de l'art.

eph Ribera, malgré son long séjour à Naples, appartient à l'école espagnole, qui
endique à juste titre comme un de ses peintres. Ribera, en effet, naquit en 1588, à
, petite ville près de Valence, et non point aux environs de Naples, comme le pré-
nt ses biographes italiens.

era entra très-jeune à l'atelier de François Ribalta, où il fit de rapides progrès; puis
demander à l'Italie ce complément d'instruction qui avait rendu célèbres la plupart
intres espagnols.

ès avoir étudié à Rome sous le Caravage, il alla contempler les œuvres du Corrége,
me. Il revint à Rome, puis partit pour Naples, où la fortune, le prenant par la main,
passer d'un état misérable à la plus haute position. Le vice-roi le logea dans son
et lui confia des travaux importants; rien ne se faisait sans sa participation. On sait
en par un sentiment de jalousie il abusa de son influence, lorsqu'on proposa aux
s de Rome d'exécuter les peintures décoratives de la chapelle de Saint-Janvier : les
de Guido Reni furent bâtonnés et s'en retournèrent avec leur maître. L'infortuné
iquin, plus persévérant que ses collègues, y trouva la mort.

bera a suivi la voie tracée par le Caravage, dont la manière s'identifiait si bien au réa-
de l'école espagnole; mais il surpassa ce maître par l'éclat de la lumière et des cou-
, la vérité du dessin et l'habileté du pinceau. Savant en anatomie et en perspective,
a ne possédait pas au même degré la science du clair-obscur; ses ombres manquent
adation; le passage de l'ombre à la lumière est trop heurté, et l'on n'y trouve pas cet
nbiant qui enveloppe les objets et les fait se détacher les uns des autres, qualité que
quez posséda mieux qu'aucun autre artiste après le Corrége.

era recevait de Philippe IV des commandes souvent renouvelées, et, lorsque Velas-
vint à Naples, il acheta les œuvres les plus remarquables de son compatriote. Les
ls d'Espagne, de leur côté, en rentrant dans la mère patrie, rapportaient quelque
u de Ribera; aussi l'Escurial compte-t-il aujourd'hui vingt œuvres magistrales de

ce peintre, et le palais de Madrid vingt-cinq ; les églises de la capitale, celles de Salamanque, de Cordoue, de Grenade, de Saragosse, possèdent aussi plusieurs de ses meilleures peintures.

Passante, Giovanni Do, Fracanzoni, élèves de Ribera, se contentèrent d'imiter ou de copier les ouvrages de leur maître. Par cette raison, les peintures attribuées à Ribera sont très-nombreuses. Toutes les fois qu'une individualité puissante apparaît dans le monde des arts, elle entraîne à sa suite les organisations trop faibles pour tracer un sillon nouveau; aussi l'œuvre du maître s'accroît-elle avec le temps de la plupart de ces imitations.

Parmi les élèves de Ribera, Luca Giordano est celui qui tient la meilleure place dans l'histoire de l'art. Il modifia la manière qu'il tenait de son maître d'après celle de Pierre de Cortone, et finit par s'en créer une originale. Luca *Fa presto* a trop souvent abusé de son extrême facilité à reproduire les conceptions d'une brillante imagination, et c'est à son amour du gain que l'on doit de ne posséder qu'un petit nombre d'œuvres à la hauteur d'une organisation si heureusement douée sous tant de rapports. Presque toutes les églises de Naples et quelques-unes de Madrid possèdent des peintures de Giordano. Mengs parle d'une Sainte-Famille si *raffaellesca*, qu'elle fait regretter d'autant plus vivement que, chez cet artiste, l'amour de l'argent l'ait emporté sur l'amour de l'art : la fortune s'évanouit, les chefs-d'œuvre demeurent.

Philippe IV consolait ses revers politiques par le culte des beaux-arts. L'église de l'Escurial possède deux de ses peintures, qui y ont été transportées par les soins pieux de son fils Charles II. Elles représentent saint Jean avec l'enfant Jésus, et Madeleine au désert.

L'appui qu'il donna à tous les artistes de talent, la distinction avec laquelle il traita Rubens durant les neuf mois que ce grand peintre passa à Madrid, et principalement son affection pour Velasquez, dont le nom est inséparable de celui de ce monarque, l'ont rendu à jamais cher à l'histoire de l'art.

Les seigneurs de la cour flattaient la passion du roi en lui offrant les ouvrages les plus précieux, et les princes italiens, de leur côté, témoignèrent de leur désir de lui plaire en facilitant à Velasquez l'acquisition de quarante tableaux des plus grands maîtres, parmi lesquels se trouvait la célèbre Vierge au Poisson de Raphaël. Le père Mayno, élève de Teotocopouli, avait enseigné à Philippe IV les premiers principes de la peinture, et l'Infant, devenu roi, ne voulut jamais se séparer de son maître, qui était le Mécène des artistes.

Sous Charles II, après la mort de Velasquez et de Murillo, les peintres de second ordre se trouvèrent au premier rang. Rizi, élève de Carducho; Polomino de Velasco, peintre et écrivain; Ximenès Donoso, Claude Coello, et Carreño de Miranda, l'érudit, furent les

es qui se partagèrent les travaux de la capitale, tandis que Jean de Valdès Léal, était
il peintre en réputation à Séville.

s élèves et les imitateurs de Velasquez et de Murillo dégénérèrent peu à peu, et
nple de Luca Giordano, venu à Madrid, en 1692, peindre les voûtes et le grand
er de l'Escurial, amena le relâchement complet des études sérieuses. Claude Coello,
i de Charles II, regarda la préférence accordée au peintre napolitain comme une
ite portée à son honneur, et, malgré l'affection que lui témoignèrent le roi et tous
onfrères, il mourut de chagrin.

ello avait dit en voyant peindre Luca Giordano : « Celui-ci va nous enseigner com-
on gagne de l'argent, et nous ôter bien des scrupules. »

fut en vain qu'on fonda des académies dans les principales villes du royaume pour
er le culte du beau. Quand les maîtres eux-mêmes abandonnent les saines tradi-
, et que l'abattement des esprits manifeste l'impuissance de tout effort généreux, les
s, nourris de fausses doctrines, précipitent la décadence. La rénovation devient même
ssible, si, dans le milieu où sont naturellement placés les artistes, ils ne trouvent
n point de contact pour s'élever et grandir. Lorsque le développement harmonieux
acultés intellectuelles et morales, qui seul favorise l'essor du génie, est dédaigné,
ste reste au-dessous de lui-même, et tombe fatalement dans la vulgarité.

là le nombre considérable de peintres chez qui l'on rencontre une préoccupation
gère au culte du beau.

s désastres de la nation et le mysticisme religieux amenèrent la décadence des lettres,
sa suite, celle de l'art. Philippe V tenta un dernier effort en appelant des artistes
gers ; mais sa volonté fut impuissante contre l'indifférence de tous, ou contre un mau-
goût enraciné. Il suffira de dire que des artistes tels que Germa Llorente, entre autres,
taient arrivés à ce point d'abaissement, de représenter la sainte Vierge en costume
ergère gardant les moutons !

harles III, mû par une fausse dévotion, porta le dernier coup aux beaux-arts en ordon-
de brûler les Bacchanales du Titien et du Poussin. Heureusement pour la postérité
rdres ne reçurent pas leur exécution, et ces tableaux, soustraits à tous les regards,
uvèrent une nouvelle vie lors de la formation du musée de Madrid.

n peut conclure que les peintres de l'école espagnole se sont toujours plus attachés
xécution, au procédé qu'à l'idée ; qu'ils ont quelquefois trouvé le chemin du cœur
l'expression vraie du sentiment religieux ; qu'ils ont atteint la perfection dans la ma-
e de peindre et le rendu de la nature, mais qu'ils n'ont aucun maître à opposer à
ie et à la France au point de vue de l'idéal.

VELASQUEZ.

Velasquez est à la fois grand par les facultés de l'intelligence et par les qualités morales; son esprit, dirigé sans cesse vers la perfection, lui a conquis la première place parmi les peintres espagnols. Un examen attentif de son œuvre prouve qu'il ne s'est jamais départi de cette sincérité, de cet amour, de cette foi que possèdent seuls les vrais génies.

Dès sa jeunesse, Velasquez s'attacha particulièrement à l'étude de la nature, la représentant sous toutes ses formes, sous tous ses aspects, peignant tantôt la figure humaine, tantôt les animaux, les fleurs, les fruits, les poissons et toute espèce d'accessoires. Les tableaux qui appartiennent à ses débuts se ressentent de la sécheresse qu'une étude minutieuse entraîne à sa suite; mais la liberté du pinceau, fruit d'un long travail, se montre tout entière dans les tableaux qu'il fit à son retour d'Italie.

Le séjour de Rubens à Madrid et sa liaison avec Velasquez furent favorables à tous deux. En présence des chefs-d'œuvre des maîtres italiens, Rubens l'initiait aux mystérieuses combinaisons des lois de l'harmonie esthétique des lignes, du clair-obscur, du coloris, confirmant les principes que Pacheco lui avait enseignés et reculant à ses yeux les bornes de l'art.

D'un autre côté, la peinture à la fois vraie et puissante du chef de l'école de Madrid stimula Rubens, déjà prédisposé à se ralentir sous l'influence du talent acquis.

Velasquez, désireux de visiter la patrie des Giorgione, des Titien, des Véronèse, des Tintoret, et pénétré de l'utilité d'un voyage en Italie, demanda à Philippe IV l'autorisation de partir. Après trois années passées à Venise, Bologne, Florence, Rome, Naples, il revint à Madrid, en 1631, chargé de copies et de dessins d'après les maîtres italiens et d'après l'antique. De cette époque datent les célèbres portraits équestres du duc d'Olivarès, de Philippe IV, de l'infant don Carlos, et ceux de plusieurs personnages illustres, parmi lesquels on distingue le poëte Quevedo de Villegas. Il fit en outre le tableau des Lances, représentant la reddition de Breda au marquis de Pesquera, tableau de la plus grande beauté. La lumière, l'air, l'espace, la couleur, la bonne disposition des groupes, tout, jusqu'aux piques des soldats, y est d'une vérité et d'une habileté d'exécution merveilleuses.

Dans un second voyage en Italie, en 1648, Velasquez se procura des moulages d'après les belles antiques pour l'académie de Madrid, dont Philippe IV lui avait confié l'organisation, et, cinq ans plus tard, il livrait à l'admiration publique le tableau des Fileuses, qui est le chef-d'œuvre du maître.

Outre sa qualité de peintre du roi, Velasquez remplissait les fonctions de premier maréchal des logis du palais. Chargé en cette qualité du cérémonial de la remise de l'Infante, que devait épouser Louis XIV, il tomba malade à la suite de trop grandes fatigues,

ourut, peu de temps après son retour à Madrid, en 1660. Velasquez fut inhumé
l'église de Saint-Jean avec un grand cérémonial. Le cortége se composait de la
on du roi, de toute la noblesse, des chevaliers de tous les ordres militaires, de tous
rtistes, et d'un concours considérable de personnages. Sept jours après, on plaçait à
ôtés sa femme, morte de douleur.

Le Marchand d'eau de Séville. (Pl. LVI.)

es études que Velasquez fit à Rome n'eurent pas d'influence sur sa manière de peindre
r son style, qui étaient déjà formés lorsqu'il partit pour l'Italie; mais elles contri-
ent à lui faire observer de belles proportions pour les figures, à soigner l'anatomie
ius, et à se rapprocher de ses modèles, dans l'ordre et l'harmonie des compositions.
 Marchand d'eau de Séville, un des premiers tableaux de Velasquez, laisse déjà
un sentiment et une recherche de l'harmonie esthétique des lignes, de la lumière
es couleurs, qui ne tarderont pas à en faire un maître accompli dans cette partie
art.
e tableau qui nous occupe se fait principalement remarquer par la vraie interpré-
n de la nature, et par une savante dégradation des ombres, des lumières et des reflets
rapport à la direction de la lumière.
a donnée étant verticale, la grande ligne esthétique dominante résulte de la figure
cipale et de la cruche; la ligne secondaire, de l'enfant et du vase qui est sur la table.
a tête de l'enfant, le verre et la cruche, sont situés sur une ligne oblique qui établit la
ion des objets entre eux et fortifie l'unité optique de l'ensemble.
a lumière dominante affirme la grande ligne verticale de la composition et présente
résolution dans ce sens.

Portrait de l'infant Don Carlos. (Pl. LVII.)

ette peinture marque un immense progrès dans le talent de Velasquez. L'artiste y
ît en pleine possession de lui-même et dans toute la splendeur de son génie. Il nous
tre un effet saisissant, sans autre artifice qu'un dessin irréprochable, des valeurs
es, placées conformément aux lois de l'optique. L'art y est masqué à ce point que
 œuvre semble être la réalisation spontanée d'une conception idéale.
e cheval a son centre de gravité soutenu suivant les lois physiques du mouvement, et,
cette raison, il semble ne pas cesser de galoper. Le cavalier ne fait qu'un avec le
al; tous deux, emportés avec une vigueur extrême, paraissent agir sous l'impulsion
e volonté unique.
n procédant à l'analyse des lignes esthétiques qui relient les détails à l'ensemble, on

remarquera qu'elles sont combinées avec autant d'ordre que dans les cavaliers de la frise du Parthénon, que nous avons donnés en exemple.

Le paysage et le ciel, bien que très-clairs, ne luttent point avec les lumières du sujet principal; le nuage gris, à gauche, établit, par sa masse, la relation optique qui met le cavalier en relief, et conduit l'œil du spectateur sur celui de l'Infant : de ce point, partent les dégradations des lumières et des couleurs. L'opposition des couleurs locales donne à cette peinture admirable un ressort, une animation, un *brio* incomparables; à sa vue, l'esprit, frappé d'étonnement, reçoit une impression qui ne peut plus s'effacer.

ZURBARAN.
Le Moine en prière. (Pl. LVIII.)

Une des parties de la peinture qui a le plus d'action sur l'imagination est sans contredit le clair-obscur. Sa puissance se manifeste dans tous les modes, elle répand la vie dans tous les objets, et ses combinaisons sont infinies. L'effet produit par une *lumière étroite*, habilement ménagée, est tellement saisissant, lors même que le sujet est sans attrait pour l'esprit, que dans la plupart des tableaux de Rembrandt, de Ribera, de Caravage, on est attiré malgré soi par l'impression vive et persistante qu'ils produisent sur l'imagination. C'est comme un mirage où l'esprit se complaît et trouve l'emblème de ses aspirations.

Une lumière rare, mais éblouissante, pénétrant à travers deux obstacles, est bien l'image du vif désir qui dirige l'homme vers cette lumière divine qui seule développe et féconde en lui toutes les facultés de l'entendement. La masse d'ombre, en remplissant le plus grand espace de la toile, est le symbole de ces ténèbres dont l'esprit humain est environné et qui ne peuvent se dissiper sans un travail opiniâtre, fécondé par le sentiment du bien et du beau. Zurbaran a été heureusement inspiré en ne laissant arriver sur son modèle que quelques rayons de soleil. Il obtient par là un violent contraste, en harmonie avec la véhémence de la passion que nous représente cette toile pleine de vie.

Un de nos écrivains les plus distingués, un très-judicieux critique, dit à propos de l'expression du moine de Zurbaran : « De ses mains pâlies et décharnées il tient une tête de mort, et les yeux levés au ciel, il semble dire : *De profundis clamavi ad te, Domine, Domine* : . . . . »

Il nous semblerait que ce pieux cénobite, plongé dans l'extase d'une contemplation divine, image vivante de l'âme humaine s'élevant vers les plus hautes régions de la pensée, aurait plutôt été surpris par l'artiste au moment même où il prononce ces paroles inspirées : *Domine, sustinuit anima mea in verbo ejus; speravit anima mea in Domino !*

Tout en lui exprime cette chaleur, cette foi ardente que l'on retrouve constamment

les Espagnols. C'est la nature prise sur le fait, dans un de ces moments heureux où
intre paraît ne plus avoir qu'à reproduire ce qu'il a devant les yeux. Le faire de ce
au est simple comme le sujet, harmonieux comme l'âme humaine en communion
l'esprit saint; les lignes sont grandes et peu contrastées; le clair-obscur, puissant
ne l'ardeur de la prière; la couleur, sévère comme la discipline de l'ordre. Le mode
uit une sensation profonde qui fait rentrer l'âme en elle-même et lui rappelle sa fin.
onne n'a dû oublier cette peinture, que le Musée a possédée pendant quelques années,
i a été souvent reproduite par la gravure.

irbaran, comme tous les artistes qui se sont le plus particulièrement attachés à re-
uire les passions, recherchait les sujets simples, ordinairement composés d'une seule
e et parmi lesquels il faut distinguer les nombreux tableaux représentant des faits de
e de saint Jérôme ou des chartreux de Xérès, dont il partagea l'existence durant plu-
s années. En dehors de la peinture religieuse on ne connaît de cet artiste que les
e travaux d'Hercule, dont il orna le palais de Buen-Retiro.

s lignes esthétiques affirment la donnée verticale et sont faciles à reconnaître. Nous
is observer toutefois que, dans notre gravure, le nœud de la corde qui se détache sur
obe forme un détail trop accentué, qui nuit à l'harmonie de l'ensemble. Zurbaran a
en saillie les parties caractéristiques en faisant rentrer dans la masse les petits détails
essentiels. C'est ainsi que l'extrémité de la corde est un point esthétique de la grande
qui relie les principaux objets de la composition, et passe par les mains, par la tête
ort et la tête du moine. L'extrémité de la corde devrait donc dominer le nœud qui
tache sur la robe.

L'ADORATION DES MAGES. (Pl. LIX.)

armi les peintres espagnols, Zurbaran est regardé comme un de ceux qui ont le mieux
ndu l'art de draper les figures.

n retrouve sous le vêtement la forme du corps et l'indication des articulations, suivant
aines prescriptions de l'art.

e tableau de l'Adoration des Mages, aussi bien que le Moine en prière, nous montre
elles draperies, dans lesquelles on retrouve les mêmes calculs d'ordre et d'harmonie
chaque figure en particulier, plutôt qu'en vue de l'effet général.

es personnages ont une expression naturelle et conforme au sujet. Une seule pensée
omine; l'unité dans le caractère moral s'y montre sur tous les visages. La lumière,
son mode, est également en harmonie avec la scène représentée; elle est large,
iissante, comme cela convenait à une adoration de l'enfance du Christ, pleine des
esses du ciel. Cependant on doit regretter que, dans une peinture qui possède tant de

belles parties, l'unité dans les lignes et le clair-obscur ne soit pas aussi parfaite que dans le tableau précédent.

La donnée de la composition étant verticale, les lignes esthétiques, de même que le clair-obscur et le coloris, doivent être combinées de manière à affirmer cette donnée. Or, la lumière entrant par la gauche du tableau et présentant une ligne verticale lumineuse, il fallait qu'un même système de lignes esthétiques verticales fût adopté pour toute la composition. On retrouve bien quelques-unes de ces lignes formées par la superposition de différents objets, mais le clair-obscur ne vient point les confirmer.

La lumière dominante du tableau crée une ligne oblique composée du roi mage à genoux, de l'enfant Jésus, de la sainte Vierge et de saint Joseph; cette lumière est coupée à angle droit par une autre grande ligne formée de la tête du guerrier, du roi mage et de son turban : une semblable disposition est le contraire de l'harmonie.

D'un autre côté, la tête du guerrier, admirable portrait du donateur, est vivement éclairée et ressort d'autant plus qu'elle est en opposition avec une ombre intense; elle neutralise, par conséquent, la lumière dominante, qui devrait éclairer le sujet principal. Toutes ces têtes font l'effet de plusieurs personnages parlant à la fois. Le défaut d'ordre divise l'intérêt, et l'expression de l'ensemble en est affaiblie. La lumière entre par la gauche du tableau et se résout sur la tête de saint Joseph, à droite. Mais la lumière, formant une ligne verticale à son entrée dans le tableau, devait se résoudre sur une ligne verticale, et la lumière dominante, en suivant la même direction, aurait affirmé la donnée de la composition.

A cet effet, il aurait fallu une lumière plus vive sur l'épaisseur du mur situé au-dessus de la sainte Vierge, et au-dessous un accessoire éclairé; puis, sous la tête de saint Joseph, un rappel lumineux, qui aurait formé une ligne verticale tertiaire. C'est ainsi que l'art crée ce qui lui est nécessaire pour donner à l'idée toute sa force, toute sa clarté. Pour compléter l'unité du clair-obscur on aurait dû placer un nuage lumineux au-dessus de la tête du mage à genoux, afin de neutraliser la lumière de la tête du guerrier, qui domine trop celle de l'enfant Jésus. Ceci est un manque de convenance, ou une flatterie à laquelle un grand artiste ne doit jamais descendre. La lumière qui éclaire la robe de la Vierge n'est pas soutenue dans le sens vertical; elle produit un contraste violent, opposé à la grâce du clair-obscur.

La draperie du roi mage n'est pas assez claire sur les parties qui reçoivent la lumière à angle droit. L'étoffe qui recouvre la jambe droite offrait l'occasion de placer un rappel de lumière qui, avec la tête du guerrier, aurait déterminé une ligne esthétique verticale mieux caractérisée.

Les modifications que nous venons d'indiquer établiraient, en outre, des lignes qui soulraient la grande ligne oblique dominante et apporteraient l'ordre et l'harmonie dans les détails de la composition.

ous sommes bien tenté de rejeter une partie de ces défauts sur la gravure, dont les irs ne doivent pas être de tout point celles de l'original. Nous le croyons d'autant ix que les tableaux de Zurbaran se font généralement remarquer par leur harmonie le clair-obscur et le coloris.

MURILLO [1].

Un Jeune Mendiant. (Pl. LX.)

urillo montra dès l'enfance un goût prononcé pour le dessin, et ses heureuses dispo ıs, secondées par un travail assidu, expliquent la rapidité de ses progrès. Nous avons dit comment il se perfectionna à Madrid en copiant les œuvres des maîtres italiens, et ɔien cette étude agrandit sa manière et lui fit perdre la sécheresse qu'il tenait de son ıier maître, Jean del Castillo. De retour à Séville, Murillo exécuta des tableaux rap ıt les peintures de Ribera, tempérées par le coloris suave de Van Dyck, qui l'avait it. Les deux tableaux que nous donnons en exemple datent de cette époque. Dans la , il composa des Assomptions et des Saintes-Familles entourées d'anges qui mani nt quelque tendance vers l'idéal. Ces gracieuses compositions font penser à celles du ège, bien qu'elles n'offrent pas la même grandeur de conception, ni la même harmonie l'ordonnance du sujet. Murillo a recherché la belle nature, les expressions nobles, ontrastes séduisants, mais sans atteindre à la beauté idéale de la forme. Néanmoins lessin est correct, sa couleur vraie, variée comme le mode de ses tableaux.

ɔici un fait qui montre la grande science de l'optique que possédait Murillo.

ans l'Assomption qui décore la coupole de l'église des Franciscains, ce maître avait nent accentué les traits de la sainte Vierge, que les religieux refusèrent le tableau à nimité. Murillo consentit à reprendre son œuvre, et demanda avant de la faire empor ju'on voulût bien la mettre en place pour juger de l'effet. Les pères se rendirent au de l'artiste. A mesure que la peinture s'élevait, la figure de la sainte Vierge pre de plus en plus une expression de grâce et de douceur qui ravissait tous les specta , et, lorsqu'elle fut arrivée au haut de la coupole, les Franciscains revinrent de leur ion précipitée; mais Murillo, offensé dans sa dignité d'artiste, persista dans sa réso ı. Cependant des amis communs levèrent les difficultés en faisant payer aux moines rix supérieur à celui qui avait été convenu.

ɔn a réuni dans une des salles du musée de Séville ept tableaux de Murillo, au nombre desquels se trouve sa plus célèbre Assomption, et cette salle porte le nom de *Salle des vingt-sept tableaux de Murillo*.

Le Jeune Mendiant nous montre une de ces études peintes en plein soleil, dont la vigueur et la simplicité exercent une grande séduction. Ce tableau, d'une forme un peu carrée, caractérise par sa donnée l'insignifiance du sujet. La place qu'occupe la cruche amoindrit l'effet de la figure; il aurait fallu la mettre sous la partie verticale de la fenêtre, de façon que le haut de la cruche fût situé sur la ligne qui va de l'angle gauche de la fenêtre au genou gauche du mendiant. Avec cette légère modification le tableau eût gagné évidemment en unité et en harmonie.

On peut reprocher à la gravure de présenter un blanc trop vif derrière la tête du personnage et sur la partie du sol comprise entre les deux jambes; quelques traits de crayon rétabliront l'unité du clair-obscur, qui se résout diagonalement.

Saint-Thomas de Villanueva. (Pl. LXI.)

Cette peinture renferme de très-belles qualités, mais elle n'est pas irréprochable au point de vue de l'harmonie des lignes. En général, les grandes compositions de Murillo sont loin d'offrir un ordre aussi parfait que celles de Velasquez. Les détails ne se rattachent pas à l'ensemble par des lignes esthétiques, et les proportions de la toile présentent rarement un cadre esthétique en harmonie avec le sujet. La Sainte-Famille, le Saint-Antoine de Padoue, la Vierge à la ceinture, dont on trouve les gravures dans la *Vie des peintres*, par M. Charles Blanc, n'ont pas assez de hauteur. Ces vierges, environnées de la pompe céleste des anges et des chérubins, manquent de grandeur, de dignité, parce que la verticale n'est pas suffisamment affirmée. La scène céleste, trop rapprochée de la scène terrestre, se confond avec elle, aux dépens de la première. Le tableau de la Conception de la Vierge, que possède le Musée, et qu'on trouve dans le même recueil, vient confirmer notre observation. Ici le cadre esthétique est conforme à la grandeur du sujet, mais les anges sont placés sans ordre et sans relations avec les lignes de la sainte Vierge. Ce défaut est d'autant plus choquant que le mode exigeait impérieusement une parfaite harmonie dans les lignes esthétiques.

Le Saint-Thomas de Villanueva, comme l'Adoration des mages de Zurbaran, présente deux lignes esthétiques dominantes se coupant à angle droit. Une de ces lignes va de la sainte Vierge à la figure du premier plan à gauche; l'autre, du clocher au petit garçon à droite. Cette dernière a pour effet de placer la sainte Vierge en dehors du sujet, et la première de la rattacher à l'ensemble.

Cette contradiction prouve l'absolue nécessité de prendre un parti et d'adopter une seule donnée conforme aux principes établis.

La convenance exigeait que le groupe de la sainte Vierge fût moins rapproché de la tête de l'évêque. Si l'on se reporte au tableau votif de la Famille Pesaro, par le Titien,

la Transfiguration, de Raphaël, la comparaison rendra évidente notre observation
ale sur les compositions de Murillo.

grande ligne oblique de la composition qu'il convenait de rendre dominante est celle
et l'évêque en saillie, c'est-à-dire celle qui va du clocher à l'enfant du premier plan
te; reliant ainsi les objets les plus variés de cette composition. Le groupe de la sainte
e forme un épisode qu'il fallait rattacher à l'ensemble par des lignes esthétiques vers-
s, qui eussent donné plus de grandeur au sujet. Toutefois cette intention se manifeste
'artiste par quelques lignes verticales qui résultent :

. clocher et de la figure qui est au-dessous en premier plan;

la partie verticale du mur soutenant la voûte, la tête du pauvre qui tend la main,
main de la figure du premier plan;

t petit garçon placé au-dessous de la sainte Vierge.

t voit par là que Murillo éprouvait le besoin de multiplier les verticales pour varier
ʒnes esthétiques et relier, par ce moyen, tous les objets entre eux; mais il ne l'a
ait assez systématiquement. Le groupe de la sainte Vierge aurait dû former avec
ʃue, non une ligne oblique coupant la ligne dominante, mais une verticale, qui au-
ʃu pour point d'appui un accessoire éclairé, une corbeille ou tout autre objet peu
ʃineux placé sur le premier plan.

n'est donc pas l'harmonie des lignes esthétiques que l'on admire le plus dans les
es de Murillo, mais la grâce, le naturel des mouvements et des expressions, et sur-
a magie du coloris.

us aurions pu choisir parmi les peintures de Murillo, un sujet mieux ordonné que le
Thomas de Villanueva, cependant il n'est pas sans utilité de présenter quelques
ples où la règle n'est pas observée, afin de prouver, par ce moyen, la supériorité
ʒuvres où elle est strictement appliquée.

est en exerçant à la fois l'œil et l'intelligence de l'élève qu'on pourra lui enseigner
ptement les règles de l'art et les lui faire mettre en pratique aussi librement que
; du langage lorsqu'on écrit. Le travail intellectuel est le même, le procédé seul est
ent. Ainsi, après avoir fait l'esquisse d'un tableau avec ce feu, cette animation qu'é-
l'idée, on la revoit au point de vue de la perfection des détails et de l'harmonie de
ʒmble; c'est alors qu'on s'assure de la stricte observation des règles. Avec un travail
u on parviendra à composer aussi facilement que si les règles n'existaient pas : ce
qu'une bonne habitude à prendre.

us sommes heureux de constater que le goût de l'archéologie commence à s'éveiller
spagne; cette nation suit l'impulsion des gouvernements français, italien et anglais,

si curieux de toutes les ruines qui tendent à nous faire mieux connaître les mœurs et les arts des anciens.

Le duc de Medina-Cœli, dans ces dernières années, a fait fouiller le sol de l'ancienne *Atlanta*, aux environs de Séville. Ses recherches ont été couronnées de succès, et déjà il a pu réunir dans sa villa de la Casa di Pilato un grand nombre de peintures murales et de fragments de sculptures dont les Romains avaient enrichi cette ville importante de leurs anciennes possessions.

CHAPITRE IV.

ÉCOLE FLAMANDE.

aque nation possède un caractère propre, qui tient à son climat, à sa langue, à
œurs, d'où résulte une originalité distinctive dont les créations de l'esprit sont la
festation. Les Flandres, enrichies par le commerce, voient apparaître dès le xve siècle
rtistes de talent qui s'attachent à reproduire dans leurs peintures le sentiment de
qui avait suscité l'édification des belles églises gothiques dont les villes de cette con-
sont ornées. Le goût italien dominait alors, et les artistes allaient demander les en-
ements de l'art à Rome et à Venise.

us tard, les peintres flamands, poussés plutôt par un esprit mercantile que par l'a-
r de la vraie gloire, abandonnèrent peu à peu la grande peinture pour se livrer à la
ction de petits tableaux qu'ils allaient vendre dans les foires, avec les produits du sol
l'industrie. C'est ainsi qu'ils furent entraînés à représenter des scènes populaires de
urs, de fumeurs, de kermesses, et des tableaux de paysage, d'animaux, de fleurs,
uits et de nature morte. Pour stimuler le goût des acheteurs ils remplacèrent l'idéal
l'habileté du pinceau; ils rachetèrent l'absence de beauté plastique par le précieux
exécution, par l'attrait de la couleur et les effets piquants du clair-obscur.

icune école de peinture n'a montré plus de recherche, plus de vérité dans le rendu
objets, que les écoles flamande et hollandaise; c'est là leur caractère particulier et
principal mérite. Si les artistes de ces contrées n'ont pas apporté un goût plus délicat
le choix des objets, s'ils n'ont pas connu les moyens d'embellir leur modèle par l'ap-
tion des lois de l'unité, s'ils n'ont rien vu au delà de ce qu'ils avaient devant les yeux,
it reconnaître toutefois que, leur intelligence étant dirigée constamment vers le côté
que de l'art, ils s'y sont rendus célèbres. On ne saurait leur refuser non plus d'avoir
ré dans leurs ouvrages une grande recherche des lois de l'harmonie des lignes, de
mière et des couleurs.

est regrettable, néanmoins, que de si éminentes qualités aient été mises au service
si pauvre idéal, et l'on conçoit très-bien l'aversion de Louis XIV pour «tous ces ma-

gots. » En effet, mettre tant de patience et de perfection à représenter les scènes les plus vulgaires, et souvent les actes les plus grossiers, choque l'entendement. Il est plus facile de retrouver au fond de son cœur des sentiments d'admiration, lorsqu'il s'agit des sites de la nature, des animaux, des fleurs ou des fruits.

Avec Rubens, l'école flamande atteignit son apogée; elle reçut de lui le caractère particulier de grandeur qui la distingue de l'école hollandaise.

PIERRE-PAUL RUBENS.

Pierre-Paul Rubens naquit en 1577 à Cologne, où s'était retirée sa famille pendant les guerres de religion. Il avait onze ans lorsque, son père étant mort, sa mère revint habiter Anvers. Le jeune Rubens continua ses études classiques, tout en fréquentant l'atelier du peintre Van Oort. La facilité avec laquelle il apprenait toutes choses le faisait regarder comme un prodige que chacun flattait et encensait à l'envi. Ses progrès ne furent pas moins rapides dans la peinture que dans les belles-lettres et l'étude des langues.

Décidé à suivre la carrière des beaux-arts, le jeune Rubens entra chez Otto Venius, et, après quatre années passées chez ce maître érudit, il alla à Venise étudier les œuvres des grands coloristes. Mais, impatient d'obtenir un prompt résultat, c'est-à-dire une manière plus expéditive que celle du Titien, il remplaça le travail savant et compliqué de l'école vénitienne par une manière de peindre très-habile qui répondait à la fougue de son imagination et de son tempérament, et qui fit son originalité.

Rubens préparait ses tableaux en grisaille très-légère pour établir sa composition, et les peignait au premier coup, se servant rarement de glacis, posant les teintes locales juste à leur place et leur conservant toute leur fraîcheur par la franchise de la touche.

Voulant obtenir le plus haut degré de puissance et le plus brillant éclat, il exagéra les oppositions et se prit d'une telle passion pour les reflets, qu'il les transporta des étoffes dans les carnations, au point de les faire paraître souvent de même nature que la soie. Ce maître n'a pas une couleur aussi harmonieuse que celle du Titien; il ne sait pas comme celui-ci pondérer les masses de couleur et les équilibrer par des lois d'harmonie; elles ne sont pas toujours convenablement soutenues, ou bien une seule couleur y est trop dominante.

Les harmonies de couleur de Rubens éclatent souvent comme des fanfares; elles surprennent la vue par leur puissante détermination, et ses peintures décoratives nous fixent par des qualités d'exécution de premier ordre.

Après son séjour à Venise, Rubens demeura quelque temps à Mantoue, où il étudia les peintures de Jules Romain; puis il alla à Rome demander aux œuvres de Michel-Ange cette ampleur, cette force, cette grandeur dont son génie avait eu la révélation.

ÉCOLE FLAMANDE. — PIERRE-PAUL RUBENS.

...rès avoir fait à Rome des ouvrages pour les églises de Santa-Croce et de la Valicella, ...rtit pour Bologne, Florence et Gênes, où il fit plusieurs tableaux remarquables et ...ques portraits.

...ubens, rappelé à Anvers par la mort de sa mère, se maria quelque temps après, et les ...aux qu'il fit à cette époque étendirent sa réputation par toute l'Europe. Souverains et ...eurs, tous voulaient posséder quelque ouvrage de ce peintre fécond, dont le coloris ...et puissant donnait la vie à toutes ses créations.

...ependant les sept années que Rubens avait passées en Italie à étudier les œuvres des ...ns et des modernes n'exercèrent qu'une faible influence sur son style. Les premiers ...aux qui établirent sa réputation avaient été faits avec soin; la correction du dessin et ...lle ordonnance des compositions témoignaient de ses études laborieuses. Mais ses pro-...s'arrêtèrent du moment que, sa réputation étant bien établie, il ne pensa plus qu'à ...enter sa fortune. Rubens employait ses nombreux élèves à peindre d'après ses des-..., se contentant de donner quelques retouches aux tableaux qu'ils exécutaient, puis ... expédiait dans toutes les directions.

...a vie que menait Rubens a nui à la sincérité de ses ouvrages, et l'amour du gain l'a ...ent rendu trop indulgent envers lui-même : bon nombre de ses peintures sont peu ...es de lui. La flatterie, en lui offrant les séductions de la vanité pendant sa jeunesse, ... détourné son âme de sa fin; elle l'empêcha d'obtenir les succès durables que sa riche ...ligence devait lui assurer. L'amour de paraître étouffa en lui le développement har-...ieux des facultés intellectuelles et morales; il ne les dirigea pas vers un but élevé con-...e à leur destination naturelle; aussi n'en a-t-il pas retiré les lumières complètes qui ...ient assuré la marche progressive de son talent.

...es peintures que Marie de Médicis, *qui dessinait fort proprement,* fit exécuter par ...ens pour la décoration de sa galerie du Luxembourg, nous montrent ce grand maître ...riste avec toutes ses qualités et tous ses défauts. Il se servit de l'allégorie pour repré-...er les actes les plus mémorables de la vie de cette reine, enrichir ses compositions et ...nir les oppositions de couleur le plus propres à l'effet décoratif.

...'allégorie lui permettait d'introduire des nus et des accessoires variés, qui donnaient ... peintures, savamment combinées, la plus grande somme de vie et d'animation. Mais ..., combien la convenance ne fut-elle pas méconnue lorsqu'il mit des hommes nus parmi ...personnages richement revêtus de costumes de cour; des chiens de garde dans une cé-...nie auguste? Ce mauvais goût n'est-il pas une triste conséquence de l'adulation dont ... parlions tout à l'heure? N'est-ce pas elle qui a corrompu en lui le sentiment délicat ...onvenances, lequel ne se développe que par l'habitude du respect et de la vénération, ...i l'a fait tomber trop souvent dans le trivial et le ridicule?

En concentrant toutes ses pensées sur lui-même, le sentiment de la personnalité étouffa en lui les nobles aspirations; il fut sans force pour résister au faux goût qui régnait alors, et il remplaça la sincérité dans l'art par le désir de produire sur les sens le plus grand effet par tous les moyens possibles.

Après avoir achevé les peintures de la galerie de Médicis, Rubens alla à Madrid, où il séjourna près d'une année. Le musée de cette ville possède, entre autres tableaux de ce maître, une Adoration des Mages et une Vierge glorieuse, de petite dimension; on y retrouve toute la souplesse de son talent, et des qualités inconnues jusque-là. Elles rappellent ses études en Italie et l'influence des maîtres espagnols.

Rubens revint à Anvers avec la charge de secrétaire d'État que Philippe IV lui avait accordée en récompense de ses services comme ambassadeur lors de la conclusion de la paix avec Charles Ier. A la suite de discussions survenues entre le prince d'Orange et la Hollande, Rubens renonça à la politique, qui l'avait occupé un moment, et s'adonna tout entier à la peinture. Il avait épousé en secondes noces Hélène Fourment, dont il eut cinq enfants, et, après une vie des plus actives, passée au sein des honneurs et de l'opulence, il mourut à l'âge de soixante-deux ans, à Anvers, en 1640.

Le génie de Rubens était universel. Il connaissait sept langues, et se servait du latin pour correspondre avec les savants, ou noter ses observations sur l'art. Il a peint avec une grande supériorité l'histoire, le portrait, le paysage, les animaux, les fleurs, les fruits, les étoffes.

Sa vie réglée lui permit de mener de front les travaux les plus divers, et l'aménité de ses manières lui attira les égards ou l'affection de tous ceux qui l'approchaient.

Parmi les nombreux élèves de Rubens, les plus distingués furent Van Dyck, David Teniers le Jeune, Jordaens, Van Thulden, Diepenbeeck, Van Mol, Cornelius Schul, Cornille et Simon de Vos, Wousters, etc.

Rubens visait avant tout à l'effet pompeux, à la richesse et à la puissance du coloris, à l'éclat de la lumière; il s'abandonna à l'impulsion de sa vive imagination, à sa prodigieuse facilité d'exécution (il fit la Descente de Croix d'Anvers en seize jours), sans donner à la partie philosophique de l'art toute l'importance qu'elle réclame. Il s'adresse aux sens et les émeut. Les personnages de ses tableaux n'ont aucune beauté idéale dans la forme, mais ils possèdent une exubérance de vie qui semble les rendre avides de mouvement et de plaisirs matériels. Bien que les figures soient trop souvent dépourvues de noblesse, le dessin ne manque pas de correction, et quelquefois Rubens rencontre la grâce par des mouvements vrais et spontanés qui montrent en même temps sa science de l'anatomie et de la perspective.

On en veut à Rubens de séduire si pleinement les sens et si peu la raison; on lui en veut de lasser si promptement l'attention, après avoir excité l'enthousiasme dès le premier

; on lui en veut d'avoir sacrifié à l'effet la logique des idées et d'avoir dépassé les
s de la convenance dans des peintures qui, du reste, possèdent de grandes qua-
l'exécution.

résumé, son œuvre, malgré les rares beautés qu'elle renferme, ne peut être d'un
le salutaire aux jeunes artistes avant que leur éducation soit assez avancée pour les
e en garde contre les défauts, et leur montrer en quoi consistent les rares mérites
y trouvent.

La Descente de Croix. (Pl. LXII.)

tte peinture est regardée comme un des chefs-d'œuvre de Rubens. Le prestige qui
tache prévaut sur celui de l'Assomption de la Vierge, qui est dans son voisinage,
osition empreinte d'un caractère vraiment religieux, rappelant la grâce des peintures
orrége et la suavité de son coloris; les mouvements sont vrais, et l'expression des
ns atteint à une élévation que Rubens n'a jamais dépassée. Les anges du cortége
outiennent le nuage sur lequel repose la sainte Vierge sont des anges flamands, il
ai, mais leurs poses ne manquent ni de grâce, ni de vérité. La sainte Vierge, dont le
d est levé vers le ciel, a des traits d'une grande beauté. Quoique un peu matérielle,
st préférable à celle de la Descente de Croix, où tous les personnages ont une
ssion plus ou moins vulgaire. La légende de ce dernier tableau est sans doute la
de sa célébrité; néanmoins celui de l'Assomption de la Vierge mérite de tenir la
ière place et d'être regardé comme une des œuvres capitales du maître.
rsqu'on analyse la Descente de Croix, une fois que l'esprit est revenu de l'étonne-
où le jette la splendeur du coloris, de la lumière, de l'habileté de la brosse, on
que d'abord, dans cette composition, une grande ligne esthétique oblique qui résulte
ouvement du corps du Christ, de celui de la Madeleine, agenouillée, et du personnage
ent le linceul avec les dents. La lumière suit en partie la direction de cette ligne;
elle s'arrête sur la tête de Madeleine et ne vient pas se résoudre sur le premier plan à
1e, comme cela devrait avoir lieu. On voit, par la disposition générale du clair-obscur,
ubens a adopté une résolution selon la verticale, et que cette direction de lumière
la grande ligne esthétique dont nous avons parlé. De là le désaccord dont on ne se
pas bien compte au premier coup d'œil, et qui a pour effet de solliciter le regard
usieurs côtés à la fois.
nuage éclairé à gauche devrait être à droite, et la lumière, à droite du premier
être à gauche. De cette façon, l'harmonie entre la ligne et la direction de la lumière
conforme au principe.
s draperies laissent voir le nu, et la lumière circule librement sur les parties éclai-

rées; mais elles manquent de style et n'offrent pas assez d'ordre dans la division des plis; l'accumulation de petits détails nuit toujours à la majesté de l'ensemble. Les compositions de Paul Véronèse, cet autre grand décorateur, sont, sous ce rapport, plus correctes, et bien supérieures à celles de Rubens dans la partie philosophique de l'art.

Henri IV confiant à la reine le gouvernement du royaume. (Pl. LXIII.)

Les peintures de la Galerie de Médicis ont été esquissées en grisaille à Paris, et exécutées à Anvers, suivant de Piles, puis retouchées sur place par le maître, conformément à la lumière qui éclairait chaque tableau. A en juger par les tons roses des ombres des chairs et principalement dans les doigts des pieds, on peut conclure que la lumière de cette galerie était assez sombre par places; car, moins la lumière est vive, plus les ombres doivent participer du rouge. Rubens a donné beaucoup d'éclat aux couleurs locales en leur opposant des neutres puissants, et souvent l'harmonie esthétique des lignes et du clair-obscur se rencontre dans ses peintures avec des conditions parfaites d'unité.

La composition qui nous occupe est une des mieux ordonnées de la collection. Rubens a choisi le moment où le roi va partir pour l'Allemagne afin de protéger le duché de Clèves contre l'Autriche. Henri IV, entouré de gentilshommes armés, remet à la reine un globe orné des armes de France en signe de la puissance qu'il lui confère. Marie de Médicis, accompagnée de deux dames d'honneur, tient le dauphin par la main. La disposition du sujet est simple et bien conçue. Cependant on se demande, au point de vue de la convenance, pourquoi cette belle personne qui accompagne la reine se présente les pieds nus devant le roi et sa suite; mais l'artiste répondra « qu'il avait besoin d'une lumière dans cette partie du tableau pour que Marie de Médicis devînt la figure dominante du sujet. » Ce point esthétique, qui correspond à la clef de voûte, conduit effectivement l'œil du spectateur sur le visage de la reine; toutefois il eût été plus séant de mettre des souliers de satin à ces jolis pieds, et l'effet aurait été le même.

La perspective de l'architecture est régulièrement tracée : elle concourt à un point situé près du pommeau de l'épée de l'écuyer du roi. Si l'on regarde la main du roi et celle de la reine qui tiennent le globe, et que l'on jette les yeux sur les pieds de ces mêmes figures, on voit que la différence des plans rend le rapprochement de leurs mains impossible. On ne conçoit pas que le grand Rubens ait pu dessiner et peindre ces mains et ce globe sans s'apercevoir d'une erreur aussi évidente.

L'harmonie des lignes esthétiques offre une succession de lignes secondaires horizontales formant une masse verticale.

La grande ligne horizontale qui résulte des têtes des figures principales est neutralisée par les lignes verticales de l'architecture.

arie de Médicis est rendue dominante par l'espace majeur du côté du corps éclairant, le neutre qui entoure sa tête, et par la puissance du coloris de sa robe violette, qui ⟨v⟩aloir les chairs.

⟨L⟩a figure du roi est rendue secondaire par le voisinage du ciel, dont la lumière neu⟨tralı⟩se un peu la tête.

⟨L⟩e dauphin, placé plus près du roi que de la reine, donne à entendre, par cela même, ⟨qu'il⟩ est appelé à succéder au trône.

LA KERMESSE FLAMANDE. (Pl. LXIV.)

⟨L⟩a donnée horizontale de ce tableau présente une application très-claire et très-nette du ⟨prin⟩cipe fondamental de l'accord de la grande ligne esthétique de la composition et de la ⟨résolu⟩tion de la lumière.

⟨L⟩a grande ligne du tableau va diagonalement, du premier plan à gauche, dans les fonds ⟨du⟩ ciel à droite.

⟨L'⟩espace ouvert de la composition laisse entrer la lumière par le ciel et les fonds, et ⟨vien⟩t se résoudre à gauche sur le premier plan.

⟨C⟩ette disposition détermine des oppositions exprimées par l'ombre du premier plan à ⟨droi⟩te, et par le neutre qui est au-dessus du premier plan à gauche.

⟨L'⟩effet serait plus franc dans la gravure si le nuage de droite était, comme dans le ⟨tabl⟩eau, plus brillant que la partie du ciel en opposition à l'arbre.

⟨C⟩et effet de la résolution de la lumière suivant la diagonale a conduit les peintres fla⟨man⟩ds et hollandais à composer très-souvent leurs tableaux en tirant une diagonale qui ⟨divis⟩e la toile en deux parties égales; une de ces parties contient le sujet du tableau, et ⟨l'aut⟩re est remplie par le ciel. Ce genre de composition est vicieux, parce qu'il n'offre pas ⟨d'égal⟩ité dans la pondération des pleins et des vides, et que les lois de l'harmonie esthétique ⟨des⟩ lignes y sont faussées.

⟨R⟩ubens a quelquefois suivi ce système : on le remarque dans son tableau de Vénus et ⟨les A⟩mours; mais, dans la Kermesse flamande et plusieurs autres sujets de ce maître, les ⟨ligne⟩s sont conformes aux vrais principes, et offrent des exemples parfaits de l'application ⟨des⟩ lois de l'harmonie esthétique des lignes, de la lumière et des couleurs.

ANTOINE VAN DYCK.

⟨L⟩e père d'Antoine Van Dyck, primitivement peintre sur verre, était devenu un des ⟨plu⟩s marchands de toile de la ville d'Anvers. Il seconda les dispositions de son fils pour ⟨le de⟩ssin, en le plaçant, à l'âge de onze ans, chez le peintre Van Balen, qui avait étudié à ⟨Rom⟩e les œuvres des Grecs et des grands maîtres italiens. Les progrès du jeune Van Dyck, pendant les deux années qu'il resta chez ce premier maître, furent assez rapides pour que Rubens consentît à l'admettre au nombre de ses élèves. Sa grande application et ses heureuses qualités le firent recevoir, à dix-neuf ans, franc-maître de la confrérie de Saint-Luc.

Après avoir travaillé pendant quelque temps aux ouvrages de Rubens, et fait plusieurs tableaux remarqués, entre autres le Jésus au Jardin des Oliviers qui orne actuellement la galerie de Madrid, il partit pour l'Italie afin de chercher chez les peintres vénitiens, comme l'avait fait Rubens, ce complément d'instruction que peut seule donner l'étude des chefs-d'œuvre de l'art. Van Dyck avait alors vingt-trois ans.

Doué d'un physique agréable, de manières élégantes, Van Dyck sut conquérir les sympathies des plus riches familles de Gênes, disposées d'ailleurs, par le souvenir de son maître, à l'accueillir favorablement. Les musées des palais Balbi, Durazzo, Brignole, Spinosa, etc. possèdent encore une vingtaine de portraits et plusieurs tableaux de sainteté de sa main. Ces ouvrages, d'un bon dessin, solidement peints et conduits d'après les meilleurs principes de l'école vénitienne, montrent la grâce, la facilité et la suavité du pinceau de cet artiste, né pour faire passer à la postérité l'image d'un grand nombre de personnages illustres de son temps.

Van Dyck séjourna près de quatre années en Italie et revint à Anvers plein de confiance dans l'avenir; mais, peu satisfait de ne pas tenir le premier rang dans sa ville natale, où Rubens attirait tous les regards, il partit, en 1627, pour l'Angleterre. Presque inconnu à Londres, il ne put se faire présenter à la cour, et il revint à Anvers, où il séjourna pendant six années consécutives. Pour étendre sa renommée et renouveler les succès qu'il avait obtenus à Gênes, il exécuta les portraits des principaux artistes ses contemporains. Ceux qu'il grava à l'eau-forte sont d'une pointe spirituelle, qui fait l'admiration de tous les amateurs d'estampes.

La réputation de Van Dyck, promptement répandue dans les Flandres, pénétra enfin en Angleterre, et le chevalier Dygby vint le chercher à Anvers pour le présenter au roi Charles Ier. Ce monarque l'admit à sa table, lui fit présent de son portrait enrichi de diamants, le décora de l'ordre du Bain, le nomma son premier peintre et lui alloua une pension considérable.

Van Dyck avait trente-trois ans lorsque la fortune le combla si inopinément de ses dons. Durant les neuf années qu'il séjourna en Angleterre, il mena une existence princière. A l'exemple des seigneurs de la cour, avec lesquels il était dans de continuels rapports, sa vie se passait entre le travail et le plaisir. Avide d'émotions, il se livrait à toutes ses impressions sans leur imposer aucune mesure. Ses amis pensèrent le ramener à une vie plus réglée en lui faisant épouser la fille de lord Ruthven, noble Écossais sans fortune. Van

, supputant les avantages qu'il pouvait retirer des hautes relations de cette famille, voulant pas déplaire à Buckingham, son protecteur, se laissa marier, et n'en continua moins sa vie de dissipation. Il abusa même tellement de sa rare facilité et de sa ré- tion, que ses pinceaux pourvurent à toutes ses folles dépenses. On rapporte qu'il ébau- t un portrait le matin, retenait le personnage à dîner, et terminait l'ouvrage dans la e journée.

n ami lui ayant fait remarquer la différence qu'il y avait entre ses premiers portraits ux qu'il faisait actuellement, Van Dyck lui répondit : « J'ai travaillé longtemps pour gloire, il est temps que je songe à ma fortune. »

es rares qualités de ce peintre privilégié de la nature se perdaient peu à peu ; il nna à l'alchimie pour gagner plus d'or, et perdit une grande partie de sa fortune. n il mourut d'épuisement en 1641, âgé de quarante-deux ans.

ntoine Van Dyck est du nombre de ces artistes qui, doués des plus belles facultés 'intelligence, servent d'exemple à la postérité pour montrer, à la fois, ce qu'il faut et ce qu'il faut rechercher pour conquérir la vraie gloire. La vanité s'éveilla de e heure dans son cœur, et il quitta Van Balen, son premier maître, dont la modestie épondait plus à son ambition. On le voit plein d'admiration pour le talent de Rubens, même temps qu'ébloui par le faste que ce maître étalait à tous les yeux. Cet exemple gereux lui apprit à considérer l'art comme un moyen de fortune, et non comme un enseignement. Cependant ses premiers ouvrages témoignent d'un sentiment inné répand du charme même dans les productions inférieures de son pinceau ; ils font con- re jusqu'où son talent serait allé s'il eût été protégé par une éducation plus morale.

'ayant pas appris à réfléchir sur ses impressions, la libre activité du sentiment inté- r le laissa sans force contre les premières suggestions des passions. Au moment de partir l'Italie, il vit en passant une jeune paysanne dont il devint amoureux, et il donna années précieuses à cette folle passion.

ivré à lui-même, privé de conseils salutaires, il ne sut pas discerner les effets de cette nière faute, ni en régler l'influence. Il ne comprit pas les devoirs qui naissent de la té d'agir, et il abusa de cette liberté pendant toute sa carrière.

es grands caractères sont en partie l'ouvrage de ceux qui les possèdent. Souvent il a d'une heure propice de méditation pour découvrir de nouveaux horizons, et marcher assurance vers le but où doivent tendre tous nos efforts. L'artiste qui ne recherche avec ardeur la perfection ne donne pas un salutaire exemple ; il n'accomplit pas sa e mission.

Charles Ier, roi d'Angleterre. (Pl. LXV.)

La supériorité que s'est acquise Van Dyck dans le genre du portrait tient aux excellentes études qu'il fit dans sa jeunesse, aux beaux modèles qu'il copia à Venise, et à l'habitude constante de peindre d'après nature. Bien que les portraits de ce maître n'offrent pas la mâle énergie, ni l'extrême vitalité de ceux du Titien, il n'en demeure pas moins un des peintres qui ont le plus approché de la perfection de ce grand artiste. Il a montré un goût élégant, distingué, dans le choix des poses, dans la manière d'éclairer son modèle, dans la disposition et la nature des accessoires. La vérité, la variété et l'unité du coloris, de même que la facilité, la liberté et la suavité de la touche, se font remarquer dans ses portraits d'hommes comme dans les portraits de femmes et d'enfants. Le mode du clair-obscur et du coloris est toujours en harmonie avec le caractère moral des personnages. Les mains, si belles dans les portraits de Van Dyck, sont néanmoins subordonnées à l'éclat du visage, aussi bien que les étoffes, les bijoux ou autres ornements; les yeux du spectateur se dirigent immédiatement sur ceux de la figure, comme il arrive lorsqu'on s'adresse à quelqu'un. Le grand air de noblesse de ses personnages tient encore à son attention constante d'affirmer la grande ligne esthétique verticale de la composition.

Le portrait de Charles Ier est un des plus beaux de Van Dyck; toutes ses qualités y brillent du plus vif éclat.

La composition est riche, bien ordonnée; elle présente une donnée verticale caractéristique, que tout concourt à affirmer.

Le roi forme la ligne verticale dominante du sujet; le centre de gravité est porté par la jambe droite, ce qui donne de la grâce au mouvement de la partie gauche du corps.

L'écuyer, la tête et la jambe gauche du cheval forment une ligne verticale secondaire, prolongée par le profil des petites masses de feuillage qui sont éclairées.

Le tronc de l'arbre, la main de l'écuyer et la plante qui est au-dessous, constituent une verticale tertiaire.

La lumière arrive par la droite du tableau, et se résout suivant la diagonale; elle suit la grande ligne de la composition, relie tous les objets entre eux, et tend à rendre le roi dominant. Le roi domine encore par un espace majeur, à gauche, et un espace secondaire à droite, puis par l'opposition du chapeau noir avec les chairs et le ciel, qui est trop blanc dans notre gravure.

L'ordre optique et la combinaison des lignes esthétiques font dominer le roi, puis le cheval, l'écuyer, le page et le paysage, qui sert de mise en scène.

Le Mariage mystique du bienheureux Herman Joseph. (Pl. LXVI.)

es tableaux de sainteté de Van Dyck possèdent de grandes qualités sans doute; on trouve le charme de son coloris vrai et suave, un modelé savant, des expressions quefois touchantes; mais, en général, ils sont inférieurs à ses portraits. Habitué à dre d'après nature des sujets comparativement simples, il se trouve mal à l'aise en de sa pensée; ses figures n'ont plus la même vitalité, et les draperies sont lourdes ou iérées. Ses portraits, au contraire, présentent des draperies simples et grandes, laisfacilement circuler la lumière sur toute la figure, montrant les articulations et faisant rieusement dominer les chairs.

e Mariage mystique vient à l'appui du jugement général que nous venons de porur Van Dyck.

'invention est charmante : c'était une idée pleine de grâce de faire intervenir un ange soutenir la main que présente à la Vierge le saint personnage; mais la mère du st est dépourvue de beauté idéale; l'ange et le saint au contraire sont heureusement us.

a donnée du sujet est comprise dans une forme trop carrée. Le tableau aurait gagné oblesse, en dignité, si la donnée verticale eût été franchement affirmée; il aurait fallu de premier plan et un plus grand espace au-dessus de la tête de la sainte Vierge.

e témoin de cette scène touchante nuit à la tête de la Vierge; la convenance exigeait l fût placé près du saint. Il aurait ainsi diminué le vide du côté droit, qui forme une e esthétique verticale, laquelle détourne l'œil du sujet principal et affaiblit l'effet de emble.

a fleur de lis posée sur le premier plan à droite témoigne de la pureté et de la can- d'âme du saint; les rayons lumineux de gauche indiquent la venue céleste de la te Vierge. Ces deux détails sont heureusement placés pour faire dominer les figures cipales et déterminer la grande ligne esthétique de la composition. Il ne fallait donc neutraliser en partie cette excellente disposition, en plaçant une figure accessoire ière la sainte Vierge et une lumière brillante sur la colonne.

a lumière entre, par la droite du tableau, en premier plan, suit la grande ligne de la position, et se résout à gauche dans le ciel.

es draperies, bien qu'un peu lourdes, ne manquent cependant pas d'une certaine deur, qui tient à ce que, chez la sainte Vierge, les plis se combinent entre eux pour er une ligne oblique de l'harmonie verticale, laquelle fait partie de la grande ligne tique de la composition.

'encensoir, placé sur le premier plan, concourt à la formation d'une ligne esthétique verticale, qui rend la figure de l'ange trop dominante; il eût été mieux au-dessous de la tête du saint.

Cet ouvrage montre bien ce que l'on était en droit d'attendre de la riche organisation de Van Dyck, s'il eût été mieux dirigé dans sa jeunesse. Il est rare qu'on supplée soi-même à l'éducation de la famille, lorsqu'elle a été nulle ou incomplète; dans ce cas, on est trop facilement enclin à abuser de sa liberté d'action. Ce n'est que plus tard, dans l'âge mûr, après avoir beaucoup vu, beaucoup réfléchi, et souvent beaucoup souffert, qu'il est donné aux nobles organisations de rentrer dans le chemin qu'elles n'auraient jamais dû quitter.

Van Dyck avait un goût naturellement plus fin que celui de son maître, une imagination plus candide, plus naïve, et ces précieuses qualités, mises au service de sentiments élevés, l'auraient fait classer parmi les premiers maîtres de la grande peinture, tandis que cette place honorable ne lui a été accordée que pour ses portraits.

DAVID TENIERS LE JEUNE.

David Teniers le Jeune, né à Anvers en 1610, est, après Van Dyck, le plus réputé des élèves de Rubens. Son père lui enseigna les premiers principes de l'art, ensuite il le plaça chez Rubens, puis chez Adrien Brauwer.

Dès l'âge de vingt ans, Teniers fut reçu membre de la confrérie de Saint-Luc, et, protégé par l'archiduc Léopold, il acquit bientôt une grande réputation.

David Teniers le Vieux, bien qu'il eût passé dix années à Rome chez le consciencieux Elzheimer, fit, lors de son retour à Anvers, de petits tableaux représentant des tabagies, des fêtes de village, des buveurs de bière, des alchimistes, des paysages, etc. Son fils adopta le même genre de sujets, mais sa supériorité dans la manière de les traiter le plaça au premier rang parmi ses compatriotes.

Comme son condisciple Van Dyck, David Teniers le Jeune se laissa entraîner par la vanité, et, à l'exemple de son maître Rubens, il fit de grandes dépenses pour satisfaire son goût pour le luxe et la représentation. Dès que la gloire lui amena la fortune, il acheta près de Malines un château connu sous le nom de *Château des Trois-Tours*, où il mena l'existence la plus fastueuse. Sa femme, fille de Breughel de Velours, tenait royalement la maison. Tous les grands seigneurs s'y donnaient rendez-vous, autant pour se distraire avec ce peintre, joyeux compagnon, bon vivant, plein de verve, que pour enrichir leurs galeries de ses facétieuses compositions.

David Teniers vécut heureux ainsi pendant quelques années; mais, après la mort de sa femme, il fut obligé de vendre ce château des Trois-Tours, qu'il s'était plu si souvent à représenter dans ses tableaux. Le conseiller Jean de Fresne s'en rendit acquéreur; mais Teniers, en homme qui entend les affaires, rentra dans son ancien domaine en épou-

la fille du nouveau propriétaire, et continua sa vie opulente jusqu'à l'âge de quatre-
t-quatre ans.

n sait que Teniers faisait un tableau, et quelquefois deux, dans sa journée. Les
uners et les après-dînées de Teniers, comme il le disait lui-même en riant, demandent, pour être réunis, une galerie de deux lieues de longueur.

andis que Louis XIV ordonnait d'enlever de ses appartements *les magots* de Teniers,
ippe IV construisait une salle pour réunir les quatre-vingts tableaux qu'il possédait
e maître; Christine de Suède lui envoyait son portrait enrichi de diamants, suspendu
e chaîne d'or; don Juan d'Autriche se faisait l'élève et l'ami du joyeux peintre des
nesses et des francs buveurs, et la confrérie de Saint-Luc le nommait son doyen. Cepen-
, peu satisfait du prix auquel il vendait ses ouvrages, Teniers fit répandre le bruit de
ort, dans l'espoir de faire monter la valeur de ses peintures. Effectivement, la mort de
iers ayant été annoncée, on procéda, quelque temps après, à la vente des tableaux qu'il
t laissés dans son atelier. Ces ouvrages furent très-disputés par les amateurs, et enlevés
s prix doubles de ceux auxquels l'artiste les vendait ordinairement. L'effet était produit.
iers fut le premier à rire de sa plaisanterie, et convia ses amis à un splendide repas;
s il n'en soutint pas moins, dans la suite, le prix élevé qu'avait obtenu sa peinture.

n doit à David Teniers le Jeune la publication du musée de l'archiduc Léopold,
t il était le conservateur. Il se plaisait quelquefois à mettre sa prodigieuse facilité
service de sa fantaisie, en faisant des pastiches que l'on prenait pour des œuvres
inales de différents maîtres : les amateurs les payaient au poids de l'or.

es tableaux de David Teniers le Jeune sont généralement bien composés, d'un dessin
ect, d'un coloris vrai. Quelques-uns sont d'un fini précieux; d'autres présentent des
âtements solides sur lesquels les glacis jouent avec esprit. Le musée de Lyon possède
ntérieur de corps de garde peint dans cette dernière manière; c'est une merveille de
ire, de couleur et de lumière. Comme ces sortes de tableaux demandent beaucoup
emps pour l'exécution, ils sont assez rares dans l'œuvre de Teniers; le besoin d'argent
faisait préférer la rapidité de sa manière ordinaire. Néanmoins ses peintures pos-
nt toujours des qualités remarquables et une science de la perspective aérienne qui
é rarement poussée plus loin.

eniers a eu le bon goût de peindre les sujets de ses tableaux dans de petites propor-
s, et de se renfermer dans les limites qui conviennent à ces sortes d'ouvrages. Il
un rapport entre la grandeur de la toile, la proportion des figures, et la nature du
t, que l'on ne peut méconnaître. Peindre des personnages grotesques, de grandeur
relle, comme l'a fait Jordaens, autre élève de Rubens, c'est tomber dans le laid et
idicule.

La vie élégante de Teniers, le luxe de ses vêtements, son train de maison, forment un grand contraste avec les sujets de ses peintures. On ne s'explique le choix de celles-ci que par le penchant du maître à jouir de tous les biens matériels de ce monde. Doué d'un caractère gai, jovial, il a excellé à reproduire les scènes populaires; il s'est fait l'amuseur des grands, et il a résolu le problème difficile de se donner peu de peine, tout en gagnant beaucoup d'argent. Il est curieux d'observer que c'est précisément le monde élégant de toute l'Europe qui a le plus admiré et le mieux payé les œuvres de ce fidèle historien des mœurs du bas peuple flamand.

Le grand roi en fut indigné, et c'est peut-être moins par antipathie pour l'artiste que pour donner une leçon de goût à son entourage, qu'il ordonna d'ôter de sa vue les œuvres d'un peintre qui avait constamment représenté les choses les plus opposées à la noblesse de la forme et à l'élévation de la pensée.

Les Philosophes bachiques. (Pl. LXVII.)

Cette composition présente une donnée horizontale caractéristique; les lignes en sont harmonieuses et s'allient à la direction de la lumière, qui se résout suivant la diagonale. Le balai est spirituellement placé dans ce sens, et contribue, par cela même, à faire dominer le sujet principal du tableau, dont les lignes esthétiques se voient aisément.

La Kermesse flamande. (Pl. LXVIII.)

Les lignes de ce tableau offrent également une harmonie de lignes horizontales, mais l'ensemble est moins bien pondéré que dans le tableau précédent, qui est très-remarquable par l'ordre parfait de la disposition du sujet.

Ici les accessoires dans l'ombre, sur le premier plan à droite, gênent l'introduction de la lumière. Le terrain, simplement éclairé d'une lumière secondaire, ferait valoir le sujet principal, et cela d'autant mieux que la lumière se résout sur le nuage à gauche, en suivant la diagonale du tableau.

Le tonneau du premier plan, l'homme qui est contre le mur, la fenêtre et l'angle du chaume forment une ligne esthétique verticale dominante qui nuit à la pondération des lignes. En laissant libre la partie du premier plan à droite, cette ligne aurait moins d'importance, elle doublerait simplement l'arête verticale du mur. Si les tonneaux étaient sur le premier plan à gauche, au-dessous du musicien, ils formeraient une ligne esthétique verticale qui soutiendrait le côté droit de la composition, et l'homme tourné contre le mur de l'auberge attirerait moins l'attention.

Les deux figures principales sont placées, l'une au-dessous de l'angle du toit, l'autre au-dessous de l'arbre le plus apparent; avec la correction que nous indiquons, il y aurait

rmément à la règle, une succession de lignes verticales formant une masse hori-
le.

HUYSMANS DE MALINES.

rnille Huysmans naquit, en 1648, à Anvers. Il étudia d'abord la peinture chez le
giste Pierre de Witte, dont les tableaux étaient très-estimés, puis à Bruxelles, à l'a-
de Van Artois. C'est pendant ce temps qu'il travailla dans la forêt de Soignes, où
énie se développa en toute liberté. Il y étudia les effets de l'ombre et de la lumière,
ntrastes de la végétation avec ces terrains dénudés dont les tons ferrugineux forment
armonie naturelle à la couleur verte des arbres, et, à force de travail, il surpassa
aîtres.

pourrait croire, d'après les peintures de Huysmans, que la vue de quelque pay-
vénitien lui a révélé la vraie nature de son talent. Sa manière est large; elle a un
tère bien plus italien que flamand ou hollandais. Ses ébauches sont préparées par de
s empâtements, rehaussés par des glacis d'une grande puissance, qui s'allient par-
nent au style imposant de ses compositions. Personne, avant lui, n'avait aussi bien
ris la majesté des antiques forêts, l'ombre mystérieuse des fourrés, le silence et le
e de leurs vastes coupoles de feuillages.

ysmans se fixa à Malines, qu'il ne voulut jamais quitter, malgré les instances que fit
der Meulen pour l'attirer à Paris. On lui attribue les paysages de deux tableaux de
aître : celui de la prise de Dinan (n° 310 du catalogue du Musée), et la vue de la
de Luxembourg (n° 312).

ysmans peignait très-bien les figures et les animaux; souvent il mit ce genre de talent
rvice de différents paysagistes, et il faisait, en outre, des fonds pour les peintres
oire. Après une longue et laborieuse carrière il mourut à Malines en l'année 1727.
s beaux arbres des tableaux de Huysmans ont une grandeur, une vitalité et une soli-
que l'on ne remarque chez aucun autre paysagiste de cette époque. S'ils ont perdu de
éclat primitif, c'est qu'il n'a pas laissé asseoir suffisamment la couleur de ses ébauches
e les dessous ont envahi les dessus. Le modelé des arbres, en général, exige une
ère si variée, si complexe, qu'il faut, relativement à la peinture historique, un temps
dérable pour obtenir un modelé puissant. Ce n'est pas trop de deux et trois ans pour
iter un tableau où les arbres forment le sujet dominant, surtout si l'on veut que le
lé se soutienne aussi bien que dans les tableaux de figures. Cela est si vrai que les
ins, les animaux et les personnages des tableaux de Huysmans ont seuls conservé
leur éclat.

Le Ravin. (Pl. LXIX.)

La disposition du tableau offre une succession de lignes esthétiques verticales, formant une masse horizontale. La lumière présente une résolution suivant la diagonale; elle entre par le ciel et les fonds, pour sortir par le premier plan à gauche.

Les figures, d'après la règle, sont placées dans le sens du mouvement lumineux, de façon à affirmer la grande ligne esthétique de la composition.

Nous ferons observer que le petit buisson du premier plan à gauche devrait être plus éclairé, afin que le jeu de la lumière ne fût pas interrompu; il faudrait aussi que le sommet de l'arbre de gauche fût moins affirmé, puisqu'il est situé dans la partie neutre du tableau. Ces deux termes, dans notre gravure, sont moins clairement exprimés que dans la partie de droite, où le neutre du premier plan est franchement opposé à l'introduction de la lumière.

CHAPITRE V.

ÉCOLE HOLLANDAISE.

force de volonté que les peintres hollandais ont apportée dans l'exécution de leurs
ges tient à un côté moral qui est le fruit d'une certaine vertu, sans doute, mais d'une
soumise aux règles de la seule raison.

existe un lien commun entre l'exercice de l'esprit et les actes de la volonté. Les idées
issent sur les sentiments et leur impriment une direction dont les créations de l'es-
révèlent les tendances. Or les sentiments qui dérivent de la perception du vrai, ou
contemplation du beau, dépendent, les uns de la raison, les autres des facultés affec-
, d'où il résulte que ceux-ci sont plus exaltés, ceux-là plus sévères. Les premiers ont
aractère absolu qui a pour effet d'interdire ce que la conscience réprouve comme
vais; les seconds, plus expansifs et plus doux, entraînent au bien, font aspirer au
x, et conduisent à la conception du beau idéal. Ces deux mobiles constituent la vie
le [1].

art hollandais parle peu à l'imagination et au cœur. Le peintre, dirigé par la raison
, analyse chaque chose, voit les détails, la réalité, sans pouvoir s'élever complétement
'à l'idéal. On admire la science, l'harmonie, l'adresse du pinceau, la patiente vo-
, la sincérité de l'artiste, et cet amour du vrai nous touche, sans toutefois éveiller
ndément notre enthousiasme.

école hollandaise possède souverainement un côté de l'art : celui du métier. Il lui
jue celui qui prend sa source dans les sentiments de respect et de tendre soumission
puissance suprême, dans l'amour élevé jusqu'à l'adoration, d'où émane l'intelligence
eau idéal. En un mot, les artistes de cette école semblent avoir soumis la vie morale
entière au contrôle de la seule raison, tandis qu'en effet les lois d'unité qui régissent
nature nous font un devoir de concilier toutes les forces dont elle dispose, c'est-à-
le sentiment et la raison.

onsultez M. Degerando, *Du Perfectionnement moral.*

La prédominance de la raison sur le sentiment caractérise, du reste, toutes les nations chez qui la Réforme a triomphé. L'individu lui doit de certaines qualités qui ont un prix réel, mais, dans les créations de l'esprit, et surtout dans celles de l'art, ces qualités, là même où on les voit portées au plus haut point, sont plus que balancées par les défauts provenant de la même cause.

Autre chose s'observe chez les peuples restés fidèles à une doctrine avant tout favorable aux élans de l'enthousiasme et encourageant la poursuite, même téméraire, de l'idéal; car il est écrit : « Le ciel aime les violents. » Ces peuples, le fait le prouve tous les jours, sont à la fois naturellement plus aptes et mieux préparés par l'éducation morale à la culture des arts libéraux.

On ne peut nier cependant que des dispositions si contraires n'offrent chacune son danger. La vraie force, la vraie grandeur, le vrai beau, consistent dans le développement intégral et harmonieux des deux facultés qui résument la vie morale : sentir et penser. Si la raison est trop prépondérante, le devoir devient absolu, la volonté inflexible; mais, si le sentiment vient s'adjoindre à un juste exercice de la raison, il complétera la vie morale, il élargira le champ de la conscience; l'amour éclairera les jugements de la raison, et la progression sera infinie.

La conception du beau idéal est donc une conséquence naturelle du développement simultané des facultés intellectuelles et morales. Dans de telles conditions, l'esprit humain peut atteindre à des hauteurs inaccessibles au vulgaire. Ceci implique la foi dans les révélations que les natures privilégiées ont pour mission de propager parmi les hommes.

Les lois de l'unité sont souveraines en morale, en politique, aussi bien que dans les arts. Or, si ces lois sont mieux comprises et mieux observées chez une nation que chez une autre, il est certain que les individus qui naissent dans les plus favorables conditions pourront acquérir une supériorité analogue dans tous les travaux de l'esprit. Ceux-ci auront des vues d'ensemble, de classement; ceux-là, des vues de détail, d'expérimentation. Les premiers pourront atteindre au sublime dans les arts, les seconds à la parfaite exécution. C'est en effet ce que l'on observe en comparant les écoles Allemande, Hollandaise et Anglaise, aux écoles d'Italie, de France et d'Espagne.

C'est donc uniquement aux causes morales, comme nous l'avons déjà fait remarquer, qu'il faut attribuer les progrès des individus aussi bien que les aptitudes des nations à cultiver les arts avec succès.

REMBRANDT VAN RYN.

Ce n'est pas par le choix de la belle nature, ni par une tendance à améliorer le modèle que les ouvrages de Rembrandt se distinguent de ceux des autres peintres de sa nation,

par la magie du clair-obscur, qu'il possédait à un si haut degré. Il regardait la
 en poëte, et il est resté vrai dans ses interprétations, en se fondant sur la connais-
des lois de la nature même. Il a combiné les effets variés de la lumière au moyen
idée préconçue, d'un parti pris; il a soumis la forme à la disposition du clair-obscur,
 il a subordonné la couleur, reliant par les lois de l'harmonie les trois différentes
s dont se compose l'art de peindre.

clat de la lumière, la puissance du modelé, l'expression des différents plans, ont
é son imagination et son sentiment, et, tout en adoptant les mêmes principes que
rd de Vinci, le Corrége, Velasquez, il a néanmoins été original dans la manière de
pliquer. Ces grands artistes, de même que les anciens, comme on le remarque dans
intures trouvées à Herculanum, ont su faire tourner les corps, et montrer, par la na-
les contours, que la forme se continue en dehors de la limite assignée au regard.

mbrandt a vu le côté pittoresque, mystérieux, de la nature, lequel s'allie si bien avec
mbinaisons capricieuses de la lumière étroite. Les rayons lumineux peuvent rencon-
les obstacles dans leur parcours, faire des ressauts; mais, où ils pénètrent, ils se
gent en ligne droite, en sorte que les effets de la résolution de la lumière sont exac-
t les mêmes pour quelques rayons lumineux que pour une masse de ces rayons.

 doit à la grande science de Rembrandt, à la poésie de ses effets, à l'énergie de son
au, d'oublier la trivialité des personnages de ses sujets historiques; toutefois ils ont
ie, une expression de sincérité et une sensibilité révélée par le geste, qui prouvent
e maître visait autant à toucher l'âme qu'à charmer les yeux par l'harmonie et l'im-
 de la distribution des ombres et des lumières. Cet art sincère, en s'adressant à notre
nation, fait naître un véritable enthousiasme par ses qualités éminentes, et l'on
ssionne presque autant devant les tableaux de Rembrandt qu'en présence d'autres
-d'œuvre où la forme est d'un ordre plus élevé.

mbrandt est un des rares poëtes du clair-obscur, un savant harmoniste, mais il n'est
 proprement parler, ce qu'on nomme un grand coloriste. Ce n'est point par la pondé-
 des couleurs primitives qu'il obtient ses effets puissants, et, sous ce rapport, ses
ges ne renferment aucune des savantes combinaisons des maîtres vénitiens; ce n'est
ce point de vue qu'il faut l'étudier. Rarement il emploie les couleurs primitives, et
mme dans la Ronde de nuit, on voit un jaune brillant sur le premier plan, le bleu
ra éloigné, et le rouge mis dans l'ombre. De même, si deux couleurs primitives sont
ochées, l'une sera dans la lumière, l'autre sera dans l'ombre.

ant toute chose, Rembrandt voit l'éclat de la lumière, et non l'éclat de la couleur. Il
 propose pas le même but que les coloristes, qui, en dehors de l'expression des
s, cherchent à séduire les yeux par le spectacle de la couleur, comme l'harmonie

en musique charme les oreilles. Ce qui nous touche le plus dans ses ouvrages, ce n'est point la beauté, la variété et la vérité d'un brillant coloris, mais la juste valeur des objets, l'intensité et la qualité de la lumière et des ombres. Cela est si vrai que plusieurs de ses admirables eaux-fortes produisent sur les sens une impression aussi saisissante que ses tableaux.

Excepté la Leçon d'anatomie, du musée de la Haye, œuvre admirable de la jeunesse de Rembrandt, et la plupart de ses magnifiques portraits, ses tableaux sont éclairés par une lumière étroite. Il ne voulait pas que le spectateur sût le dernier mot de ses ouvrages à première vue ; il voulait le forcer à l'étude, à l'analyse ; il voulait s'imposer à la réflexion. Original sans effort, il regardait simplement au dedans de lui-même en écoutant la voix de la nature, et, s'il interrogea la science, ce fut pour lui demander la raison des phénomènes de la lumière et de la vision.

Le sentiment individuel de Rembrandt, si vivement reproduit dans ses œuvres, exerce un grand pouvoir sur les masses : semblable à un grand orateur, il commande à la foule et l'entraîne à sa suite. Tous les amateurs se disputaient ses tableaux et ses gravures ; ils les payaient au poids de l'or, et cet or, produit de l'art, était employé à enrichir le peintre de quelque objet remarquable. C'est ainsi qu'il réunit des peintures de différents artistes, des sculptures antiques, de belles estampes, des instruments, des étoffes précieuses, et qu'il vécut longtemps heureux dans le travail et la contemplation de ses trésors d'art.

Rembrandt, né à Leyde en 1606, était fils d'un meunier et fut surnommé *Van Ryn* (du Rhin), par allusion au moulin que possédait son père sur les bords de ce fleuve [1].

Le jeune Rembrandt, montrant plus de goût pour le dessin que pour les études du collège, demeura trois années chez un peintre du pays, qui lui enseigna le dessin, la perspective et l'anatomie. Après ce temps, il partit pour Amsterdam, travailla six mois chez Lastman, et entra en dernier lieu dans l'atelier de Jacob Pinas. L'année suivante, le jeune artiste revint chez son père, demandant à l'étude persévérante de la nature les secrets de la lumière. Ses efforts ne tardèrent pas à être couronnés de succès : un tableau peint d'après nature, qu'il présenta à un riche amateur de la Haye, décida de son sort. Le tableau, ayant plu, fut acheté à un prix bien supérieur à celui qu'en espérait Rembrandt, ce qui lui permit de retourner à Amsterdam et d'y ouvrir un atelier d'élèves : il avait alors vingt-deux ans. La fortune le traita en favori jusqu'en 1656, époque où la Hollande était en guerre avec l'Angleterre ; mais, obligé de rendre des comptes de tutelle à son fils, il fut contraint de vendre sa riche collection à vil prix. Une fois ses comptes rendus et soldés, Rembrandt se

---

[1] M. Charles Blanc dit avoir vu les traces du moulin où le grand artiste travailla durant plusieurs années ; il affirme que ce moulin est à Leyde et non point dans un village des environs de cette ville, comme on l'a prétendu jusqu'ici. C'est aux recherches de ce savant écrivain que l'on doit de connaître l'époque exacte de la naissance de Rembrandt.

a complétement ruiné. Il n'en continua que plus laborieusement ses travaux de pein-
t de gravure jusqu'à l'année 1669, où il mourut. Ce grand artiste était alors dans
elle pénurie, suivant ce que nous apprend M. l'archiviste Scheltema, que la ville
sterdam paya quinze florins pour les frais de ses funérailles. Aujourd'hui, la statue de
randt orne la ville qui fut le théâtre de la gloire et de la misère du plus grand peintre
Hollande.

s élèves les plus remarquables sont, Gérard Dov, Flink, Ferdinand Bol, Van Eckout,
sträten, Jacques Vecq et Dullaert. Les deux derniers sont cités par Houbraken et
rmans comme ayant fait des peintures que les plus habiles connaisseurs prenaient
des originaux de Rembrandt.

La Ronde de nuit. (Pl. LXX.)

Ronde de nuit est le chef-d'œuvre de Rembrandt; ni la Leçon d'anatomie, du musée
Haye, ni aucun des quarante tableaux de ce maître que possède le musée de Saint-
sbourg, ni les riches collections de France et d'Angleterre, ne peuvent offrir l'équi-
t de cette toile incomparable.

tel que soit l'imprévu des conceptions du génie de Rembrandt, sa volonté asservit
amment son imagination à la règle. Il inventa des combinaisons toujours neuves,
urs piquantes, et cependant toujours conformes aux grands principes qui sont le fon-
nt de la peinture.

sujet du tableau, malgré le titre sous lequel il est connu, n'a aucun rapport avec
ronde de nuit. C'est plutôt le départ de la garde bourgeoise d'Amsterdam se ren-
à une fête patronale, comme semblent l'indiquer le tambour, le drapeau déployé et
stume de tous les personnages. La lumière qui éclaire cette scène n'est point une
ère artificielle, mais bien celle du jour. Les rayons lumineux pénètrent, au milieu
grand espace d'ombre, à travers un obstacle réel ou supposé, et c'est en cela que
ste l'idéal du clair-obscur de ce maître, qui, suivant le précepte de Léonard de Vinci,
nageait la lumière comme une pierre précieuse. »

donnée du sujet est horizontale. L'harmonie esthétique des lignes est créée par une
ssion de verticales formant une masse horizontale. La grande ligne de la compo-
est parallèle à la ligne d'horizon, et la lumière suit cette ligne : elle entre par la
he du tableau, et se résout à droite.

parti pris, quelque fantastique qu'il paraisse, est entièrement conforme aux règles
harmonie des lignes et de la lumière; c'est par cet accord que l'effet est si puissant.
rit ne va point au delà de ce qui a été réalisé. Le caractère moral du sujet n'exige
a beauté idéale de la forme; il suffit que les figures soient vraies, bien posées et

que les gestes expriment par des mouvements naturels l'action de chaque personnage. Or ces figures paraissent être des portraits pleins de vie, inondés de lumière, ou bien enveloppés d'une ombre mystérieuse et transparente. Lorsqu'on regarde attentivement cette peinture savante, l'air semble s'illuminer, et l'on en demeure ébloui.

Le caractère moral du sujet offre la même unité que les lignes, la lumière et la couleur. Chaque personnage exprime le contentement, le plaisir rayonne sur tous les visages, excepté sur celui de l'officier commandant, qui garde le sérieux d'un chef bien pénétré de son importance. Tout, dans cette œuvre, répond aux conditions les plus parfaites de la convenance, de la proportion, de la variété, de l'unité et de l'harmonie.

Les Trois Arbres. (Pl. LXXI.)

Ce paysage, gravé à l'eau-forte par Rembrandt, présente une vive opposition d'ombre et de lumière, qui constitue la partie dramatique du sujet. La masse des arbres est soutenue par un nuage s'élevant verticalement et par ces vigoureux rayons qui simulent, un peu durement il est vrai, une pluie d'orage.

La lumière entre par la droite du tableau, et se résout sur le premier plan à gauche.

La grande ligne esthétique de la composition part du premier plan à droite et se perd dans les fonds et dans le ciel à gauche. L'harmonie aurait exigé que la direction de la lumière suivît cette ligne; mais l'artiste, voulant reproduire l'impression de trouble que produit un orage, a rompu cet accord, afin de rentrer dans le mode du sujet. Par un temps calme, le croisement de la grande ligne de la composition et de la direction de la lumière serait une faute.

Conformément aux principes qui régissent le paysage, les arbres étant le sujet dominant du tableau, les figures deviennent accessoires, et sont placées dans la direction du mouvement lumineux.

Le Bourgmestre Six. (Pl. LXXII.)

Cette eau-forte est une des plus remarquables de Rembrandt [1]. L'ami et le protecteur du peintre a reçu l'immortalité en retour de son affection et de son dévouement : c'est noblement payer une dette de reconnaissance.

La disposition des lignes esthétiques affirme magistralement la donnée verticale. La lumière entre par la droite du tableau, et se résout sur les livres à gauche.

Le profil du rideau forme un angle rentrant plus élevé que la tête du personnage, qui, par cette raison, est rendue dominante.

---

[1] Une belle épreuve ne vaut pas moins aujourd'hui de 2,600 à 3,000 francs.

s portraits de Rembrandt ont une vérité et une puissance de modelé qui les place à le ceux des plus grands peintres. Bien que sa manière ne ressemble à aucune autre, n est pas moins vrai que l'on rencontre dans ses tableaux, comme dans ses eaux-fortes, ication des principes qui ont dirigé les artistes Grecs. Les lois de l'unité et de l'har- e étant les mêmes pour tous, il en résulte que les chefs-d'œuvre sont basés sur des dentiques, et que la variété des productions tient uniquement au sentiment indivi- de l'artiste. C'est donc à la science, qui a été le fondement de l'art chez les Grecs e chez la plupart des peintres de la Renaissance, qu'il faut demander la raison de auté des œuvres que nous admirons. On ne saurait trop le répéter : c'est à la con- ance de la perspective et des lois de l'optique que l'on doit de pouvoir établir l'ordre les créations des beaux-arts, car la dégradation de la lumière et des couleurs est ortionnelle à la dégradation perspective des lignes. A cette connaissance viennent indre les lois de l'harmonie esthétique des lignes, de la lumière et des couleurs, constantes, qui seules élèvent l'interprétation de la nature jusqu'à l'art.

GÉRARD DOV.

érard Dov, suivant les biographes, est né à Leyde en 1613. Mais le tableau de la ne hydropique, signé *G. Dov, âgé de 65 ans*, et daté de l'année 1663, ferait re- er la naissance de ce peintre à l'année 1598. M. Frédéric Villot, à qui l'on doit cette vation, nous apprend en outre que les autres tableaux de ce maître que possède le re sont signés G. Dov, et quelquefois G. Dou[1].

 père de cet artiste, simple vitrier, lui fit apprendre le dessin dès l'âge de neuf ans, le graveur Dolendo; il le plaça ensuite chez un peintre sur verre, puis le fit entrer l'atelier de Rembrandt, où il resta trois années.

n se souvient que Rembrandt ouvrit son atelier d'Amsterdam en l'année 1630; par équent Gérard Dov aurait eu trente-deux ans lorsqu'il quitta la peinture sur verre étudier la peinture à l'huile. Il est donc probable que ce fut à Leyde qu'il reçut remières leçons de Rembrandt, et non à Amsterdam. Quoi qu'il en soit, les ouvrages e peintre prouvent l'excellent et consciencieux enseignement de Rembrandt, dont il re à tant d'égard. Ils témoignent que, loin de s'imposer à ses élèves, Rembrandt rçait au contraire de développer progressivement toutes leurs facultés naturelles. On iert cette conviction en remarquant combien la sincérité dans l'art et l'amour de la ction dans le rendu des objets étaient le but de tous ses efforts, et comment les es principes ont été diversement appliqués par chacun d'eux.

Nous ferons remarquer qu'à cette époque le *v* servait à la fois pour le *v* et pour l'*u*, et que la signature ne varie que dans ière d'écrire la lettre finale.

La Femme hydropique. (Pl. LXXIII.)

Ce tableau est regardé non-seulement comme le plus important de Gérard Dov, mais encore comme le plus parfait d'exécution de l'école hollandaise, si riche d'ailleurs en artistes possédant une extrême habileté de pinceau. Ce maître, doué de grandes qualités d'observation, ne laisse échapper aucun des détails de la nature, et cependant, malgré le fini précieux de chaque objet, l'harmonie de l'ensemble est parfaitement soutenue et conforme à toutes les lois de l'art. Il n'a pas la facture large de Rembrandt, mais il applique les mêmes principes de clair-obscur, et il subordonne, comme ce maître, le coloris à l'éclat de la lumière.

Les qualités précieuses de Gérard Dov lui valurent les suffrages de tous ses contemporains, qui, plus touchés des ouvrages de patience que des élans impétueux du génie, étaient arrivés à payer ses petits tableaux au poids de l'or, tandis qu'ils délaissaient les œuvres du vieux Rembrandt. Aujourd'hui même les peintures de Gérard Dov et de ses imitateurs s'achètent à des prix excessifs.

Le sujet de la Femme hydropique, malgré l'expression vraie des personnages, est peu intéressant par lui-même. La magie du clair-obscur domine l'intérêt dramatique, en sorte que ce n'est pas l'élévation de l'idée qui nous attire et nous intéresse, mais la puissance et la vérité des ombres et des lumières, l'admirable adresse du pinceau, l'ordre et la parfaite harmonie de l'ensemble. L'ordonnance de ce tableau rappelle la Famille du menuisier de Rembrandt; l'effet est le même, seulement les objets sont différents. La donnée est verticale et la lumière se résout suivant la diagonale.

En suivant la route tracée par son maître, Gérard Dov s'est élevé, dans cette œuvre, à une grande hauteur, et, si l'on considère qu'il a peint ce tableau à l'âge de soixante-cinq ans, on sera convaincu, comme nous l'avons déjà dit, que l'artiste consciencieux, moral, progresse dans son art tant que les moyens physiques ne lui font pas défaut.

Miéris, Terburg, Schalken, Pierre de Hooge, Netscher sont les principaux élèves ou les imitateurs les plus distingués de Gérard Dov.

ADRIEN VAN OSTADE.

Adrien Van Ostade, né à Lubeck en 1610, vint à Harlem étudier la peinture chez François Hals, et y demeura plusieurs années. Son caractère paisible s'accommodant mal des troubles dont la Hollande était alors le théâtre, il se disposait à retourner avec sa famille dans sa patrie, lorsque arrivé à Amsterdam pour s'y embarquer, un riche amateur nommé *Senneport*, lui fit des offres généreuses pour l'engager à demeurer dans cette ville. Ostade ne put résister à tant d'empressement, et il se fixa définitivement à Amsterdam année 1662. Ses ouvrages étaient très-recherchés, et ses belles eaux-fortes ne furent moins appréciées que ses peintures. Ostade a étudié à fond les mœurs du paysan ndais. Ce ne sont pas les travaux des champs qui intéressent le plus cet artiste, mais ntérieurs rustiques, les scènes de famille, les fêtes villageoises, qui lui offrent de fables occasions d'exprimer les différentes passions des habitants de la campagne. en s'éloigne autant de son condisciple Brower que de son compétiteur David Te-. S'il n'a pas la touche fière et spirituelle de ce dernier, il l'égale dans l'expression caractères, qui, dans ses eaux-fortes surtout, ont une vérité et un accent de siné qui place au premier rang ce peintre de mœurs champêtres. Brower a pris pour es scènes violentes de ces natures vulgaires excitées par la boisson et le jeu; il les présentées quelquefois avec beaucoup de vérité, faisant concourir le mode du clairur à l'expression du sujet. Ostade, conformément à son caractère, a choisi les scènes es sentiments affectueux sont mis en action; il arrive même à faire oublier la laideur es personnages, tant il a su leur imprimer un air de jovialité et d'honnêteté. Isaac Ostade, élève d'Adrien, a imité avec succès la manière de peindre de son frère.

LE MÉNAGE RUSTIQUE. (Pl. LXXIV.)

ette gravure représente un tableau caractéristique du talent d'Adrien Van Ostade, doit aussi à l'étude des œuvres de Rembrandt de s'être élevé si haut dans l'intelligence lair-obscur. Il a adopté une lumière large, mais entièrement soumise aux mêmes cipes. Ostade est un savant harmoniste plutôt qu'un grand coloriste; on trouve même souvent dans ses tableaux un rouge brillant qui fait tache en quelque sorte, parce n'est pas soutenu ou rappelé par des couleurs analogues.

a ligne d'horizon est placée à la hauteur du personnage debout, et l'architecture ourt à un point accidentel situé près de la bordure à gauche, afin de montrer tous létails avec les développements qu'ils comportent et permettre à la lumière d'entrer ement dans le tableau. Outre les lignes verticales ou obliques qui affirment la donnée rale, des lignes esthétiques horizontales, faciles à reconnaître, rattachent tous les ils à l'ensemble de cette harmonieuse composition.

n peut observer dans notre gravure que le premier plan, à droite, n'a pas assez de ir, et que les fonds à gauche en ont trop; de là résulte un peu de monotonie dans t, qui est très-brillant et très-animé dans l'original.

ALBERT CUYP.

lbert Cuyp, né à Dort en 1606, apprit de son père, assez bon paysagiste, les prees notions de l'art, et sa riche organisation l'éleva bientôt au premier rang parmi les peintres de sa nation. Il fit des marines, des fleurs, quelques portraits et principalement des paysages et des animaux, où sa large exécution s'allie à la puissance et à la beauté du coloris.

Bien qu'Albert Cuyp soit un des plus grands peintres de l'école hollandaise, sa manière fut peu appréciée des amateurs de son temps, habitués à n'estimer que la patience de l'artiste et l'extrême fini des détails. Au siècle dernier les tableaux de ce maître, un des plus grands coloristes de l'école hollandaise, se vendaient dans les prix de 75 à 80 francs! La mode, qui l'avait abaissé, l'a glorieusement relevé aujourd'hui; les mêmes œuvres valent 15, 20 et 30,000 francs.

PÂTURAGE AU BORD DE LA MEUSE. (Pl. LXXV.)

La donnée du tableau forme une masse horizontale, variée par quelques lignes esthétiques verticales qu'il est facile de reconnaître. L'unité dans le coloris est parfaitement établie par le rappel des tons dorés du ciel qui s'allie à la couleur de la robe des animaux : isabelle, brune, rousse, rouge, noire, couleurs disposées de façon à favoriser l'unité du clair-obscur. La veste rouge de la petite fille et les chairs des figures constituent la variété dans l'unité de cette harmonie de couleurs dorées, vraiment admirable.

La lumière entre par le ciel et les fonds, pour se résoudre sur la plante du premier plan, en suivant la diagonale du tableau.

PHILIPPE WOUWERMANS.

Philippe Wouwermans, né à Harlem en 1620, fut d'abord élève de son père, médiocre peintre d'histoire, puis du paysagiste Wynantz, et enfin de Pierre Verbeek, peintre d'animaux, peu connu aujourd'hui.

Les débuts de cet artiste furent assez difficiles. Cependant une occasion favorable lui permit de mettre ses talents précoces en lumière. Pierre de Laer, dit *Bamboche*, exigeant un prix trop élevé d'un tableau que lui demandait un marchand, celui-ci s'adressa au jeune Wouwermans, qui lui fit un chef-d'œuvre. A partir de ce moment, il devint le peintre favori des riches seigneurs et amateurs de son pays. Comme Van Ostade, il s'est fait l'historien d'un des côtés de la vie sociale hollandaise de son temps. Ostade nous représente volontiers la chaumière et le cabaret; Wouwermans la vie de château, les chasses à courre ou au faucon, les beaux chevaux andalous richement caparaçonnés, les haltes de cavalerie, les manéges et tout ce qui se rapporte aux plaisirs de la noblesse campagnarde.

Ses tableaux, peu payés par les marchands, qui exploitaient sa modestie, faisaient la fortune de ceux-ci; ce ne fut qu'à sa prodigieuse facilité d'exécution, à sa vive imagination et à l'assiduité de son travail qu'il dut de pouvoir suffire aux besoins de sa nombreuse

le. Il mourut dans sa ville natale, qu'il n'avait jamais quittée, en 1668, âgé de qua-
-huit ans.

'ouwermans a exécuté un nombre considérable de tableaux où le cheval joue presque
urs le premier rôle. Ce peintre est harmonieux dans les lignes, les effets sont bien
oris, la perspective aérienne admirable, et il a combiné en vrai coloriste les couleurs
es de façon à faire resplendir la lumière.

ierre et Jean, ses deux frères, ont traité le même genre de sujets, mais avec moins
uccès. Van Breda s'en est rapproché de très-près, ce qui lui valut d'être distingué
Louis XIV lors de son séjour à Anvers. Il a même composé, refait et copié les
ages de Philippe avec tant d'habileté qu'il n'est pas rare de voir prendre certains
eaux de Van Breda pour des originaux de Wouwermans.

L'ÉCURIE. (Pl. LXXVI.)

e tableau nous montre le maître avec ses qualités les plus précieuses. On y trouve une
e composition disposée avec un goût parfait, des oppositions et une gradation harmo-
se du clair-obscur combiné avec la couleur locale des objets; toutes ces qualités sont
plétées par un dessin correct et une profonde connaissance de la perspective aérienne
néaire.

a donnée du tableau est horizontale, et la lumière se résout sur le premier plan à
te, en suivant la direction de la grande ligne de la composition. Cette donnée est variée
quelques lignes esthétiques verticales formant une masse horizontale.

n peut remarquer toutefois qu'il aurait été convenable de faire correspondre les jambes
rain de devant du cheval blanc avec le pilier qui supporte le toit de chaume. Cette
tion eût créé une ligne esthétique verticale de plus, et relié davantage le cheval à
semble de la composition.

e cheval blanc centralise la lumière principale; elle se développe à droite et à gauche
les figures placées dans le sens du mouvement lumineux. Le contraste du cheval
brun et du mur éclairé qui lui sert de fond, de même que l'opposition d'ombre et de
ère du cavalier et des fonds, résulte des savantes combinaisons de la couleur et du
-obscur, qui donnent à la lumière un éclat rivalisant avec celui de la nature.

PAUL POTTER.

aul Potter est un des peintres les plus admirés de la Hollande à cause de la naïveté
es impressions et de l'extrême vérité avec laquelle il les a transportées sur la toile.
me tous les paysagistes ses contemporains, il semble nous dire combien les âmes
rent après le calme et le repos, lorsqu'elles ont été longtemps troublées. Ne doit-on

pas aux guerres prolongées dont ce pays a été le théâtre cette disposition des esprits qui les portait à rechercher les douces joies qu'offrent les beaux spectacles de la nature? Les tableaux qui reproduisent ces beautés ne donnent-ils pas à l'habitant des villes ces jouissances paisibles que le soin des affaires leur interdit d'ordinaire? L'heureux possesseur de scènes champêtres reproduites avec une expression sincère de la nature ne jouit-il pas par la pensée des émotions du peintre? Ne croit-il pas, au moins pour un moment, se mêler à sa vie intime? Ne sont-ce pas là les choses qui nous touchent et nous émeuvent en face de ces peintures, qui nous transmettent une idée et un sentiment?

La naïveté des impressions de Paul Potter s'est entretenue par la sincérité du cœur, la pureté des mœurs et l'habitude, contractée de bonne heure, de tout peindre d'après nature. On rapporte qu'à l'âge de quinze ou seize ans il était déjà regardé comme l'égal des plus grands artistes.

Quel que soit le genre de peinture auquel on s'adonne, si l'on n'a pas dessiné longtemps la figure, on n'atteindra pas à un dessin à la fois naïf et savant, car le dessin de la figure, plus que tout autre, provoque l'action de la pensée. L'œil est l'intermédiaire entre la main qui exécute et la pensée qui conçoit. Il faut donc que chaque trait existe dans la pensée avant que la main agisse ; celui qui copie la nature sans y joindre le regard de l'esprit ne sera jamais un grand dessinateur. C'est à cette étude que Paul Potter est redevable de la supériorité qu'il s'est acquise dans la représentation des animaux et du paysage. Cependant plusieurs tableaux de ce maître sont composés gauchement, et sans harmonie dans les lignes ; un seul côté de la toile est rempli, l'autre reste vide. Mais s'il n'a pas connu l'art de disposer les objets aussi bien que Wouwermans, Cuyp ou Berghem, il dépasse ces derniers dans le dessin, la justesse des mouvements et la vérité du caractère des animaux qu'il a peints.

On a de lui quelques eaux-fortes très-recherchées, et quelques études d'animaux carnassiers gravées à l'eau-forte par Marc de Bye.

Dès l'arrivée de Paul Potter à la Haye, où il se fixa, les princes et les riches amateurs se disputèrent ses tableaux, et sa réputation s'étendit au loin. Mais, à la suite de chagrins domestiques, il se vit obligé de quitter la ville qui l'avait si généreusement accueilli, et il se retira seul à Amsterdam, où il mourut de chagrin en 1654, à l'âge de vingt-neuf ans.

Le Taureau du Musée de la Haye. (Pl. LXXVII.)

Paul Potter a eu l'ambition de lutter avec la nature, en peignant un taureau dans ses proportions réelles. Cet effort témoigne d'un cœur généreux, plein du désir de se surpasser ; mais des animaux représentés dans de si grandes proportions perdent de leur intérêt, et nous touchent d'autant moins que les conditions de l'art ne sont point respectées. Cette

re, toutefois, est si savante, le coloris en est si vrai, si puissant, qu'on ne peut re-
;on admiration à l'artiste qui a eu le courage de l'exécuter. Le taureau, sujet prin-
lu tableau, a été peint en grisaille avec des empâtements qui mettent en relief les
le la robe, et, sur cette préparation l'artiste a fait, jouer des glacis d'une grande
e.

il Potter a imité Albert Cuyp, qui, le premier, a combiné les empâtements et les
 pour représenter les animaux d'une façon à la fois puissante et harmonieuse. Il
ervi comme lui de glacis pour les couleurs fortes, et d'empâtements pour les cou-
lumineuses.

lgré la puissance de ce procédé de peinture, les ciels de Paul Potter manquent de
:té; il les a trop sacrifiés, et il mérite justement le reproche d'avoir généralement
des ciels sans profondeur. La coloration en est juste, elle s'accorde avec le mode du
u, mais la qualité n'en est pas aérienne. Cela tient à l'emploi de couleurs fortes, qui
rvent également pour les ciels et la nature terrestre. Or, comme nous l'avons dit
rs, on peut obtenir une puissante coloration dans les ciels avec la combinaison
iuleurs aériennes de la palette, lesquelles conservent à l'atmosphère toute sa pro-
ur.

NICOLAS BERGHEM.

soleil d'Italie a échauffé de ses rayons les riches compositions de Nicolas Berghem.
este Hollandais par le style et la manière de peindre, il est Italien par la vitalité, le
ement de ses figures, la gaieté de la lumière et des couleurs. Les bœufs aux longues
s de la Campagne romaine, les mulets richement caparaçonnés, la fermière hol-
ise, tout s'anime sous ses pinceaux et prend un caractère de fête ou d'heureuse
ciance.

rghem n'apporte pas dans ses ouvrages la naïveté de Paul Potter; il recherche moins
rités de détail que la belle tournure de l'ensemble, les enchantements de la lumière,
couleur, et les profondeurs de l'atmosphère.

:olas Berghem naquit à Harlem en 1624. Son père, peintre médiocre, lui donna les
iers principes; Van Goyen lui apprit à peindre la marine; Pierre Grebber, la figure;
Mojaert et Jean Wils, le paysage. Les aptitudes de Berghem, ainsi développées, pré-
ent l'essor de son génie, qui se manifesta pleinement à la vue des merveilles de
e. Il revint ensuite dans sa patrie jouir du fruit de ses laborieuses études et de sa
renommée. Berghem mourut à Harlem, à l'âge de cinquante-neuf ans, en l'année
. Les eaux-fortes et les dessins de ce maître sont aussi recherchés que ses nombreux
aux; sa bergerie est tout un poëme.

L'ANCIEN PORT DE GÊNES. (Pl. LXXVIII.)

Ce tableau nous montre le côté brillant du talent de Berghem, et met en relief les connaissances variées de ce maître. Figures, animaux, paysage, marine, architecture, perspective aérienne et linéaire, tout y est renfermé dans les conditions les plus naturelles et les plus harmonieuses. La disposition du sujet révèle les principes de composition des maîtres hollandais. La diagonale du tableau divise la toile en deux parties, dont l'une est remplie par le sujet, l'autre vide. Les Italiens n'ont jamais adopté un semblable système d'arrangement; ils ont avec raison recherché le balancement, la pondération des objets, en les groupant par masses de façon à rendre la donnée caractéristique de son mode. Berghem a, le plus souvent, suivi leur exemple, mais il l'a fait par instinct plutôt que par l'effet d'une idée préconçue.

L'ancien port de Gênes présente dans sa disposition une faute que l'on rencontre rarement dans l'œuvre de ce maître : c'est que le nuage éclairé soit placé au-dessus de la statue, au lieu d'être mis à droite pour favoriser l'introduction de la lumière dans le tableau. De cette façon, le nuage formerait avec le grand rocher une ligne esthétique qui aurait balancé le côté droit de la composition, et la lumière se résoudrait alors horizontalement.

Le tableau du Musée n° 24, représentant une femme debout près d'une vache éclairée, et une autre femme accroupie, trayant une chèvre, des arbres jaunis, à gauche, et des nuages dorés, offre un exemple parfait de ce que l'on entend par la variété dans l'unité de la couleur. Les lignes et le clair-obscur ne sont pas moins parfaits que l'harmonie du coloris.

ADRIEN VAN VELDE.

Adrien Van Velde, frère du peintre de marine Willem Van Velde, était l'ami et le condisciple de Wouwermans; il naquit à Amsterdam, en 1639. Son père le conduisit à Harlem, pour qu'il y étudiât le paysage sous la direction de Wynantz, qui l'envoyait travailler toute la journée d'après nature.

Adrien peignait non-seulement les sites des environs de ce beau jardin de la Hollande, mais encore des figures et des animaux. Il se distingua tellement dans cette dernière partie, que son maître, de même qu'Hobbema, Van der Helden, Moucheron, Hacquert, lui demandait de faire les figures de ses tableaux de paysage.

Adrien Van Velde a exécuté quelques tableaux d'histoire, mais il s'est plus particulièrement adonné à la peinture du paysage et des animaux, et c'est à ce genre qu'il doit sa réputation. Dès l'âge de quatorze ans il gravait à l'eau-forte une suite de vingt planches très-remarquables. Adrien mourut à Amsterdam, en l'année 1672, à l'âge de trente-trois ans.

LA FENAISON. (Pl. LXXIX.)

n général les tableaux d'Adrien Van Velde sont bien composés. Les vaches et les mou-
forment presque toujours le principal sujet de ses paysages, enrichis d'eaux limpides,
ennent s'abreuver ses animaux de prédilection. Sa touche franche et spirituelle se fait
rquer aussi bien dans les figures que dans les moindres accessoires.
e tableau de la Fenaison présente une donnée horizontale, qu'il aurait fallu rendre
caractéristique en allongeant un peu la toile à droite.
'après la direction de la lumière et la disposition du sujet principal, le nuage lumineux
auche devrait être placé à droite.
a grande ligne de la composition allant du premier plan à gauche vers les fonds à
e, la lumière aurait confirmé cette ligne au lieu de la diviser. Or le nuage éclairé, se
oinant avec la lumière du char de foin et avec celle du cheval blanc, crée une ligne
neuse qui coupe la grande ligne de la composition. En masquant ce nuage, on voit
tre immédiatement l'harmonie de l'ensemble, qui serait complète si le nuage éclairé
à droite pour favoriser l'introduction de la lumière dans le tableau. On aurait alors
résolution suivant la diagonale, laquelle affirmerait la grande ligne esthétique de la
osition.

KAREL DUJARDIN.

arel Dujardin, à ce que l'on croit, naquit en 1625 à Amsterdam. Ses jolies eaux-
s, publiées en 1652, semblent confirmer cette supposition. Les historiens qui le font
e en 1635 ou 1640 en feraient un enfant prodige qui aurait créé des chefs-d'œuvre
'âge de douze ans. Quoi qu'il en soit, il étudia la peinture chez Paul Potter, et, après
ort de celui-ci, il entra dans l'atelier de Nicolas Berghem, qui l'envoya encore jeune
ier les beaux sites de la Campagne de Rome.
arel Dujardin fit partie de la *Bande académique;* il se laissa entraîner à la dissipation,
s *fiasques* d'Orvieto, les aventures galantes, arrêtèrent les progrès de cet artiste, si bien
 pour la peinture. Quand on songe qu'à l'âge de dix-huit ou vingt ans il peignit le
ge, n° 246 du Musée du Louvre, une des perles de l'école hollandaise (ce tableau
 la date de 1646), on est en droit de conclure que Dujardin eût pu devenir le plus
d des peintres de paysage et d'animaux. Les Italiens payèrent un très-beau prix les
iers tableaux qu'il fit à Rome, et notre jeune artiste, privé des bons exemples de son
re Nicolas Berghem, et satisfait, d'ailleurs, du talent acquis, s'adonna à tous les plai-
que procure l'aisance.

Les Quatre Moutons. (Pl. LXXX.)

Cette charmante eau-forte montre combien Karel Dujardin possédait le sentiment de l'harmonie des lignes et du clair-obscur.

La lumière entre franchement par le premier plan à droite, et se résout dans le ciel à gauche. La gradation de la lumière qui éclaire les deux premiers moutons est soutenue par la croupe éclairée du troisième, qui est debout; puis la tête de celui-ci, et le quatrième mouton, mis dans l'ombre, forment une opposition du plus piquant effet.

La variété et l'unité du clair-obscur se remarquent dans presque toutes les eaux-fortes de ce maître, dont les ouvrages offrent toujours de bons exemples à consulter. Peu d'objets lui sont nécessaires pour composer ses tableaux; néanmoins il nous intéresse par la vérité du dessin, par sa touche fine et spirituelle, par des jeux de lumière piquants, s'harmoniant avec justesse avec les lignes esthétiques de la composition.

JACQUES RUYSDAËL.

Jacques Ruysdaël, fils d'un ébéniste de Harlem, étudia d'abord la médecine, qu'il exerça quelque temps, consacrant tous ses loisirs à l'étude du dessin et de la peinture.

Dès l'âge de douze ans il faisait des ouvrages remarquables. Un tableau signé et daté de 1645 ferait remonter, suivant toute probabilité, l'époque de sa naissance à l'année 1630. Les historiens, toutefois, ne sont pas d'accord à cet égard.

Ruysdaël n'a eu d'autre maître que la nature, mais l'on suppose que Berghem, son ami, l'a souvent aidé de ses conseils.

Les forêts, les coups de soleil après la pluie, les effets de temps gris et les oppositions d'ombre et de lumière distribuées par grandes masses, l'impressionnèrent vivement, et il reproduisit ses sensations avec une grande vérité. Une douce mélancolie, révélée par des harmonies discrètes, pleines de suavité et de charme poétique, donne aux paysages de Ruysdaël un caractère distinctif, image fidèle des sentiments de ce peintre, digne de figurer à côté des plus grands paysagistes de la Hollande.

Jacques Ruysdaël mourut à Harlem en 1681.

La Forêt, figures par Berghem. (Pl. LXXXI.)

Cette toile est une des plus importantes de ce maître. Elle présente une donnée horizontale, composée d'une succession de lignes verticales créées par les différents arbres et les nuages qui leur sont superposés.

Les nuages forment une ligne esthétique horizontale, doublée par la lumière des fonds et du premier plan : la résolution est donc horizontale.

Cependant, malgré toutes ces intentions, l'unité n'est pas parfaite. Le tronc de hêtre, premier plan, crée une grande ligne verticale, rendue dominante par le nuage éclairé i est au-dessus, et cette disposition tend à former, dans le centre du tableau, une nnée verticale dans une donnée horizontale. Il y a par conséquent du superflu dans la mposition.

Avec le tronc de hêtre et le nuage, la donnée du tableau devait être verticale; dans ce s, il fallait retrancher une bande à droite et à gauche du tableau pour affirmer cette nnée. Dans le cas contraire, on devait diminuer l'importance du hêtre par une projec- n d'ombre sur le haut du tronc, et supprimer la moitié du nuage qui est au-dessus; la nde bleue du ciel, n'étant pas interrompue, aurait affirmé la donnée horizontale.

Les nuages de gauche sont trop blancs et le nuage de droite devrait être un peu plus vé. La lumière du ciel, à gauche, lutte avec celle des terrains. En un mot, le parti-pris it être tel que la grande ligne esthétique de la composition et la direction de la lu- ère soient dans des conditions parfaites d'harmonie.

Ce défaut de détermination dans le caractère des lignes esthétiques divise l'intérêt; il ipêche le spectateur de jouir paisiblement de cette riche composition, dont l'exécution t admirable. En général, lorsque l'ensemble est surcomposé, il faut adopter une résolu- n de lumière conforme à la donnée générale.

Le Buisson, n° 472 du catalogue du Musée, présente la même disposition défectueuse. chemin éclairé, à droite, et le nuage qui est au-dessus, créent une ligne esthétique rticale, rompant la donnée horizontale du tableau. La composition est trop chargée à oite et pas assez soutenue à gauche. Il y a donc aussi, dans cette toile, un tableau en uteur et un tableau en largeur.

D'autres ouvrages de ce maître présentent une parfaite application des principes esthé- ques et le coloris rachète toujours les légers défauts d'harmonie dans les lignes, par une issance, une vérité et une variété admirables. Il a su créer de belles masses d'ombre et lumière, produisant des effets piquants, qui font le principal charme de ses tableaux paysage et de marine.

JEAN WYNANTZ.

Jean Wynantz, le savant et consciencieux maître de Wouwermans et d'Adrien Van lde, n'a obtenu des historiens de son pays que de rares mentions. Ils nous apprennent llement qu'il naquit à Harlem vers l'année 1600, et qu'il mourut peu de temps après '77, époque où il fut inscrit dans la société des artistes peintres de cette ville.

Wynantz est un des premiers paysagistes qui se soient appliqués à rendre avec la plus upuleuse exactitude la nature de la Hollande. Il a su nous intéresser par la savante disposition de ses sujets, par les effets séduisants de ses terrains sablonneux, qui se détachent gaiement sur la végétation des prés; par ces arbres dépouillés de leur écorce en opposition à de belles plantes, rendues avec un dessin correct et une couleur vraie. Bien que quelques-uns de ses tableaux semblent avoir poussé au noir, on y retrouve néanmoins des plans admirablement détachés les uns des autres et une entente du clair-obscur aussi savante que l'ordonnance des lignes.

Lisière d'une Forêt. (Pl. LXXXII.)

Ce tableau du Musée, n° 579, résume, en quelque sorte, la nature du talent de Wynantz. Les vieux troncs d'arbres, les plantes aux larges feuilles, les terrains sablonneux, les plaines traversées par des cours d'eau, enrichissent cette composition, aussi riante que bien ordonnée, dont les figures sont dues au pinceau d'Adrien Van Velde.

La donnée est horizontale; la lumière entre par le premier plan à gauche, et se résout à droite dans le ciel sur le nuage qui balance par sa masse la partie gauche de la composition. La ligne des terrains du premier plan coupe la direction de la lumière et produit un mauvais effet; il aurait fallu la prolonger dans le cadre à droite.

Le fini précieux des tableaux de Wynantz en fait des joyaux toujours recherchés pour l'ornement des galeries de premier ordre. Ses peintures sont un enseignement pour tous les paysagistes; elles montrent comment on peut allier l'extrême recherche dans le rendu des détails avec la largeur de l'effet général, qualités qui résultent d'un savant modelé et d'une entente parfaite des lois du clair-obscur et de la perspective aérienne.

LOUIS BAKHUYSEN.

Louis Bakhuysen naquit en 1631 à Embden, en Westphalie. Son père, secrétaire des États, le destinait au commerce, et jusqu'à l'âge de dix-huit ans il fut teneur de livres chez un riche négociant d'Amsterdam. Il commença par dessiner à la plume les différents navires de ce port, et le prix donné à ces dessins s'éleva parfois jusqu'à 100 florins. Enhardi par un tel succès, il quitta le commerce et demanda au paysagiste Everdingen des leçons de peinture. Ses progrès furent rapides, et bientôt il n'eut plus besoin d'autre maître que la nature.

Par un travail consciencieux, il s'efforça de mériter le suffrage des esprits éclairés; protégé par les princes et les riches amateurs, il vit sa réputation se répandre promptement.

Bakhuysen, en véritable amant de son art, montait une frêle embarcation, par de gros temps, pour étudier le mouvement des vagues, qu'il gravait dans sa mémoire; rentré à l'atelier, il transportait fidèlement sur la toile ce qu'il avait observé, et c'est ainsi qu'il se rendit célèbre dans un genre encore peu pratiqué en Hollande. Ses navires sont bien sinés; il en connaît les différents gréements et les allures variées; ses tableaux sont si animés que la mer elle-même, lorsqu'elle est agitée par les vents impétueux, ou elle sert de champ à un combat naval. Ses bâtiments de haut bord ont un air majes-ux et semblent dominer paisiblement une mer en fureur. La vérité d'expression que chuysen a apportée dans ce genre de peinture n'a pas été dépassée.

M. Charles Blanc fait très-judicieusement remarquer que dans les marines de Joseph net, où les figures du premier plan accaparent toute l'attention, ce n'est plus l'Océan ieux qui est le héros de la scène. Dans les tableaux de ce peintre, dit-il, « on croit endre la mer au loin, comme le chœur de la tragédie. Le peintre français, suivant génie de sa nation, est toujours en peine de l'humanité, et s'intéresse aux dangers du rin beaucoup plus qu'à la poésie des tempêtes. »

La ville d'Amsterdam, en 1665, avait fait présent à Louis XIV d'une grande marine Bakhuysen, que l'on croyait être l'Escadre hollandaise du Musée du Louvre; mais la e de 1675, que porte le tableau, ne permet pas cette supposition.

Bakhuysen dessina pour le czar Paul Ier, suivant Houbraken, un recueil de différents ires, et fit dans sa vieillesse des gravures à l'eau-forte d'une exécution remarquable de icatesse et de précision. Bakhuysen mourut à Amsterdam en 1709, âgé de soixante dix-huit ans.

Vent frais. (Pl. LXXXIII.)

Ce tableau représente l'estacade d'un petit port hollandais devant lequel passe, toutes les dehors, un vaisseau à poupe monumentale, faisant feu de tribord. Sur le premier n un sloop, monté de deux marins, court des bordées pour se rapprocher du port; de mbreux bâtiments se voient à l'horizon.

L'inclinaison des mâts et des voiles du sloop et du vaisseau forme une harmonie de nes qui se combinent avec le mouvement des nuages et déterminent une ligne esthé-ue oblique confirmée par la direction de la lumière, qui entre par la gauche du tableau se résout dans le haut du ciel à droite.

Le bas du nuage de gauche, dans notre gravure, devrait être plus clair, afin de favo-er l'illusion des plans. Du reste, le ciel est vaste, la mer profonde, et l'unité remar-able.

ZORG (HENRI ROKES, DIT).

Henri Zorg est né à Rotterdam en 1621. Il a été l'élève de David Teniers, et de illaume Buytenweg; sa manière tient de ces deux maîtres. Il a représenté des fêtes, s scènes de cabaret, des intérieurs de cuisine et des natures mortes.

Ses tableaux sont plus sérieusement conçus que ceux de Teniers, mais Zorg n'égale pas la finesse d'observation de ce dernier dans le caractère des personnages; il se rapproche de sa belle exécution, et le dépasse souvent dans l'énergie du clair-obscur, qui tient un peu de celui de Rembrandt.

Le père de Zorg, nommé *Martin Rokes*, était *voiturier d'eau*, autrement dit faisait le cabotage; le soin qu'il apportait dans le transport des marchandises lui fit donner le surnom de *Zorg*, qui signifie *soigneux*. Après la mort de son père, Henri continua le même métier, sans toutefois abandonner complétement les pinceaux. Ce fait pourrait faire supposer que les tableaux de Zorg, qui valent tant d'argent aujourd'hui, ne lui fournissaient pas complétement les moyens de subvenir à son existence.

Intérieur de cuisine. (Pl. LXXXIV.)

Ce tableau montre que Zorg avait étudié à bonne école et qu'il était consciencieux dans son art, comme le sont généralement ses compatriotes. Les objets, convenablement groupés, offrent une disposition du meilleur goût. La grande ligne de la composition suit la diagonale, direction confirmée par le mouvement lumineux.

On se rappelle que, dans le tableau des Philosophes bachiques (pl. LXVII), Teniers a ouvert la porte du fond pour la résolution de la lumière. Quoique ici les objets ne soient pas les mêmes, la disposition du sujet offre beaucoup d'analogie, et, par la comparaison, on peut se convaincre que l'effet est complet dans celui de Teniers, tandis qu'il ne l'est pas dans celui de Zorg. Il aurait fallu un rappel de lumière sur la corbeille qui est au bas de l'escalier, et plus d'air dans la chambre du fond.

JEAN VAN HUYSUM.

Jean Van Huysum, né à Amsterdam en 1682, est le plus remarquable des peintres de fleurs et de fruits. Il avait sous les yeux les plus belles fleurs qu'il y eût alors en Europe, et les riches amateurs d'horticulture tenaient à honneur de lui offrir leurs produits les plus remarquables comme modèles de ses tableaux.

Juste Van Huysum enseigna la peinture décorative à ses trois fils, qui travaillaient dans son établissement de fournitures de jardin. Jean, son fils aîné, porta plus loin ses aspirations; il étudia l'art avec de Hem et Mignon, qu'il surpassa dans l'extrême rendu de la nature. Ses compositions sont habilement variées; ses bouquets ont de la grâce, de la légèreté; mais l'entente des lois de l'unité lui fait quelquefois défaut. Van Huysum s'est préoccupé surtout de la pureté de la forme, de la perspective des raccourcis, de la vérité de la coloration, de la contexture de chaque objet. Souvent aussi il a atteint le grand côté de l'art.

Plusieurs paysages sont sortis du pinceau de Van Huysum, mais ils n'égalent pas le [mérite] de ses tableaux de fleurs. Il a fait dans son imagination un alliage d'arbres et de [sites], que l'on sent ne pas être le résultat d'une impression reçue en présence de la [nature]. C'est une froide imitation du style italien, d'une exécution recherchée, il est vrai; par cette raison, les amateurs font cas de ses paysages à titre de curiosité.

Van Huysum vendait ses tableaux à un prix très-élevé; sa clientèle était royale, et [cependant] il mourut pauvre, à l'âge de soixante-sept ans. La postérité proclame avec admi[rati]on les rares qualités de cet artiste, qui portait un si profond respect et un dévouement [a]bsolu à son art. Malgré le luxe étalé à ses yeux par les seigneurs avec lesquels il était [en] rapport, il ne se laissa entraîner ni par l'orgueil, ni par la vanité; il ne transigea [jam]ais avec sa conscience; il n'exploita jamais son talent, ni sa réputation. On compte [seu]lement une centaine de tableaux de Van Huysum, tous d'une exécution parfaite. [L'ex]emple d'une si rare probité artistique est touchant, et la pauvreté dans laquelle [mou]rut ce peintre habile est une gloire de plus attachée à sa mémoire.

Roses, Raisins, Pêches, etc. (Pl. LXXXV.)

Van Huysum a placé assez généralement ses fleurs sous le ciel, exposées directement à [la l]umière du soleil, et se détachant sur des fonds de paysage dont l'harmonie s'unit natu[rell]ement à ce genre de sujets. Il n'en est pas de même des fleurs représentées dans l'in[téri]eur d'un appartement ou sur des fonds obscurs, qui apportent toujours quelque chose [de] triste, de souffrant, qui glace notre admiration, parce que le mode du clair-obscur [n'es]t point en harmonie avec de si charmants objets. Des fleurs prisonnières, en quelque [sor]te, produisent sur l'âme une impression pénible; on passe devant elles affligé de ne [pou]voir les rendre à l'air libre et aux doux reflets d'un ciel bleu.

Notre gravure, si remarquable, représente une des plus belles compositions de Van Huy[sum]. Elle montre combien ce maître s'est rapproché instinctivement des grandes lois qui [pré]sident à toute création artistique. Toutefois on doit faire remarquer que la figure qui [dec]ore le vase offre une ligne esthétique verticale qui nuit à la dominante du tableau. [Cet] accessoire attire trop le regard et par cela même rompt l'unité optique de la com[pos]ition. Un tableau de fleurs ne se compose pas autrement qu'un autre tableau; ce sont [tou]jours les mêmes principes d'unité dans les lignes, le clair-obscur et le coloris, qui [doi]vent diriger l'artiste. Parmi les peintres de fleurs plusieurs ont possédé l'intelligence [de] l'effet général avec plus de certitude que Van Huysum, mais aucun d'eux n'a rendu [la] grâce et la suavité de ces séduisants modèles avec la même perfection.

L'interprétation de sujets si délicats, dont la grâce et la fraîcheur ne durent que quel[que]s instants, exige une vérité presque absolue dans le dessin, la couleur, le modelé.

Pour que les fleurs paraissent vivantes, il faut que la facture soit variée selon chaque objet et le fini des plus précieux. D'un autre côté, la nature ne nous présente pas l'ensemble des fleurs qui doivent composer le tableau. On les cueille et on les peint les unes après les autres; on les réunit, d'après une idée préconçue, en une seule masse bien coordonnée.

La théorie des ombres, des lumières et des reflets est la base des connaissances du peintre de fleurs, qui doit être très-familiarisé avec la perspective des surfaces courbes. La sûreté et la promptitude de la main s'allient chez lui à l'extrême adresse du pinceau et à la plus grande patience. Il prépare ses tableaux en frottés légers et transparents, dispose les couleurs et les lumières conformément à l'effet qu'il veut produire.

Pour se distinguer dans ce genre de peinture, il faut donc posséder un ensemble de qualités qu'il est difficile de rencontrer chez un même artiste, ce qui explique la rareté des beaux tableaux de fleurs dans toutes les écoles. Il est juste de reconnaître, à la louange de l'école hollandaise, qu'elle est demeurée sans rivale dans la peinture de fleurs.

APHORISMES.

1.

Dans l'acte de la vision, une seule chose est principale; les autres sont secondaires, tiaires, etc. suivant qu'elles correspondent à des rayons plus ou moins obliques.

2.

Le rayon normal, perpendiculaire à la rétine, est le plus puissant des rayons visuels.

3.

Plus les rayons sont obliques, plus ils perdent de leur énergie.

4.

Le rayon normal détermine le point de vue de la perspective, et les objets se dégra- t dans tous les sens, à mesure qu'ils s'éloignent de ce point, mais plus rapidement s le sens horizontal que dans le sens vertical.

5.

La perspective est le fondement de l'art de composer les tableaux.

6.

Le sujet doit s'enfoncer dans la toile, à partir de la bordure.

7.

La perspective rectifie les erreurs de la vision.

8.

Les points esthétiques sont déterminés, soit par la masse d'un objet, soit par les détails arents de cet objet.

9.

Les lignes esthétiques passent par les points esthétiques.

10.

Un, deux, trois ou un plus grand nombre d'objets situés dans le même sens constituent ligne esthétique.

11.

Les lignes esthétiques ont pour fonction de ramener les détails à l'ensemble.

12.

Plus la ligne esthétique est simple, plus elle est dominante; plus elle est composée, moins elle est affirmée.

13.

Le sujet du tableau, pour être un, doit présenter une idée dominante, et n'avoir rien d'étranger ni de superflu.

14.

L'unité du tableau comprend l'unité des lignes, des masses, des écartements, du clair-obscur, du coloris et du caractère moral du sujet.

15.

Les lignes dans le genre sévère sont simples, peu variées; dans le genre gracieux elles ont plus de variété, et dans les scènes dramatiques elles sont violemment contrastées.

16.

La verticale est la ligne de la noblesse et de la grandeur : c'est la ligne intellectuelle.

17.

L'horizontale est la ligne des grands espaces, des grandes scènes : c'est la ligne matérielle.

18.

La diagonale est le moyen terme, qui relie la verticale à l'horizontale.

19.

Une succession de lignes horizontales forme une masse verticale.

20.

Une succession de lignes verticales forme une masse horizontale.

21.

La ligne droite est dépourvue de mouvement et de vie.

22.

La ligne courbe ou serpentine est l'image du mouvement et de la passion.

23.

L'ovale est la courbe de l'amour divin ou profane, suivant que le grand axe est situé dans le sens vertical ou horizontal.

24.

Le corps humain présente une masse verticale variée par une succession de lignes esthétiques horizontales.

25.

Les temples païens affirment l'horizontale; les temples chrétiens la verticale.

26.

ans le dessin ou la gravure, les lignes de même intensité, ou faites avec le même
, paraissent de valeurs différentes, suivant leur inclinaison.
horizontale fait les bleus du ciel, les eaux calmes et transparentes; l'oblique, les gris
s neutres; la verticale donne le plus haut degré d'énergie au clair-obscur.

27.

faut modeler dans le sens de la forme, soit avec la brosse, soit avec le crayon ou le
1.

28.

y a deux données caractéristiques : la donnée verticale et la donnée horizontale.

29.

a donnée verticale implique une harmonie de lignes verticales.

30.

a donnée horizontale implique une harmonie de lignes horizontales.

31.

ne doit pas y avoir de ligne verticale dominante dans une donnée horizontale, ni de
 horizontale dominante dans une donnée verticale.

32.

es lignes obliques ont pour fonction de créer l'harmonie entre l'horizontale et la ver-
e.

33.

es lignes obliques servent à neutraliser une ligne horizontale dans une donnée verti-
ou une ligne verticale dans une donnée horizontale.

34.

es lignes parallèles établissent la relation morale entre deux ou plusieurs personnages.

35.

angle droit est l'image de la résistance ou de l'antagonisme.

36.

angle dont le sommet s'appuie sur le plan horizontal exprime l'antagonisme, la non-
)rmité; en sens contraire, une vive aspiration commune à deux personnes.

37.

 lumière se propage en ligne droite.

38.

 lumière doit entrer ou sortir par le ciel, ou par le côté ouvert de la composition.

39.

 masse de lumière doit être plus grande ou plus petite que la masse d'ombre.

40.

Toute masse paraît d'autant plus grande qu'elle est plus simple et qu'il y a moins de petits détails.

41.

Une lumière qui passe dans un milieu sombre perd de son intensité.

42.

Une ombre située dans une masse de lumière perd de son intensité.

43.

Une lumière située dans une masse d'ombre rompt l'unité de l'ombre.

44.

Une ombre située dans une masse de lumière rompt l'unité de la lumière.

45.

Il faut copier le phénomène de l'irradiation pour que les objets se détachent les uns des autres comme dans la nature.

46.

La forme générale des objets se résout dans la partie opposée à l'introduction de la lumière.

47.

Le clair-obscur est un des plus puissants moyens d'expression de la sculpture et de l'architecture; celle-ci doit avoir égard aux pleins et aux vides, aussi bien qu'aux ombres portées par la saillie des objets.

48.

La partie la plus claire du ciel est celle qui est du côté du corps éclairant.

49.

Le plan qui reçoit la lumière le plus perpendiculairement est le plus lumineux.

50.

Une lumière crée toujours un neutre qui lui fait opposition.

51.

Plus la lumière est intense, plus le neutre est puissant.

52.

Le ciel est ce qu'il y a de plus clair.

53.

Les eaux qui réfléchissent le ciel sont plus foncées que le ciel.

54.

Les terrains sont d'une tonalité plus puissante que le ciel et les eaux.

55.
a masse horizontale est plus claire que la masse verticale.

56.
uand le soleil est près de l'horizon, les surfaces verticales sont plus lumineuses que urfaces horizontales.

57.
uand le ciel éclaire les objets de face, le ciel, qui leur sert de fond, est neutre.

58.
uand l'affirmation est sur la terre, le ciel est neutre.

59.
uand l'affirmation est dans le ciel, la terre est neutre.

60.
eux affirmations égales causent le désordre.

61.
oute affirmation crée un neutre qui la fait valoir.

62.
a lumière a trois résolutions principales : verticale, horizontale, diagonale.

63.
a lumière se résout sur la partie opposée à l'introduction de la lumière.

64.
a lumière dominante correspond au rayon normal; elle est placée au centre de la osition; la lumière secondaire, du côté du corps éclairant; la lumière tertiaire, du opposé.

65.
a grande ligne esthétique de la composition détermine le choix de la résolution de la ère, qui a pour effet de relier les objets entre eux.

66.
a direction de la lumière ne doit jamais couper la grande ligne esthétique de la com- ion.

67.
n ne doit pas emprisonner la lumière : il faut qu'elle entre et qu'elle sorte.

68.
n favorise l'introduction ou la résolution de la lumière, soit par un nuage, soit par ccessoire créé à cet effet.

69.
a direction de la lumière détermine les parties neutres de la composition.

70.

La dégradation de la lumière et des couleurs est plus rapide dans le sens horizontal que dans le sens vertical.

71.

La dégradation des plans inclinés tient plus ou moins le milieu entre le plan horizontal et le plan vertical.

72.

Le coloris, en se combinant avec le clair-obscur, fortifie l'expression des objets.

73.

La couleur dominante du tableau doit être soutenue par des tons analogues, qui constituent l'unité du coloris.

74.

Les couleurs complémentaires ont la propriété de reproduire la lumière blanche : le rouge et le vert, l'orangé et le bleu, le jaune et le violet.

75.

Le blanc est la réunion de toutes les couleurs.

76.

Le noir est l'absence de toute couleur.

77.

Le blanc et le noir font valoir toutes les couleurs qu'on leur associe.

78.

Il y a trois couleurs chaudes : rouge, orangé, jaune.

79.

Il y a trois couleurs froides : vert, bleu, violet.

80.

Si les lumières sont chaudes, les ombres sont froides.

81.

Si les lumières sont froides, les ombres sont chaudes.

82.

Les couleurs, dans l'ombre, contiennent toujours leur couleur complémentaire.

83.

Le bitume et la momie sont les plus puissants des neutres.

84.

Le spectre solaire fait connaître le degré d'intensité de chaque couleur.

85.

On juge mal des couleurs dans les parties brillantes.

86.

ans les parties brillantes, la couleur de la lumière se combine avec la couleur locale objet.

87.

lus le corps est poli, plus le reflet est intense.

88.

ans les corps sphériques, plus le corps est gros, plus le point brillant est petit; au raire, plus le corps est petit, plus le point brillant est gros.

89.

es reflets sont proportionnels à la quantité de lumière.

90.

ne couleur est toujours modifiée par le voisinage d'une autre couleur.

91.

es reflets sont en raison du degré de puissance des couleurs.

92.

e reflet des opposants harmonieux est incolore.

93.

e tableau doit avoir une couleur caractéristique de son mode.

94.

'ordre esthétique des couleurs dans le tableau est en raison directe du degré de puis-
e des rayons visuels auxquels celles-ci correspondent.

95.

es milieux colorants constituent la poésie de la couleur.

96.

es milieux colorants modifient la couleur propre des corps, tout en conservant les
orts de tonalité.

97.

n juge mal des couleurs dès qu'on ne les compare pas entre elles sur la palette.

98.

faut établir sa gamme de couleur avant de peindre.

99.

a puissance du modelé est en raison directe de la puissance de la coloration.

100.

n apprend les lois de l'harmonie des couleurs comme on apprend les lois de l'har-
ie musicale.

101.

La connaissance des accords en musique fait comprendre immédiatement les lois de l'unité et de l'harmonie des couleurs.

102.

Les nuages qui sont à l'horizon sont plus colorés que ceux qui sont au zénith.

103.

Plus les rayons solaires sont obliques, plus la terre prend une couleur dorée.

104.

Dans le paysage, les figures doivent être accessoires et placées dans le sens de la grande ligne esthétique de la composition.

105.

Le paysage historique doit résumer une localité connue et représenter une idée générale

106.

Le paysage pittoresque représente un site quelconque, une idée particulière et intime

107.

Si les lignes de l'architecture vont à des points accidentels, les figures ou les accessoires doivent former des lignes esthétiques allant au point de vue.

108.

Si le premier plan est éclairé, les figures doivent être plus nombreuses du côté opposé à la résolution de la lumière.

109.

La lumière et la couleur dominantes doivent être placées sur la figure principale du sujet.

110.

On fait dominer une figure ou tout autre objet en créant un espace majeur du côté du corps éclairant et un espace secondaire du côté opposé.

111.

En rapprochant les espaces on crée la foule.

112.

Le centre de gravité d'un corps est le point autour duquel toutes les parties sont en équilibre.

113.

Toutes les fois que le centre de gravité est soutenu, le corps ne tombe pas.

114.

Le côté opposé au centre de gravité est celui qui fait le geste avec aisance et facilité.

115.
On donne de la noblesse et de la grandeur au geste en affirmant la verticale.

116.
Les draperies doivent être agencées de façon à créer des plis en harmonie avec la donnée poétique du sujet.

117.
Les grands plis sont formés par les parties dominantes du corps, et les petits plis les font valoir par opposition.

118.
Chaque masse, grande ou petite, est composée d'un pli majeur, d'un pli secondaire, d'un pli tertiaire ; ces masses se combinent entre elles dans les mêmes rapports.

119.
Si la figure est debout, la draperie doit créer une masse esthétique verticale dominante, une secondaire, une tertiaire.

120.
Les plis doivent caractériser la nature de l'étoffe.

121.
Les cheveux doivent être disposés également par masses, principale, secondaire, tertiaire, et se rattacher à l'ensemble par des lignes esthétiques.

122.
C'est chez les Grecs qu'il faut apprendre à draper les figures.

123.
L'ordre dans le caractère physique prépare l'ordre dans le caractère moral.

124.
L'ordre est un des signes caractéristiques de la beauté.

125.
La forme la mieux ordonnée est celle qui satisfait le plus complétement les sens et l'intelligence.

126.
La facilité avec laquelle l'œil embrasse l'ensemble de la forme est une des principales causes de la sensation agréable que nous fait éprouver un bel objet.

127.
Le laid fatigue l'œil par ses parties irrégulières et sans symétrie, et déplaît par cela même.

128.

Le beau s'adresse à l'intelligence, à la sensibilité, à l'activité esthétique [1].

129.

La grandeur idéale est adéquate à la puissance vitale de l'être.

130.

La puissance vitale est le principe essentiel et interne qui est la beauté elle-même.

131.

La forme n'a de valeur esthétique que par l'expression de la puissance vitale.

132.

Le degré de beauté de chaque espèce se mesure sur le type idéal de chaque espèce type conçu par la raison.

133.

La beauté est ramenée à deux caractères principaux : la grandeur et l'ordre.

134.

La grandeur se subdivise en quatre parties : la forme et la grâce, le clair-obscur et le coloris.

135.

La forme manifeste la puissance vitale suivant un type normal, conçu par la raison.

136.

La grâce est la puissance vitale se manifestant avec aisance et facilité.

137.

Le clair-obscur manifeste le développement de la forme.

138.

Le coloris manifeste la puissance vitale de l'objet.

139.

L'ordre se subdivise en cinq parties : l'unité, la variété, l'harmonie, la proportion, la convenance.

140.

L'unité coordonne les parties du tout.

141.

La variété est la forme totale divisée en parties s'ordonnant entre elles.

142.

L'harmonie est la forme totale se coordonnant avec toutes les parties.

---

[1] Quelques-uns des Aphorismes qui suivent nous ont été inspirés par *la Science du Beau*, de M. Charles Lévêque, que nous avons déjà cité.

143.

La proportion établit les rapports de détail.

144.

La convenance indique la nature des accessoires, le mode du clair-obscur, du coloris, caractère moral et le choix du lieu où la scène se passe.

145.

Le joli possède les cinq caractères de l'ordre, mais il a une puissance active moins inde que le beau.

146.

Le laid est toujours un défaut de puissance active.

147.

Le sublime dépasse en partie nos facultés expérimentales et n'est conçu que par le nie.

148.

On juge de la beauté morale conformément à un type conçu par la raison.

149.

Plus la forme est belle, plus elle est apte à manifester la beauté morale.

150.

Mieux la beauté est connue, plus elle nous charme et nous captive.

151.

Il est impossible de bien connaître les parties d'un tout sans connaître les lois qui gou
'nent le tout.

152.

L'esthétique *spéculative* enseigne les moyens d'analyser les beautés de la nature; l'esthéue *élémentaire et appliquée* donne les moyens de les reproduire.

153.

L'art progresse toutes les fois qu'il est soumis à l'expérience et au raisonnement.

154.

L'art recule quand on lui ôte la liberté.

155.

L'instinct de l'homme est toujours le même, tandis que le raisonnement progresse sans se.

156.

L'esprit veut une nourriture substantielle; il ne se paye pas de mots vides de sens.

157.

Le sentiment admet la vérité sans preuves; la raison donne la preuve de ses jugements.

158.

Dans toute création artistique, le sentiment et la raison se prêtent un mutuel appui.

159.

Dans toute science, la part de la raison est plus grande que celle de l'instinct.

160.

L'art est un ensemble de notions positives réalisées par la pratique selon certaines règles et dans un but d'utilité sociale.

161.

L'exécution doit suivre, à pied, la pensée à cheval, dit Lucien.

162.

Celui qui possède la connaissance des règles est comme un pilote qui a une boussole pour se diriger vers un point fixe.

163.

Dans les arts, le chemin borde le précipice, la montée est rude, le sommet inaccessible.

164.

L'art est une des faces de l'harmonie générale de la nature.

165.

La science s'apprend, le sentiment se perfectionne, le génie vient de Dieu.

CONCLUSION.

L'étude de l'histoire de l'art ne doit pas avoir uniquement pour but de satisfaire cette te curiosité qui nous fait attacher de l'intérêt à tout ce qui touche à la vie des grands îtres dont nous admirons les œuvres. L'examen attentif de toutes ces existences d'ar- es conduit à la généralisation, à la loi, au principe. Il nous montre les deux voies qu'ils t parcourues : l'une, large et facile, par laquelle passe la médiocrité; l'autre, étroite et arpée, qui conduit à la véritable gloire, à l'immortalité. Il est beau de contempler cette igue chaîne de grands génies qui ont illustré les arts, depuis Phidias jusqu'à Raphaël, juis Raphaël jusqu'à Poussin, jusqu'à ce petit nombre d'artistes, à l'âme fervente et re se détachant de la foule comme un phare lumineux, pour montrer la route à celui i arrive de loin. Ils ont été grands par la profondeur des vues, par l'élévation des pen- s, par un travail incessant et par les chefs-d'œuvre qu'ils ont produits.

Pour apprécier leurs œuvres au point de vue esthétique, nous avons dû montrer les qua- s distinctives qu'elles renferment, et les classer, en quelque sorte, par ordre de mé- e, en nous fondant sur les règles que l'on y trouve mises en pratique. Nous avons alement fait remarquer combien est grande l'influence qu'exercent les idées morales sur développement des facultés intellectuelles, causes qui sont en réalité la source du plus moins de mérite esthétique d'un ouvrage d'art.

Nous n'avons point cherché les anecdotes répétées à l'envi dans les ouvrages qui n'ont utre but que de plaire ou de piquer la curiosité du lecteur. Dans un travail sérieux, us devions faire un choix sévère, et n'accueillir que le récit des événements desquels uvait ressortir un enseignement pratique, ou une plus profonde connaissance du caractère l'artiste.

L'art italien occupe nécessairement la première place parmi les modernes; la France, rès l'Italie, étant la nation qui s'est le plus adonnée à la recherche du beau, méritait tre placée à côté de cette mère des sciences et des arts. Nous avons glissé de plus en is sur les écoles et sur les artistes qui n'ont pas regardé le beau idéal comme la source ifiante de leurs productions; nous ne pouvions pas placer au même rang Raphaël et David Teniers, bien que leurs œuvres soient parfaites chacune dans son genre. Cette partie de notre travail n'était pas la moins difficile à exécuter. Apprécier chaque maître à sa juste valeur, n'écouter que la voix de la vérité, nous exposait encore à bien des écueils si nous n'avions pas eu pour appui des principes certains fondés sur les lois du beau.

Considérés au point de vue esthétique, les arts du dessin se rattachent, par des lois communes, à la poésie et à la musique. Ces lois, fondées sur un goût universel, s'établissent par le concours de nos facultés les plus sublimes, et les règles qui en ressortent sont successivement dévoilées par l'observation et l'expérience. Ces règles dépendent de la science, qui prouve la vérité des principes, et du sentiment, qui les met en œuvre pour constituer la relation de divers objets entre eux. Il résulte de ces faits que deux principes sont continuellement en présence : le principe physique, se rapportant aux conditions de la matière; le principe intellectuel, aux mouvements spontanés de l'intelligence. Les sentiments moraux viennent à leur tour justifier l'unification de ces deux principes, et montrer la fin où ils doivent tendre.

De la confusion du principe physique et du principe intellectuel est née la divergence des opinions sur la nature du beau, et l'on a pu croire que la perfection dans les arts était due à l'un ou à l'autre de ces principes : de là les idéalistes et les réalistes. Mais, la source des lois universelles du beau étant la résultante de l'union intime de ces deux principes, c'est de cette concordance que sont nés les beaux-arts : par conséquent, les règles qui les régissent doivent être fondées sur l'un et l'autre de ces principes.

Une semblable déduction philosophique a été tentée dès la plus haute antiquité. Il paraît certain qu'au temps de Phidias les lois de l'optique, de l'harmonie esthétique des lignes, de la lumière et des couleurs, telles que nous les avons présentées, étaient enseignées généralement dans les académies de la Grèce, en même temps que la philosophie de l'art. On en trouve la preuve dans les écrits des anciens, aussi bien que dans l'analyse esthétique des ouvrages de peinture, de sculpture et d'architecture parvenus jusqu'à nous.

Suivant Pausanias, le sculpteur Pythagore de Rhegium, qui vivait encore du temps de Phidias, fut le premier artiste qui trouva les lois de l'harmonie, et il est à remarquer qu'à partir de ce moment (466 ans avant J. C.) les arts marchèrent rapidement vers la perfection. Aucun écrivain ne fait connaître positivement quelles étaient ces règles, mais tous en parlent et nous disent que, durant plusieurs siècles, elles dirigèrent les artistes dans l'exécution de leurs œuvres.

Aristote est l'auteur qui, toutefois, sans donner des moyens pratiques, définit avec le plus de clarté les principes sur lesquels sont fondées les règles qui gouvernent les beaux-arts. « Le nombre trois, dit-il, sert à déterminer l'harmonie en toute chose. Deux choses ne peuvent subsister sans une troisième qui les relie entre elles, et le meilleur lien est ui qui s'unit lui-même le plus qu'il est possible à l'objet lié, de telle sorte que le premier soit proportionné au second, comme celui-ci à celui du milieu. Par conséquent, dans nombre, il y a le commencement, le milieu et la fin. » Cette théorie est exactement celle l'harmonie esthétique des lignes, de la lumière et des couleurs. Nous voyons, en effet, e la diagonale est le moyen terme qui relie la verticale à l'horizontale, comme la demi-nte relie l'ombre à la lumière; le jaune, au rouge et au bleu; en musique, la tierce ie la tonique à la quinte. En mécanique, nous avons la distance, le temps, la vitesse; astronomie, les longitudes horizontales, équatoriales, écliptiques[1]; et, dans l'ordre ychologique, la sensation, l'idée, le jugement, etc. Ces faits prouvent que cette grande trinitaire est la vraie base des lois d'ordre et d'harmonie qui gouvernent la nature, et e la science des beaux-arts est une des faces de ces mêmes lois.

Comme la beauté physique et la beauté morale consistent essentiellement dans la puisce active, la grandeur et l'ordre, réunis dans un même objet ou dans une même action, s'agissait de trouver par quels moyens on pouvait créer l'ordre et donner de la grandeur ne œuvre d'art. Ces moyens sont fournis par la nature et sont l'objet d'une science spéle, qui est la science des beaux-arts. Or, pour poser des règles précises, il fallait prendre point d'appui dans les sciences d'observation, et demander à la philosophie naturelle lois de la nature même. Sans cette connaissance il était impossible de donner aux plus ites spéculations de l'intelligence une véritable base fondamentale.

Les secrets de la nature sont cachés. Le temps les dévoile successivement, et c'est pouri nous connaissons mieux que les anciens les lois qui gouvernent le monde. L'instinct l'homme ne change pas, il est vrai; mais, le raisonnement progressant sans cesse, omme tire avantage de sa propre expérience et de celle de ses semblables. C'est par là il est grand; c'est par là qu'il domine la création. Ceux donc qui ne cherchent pas avec leur à étendre leurs connaissances renoncent par cela même à leur plus beau privilège. L'expérience démontre que, si le sentiment du beau ne s'appuie pas sur une science itive, les raisonnements, tout en étant justes au point de vue spéculatif, manquent certitude pour l'appréciation des détails. De là dans les jugements une confusion qui uble l'esprit et altère le goût naturel. La science a pour effet d'éclaircir ce qui est cur, d'offrir un ferme soutien à l'imagination, et de favoriser l'activité esthétique.

Parmi les causes qui peuvent retarder le progrès, il en est une que nous devons signaler ticulièrement : c'est l'idée qu'on se fait, en voyant les merveilles de l'art, que ces belles ses sont inaccessibles, et que, malgré tous nos efforts, nous ne pourrons jamais atteindre nt de perfection. C'est là une erreur qui provient plutôt de l'insuffisance de notre ins-

---

Ces trois systèmes de coordonnées viennent d'être mis portée de toutes les intelligences par *le Pantographe* *astronomique,* ingénieuse invention de l'astronome Charles Emmanuel.

truction que d'un défaut d'intelligence. Il est certain que tout art veut une initiation, et que l'art des Grecs en a principalement besoin; il ne va pas au-devant d'une admiration banale en flattant les sens; il s'adresse à l'intelligence. Il faut donc, pour combattre ces causes de défaillance, ramener les études à leur véritable condition de simplicité dans les formules, et de sincérité dans l'application. En fondant l'alliance de l'art et de la science, on a prouvé définitivement la supériorité de la raison, procédant par démonstrations probantes, sur le sentiment, qui admet la vérité sans pouvoir donner la preuve de ses jugements. « L'esprit aime une nourriture saine, substantielle, et ne se paye pas de mots vides de sens, » a dit Montaigne.

L'esthétique spéculative nous enseigne les moyens de reconnaître les différentes beautés de la nature et de les analyser; l'esthétique élémentaire et appliquée, la manière de les associer dans une œuvre d'art. Cette science s'appuie à la fois sur le sentiment et la raison; elle exige le développement simultané de ces deux facultés, qui, étant harmonieusement unies, nous mettent à même de saisir la vraie relation des choses entre elles, et de créer des chefs-d'œuvre. On ne peut connaître les parties d'un tout si l'on ignore les lois qui gouvernent ce tout.

A en juger d'après nos mœurs actuelles, il n'est plus possible de reconstituer une tradition. Les artistes, vivant à peu près sans lien entre eux, gardent chacun pour soi le fruit de leurs études et de leurs observations de la nature, procédant du reste sans règles ni principes certains. Le moment était donc arrivé de trouver les lois *a priori* qui gouvernent les beaux-arts. Avec la connaissance de ces lois, qui sont simples comme tout ce qui est vrai, on abrégera considérablement le temps des études, et l'on entrera en possession d'une science dont on retrouve l'application dans tous les chefs-d'œuvre.

Avec l'appui des règles, nous avons pu procéder avec sûreté à l'analyse logique des productions des maîtres de toutes les écoles, prouver clairement qu'il ne saurait y avoir de production esthétique sans une relation logique du goût soumise aux lois de l'harmonie, et que ces lois sont constantes quel que soit le degré d'élévation du sujet. C'est ainsi qu'on trouve dans l'Apollon du Belvédère l'application des mêmes principes que dans un tableau de Rembrandt.

A côté d'exemples irréprochables, nous avons dû en présenter quelques-uns d'incomplets, afin de signaler les défauts esthétiques qui s'y trouvent, et de montrer comment on peut les corriger par l'application des règles. Le spectacle du mal conduit souvent au bien.

Nous nous sommes maintenu autant que possible dans le cercle des définitions connues et acceptées; cependant il fallait en créer quelques-unes pour exprimer des idées nouvelles. Nous avons appelé *ligne esthétique* celle qui est formée de plusieurs objets superés ou situés dans un même sens, pour la distinguer de la ligne géométrique, dont elle ère. Le point et la ligne esthétiques ayant d'autres propriétés et d'autres attributs que point et la ligne géométriques, il convenait d'employer un terme de convention qui nât l'idée de cette différence. Il en a été de même pour les mots *esthétique générale et liquée*, qui expriment la science des beaux-arts prise dans son ensemble.

Bien que les règles de la plastique n'aient pas été formulées, jusqu'ici, d'une manière sfaisante, il n'en est pas moins vrai qu'elles existaient dans la tradition italienne, et cette tradition fut le résultat de l'accumulation de plusieurs générations d'artistes, ou, n l'expression de Pascal, « le fruit de l'expérience d'un homme qui aurait vécu tout ce ıps-là. » Or cette tradition, fruit de l'expérience et de l'esprit de suite, s'est perdue s l'influence de causes morales et politiques qui ont entraîné fatalement les arts dans décadence, et il pouvait même arriver, comme sous le Bas-Empire, que tout fût à ommencer.

La Renaissance a grandi en s'efforçant d'atteindre les sublimes modèles que l'antiquité ıs a laissés; mais l'admiration pour l'antiquité ne doit pas aller jusqu'au point de croire il soit impossible de l'égaler et même de la surpasser. En prenant l'habitude d'ana- er ses chefs-d'œuvre, on se familiarise peu à peu avec eux; on finit même par com- ındre qu'une solide instruction peut nous rendre capables de reproduire la beauté et ırmonie de la forme, et que nous pouvons les dépasser dans l'expression des passions.

Les beaux-arts, comme nous l'avons dit, étant soumis à l'expérience et au raisonne- nt, doivent progresser sans cesse, et c'est ainsi que nous avons vu les Grecs, sous Péri- s, les porter à l'état de perfection. S'ils n'eussent rien ajouté aux connaissances qui r avaient été transmises, ni eux, ni la postérité, n'auraient connu l'apogée de l'art en. Nous devons, à leur exemple, prendre l'art chrétien au point où l'ont élevé les s grands maîtres de la Renaissance, compléter leur théorie de l'art, et ne point nous tenter de les imiter. Comme les plus grands d'entre eux pèchent par quelque côté, il t s'efforcer de les dépasser en réalisant les spéculations de l'esprit, qui nous montrent quoi leurs œuvres pourraient être plus parfaites.

Quand nous considérons un chef-d'œuvre de l'art grec, l'esprit ne va point au delà de qui a été fait, et, ne voyant rien à ôter ou à changer, nous pouvons conclure que cet est arrivé à son apogée. Comme on ne peut tenir le même langage en présence de t chrétien, il paraît évident que celui-ci n'a pas achevé sa course ascendante, et qu'il gressera encore.

La nature renferme en elle toutes les vérités; mais elle ne les laisse pas découvrir t d'un coup. A mesure que nos conquêtes intellectuelles s'étendent, les conséquences multiplient avec elles. Par cette raison, les connaissances que nous avons reçues des anciens ont favorisé le développement des nôtres ; et de combien ne les avons-nous pas dépassés dans les sciences exactes et d'observation! Au point de vue moral, n'y a-t-il pas une plus grande différence encore? Avec la Révélation, quelle étendue l'entendement humain n'a-t-il pas acquis! Pourquoi donc, quand il s'agit des arts plastiques, s'imaginerait-on qu'il soit impossible de les porter plus loin? Ne doivent-ils pas réaliser le même progrès que la poésie et la littérature, et atteindre relativement à la même supériorité que les sciences et la religion? N'est-il pas permis d'affirmer que, notre vue ayant plus d'étendue, le résultat final sera conforme à la somme d'expérience acquise? N'avons-nous pas, pour nous élever au-dessus des anciens, les œuvres qu'ils nous ont laissées comme terme de comparaison, plus l'ensemble des faits connus par l'observation et l'expérience?

Au temps de la grandeur de la Grèce, l'art n'était employé qu'à de nobles usages; il servait à honorer les dieux ou les grands exploits des hommes utiles à la patrie. Démosthène nous apprend que Miltiade, Thémistocle, Aristide, Cimon, auxquels on érigea des statues, habitaient des maisons aussi simples que celles des autres citoyens; mais que les temples et les édifices publics étaient enrichis des plus belles productions de l'art. Les villes de la Grèce se disputaient la possession d'une belle statue ou d'un beau tableau, et les peuples se cotisaient pour les acquérir.

On sait que Démétrius, assiégeant la ville de Rhodes, s'empara du faubourg où demeurait Protogène, et qu'il emporta un tableau auquel cet artiste avait travaillé pendant sept ans. Les Rhodiens, à cette nouvelle, envoient un héraut à Démétrius pour le supplier d'épargner une si belle peinture, et celui-ci de répondre : « Je brûlerais plutôt tous les portraits de mon père que de détruire un pareil chef-d'œuvre. » Cette parole est digne d'un tel roi; mais n'est-il pas plus beau encore de voir les Rhodiens, battus, se préoccuper à ce point du sort réservé à l'œuvre de Protogène? Apelle, voyant ce tableau, dont le sujet représentait un fait de la vie d'Ialysus, en fut si vivement frappé, dit Plutarque, qu'il demeura longtemps sans parler; revenu de son étonnement, il s'écria : « Quel admirable ouvrage! Cependant, il y manque la grâce, qui rendrait les tableaux de Protogène dignes des cieux. » Chez les Grecs, Apelle était le peintre de la grâce, comme le Corrége chez les Italiens.

On peut se faire une juste idée de la beauté que les Grecs surent donner à leurs dieux et à leurs héros, en étudiant les pierres gravées et les médailles, dont quelques-unes surpassent la perfection des statues que nous possédons. Les grands artistes se disaient inspirés par les dieux qu'ils représentaient, et Parrhasius affirmait que Bacchus lui était apparu tel qu'il l'avait peint. Les types des principaux dieux une fois trouvés et perfectionnés, une loi défendit toute innovation en ce genre : le Jupiter et la Minerve de Phidias, la Junon de Polyclète, les Vénus d'Alcamène et de Praxitèle, furent des modèles conés. En effet, on voit que les têtes de Jupiter, d'Apollon, de Bacchus, sont les mêmes [sur] les médailles, les pierres gravées et les statues. Mais une telle loi fermait la carrière [à toute] innovation; elle rétrécit le champ de l'imagination et de la liberté; elle arrêta tout [progrès], et comme l'art à ce moment semblait ne pouvoir s'élever plus haut, et qu'il ne [pou]vait demeurer stationnaire, il déclina. Cependant son abaissement fut si lent que [bien] des ouvrages de la décadence nous paraissent être des chefs-d'œuvre, tant les règles [de l']art y sont fidèlement observées.

[P]endant ce temps, une réaction s'opérait dans la philosophie. Les belles doctrines de [Pyth]agore, de Platon, d'Aristote, furent abandonnées pour celles d'Épicure et d'Épictète. [Les] stoïciens affirmèrent qu'ils connaissaient la vérité par raisonnement et par sentiment, [que] l'âme était une portion de la substance divine, et que l'homme pouvait s'élever [par] sa propre sagesse jusqu'à Dieu, qui est le souverain bien. Les épicuriens, au con[trai]re, niaient qu'il fût donné à l'homme de connaître la vérité, et prétendaient que ses [incl]inations le portaient à rechercher le bonheur dans les plaisirs des sens; les uns et les [autr]es, ne voyant qu'une des faces de la vérité, ne purent se mettre d'accord. Ces principes [opp]osés firent tomber les stoïciens dans un orgueil excessif, et les épicuriens dans une [mê]me lâcheté.

[S]ans la Révélation, l'antagonisme des deux sectes rivales durerait encore. C'est elle qui [ét]abli l'harmonie entre ces deux extrêmes. Le Christ, par sa double nature, divine et [hum]aine, a accompli, dans l'ordre moral, la grande loi trinitaire qui gouverne toutes les [harm]onies de la nature. Sa venue ne pouvait avoir lieu qu'à une époque où les facultés [inte]llectuelles de l'homme étaient assez développées pour que le miracle portât ses fruits. [Le C]hrist a réconcilié l'homme avec Dieu; il nous a enseigné que le mal et les imperfections [app]artiennent à la nature humaine, et que la grâce vient de Dieu.

[L]a loi trinitaire, régissant l'univers aussi bien que les séries particulières, constitue l'en[chaî]nement des choses, et fait que la science conduit à l'art, l'art à la philosophie, la phi[loso]phie à la religion, qui est la fin intellectuelle de l'homme.

[L']art, en Italie, se développa sous l'inspiration des œuvres d'Aristote et de Platon, mises [en] lumière par les Pères de l'Église; les philosophes païens n'excitent pas moins d'en[thou]siasme que les Pères eux-mêmes. Chacun étudie les lois du beau et s'efforce de les réa[liser] dans ses créations. Les poëtes ouvrent la marche et tracent les règles immortelles de [l'art]. Raphaël devient le grand maître de l'Italie, et résume les aspirations de tout un [peu]ple vers l'idéal. Après lui l'enthousiasme s'apaise, la croyance faiblit, les intérêts ma[térie]ls l'emportent sur les intérêts de l'esprit, et l'art tombe peu à peu sous l'indifférence [en m]atière de foi.

[L'é]poque qui prépara la gloire de Raphaël, de même que celle qui précéda Phidias, se fit remarquer par une sincérité, une droiture d'intention que révélait l'exactitude d'un dessin un peu sec, il est vrai, mais témoignant d'une profonde connaissance du mécanisme du corps humain et de ses belles proportions. En Grèce, aussi bien qu'en Italie, les *initiateurs* voulaient la vérité de la nature choisie, la précision et la fermeté des contours, qu'ils regardaient avec raison comme l'expression la plus vivante de la forme [1].

Le xviie siècle, en France, siècle de l'esprit et de la raison, fut aussi le siècle des grands poëtes et des grands artistes. Poussin en est la plus haute personnalité dans la peinture. Puis, avec le relâchement des mœurs, la dignité de l'homme s'affaisse, la majesté de l'art descend de son piédestal, et les sujets nobles sont remplacés par des peintures lascives, sans valeur. Dans les Flandres, les beaux-arts tombent en décadence avec l'abaissement politique de la Belgique, et, chez les Hollandais, avec la perte de la fortune publique.

D'abaissement en abaissement, l'art a fini de nos jours par reprendre sa forme élémentaire, et l'école réaliste provoque une réprobation générale parmi les esprits éclairés. Mais, si l'on se place à un point de vue élevé, il faut reconnaître, au contraire, que cette aspiration, que cet amour du vrai, sont le point de départ logique de tout progrès sérieux, et que les artistes sont louables d'avoir réagi violemment contre ce que l'on nomme le *poncif* académique.

D'un autre côté, toutes les intelligences tendent à sortir de ce matérialisme humiliant qui est la marque de notre époque. Tout conspire à une régénération. Les efforts réunis de la philosophie et de la religion, que la science tend à resserrer de plus en plus, conduiront les sociétés, dans un avenir prochain, à la possession des vrais biens de l'intelligence, qui peuvent seuls rapprocher l'homme de cette perfection intellectuelle et morale dont la source est en Dieu.

Pour nous, hommes sincères, n'ayons donc de commerce qu'avec les âmes sœurs de nos âmes, afin d'éloigner de nous le spectacle de la vulgarité; offrons de salutaires exemples aux artistes abandonnés à tous les caprices d'une imagination déréglée, afin de les ramener dans les voies de la grandeur et de l'ordre. Pour nous, esprits convaincus, demeurons fermes sur les marches du temple, gémissant sur la longueur de l'initiation, poursuivant le beau idéal, et nous efforçant de le reproduire dans toutes nos créations.

Ces considérations nous portent à conclure que, le degré de prospérité ou d'abaissement de l'art étant une conséquence directe de l'état moral et politique des nations, on ne saurait le détacher complètement de ces causes. C'est donc par la comparaison des institutions

---

[1] On peut dire, en allant du général au particulier, que l'élève doit donner à son dessin de la fermeté, de la précision, et plutôt de la dureté que de la mollesse, car il n'est que trop facile de tomber dans les formes vagues et indécises, qui sont le signe des époques de décadence. La mollesse est l'évanouissement de la pensée et de la volonté.

les et de l'idéal de perfection qu'on porte en soi, qu'il est possible de préjuger l'a-
. Le passé des nations ne saurait renaître; ce serait folie de songer à faire revivre
des Grecs, aussi bien que leurs institutions.

christianisme, en fondant un art nouveau, a inauguré une ère politique nouvelle. L'art
politique, marchant d'un commun accord, ont fait reposer leur existence sur les lois
unité, principe immuable émanant de Dieu même, et susceptible d'être représenté
des formes diverses également vraies. Mais si ce pouvoir divin, juste dans son prin-
, demeure sans contrôle, il ne tarde pas à dégénérer en iniquité sous l'influence des
ons mondaines; alors vient le châtiment. Les vérités éternelles trouvent dans la cons-
e des peuples leur plus ferme soutien; elles y puisent une nouvelle vie pour se ma-
ter sous des formes plus complètes, qui naissent de la comparaison des effets à la
e.

es nations, en portant leurs regards vers la source de toute lumière, ont recherché
ance de la philosophie et de la religion, de l'art et de la science; elles ont marché
la voie enseignée par le Christ, et c'est à sa parole divine qu'il appartient de réaliser
progrès de l'avenir. C'est à elle qu'il sera donné de faire passer le règne de la jus-
, de la vérité, de la liberté, du domaine de la théorie dans celui de la pratique; c'est
qui a découvert les horizons nouveaux vers lesquels tendent les sociétés modernes, et
au progrès moral, qui en sera la conséquence certaine, que l'art chrétien devra de
inuer sa marche ascendante vers l'idéale perfection.

TABLE DES MATIÈRES.

	Pages.
...FACE	I
...ORT DE L'ACADÉMIE	IV
...ODUCTION	3

PREMIÈRE PARTIE. — THÉORIE.

CHAPITRE PREMIER.

...ONS PRÉLIMINAIRES	31
1. De l'unité dans les lignes (pl. A)	Ibid.
2. De l'unité optique	33
3. De l'unité dans le clair-obscur	36
4. De l'unité dans le coloris	38
5. De la résolution de la lumière	45

CHAPITRE SECOND.

...ES DE LA PLASTIQUE	47
1. Des lois du mouvement (pl. B)	Ibid.
2. Caractère, propriété et harmonie des lignes (pl. C)	54

DEUXIÈME PARTIE. — APPLICATION.

I. ANTIQUITÉ.
LES RÈGLES DE LA PLASTIQUE CONFIRMÉES PAR LES OEUVRES DES ANCIENS.

CHAPITRE PREMIER.

...S DU PARTHÉNON (pl. I)	69
N° 1. Personnages assis	70
N° 2. Jeune homme arrêtant un taureau	71
N° 3. Deux cavaliers	72
I. L'Amazone du palais Cesi	74
II. L'Hercule Farnèse, vu de face	77
V. L'Hercule Farnèse, vu de dos	78
. Le groupe du Laocoon	79
I. Le Gladiateur	80
II. Le Faune de la villa Borghèse	81
III. La Vénus de Médicis	82
X. Le Tireur d'épine	84

Pl. X.	La Bergère grecque..	84
XI.	L'Apollon du Belvédère..	86
XII.	Le Silène de la bibliothèque de Venise..........................	87
Observations sur les antiques......................................		88

CHAPITRE SECOND.
PIERRES GRAVÉES.

Pl. XIII.	Le cachet de Michel-Ange......................................	93
XIV.	N° 1. Britannicus..	94
	N° 2. Harpocrate..	95
XV.	N° 1. Livia Augusta..	96
	N° 2. Caligula..	Ibid
XVI.	N° 1. La Foi publique..	97
	N° 2. La Vénus au thyrse....................................	Ibid
XVII.	N° 1. Signe céleste..	98
	N° 2. Apollon...	Ibid
XVIII.	N° 1. Amour montant un cheval marin........................	Ibid
	N° 2. Amour traîné par des dauphins........................	99
XIX.	N° 1. Apollon et Marsyas....................................	Ibid
	N° 2. Néréide portée par des chevaux marins.................	100
XX.	N° 1. L'Abondance...	101
	N° 2. Isis...	Ibid
XXI.	N° 1. Apollon et l'Amour....................................	Ibid
	N° 2. Silène conduit par les Amours.........................	102

CHAPITRE TROISIÈME.
PEINTURES ANTIQUES.

Pl. XXII.	Vénus à la conque; peinture de Pompéia........................	107
XXIII.	Triomphateur couronné par la Victoire; peinture de Pompéia....	Ibid
XXIV.	Thésée, vainqueur du Minotaure; peinture d'Herculanum.......	108
Observations sur les peintures antiques............................		110

II. DESSINS D'APRÈS NATURE,
CORRIGÉS PAR L'APPLICATION DES RÈGLES.

Pl. XXV.	Arbre dessiné d'après nature...................................	118
XXVI.	Vue prise dans les Apennins...................................	119
XXVII.	Première interprétation.......................................	Ibid
XXVIII.	Deuxième interprétation......................................	120
XXIX.	Couvent de Santa Trinità della Cava..........................	121
XXX.	Même sujet, corrigé..	Ibid
XXXI.	Tombeau d'Adrien (paysage historique).......................	122
XXXII.	Même sujet (paysage pittoresque).............................	Ibid
XXXIII.	Vue prise à Saint-Ouen......................................	Ibid
XXXIV.	Même sujet, corrigé..	123
XXXV.	Vue de Florence, prise de Ponte-Rotto........................	Ibid

III. RENAISSANCE.

CONFIRMATION DES RÈGLES PAR L'ANALYSE DES OEUVRES DES MAITRES.

CHAPITRE PREMIER.
ÉCOLE ITALIENNE.

			Pages.
ıL-Ânge et Léonard de Vinci.	Pl. XXVI.	La Cène, par Léonard de Vinci	129
ëL Sanzio	Pl. XXXVII.	La Transfiguration	140
	Pl. XXXVIII.	Saint Michel Archange	143
	Pl. XXXIX.	N° 1. La Vierge à la chaise	Ibid.
		N° 2. La Vierge d'Albe	Ibid.
ƆRRÉGE	Pl. XL.	Saint Jérôme	145
TIEN	Pl. XLI.	Le Martyre de saint Pierre	153
	Pl. XLII.	Le Christ couronné d'épines	154
ɪNTORET ET Paul Véronèse	Pl. XLIII.	Les Noces de Cana	158
Carrache	Pl. XLIV.	N° 1. Le corps du Christ rendu à sa mère, par Annibal Carrache	166
		N° 2. Sainte-Famille, par Annibal Carrache	167
ƆMINIQUIN	Pl. XLV.	Tobie et l'Ange	171
	Pl. XLVI.	Saint Jérôme au désert	Ibid.
	Pl. XLVII.	La Communion de saint Jérôme	172

CHAPITRE SECOND.
ÉCOLE FRANÇAISE.

las Poussin	Pl. XLVIII.	Le Testament d'Eudamidas	192
	Pl. XLIX.	Les Bergers d'Arcadie	Ibid.
	Pl. L.	Rebecca et Éliézer	Ibid.
	Pl. LI.	Diogène jetant son écuelle	193
ƆUEUR	Pl. LII.	La Mort de saint Bruno	198
	Pl. LIII.	Prédication de saint Paul à Éphèse	Ibid.
ɪDE Lorrain	Pl. LIV.	L'Ancien port de Messine	201
	Pl. LV.	Le Bouvier	202

CHAPITRE TROISIÈME.
ÉCOLE ESPAGNOLE.

ɪSQUEZ	Pl. LVI.	Le Marchand d'eau de Séville	221
	Pl. LVII.	L'Infant don Carlos	Ibid.
baran	Pl. LVIII.	Le Moine en prière	Ibid.
	Pl. LIX.	L'Adoration des Mages	223
ɪllo	Pl. LX.	Un Jeune Mendiant	Ibid.
	Pl. LXI.	Saint Thomas de Villanueva	226

CHAPITRE QUATRIÈME.
ÉCOLE FLAMANDE.

			Pages.
Pierre-Paul Rubens	Pl. LXII.	La Descente de croix	233
	Pl. LXIII.	Henri IV; galerie de Médicis	234
	Pl. LXIV.	La Kermesse flamande	235
Antoine Van Dyck	Pl. LXV.	Portrait de Charles Ier, roi d'Angleterre	238
	Pl. LXVI.	Le Mariage mystique d'Herman Joseph	239
David Teniers, le jeune	Pl. LXVII.	Les Philosophes bachiques	242
	Pl. LXVIII.	La Kermesse flamande	Ibid.
Huysmans, de Malines	Pl. LXIX.	Le ravin	244

CHAPITRE CINQUIÈME.
ÉCOLE HOLLANDAISE.

Rembrandt Van Ryn	Pl. LXX.	La Ronde de nuit	249
	Pl. LXXI.	Les Trois arbres	250
	Pl. LXXII.	Le Bourgmestre Six	Ibid.
Gérard Dov	Pl. LXXIII.	La Femme hydropique	252
Adrien Van Ostade	Pl. LXXIV.	Le Ménage rustique	253
Albert Cuyp	Pl. LXXV.	Pâturage au bord de la Meuse	Ibid.
Philippe Wouwermans	Pl. LXXVI.	L'Écurie	255
Paul Potter	Pl. LXXVII.	Le Taureau du musée de la Haye	256
Nicolas Berghem	Pl. LXXVIII.	L'Ancien port de Gênes	258
Adrien Van Velde	Pl. LXXIX.	La Fenaison	259
Karel Dujardin	Pl. LXXX.	Les Quatre moutons	260
Jacques Ruysdaël	Pl. LXXXI.	La Forêt; figures par Berghem	Ibid.
Jean Wynantz	Pl. LXXXII.	Lisière d'une forêt	262
Louis Bakhuysen	Pl. LXXXIII.	Vent frais	263
Zorg	Pl. LXXXIV.	Intérieur de cuisine	264
Jean Van Huysum	Pl. LXXXV.	Roses, raisins, pêches, etc.	265
APHORISMES			267
CONCLUSION			279

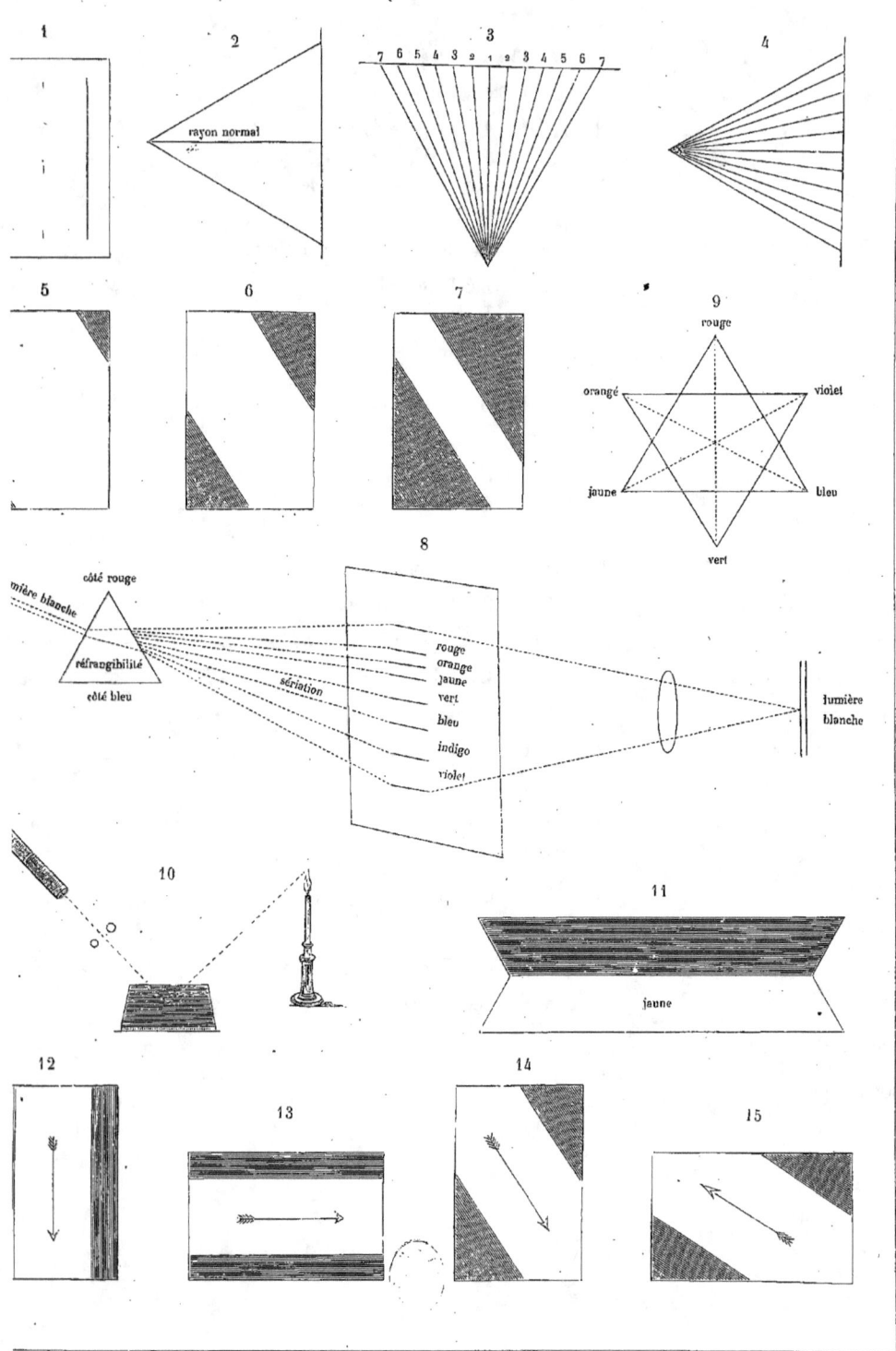

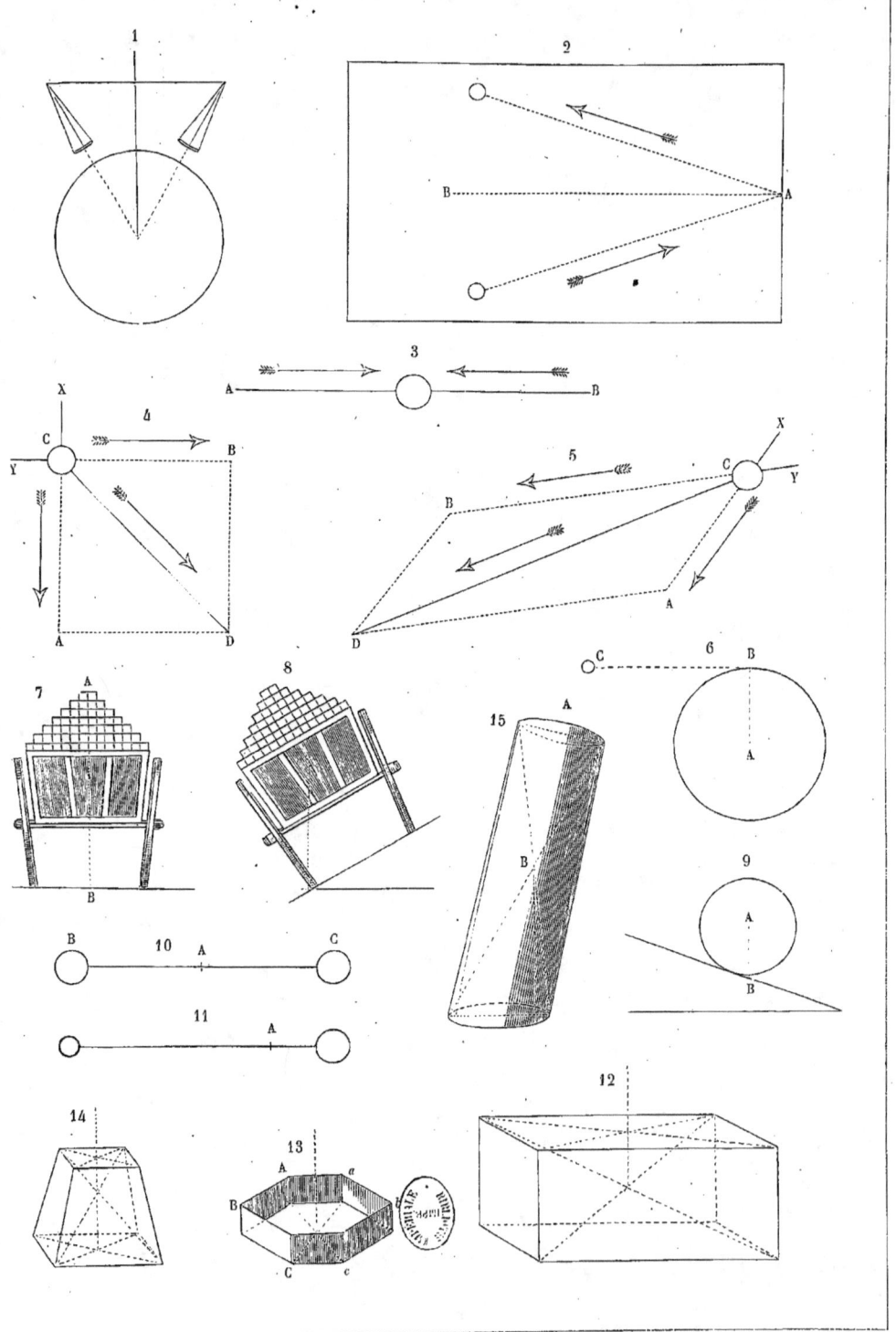

Planche B.

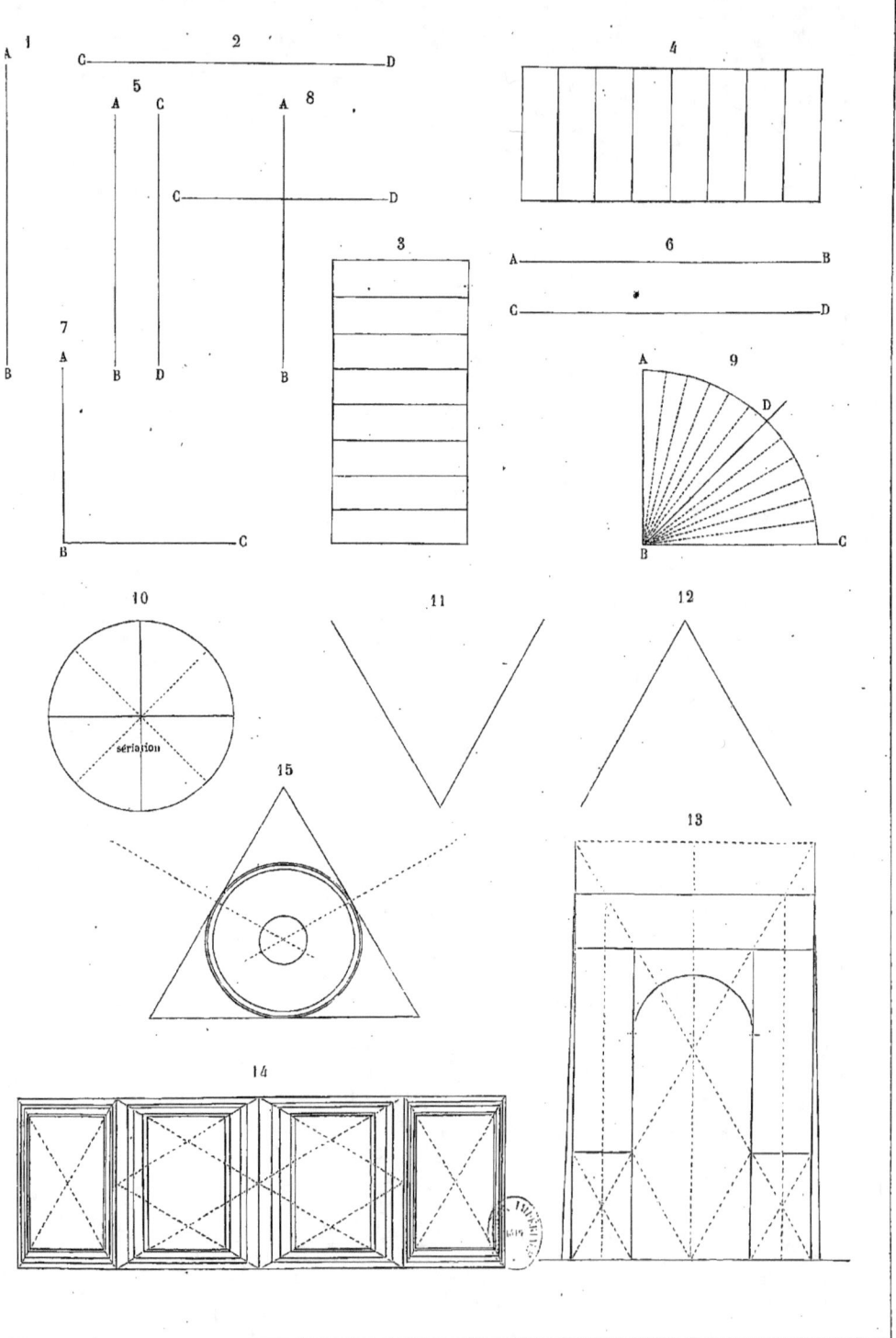

FRISE DU PARTHÉNON.

N° 1.

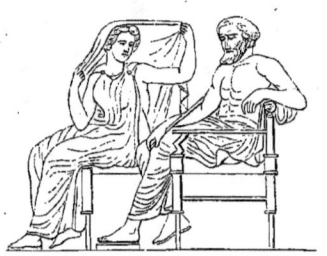

PERSONNAGES ASSIS.

N° 2.

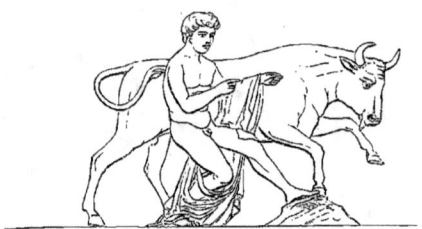

JEUNE HOMME ARRÊTANT UN TAUREAU.

N° 3.

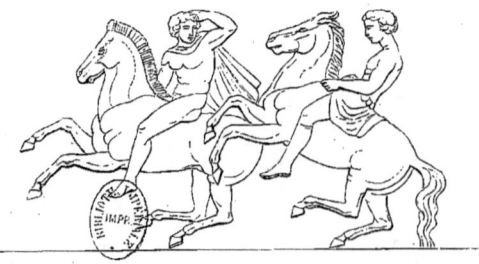

DEUX CAVALIERS.

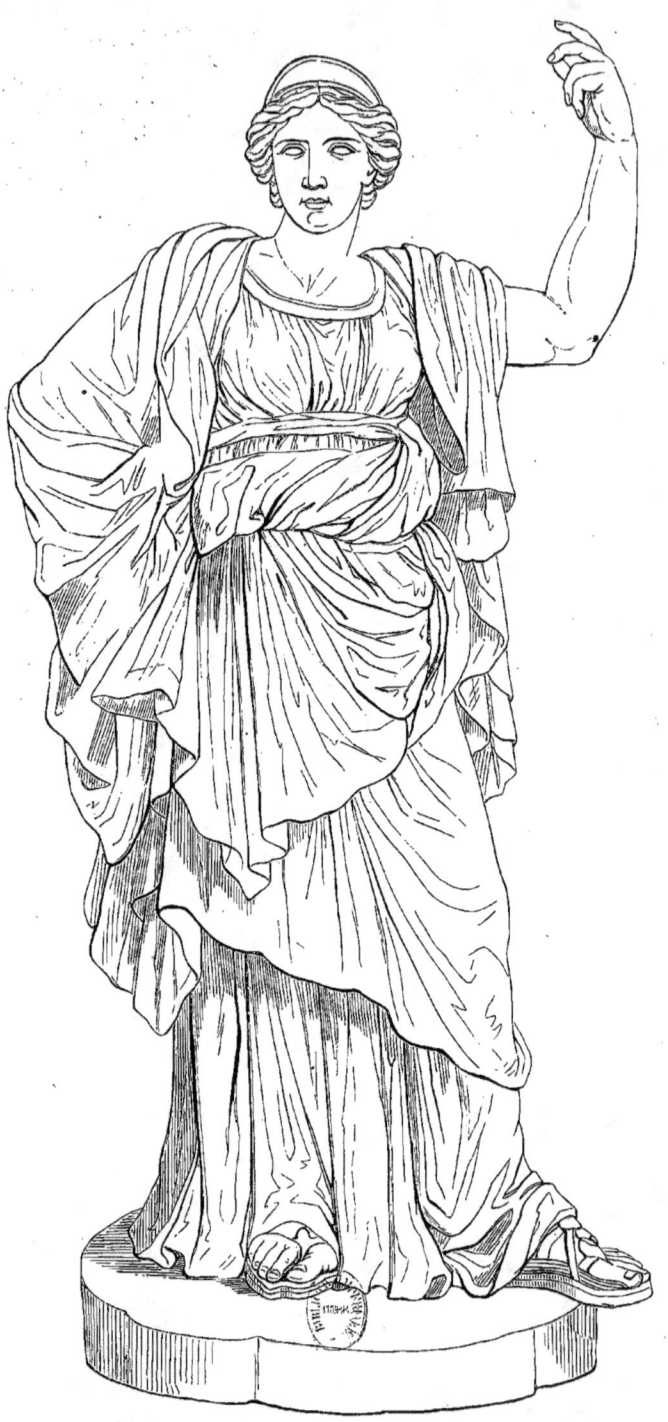

L'AMAZONE DU PALAIS CESI.

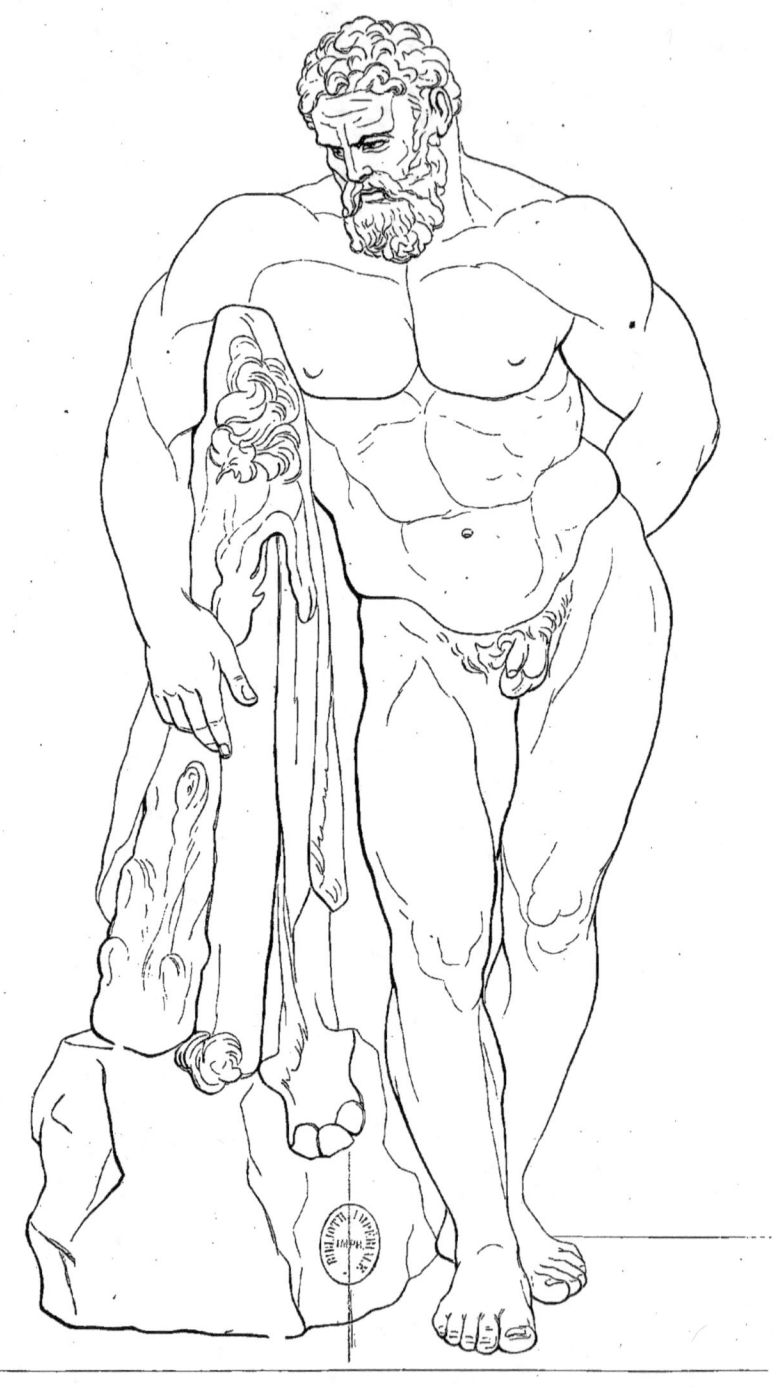

L'HERCULE FARNESE, VU DE FACE.

PLANCHE 4.

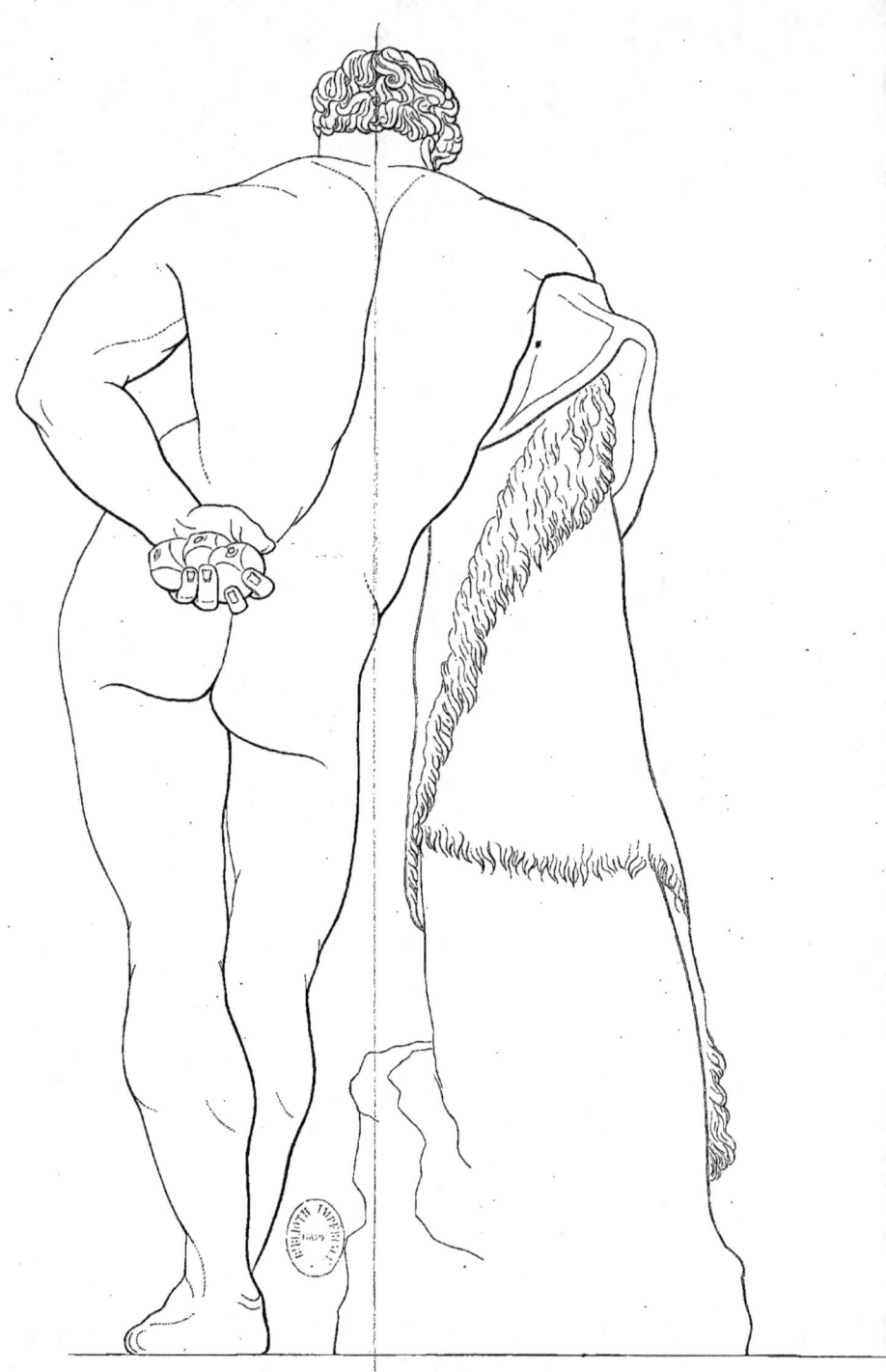

L'HERCULE FARNESE, VU DE DOS.

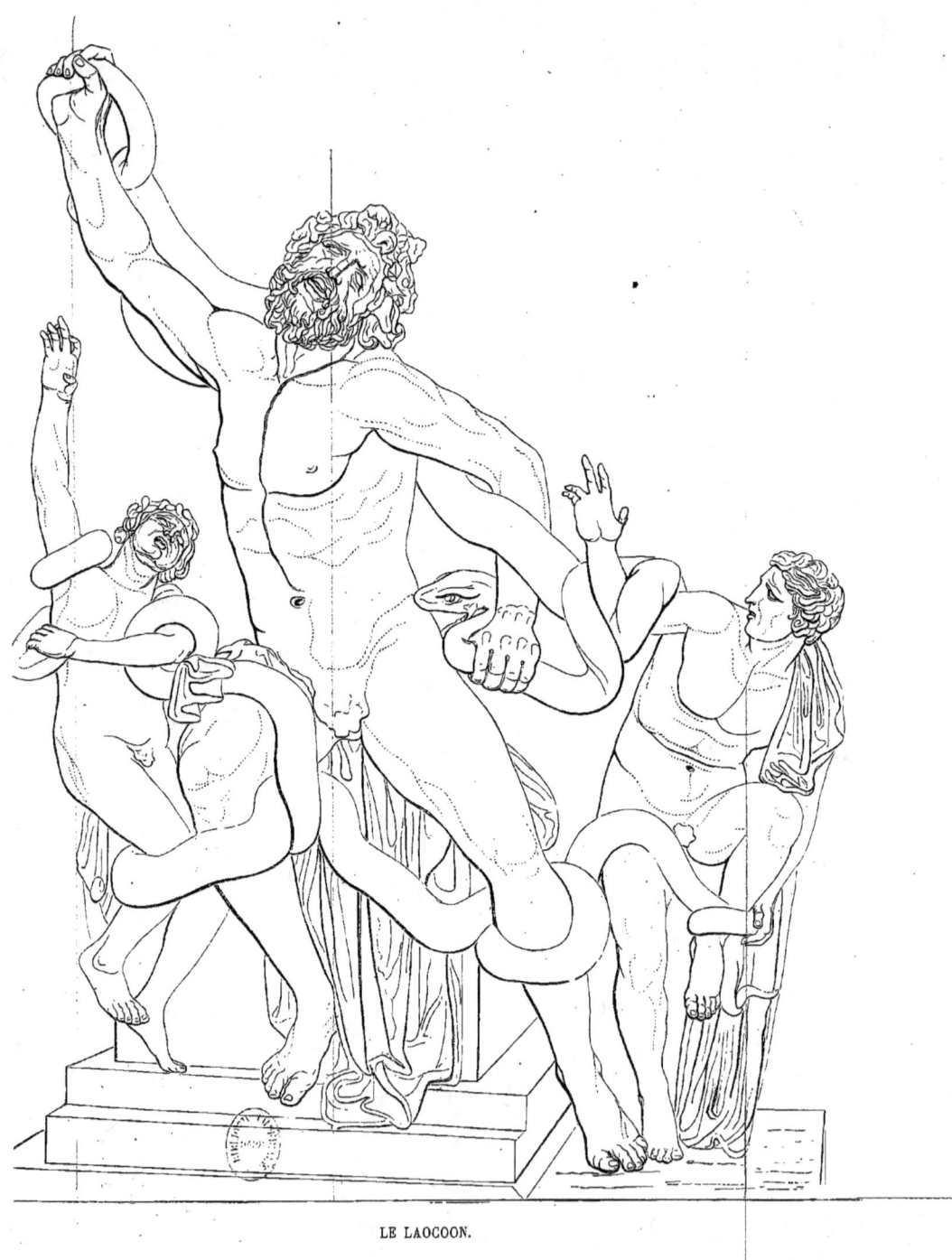

LE LAOCOON.

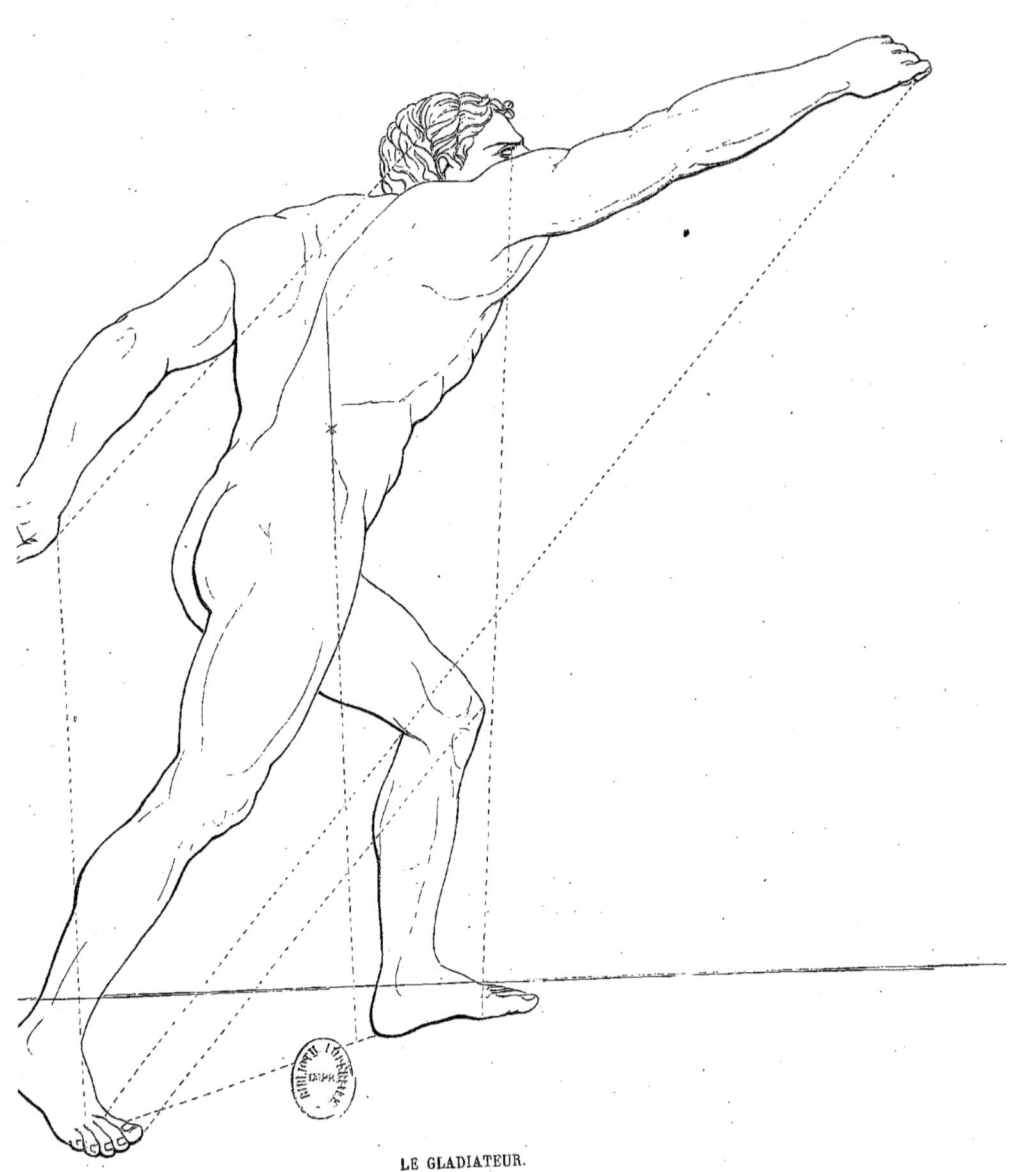

LE GLADIATEUR.

Planche 7.

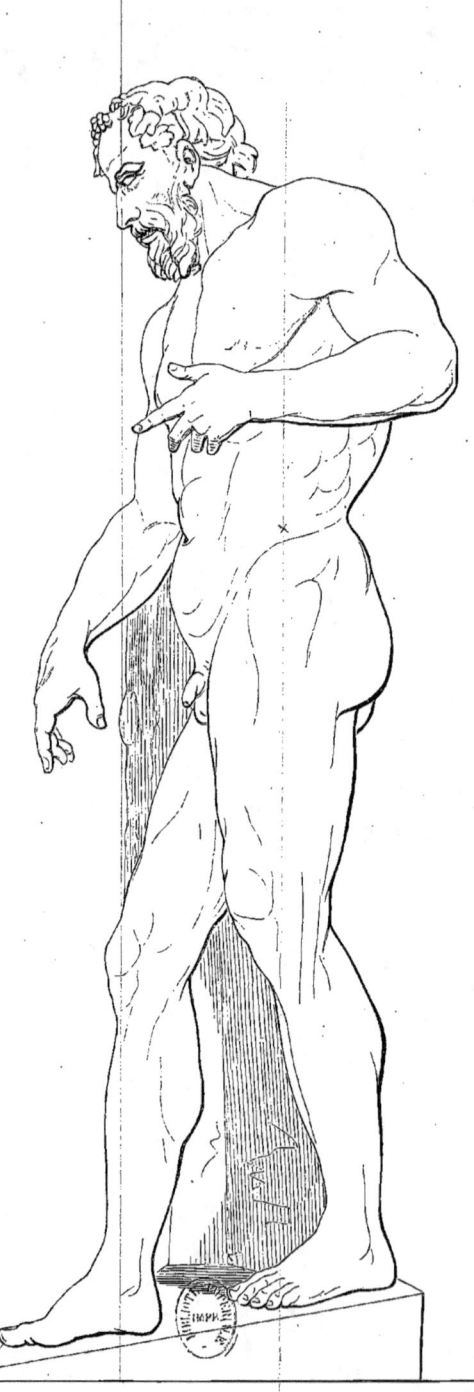

LE FAUNE DE LA VILLA BORGHÈSE.

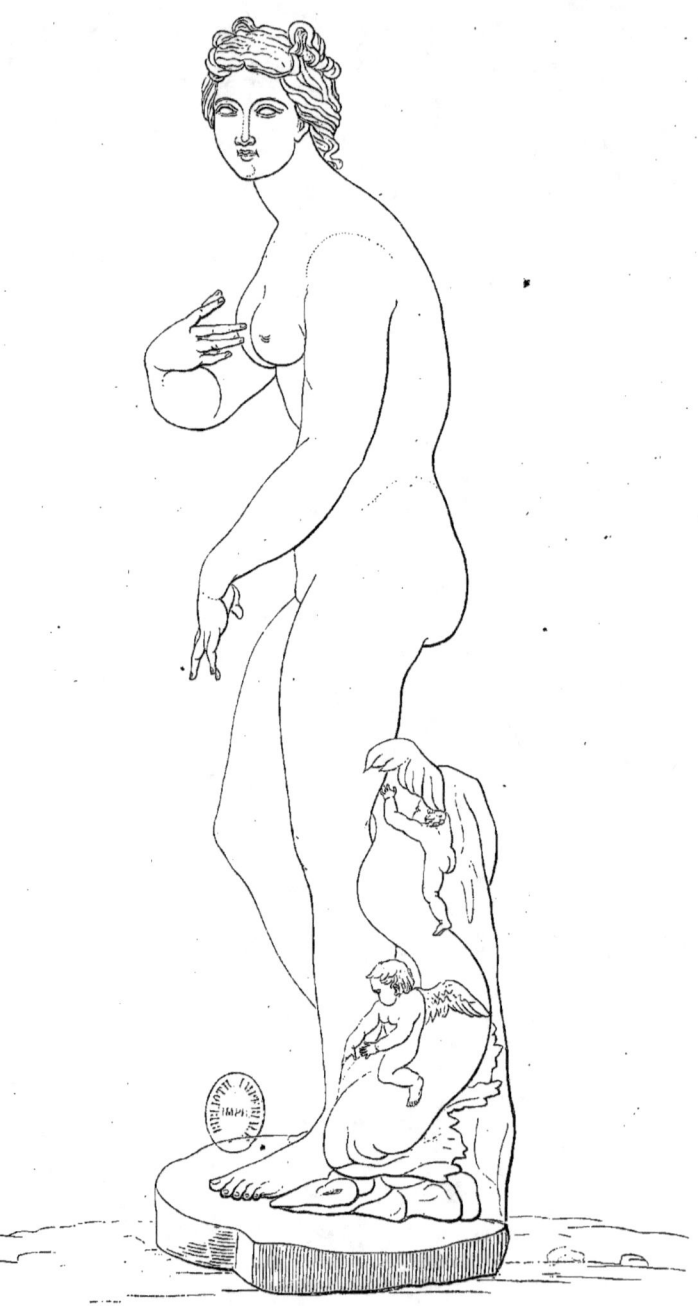

LA VÉNUS DE MÉDICIS.

PLANCHE 9.

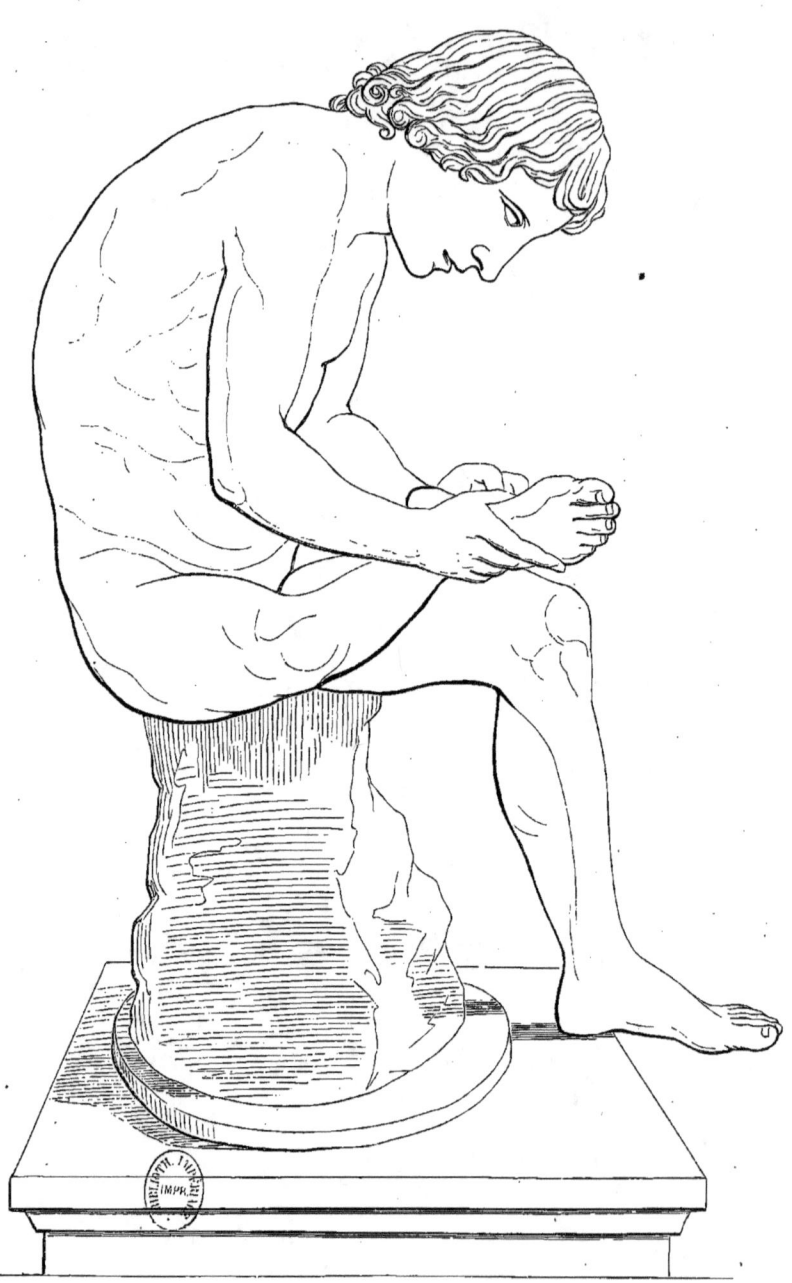

LE TIREUR D'ÉPINES.

Planche 10.

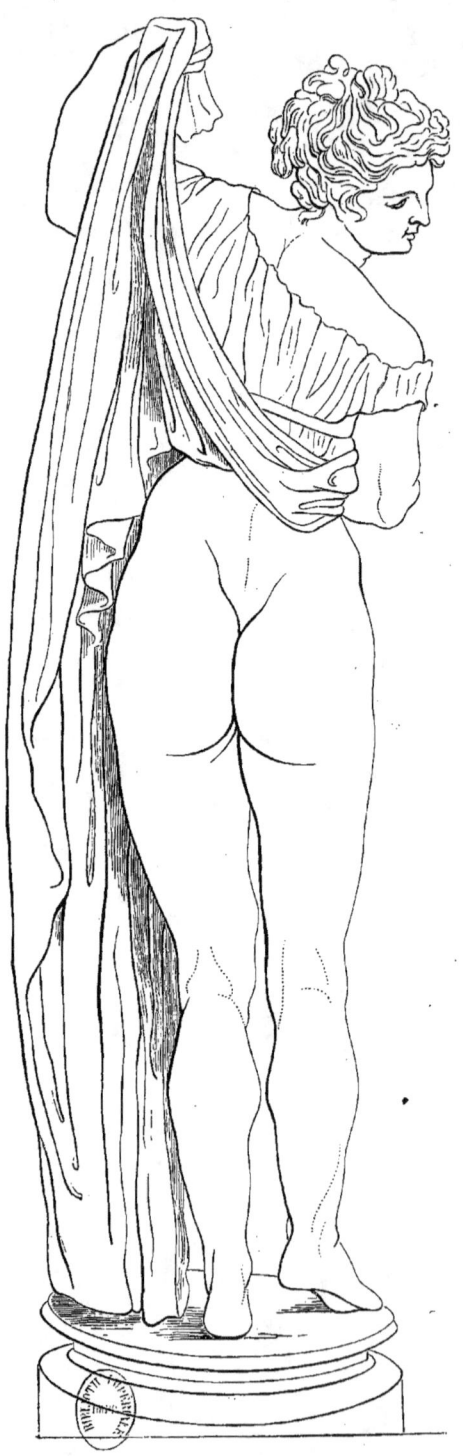

LA BERGÈRE GRECQUE.

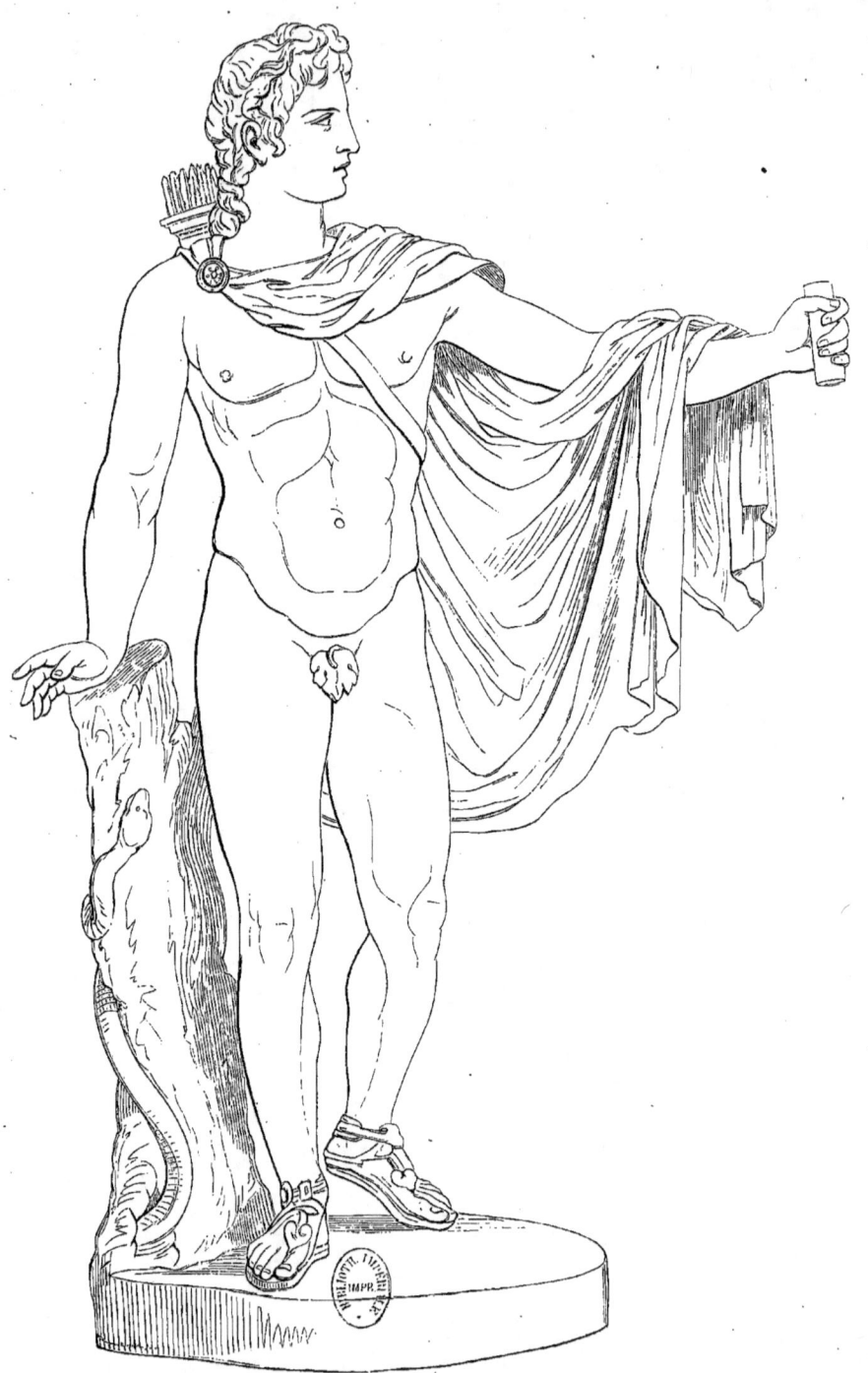

L'APOLLON DU BELVÉDÈRE.

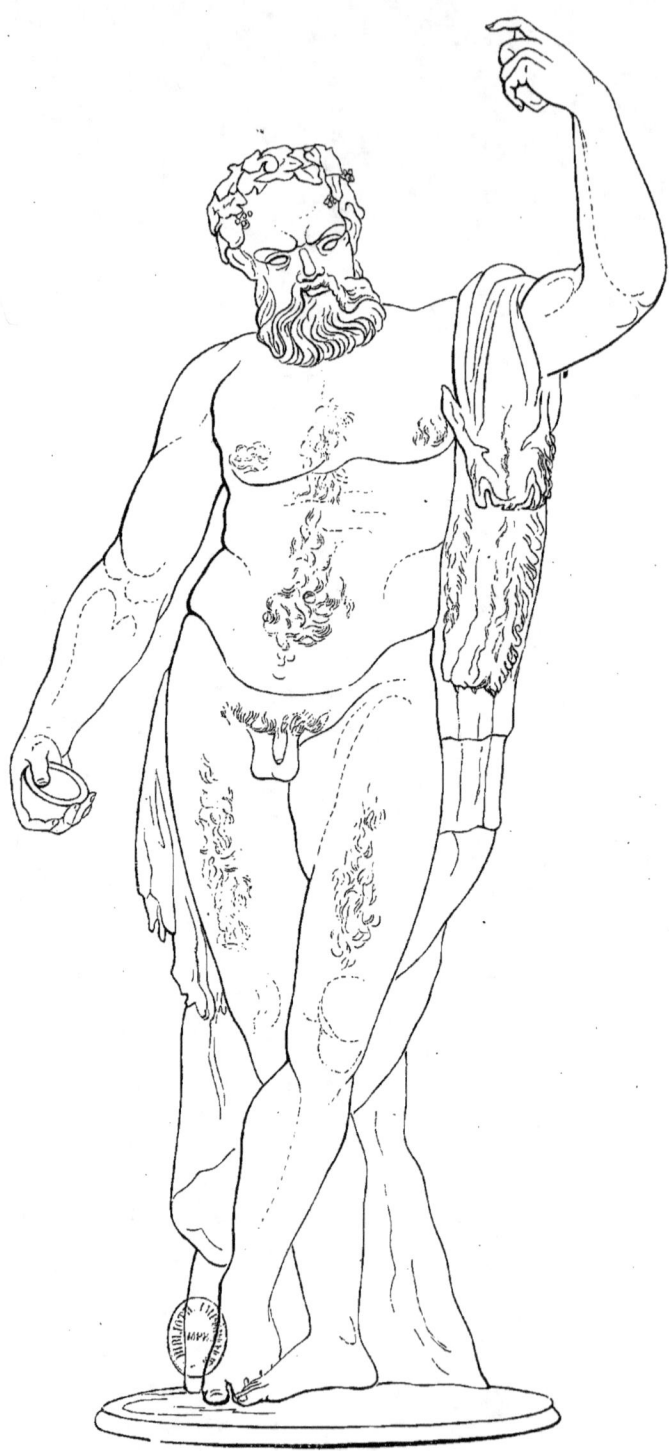

LE SILÈNE DE LA BIBLIOTHÈQUE DE VENISE.

PLANCHE 13.

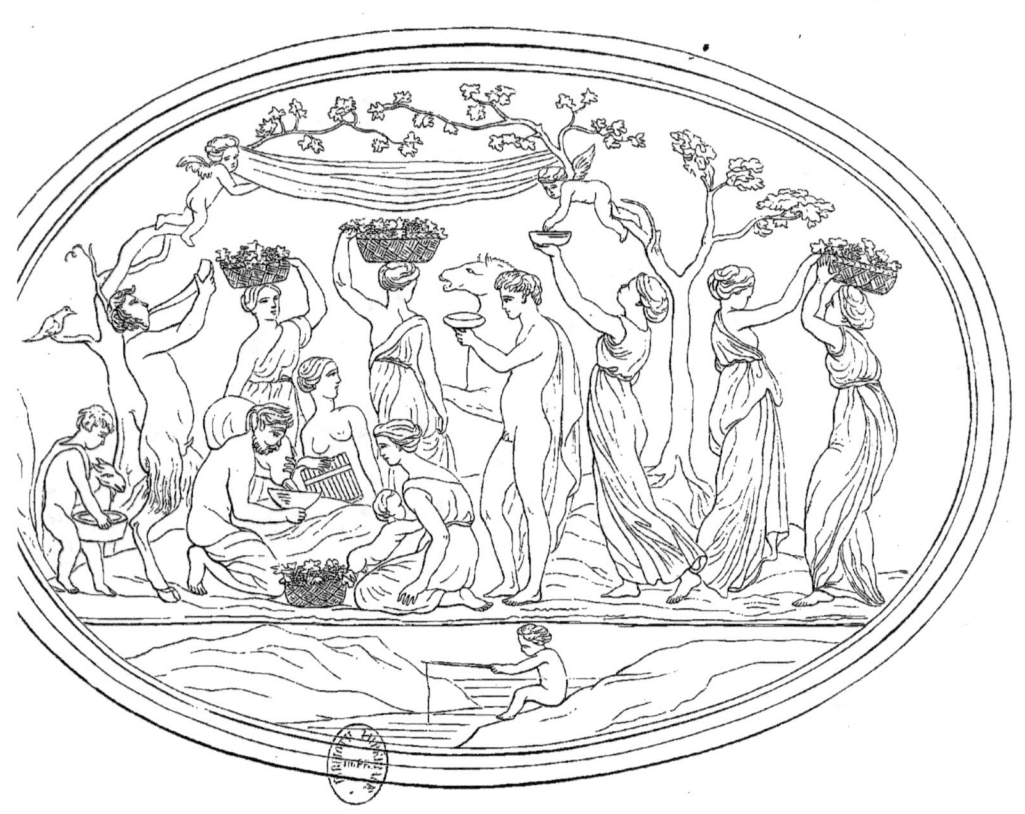

LE CACHET DE MICHEL-ANGE.

Planche 14.

N° 1.

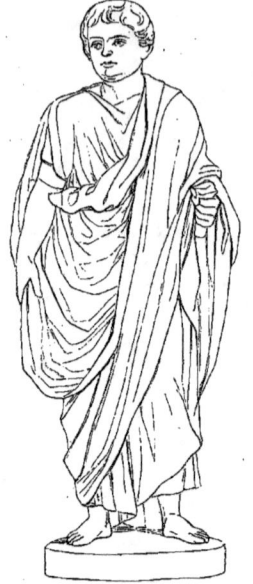

BRITANNICUS.

N° 2.

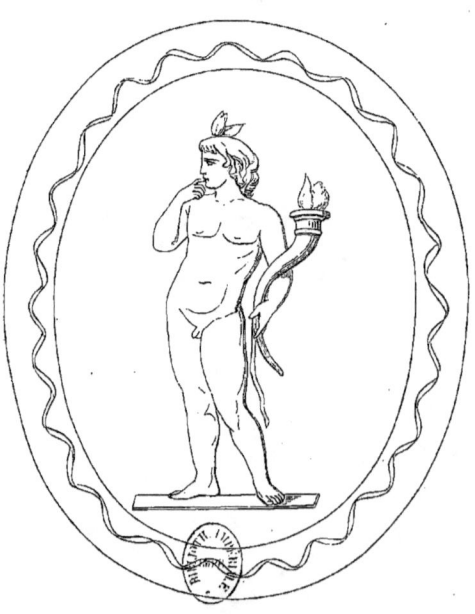

HARPOCRATE.

PLANCHE 15.

N° 1.

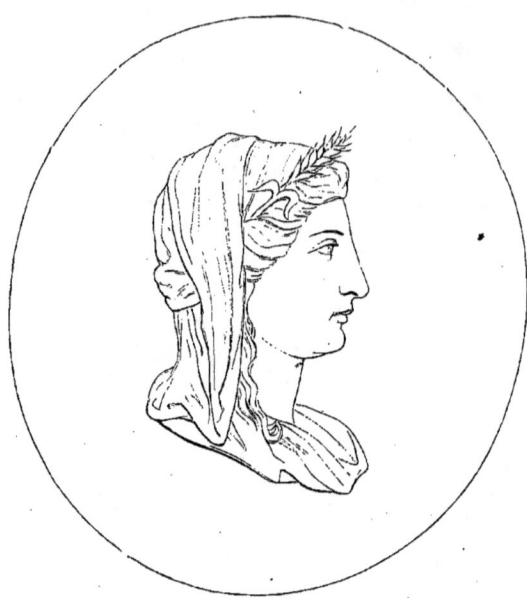

LIVIA AUGUSTA.

N° 2.

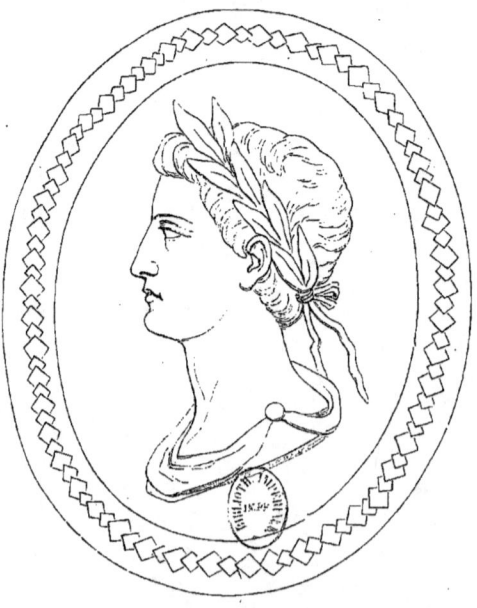

CALIGULA.

PLANCHE 16.

N° 1.

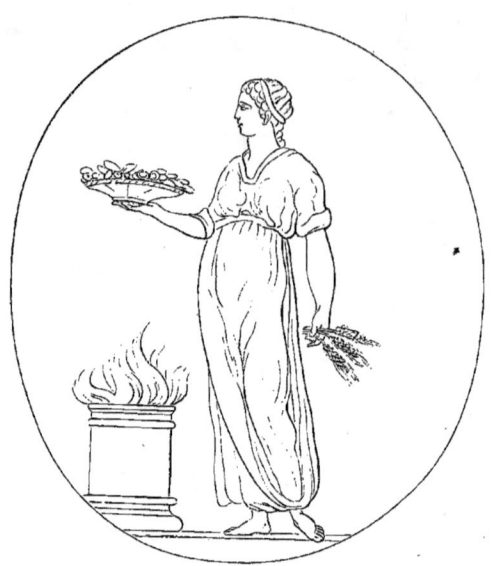

LA FOI PUBLIQUE.

N° 2.

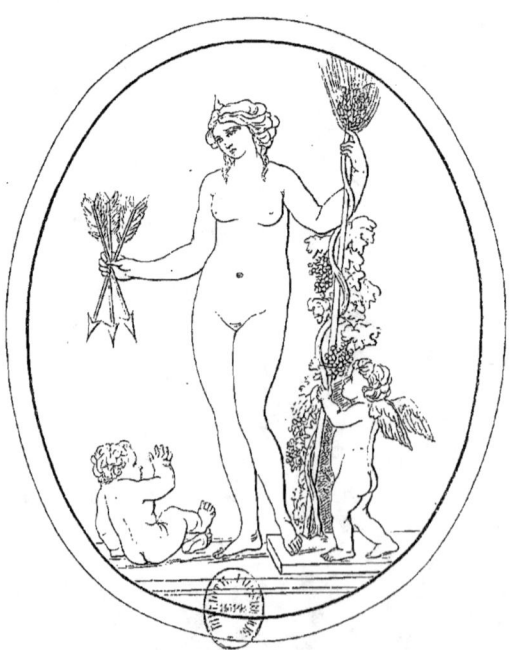

VÉNUS AU THYRSE.

PLANCHE 17.

N° 1.

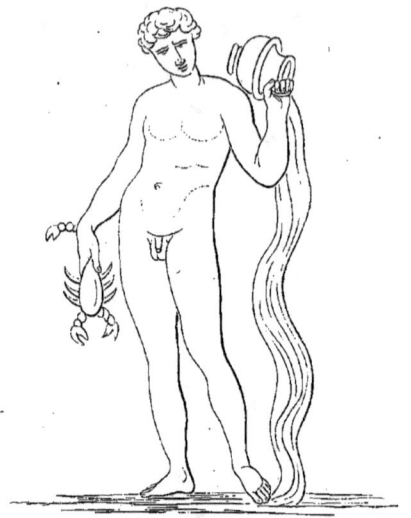

SIGNE CÉLESTE.

N° 2.

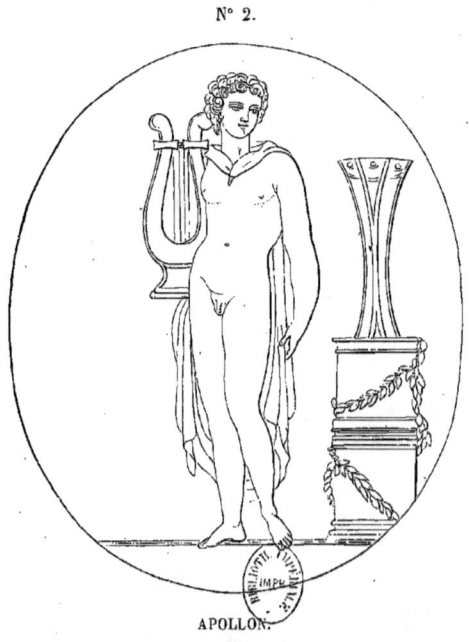

APOLLON.

PLANCHE 18.

N° 1.

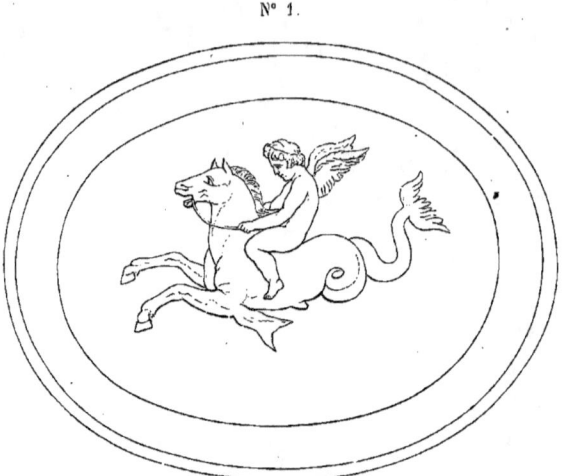

AMOUR MONTANT UN CHEVAL MARIN.

N° 2.

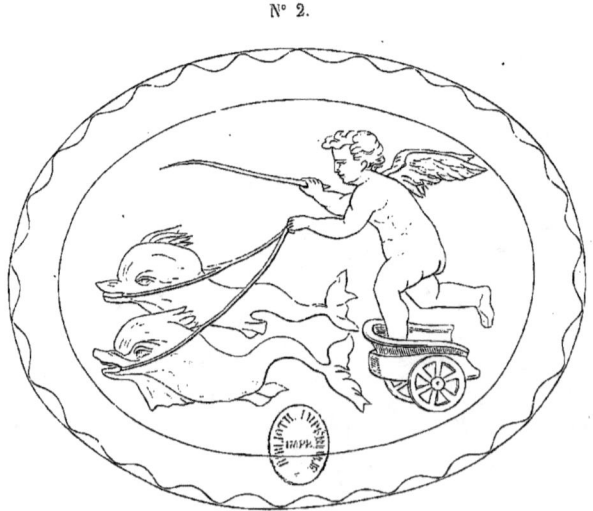

AMOUR TIRÉ PAR DES DAUPHINS.

N° 1.

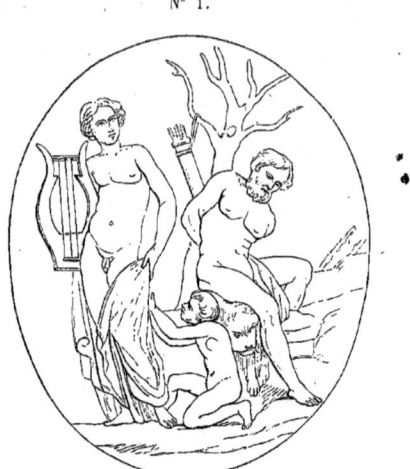

APOLLON ET MARSYAS.

N° 2.

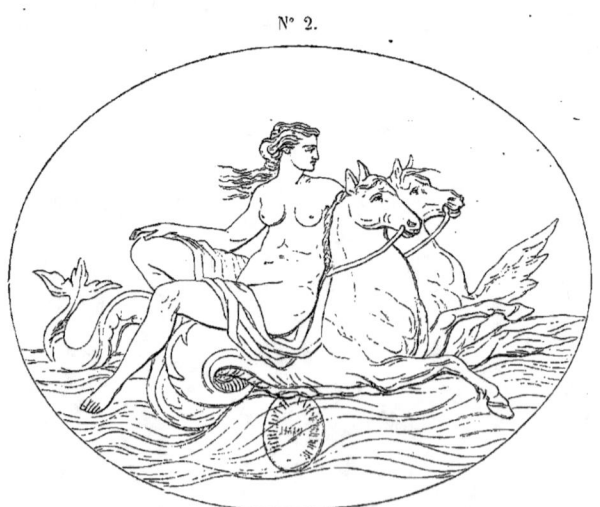

NÉRÉIDE PORTÉE PAR DEUX CHEVAUX MARINS.

PLANCHE 20.

N° 1.

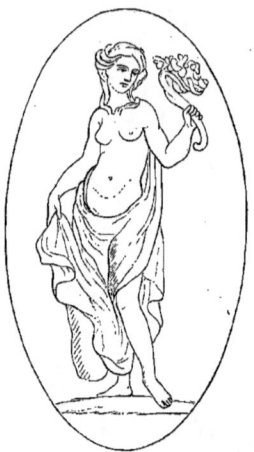

L'ABONDANCE

N° 2.

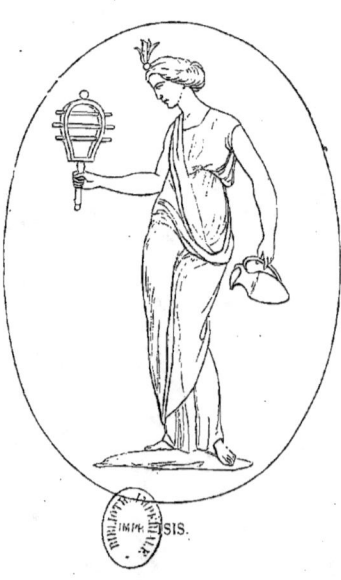

N° 1.

APOLLON ET L'AMOUR.

N° 2.

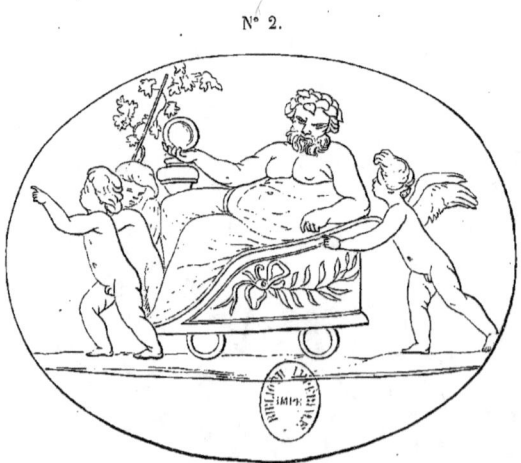

SILÈNE CONDUIT PAR LES AMOURS.

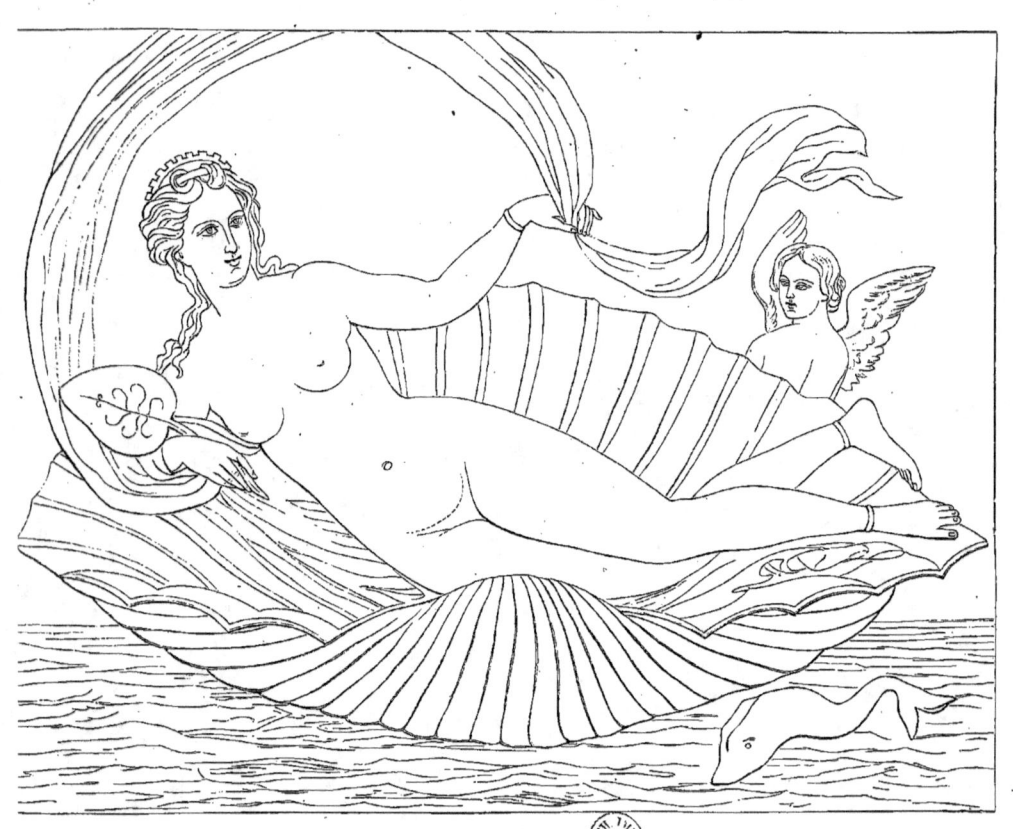

VÉNUS À LA CONQUE.
PEINTURE DE POMPEIA.

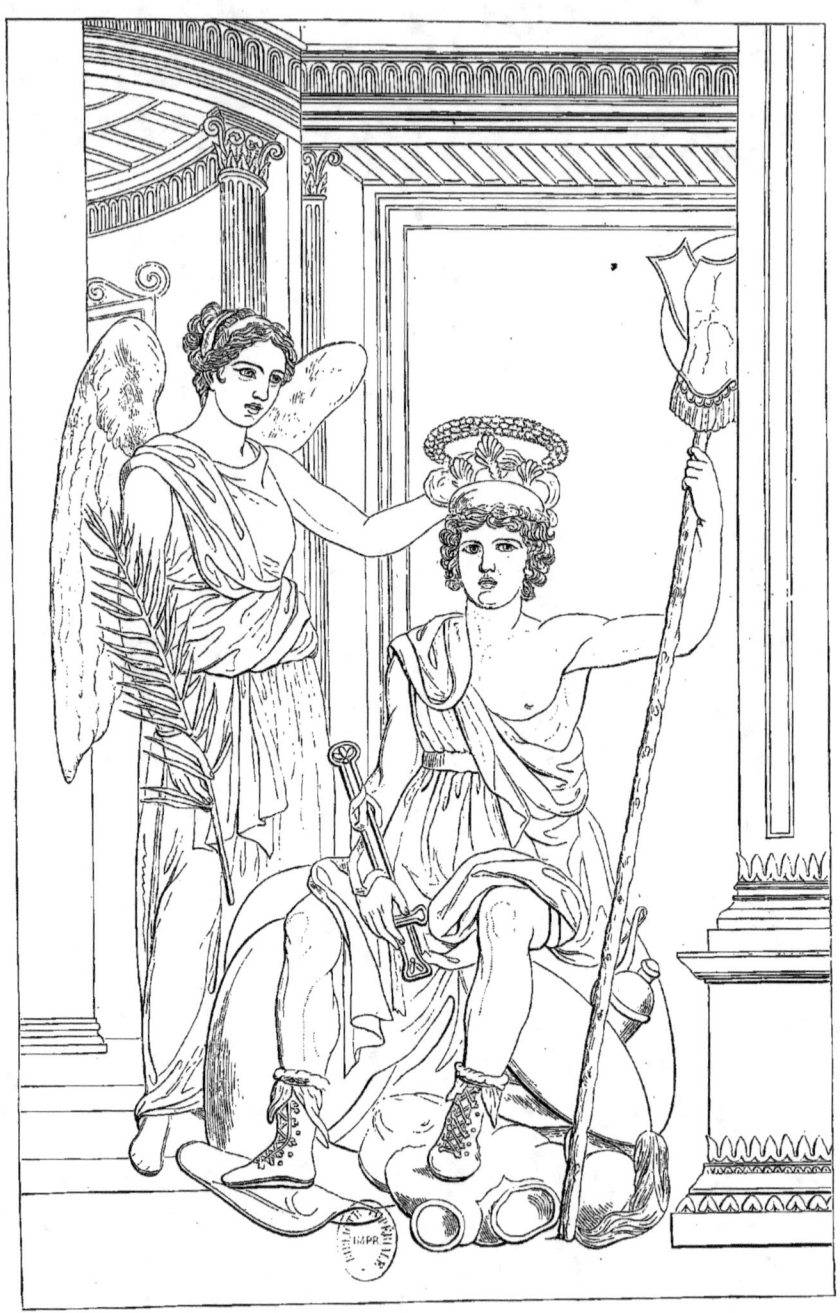

TRIOMPHATEUR COURONNÉ PAR LA VICTOIRE.

PEINTURE DE POMPEIA.

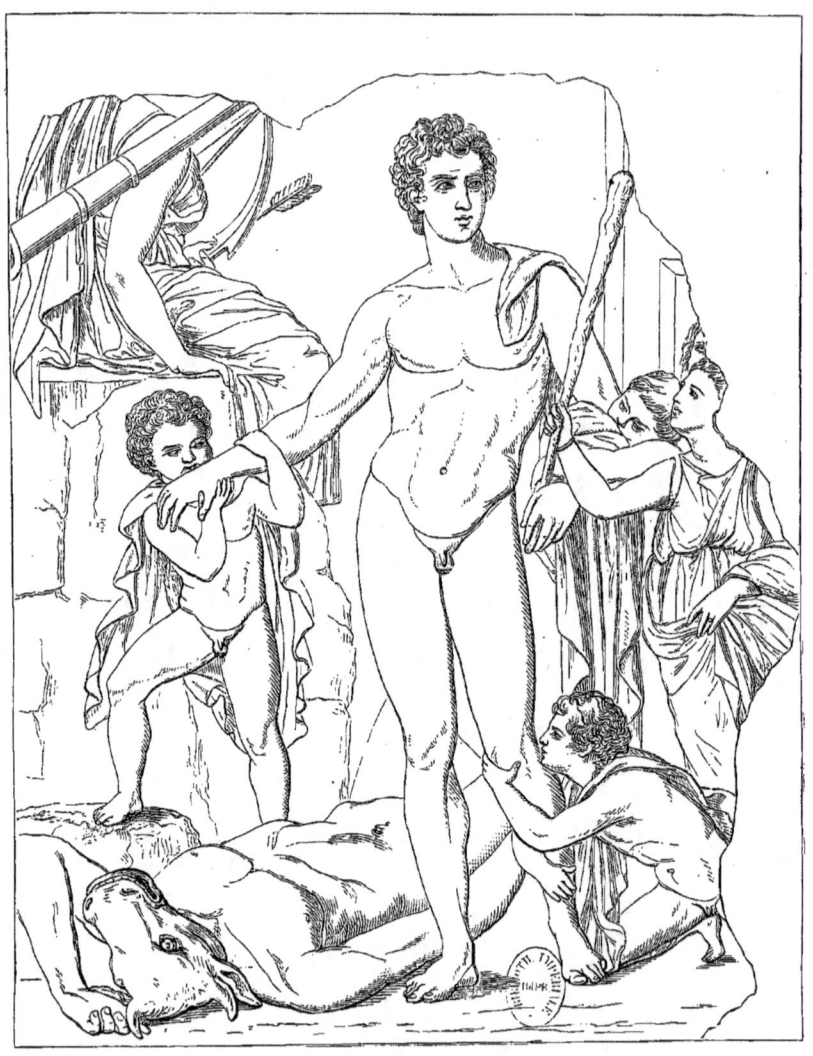

THÉSÉE VAINQUEUR DU MINOTAURE.

PEINTURE D'HERCULANUM.

PLANCHE 25.

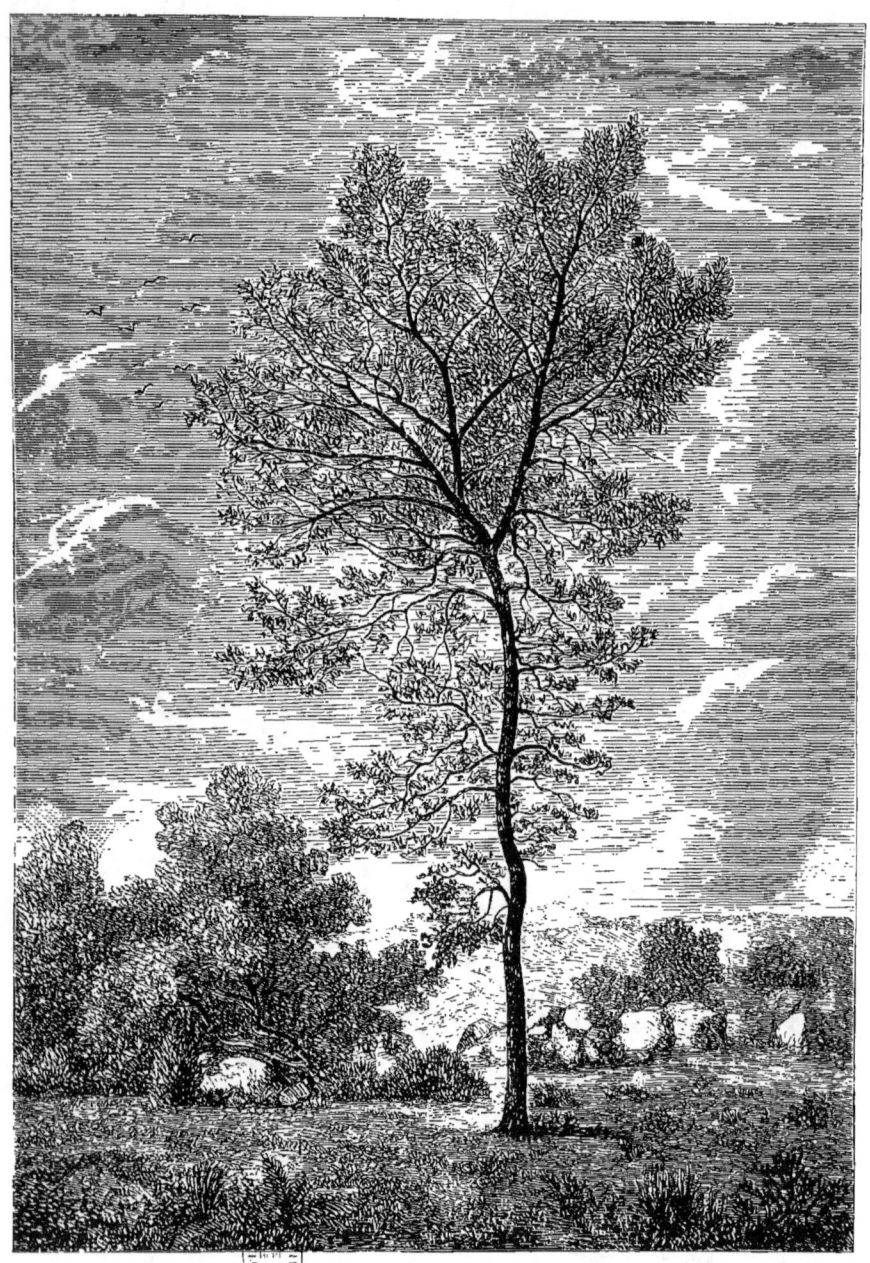

ARBRE DESSINÉ D'APRÈS NATURE.

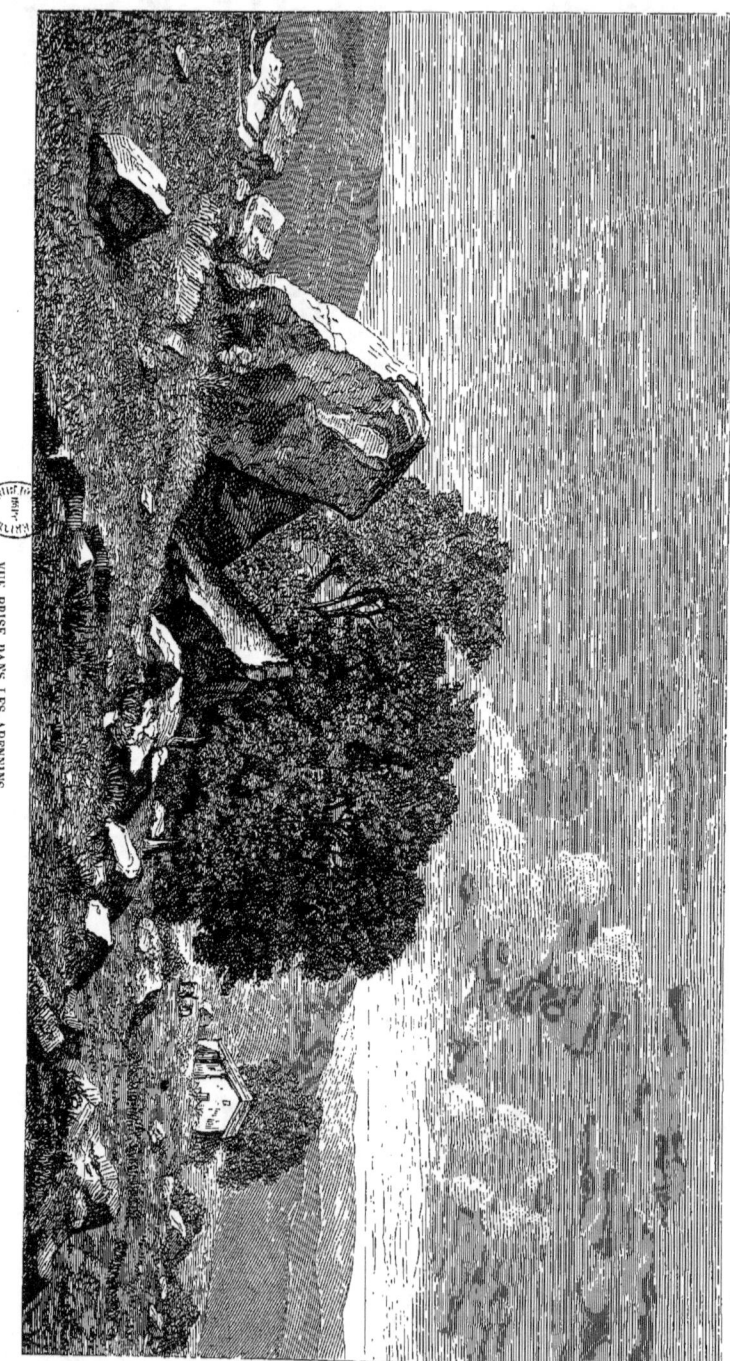

VUE PRISE DANS LES APENNINS.

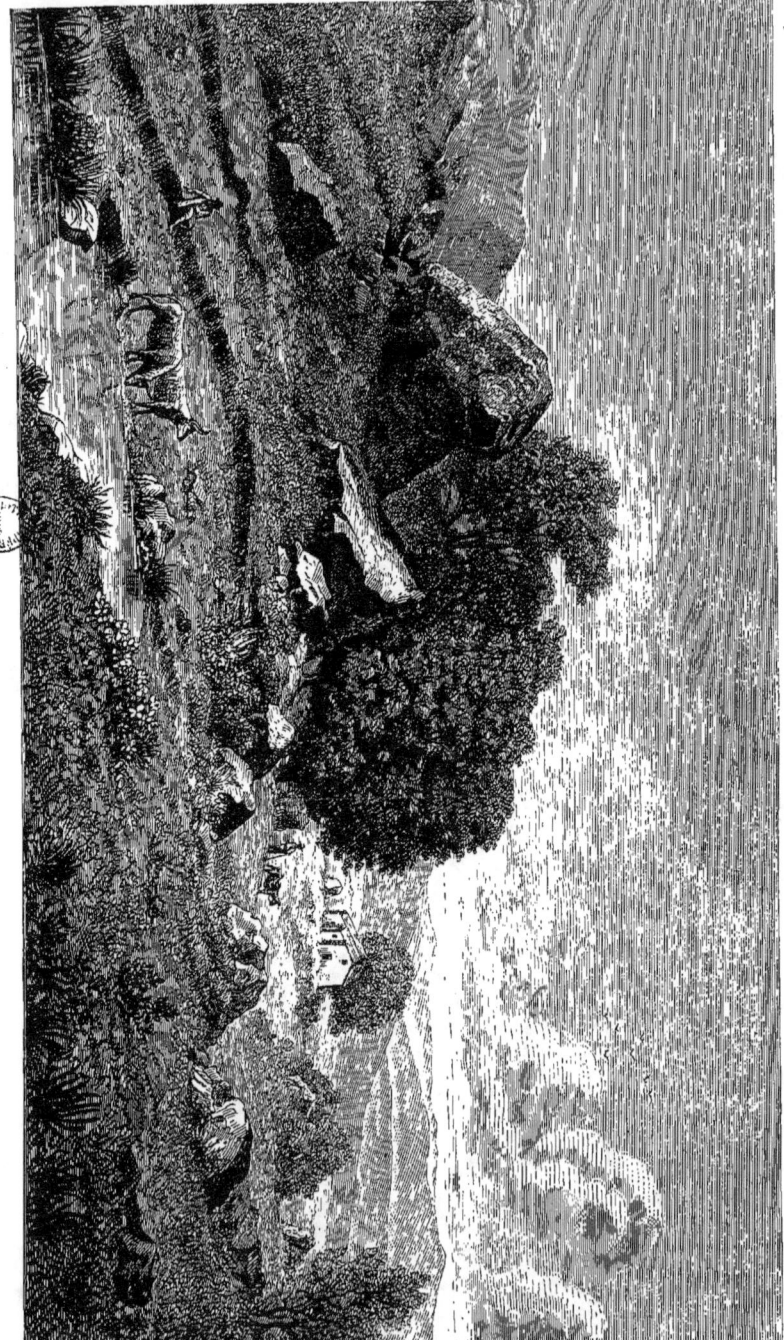

VUE PRISE DANS LES APENNINS.
PREMIÈRE INTERPRÉTATION.

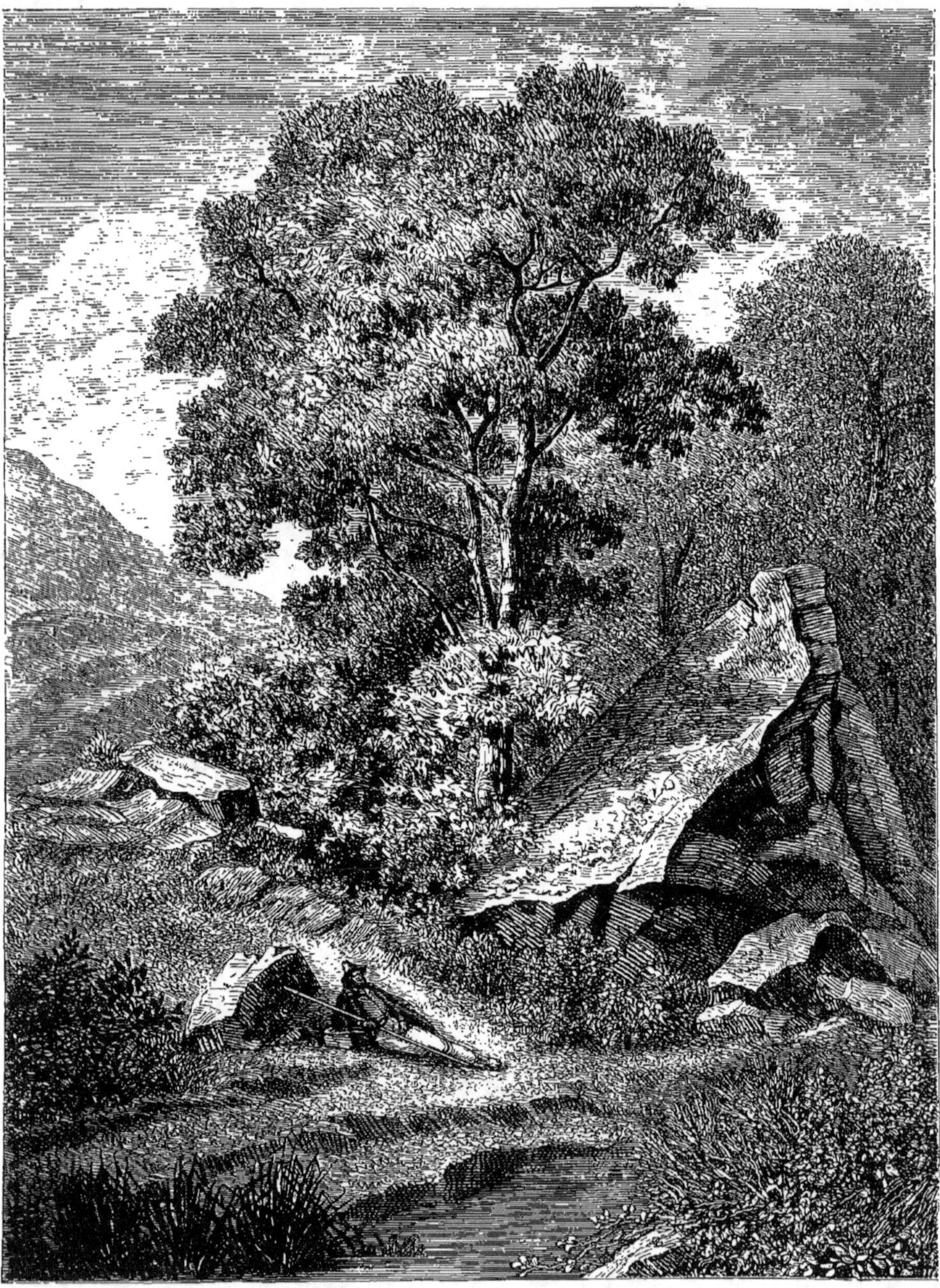

Planche 28.

VUE PRISE DANS LES APENNINS.

SECONDE INTERPRÉTATION.

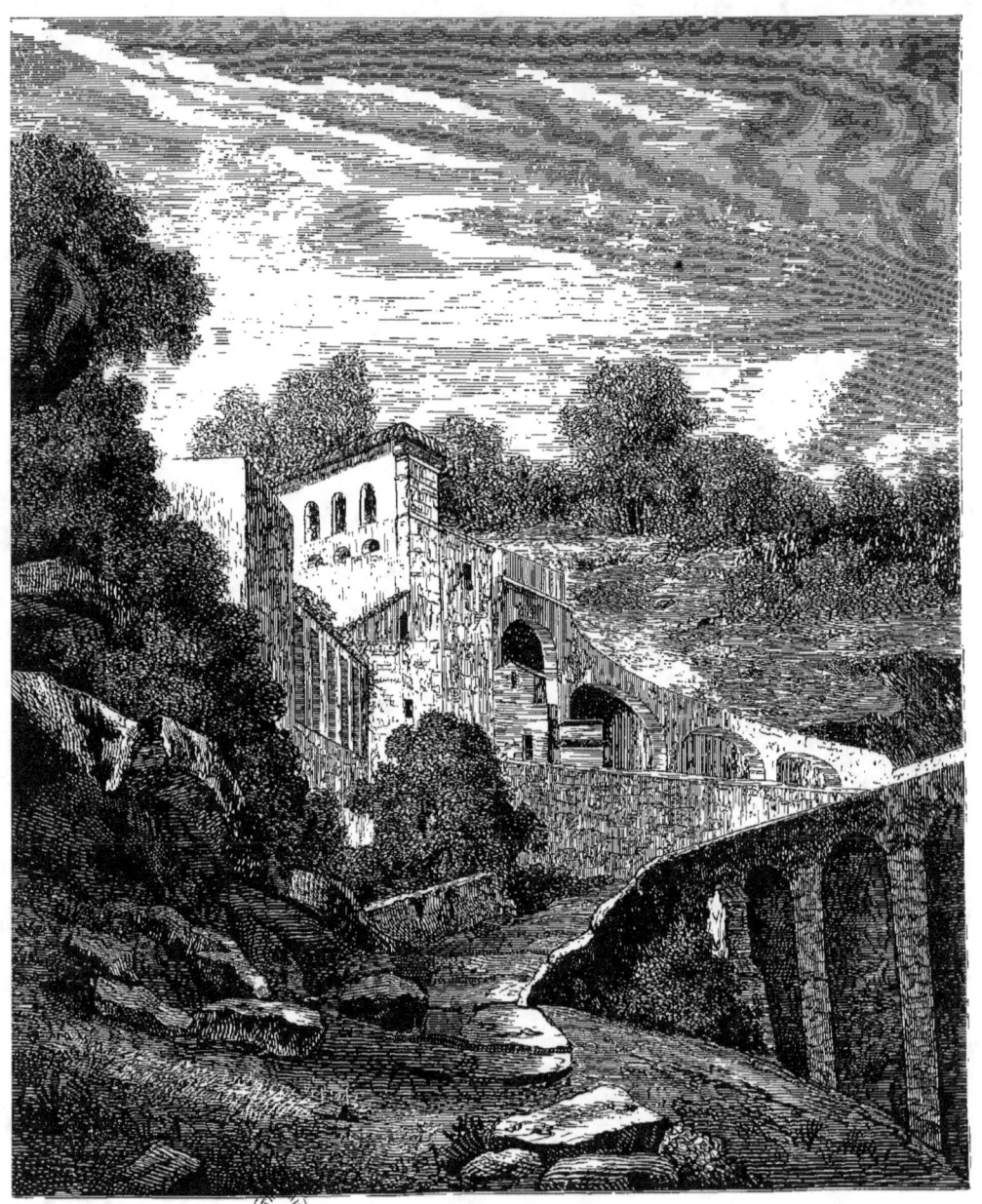

COUVENT DE SANTA TRINITA DELLA CAVA.

PLANCHE 30.

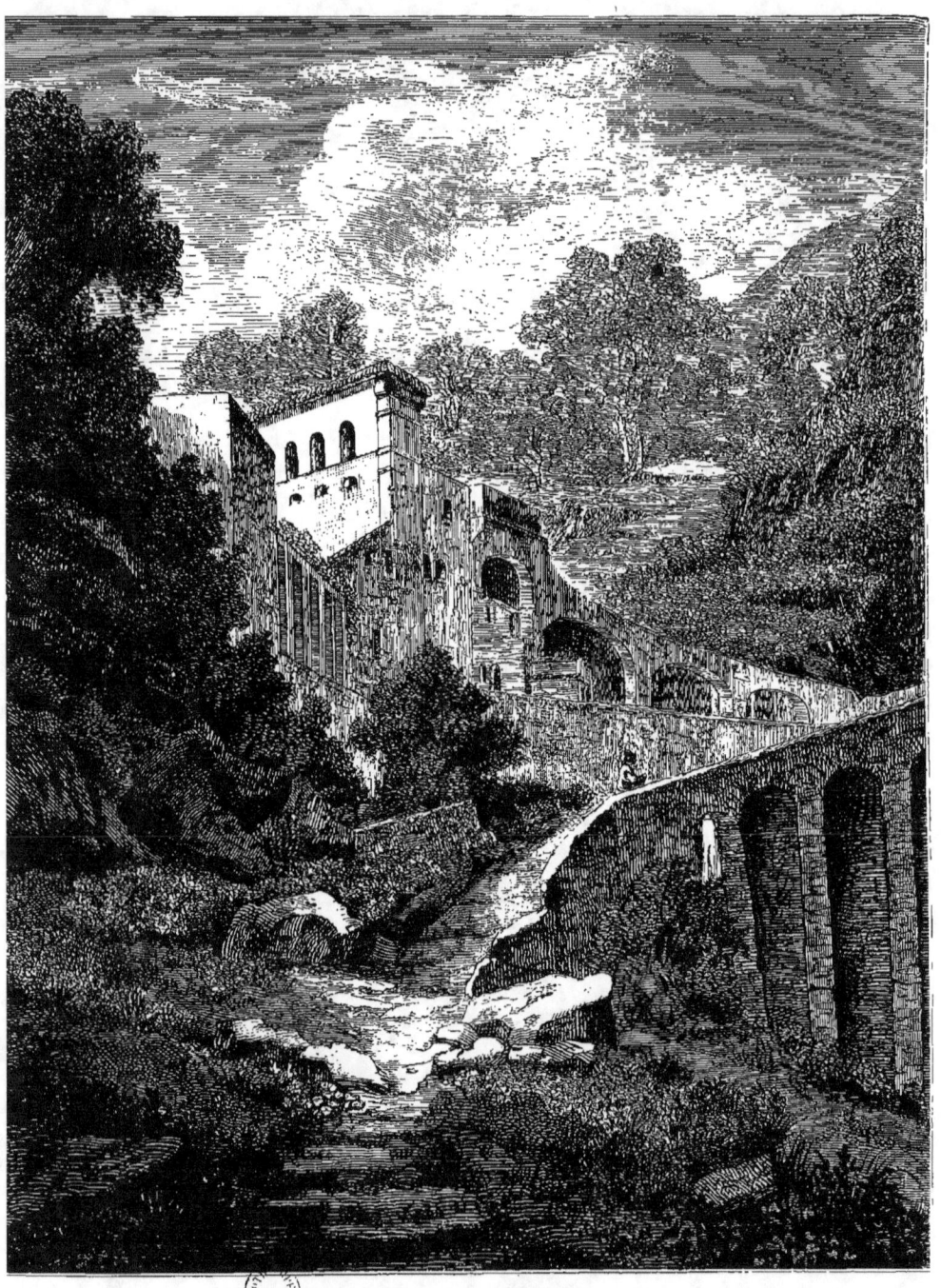

COUVENT DE SANTA TRINITÀ DELLA CAVA.
APRÈS CORRECTION.

PLANCHE 31.

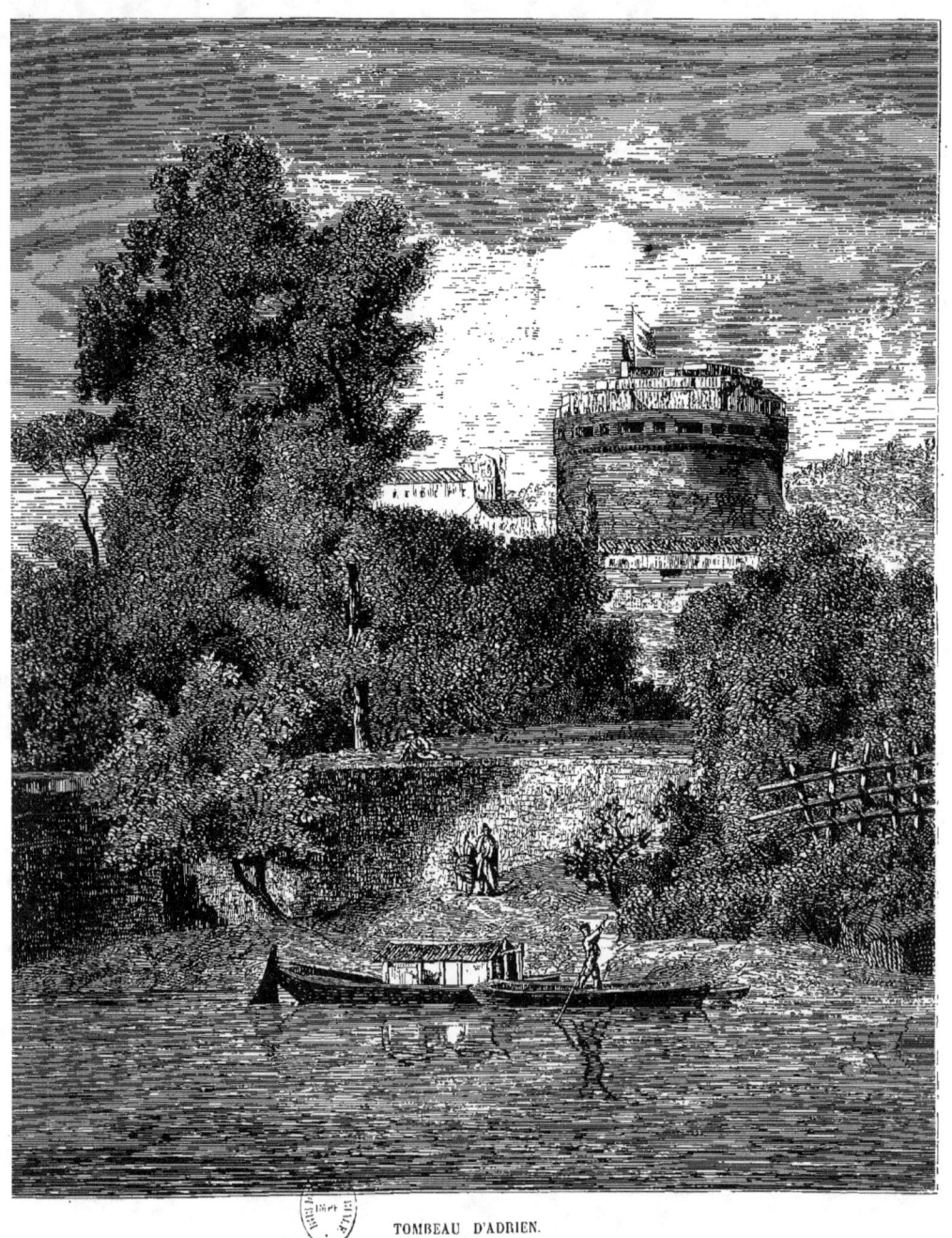

TOMBEAU D'ADRIEN.
PAYSAGE HISTORIQUE.

PLANCHE 32.

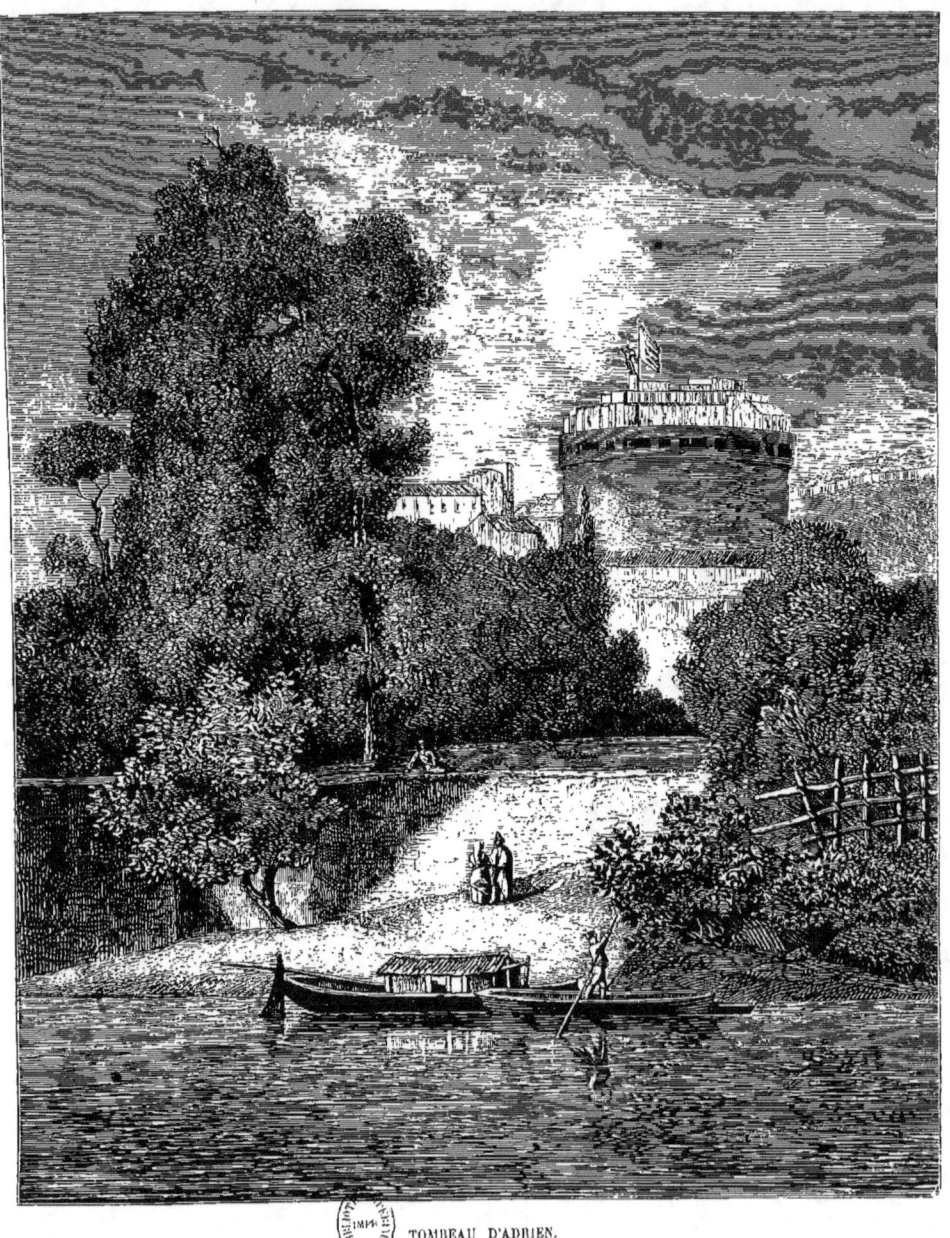

TOMBEAU D'ADRIEN.
PAYSAGE PITTORESQUE.

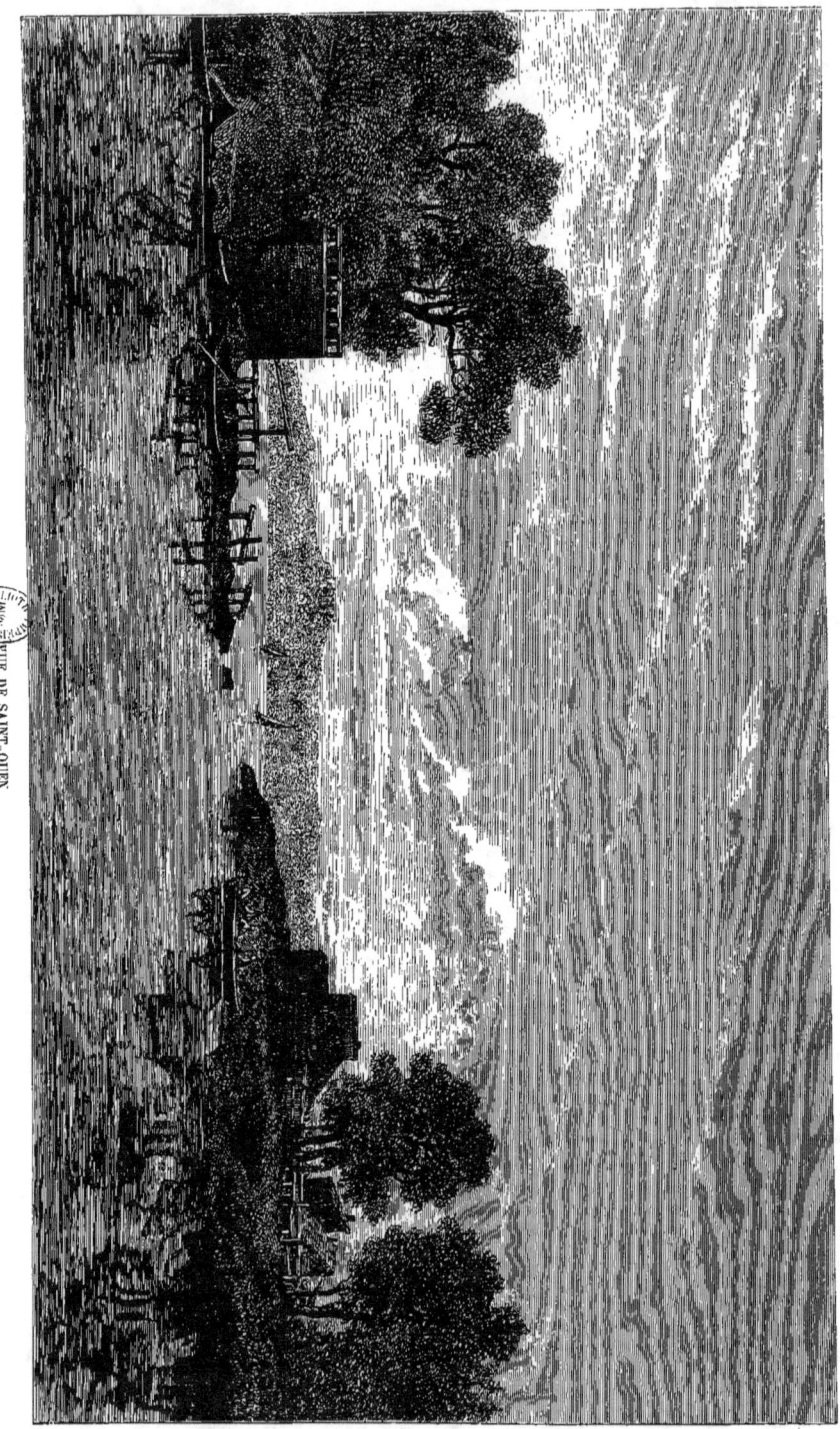

VUE DE SAINT-OUEN.

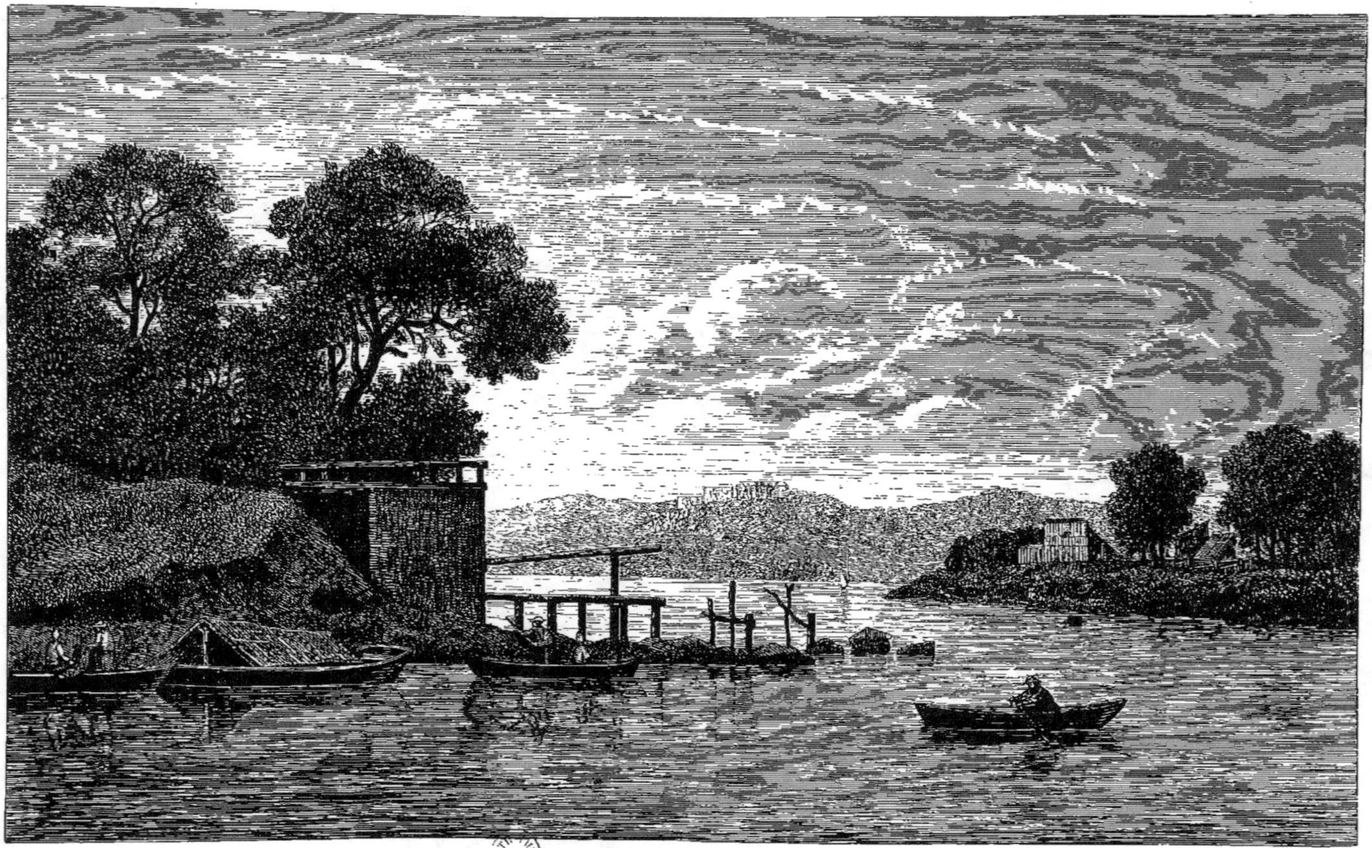

VUE DE SAINT-OUEN,
APRÈS CORRECTION.

VUE DE FLORENCE

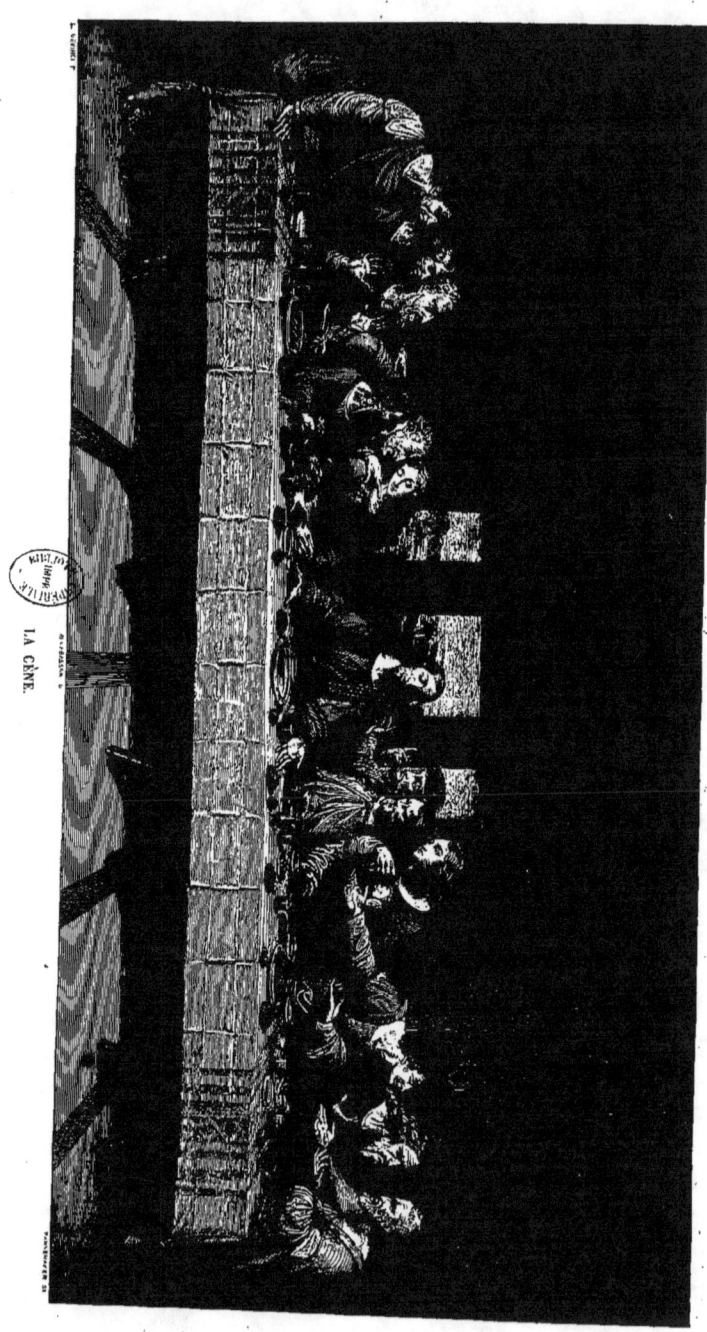

LA CÈNE.

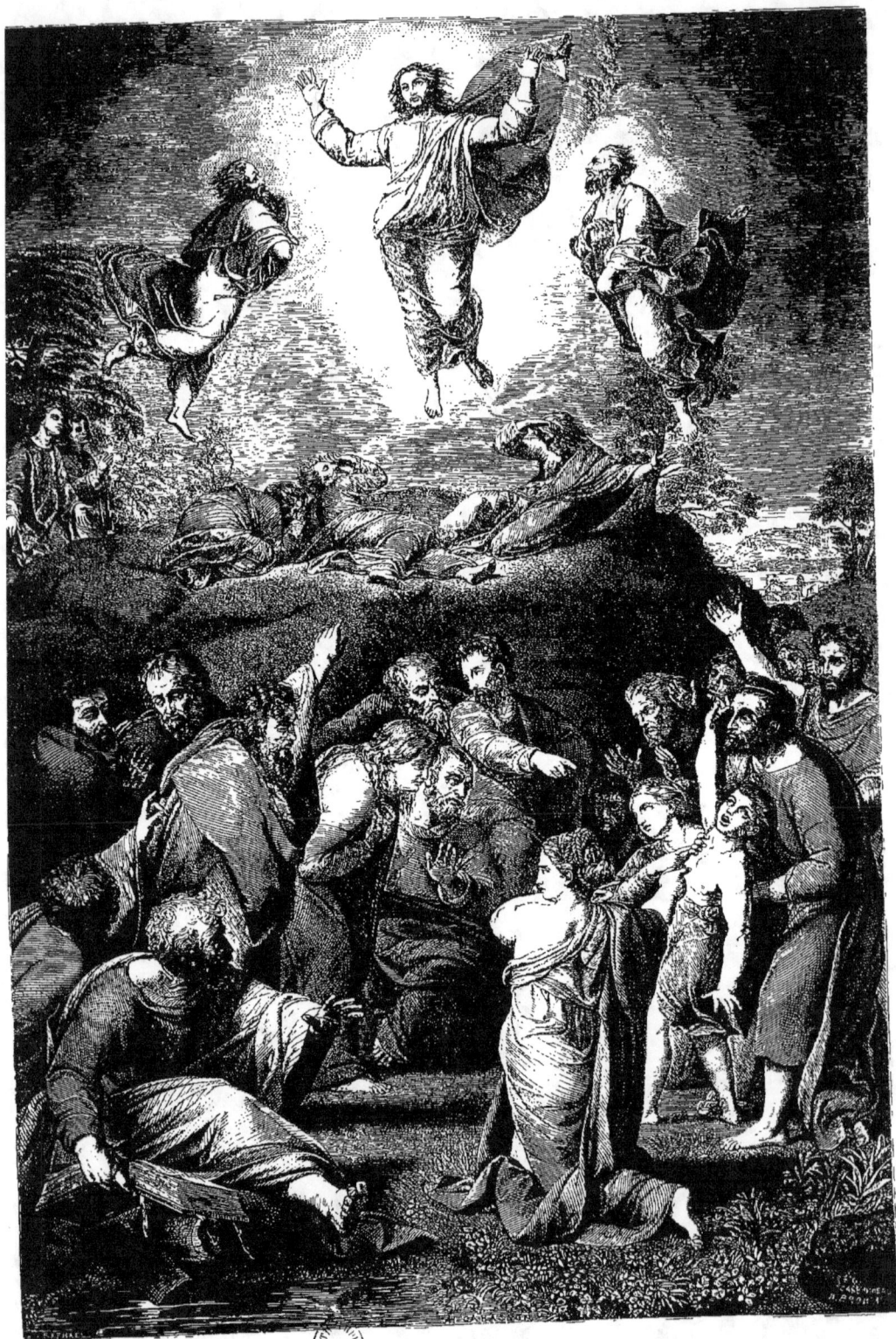

LA TRANSFIGURATION.

Planche 38.

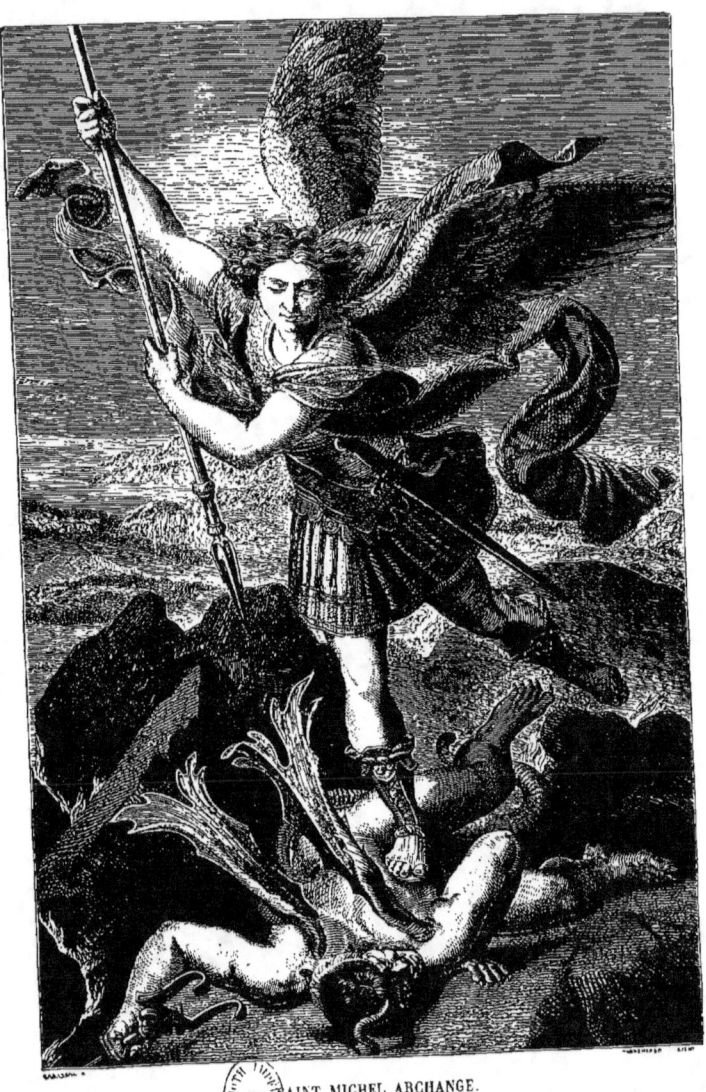

SAINT MICHEL ARCHANGE.

PLANCHE 39.

N° 1.

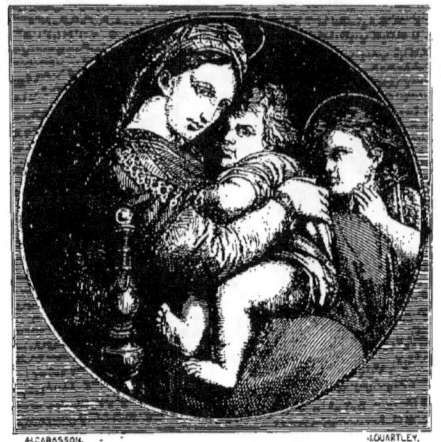

LA VIERGE A LA CHAISE.

N° 2.

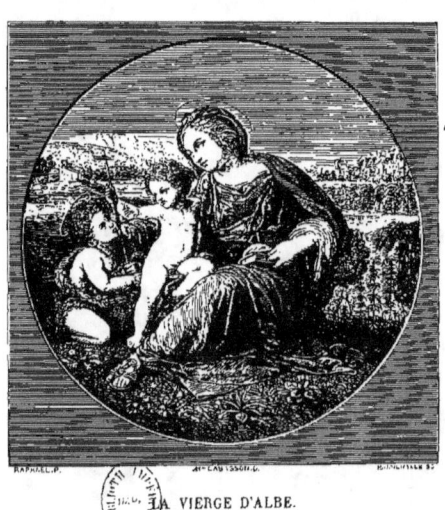

LA VIERGE D'ALBE.

PLANCHE 40.

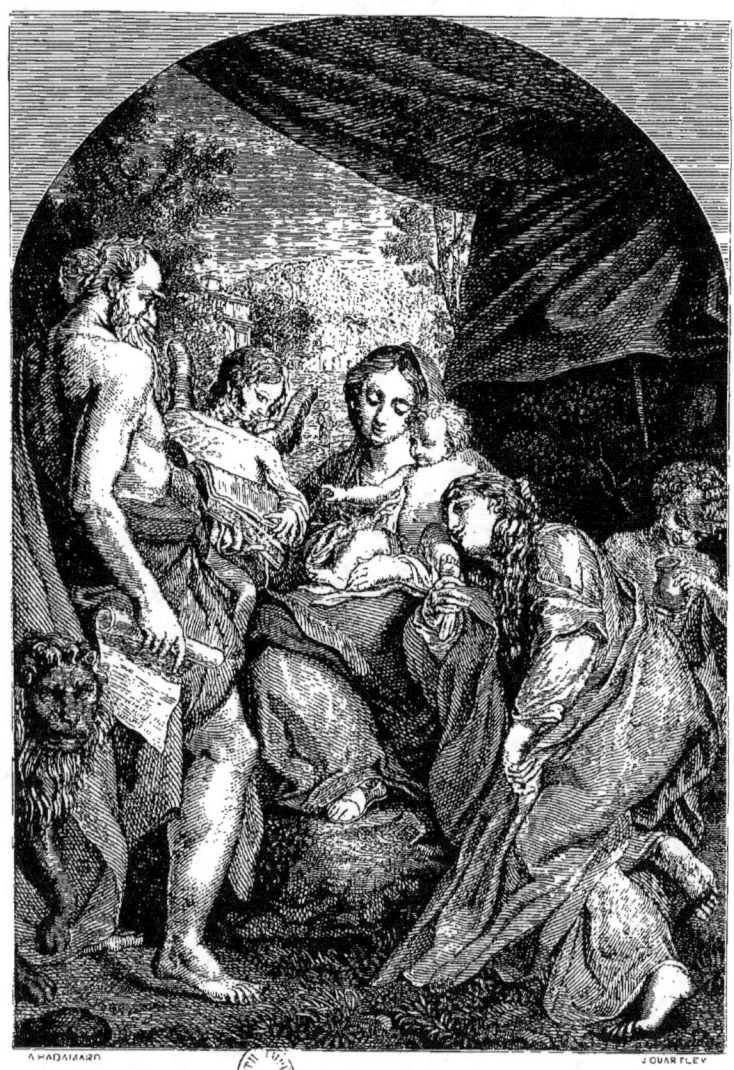

SAINT JÉRÔME.

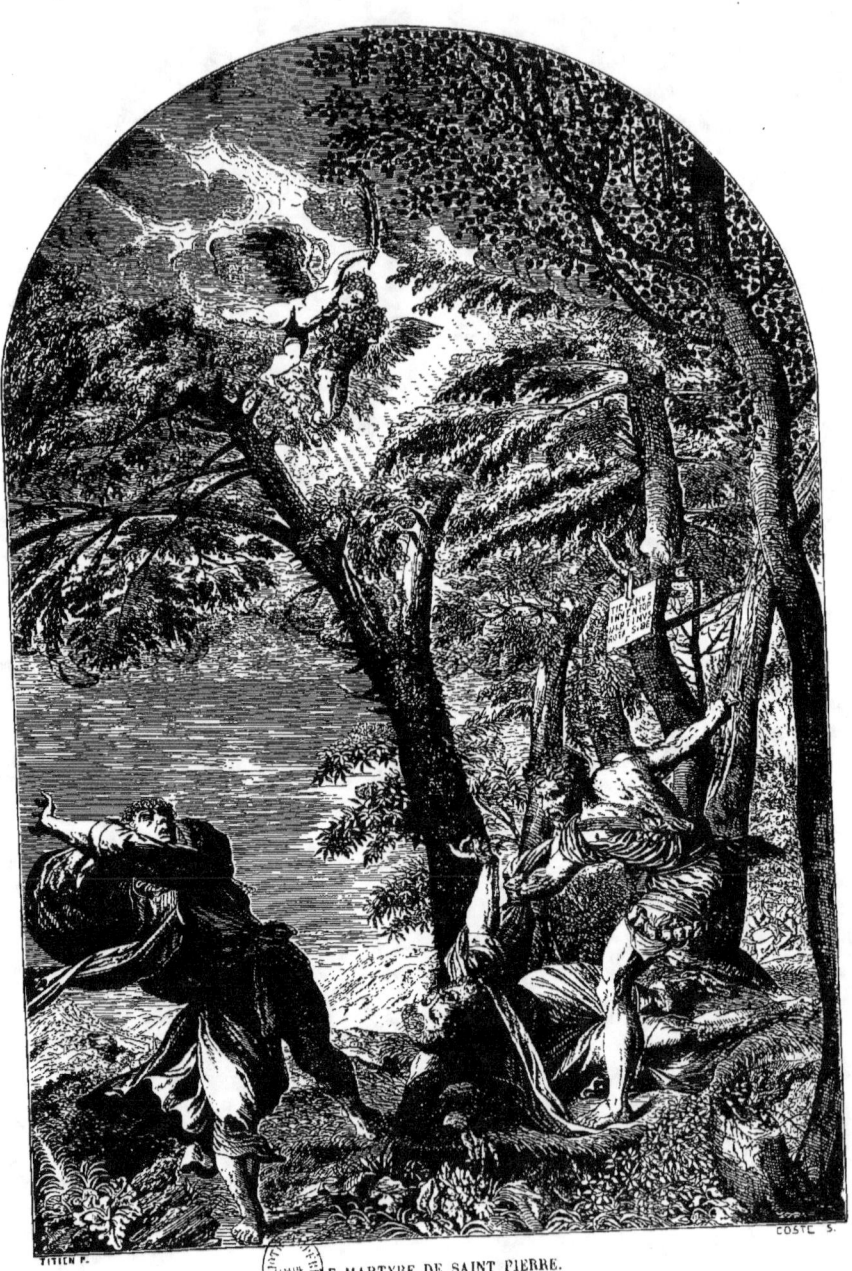

LE MARTYRE DE SAINT PIERRE.

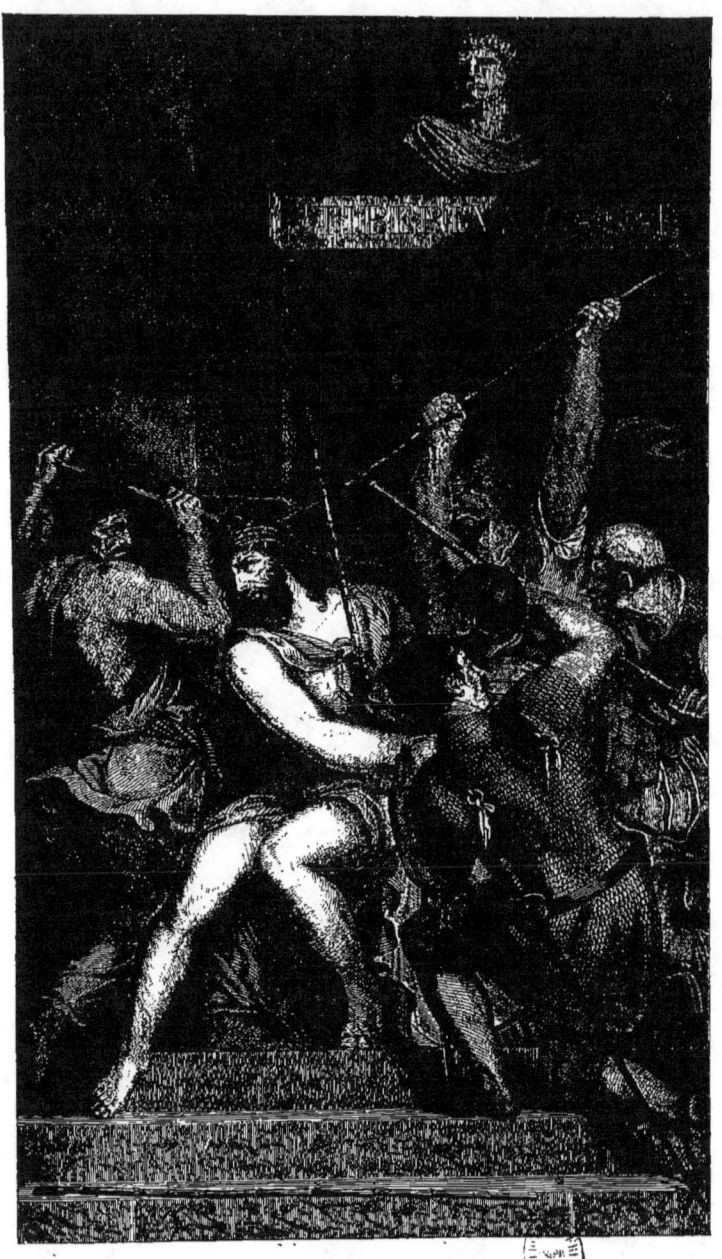

LE CHRIST COURONNÉ D'ÉPINES.

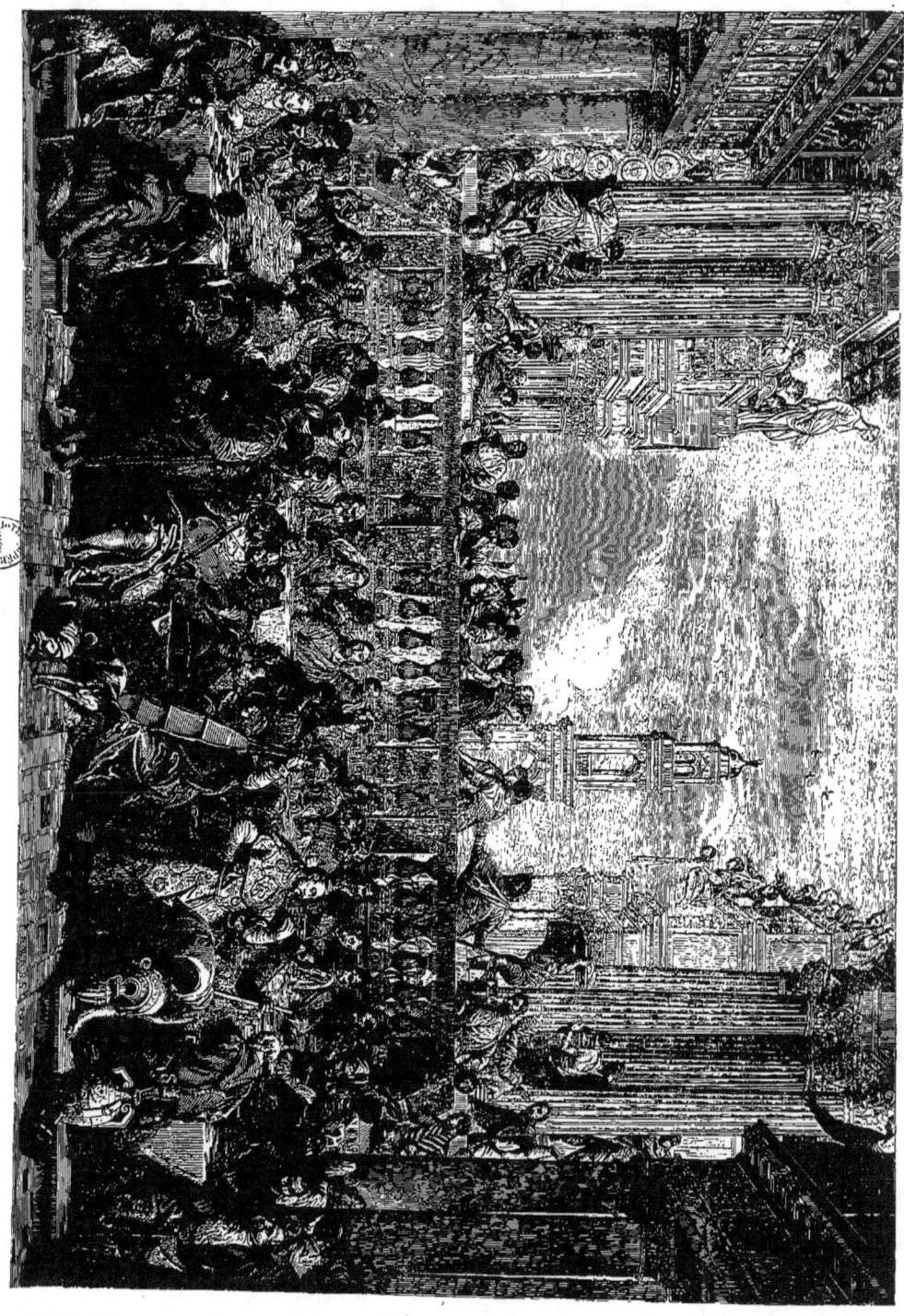

LES NOCES DE CANA.

PLANCHE 44.

N° 1.

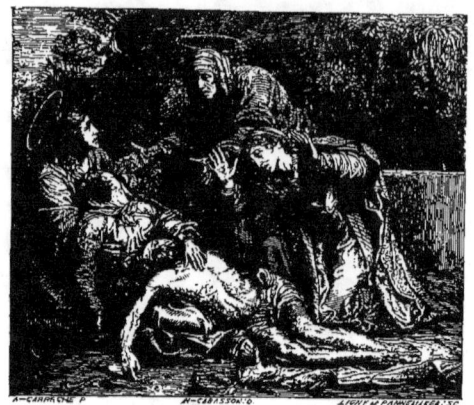

LE CORPS DU CHRIST RENDU À SA MÈRE.

N° 2.

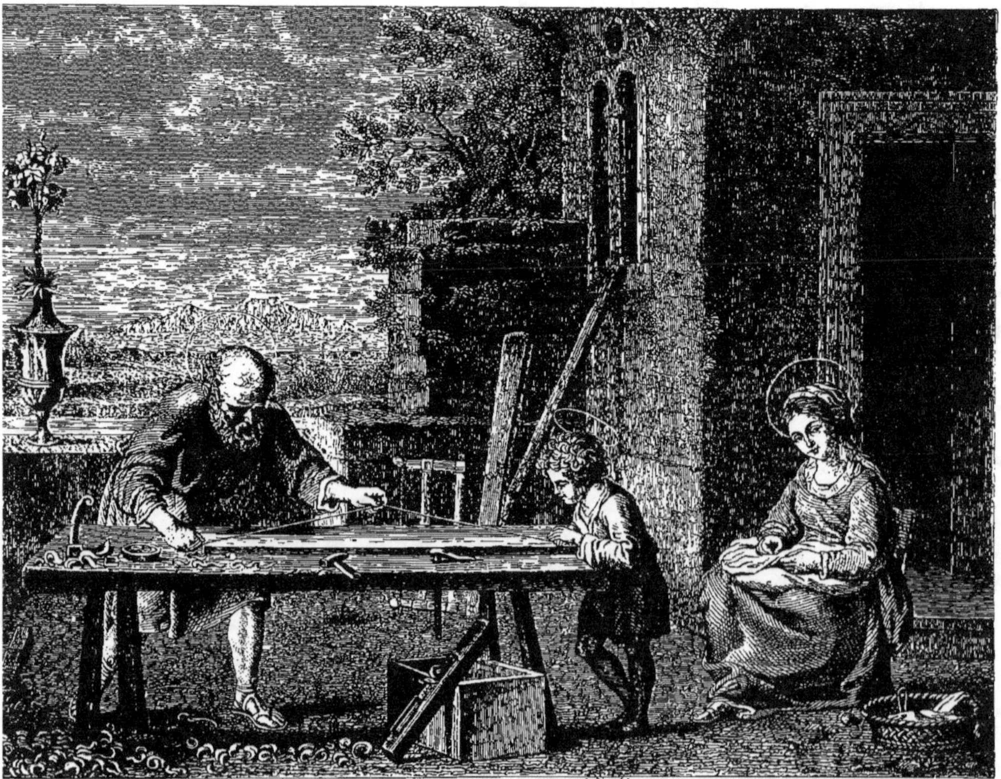

SAINTE FAMILLE.

PLANCHE 45.

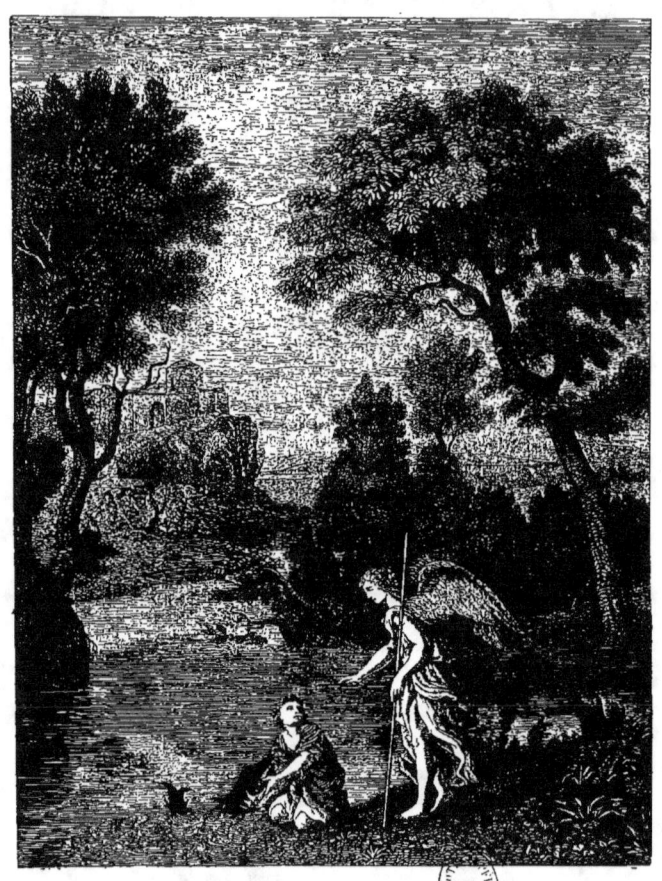

TOBIE ET L'ANGE.

PLANCHE 46.

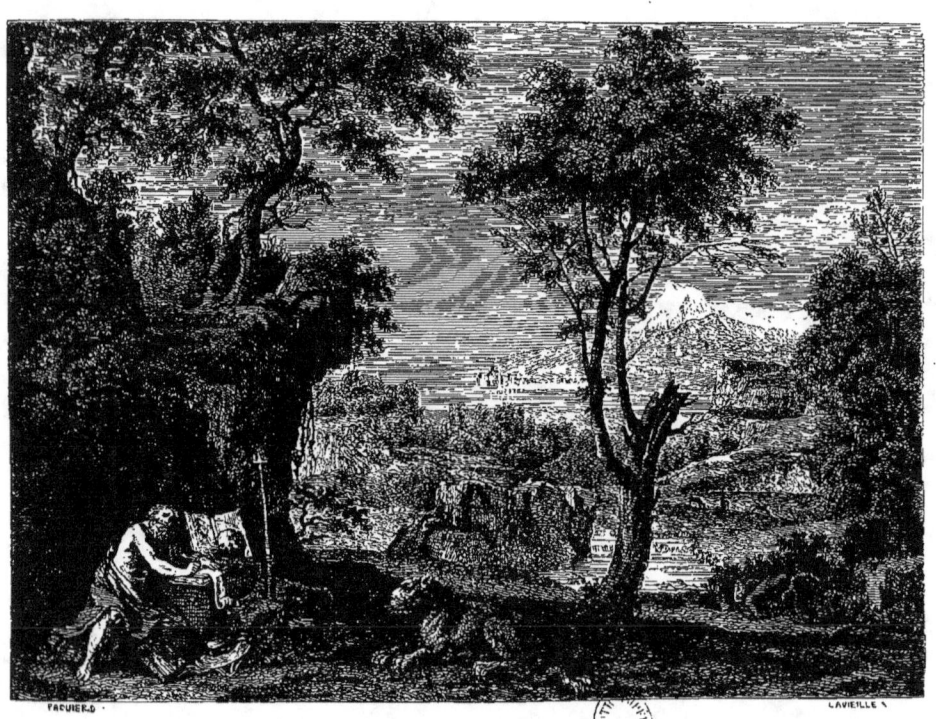

SAINT JÉRÔME AU DÉSERT.

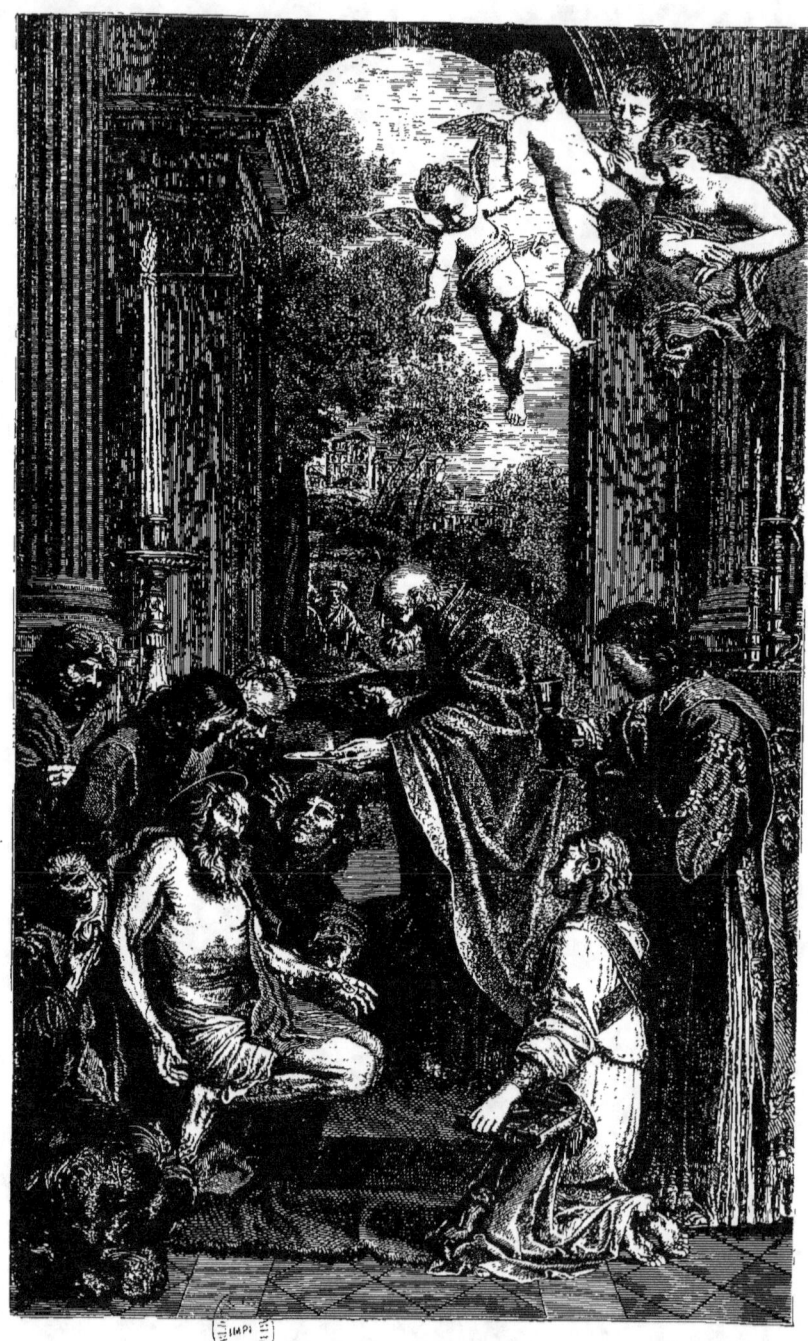

LA COMMUNION DE SAINT JÉRÔME.

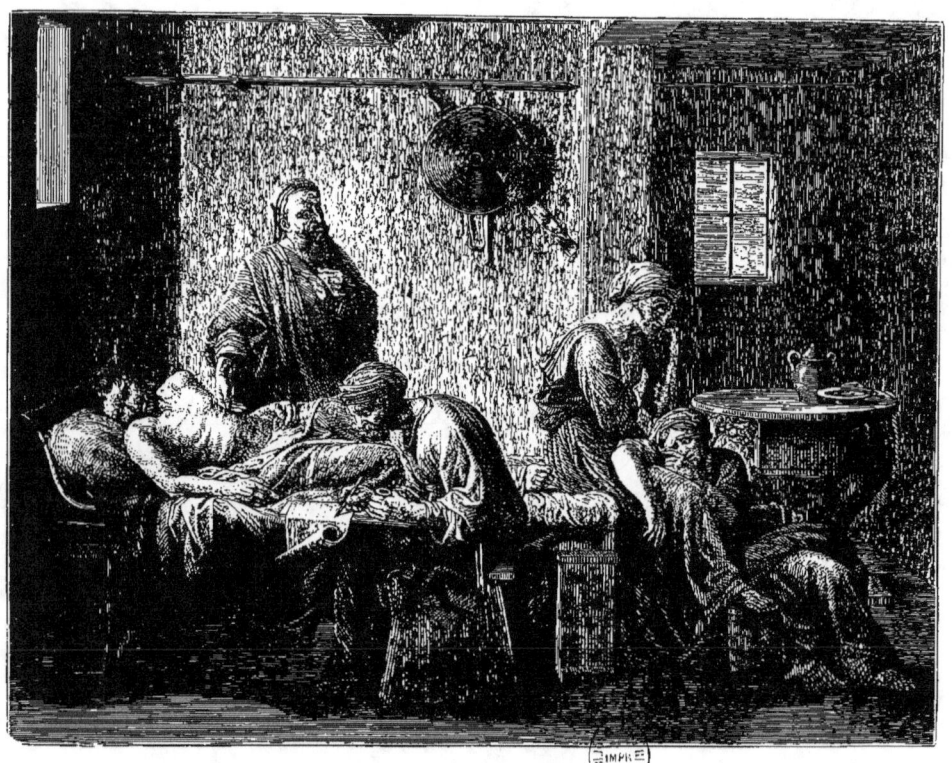

LE TESTAMENT D'EUDAMIDAS.

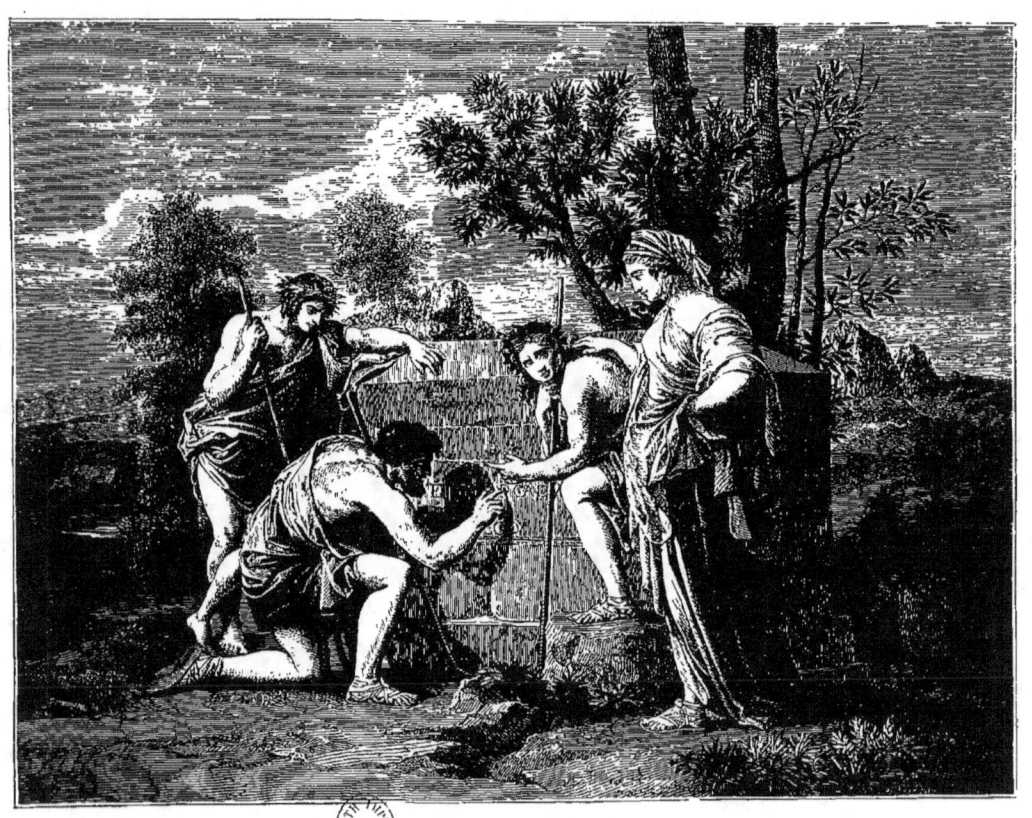

LES BERGERS D'ARCADIE.

PLANCHE 50.

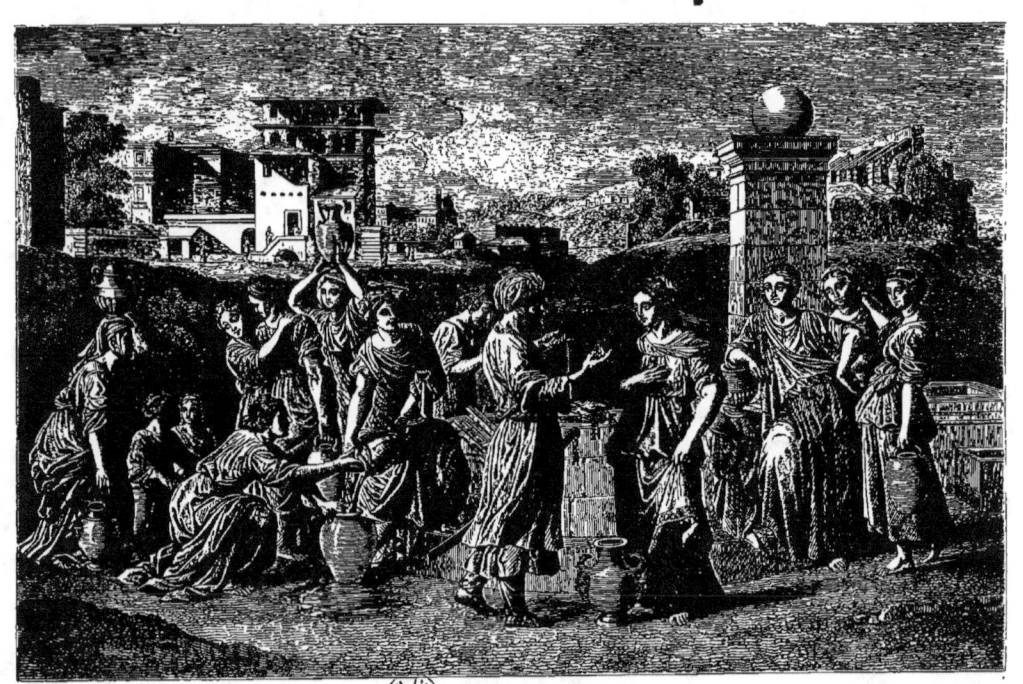

RÉBECCA ET ÉLIÉZER.

PLANCHE 51.

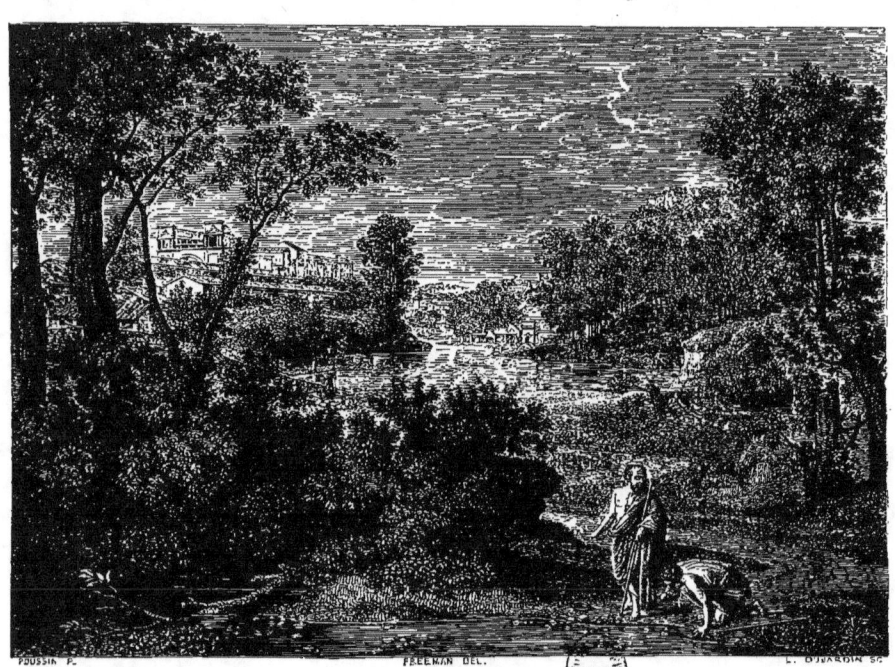

DIOGÈNE JETANT SON ÉCUELLE.

PLANCHE 52.

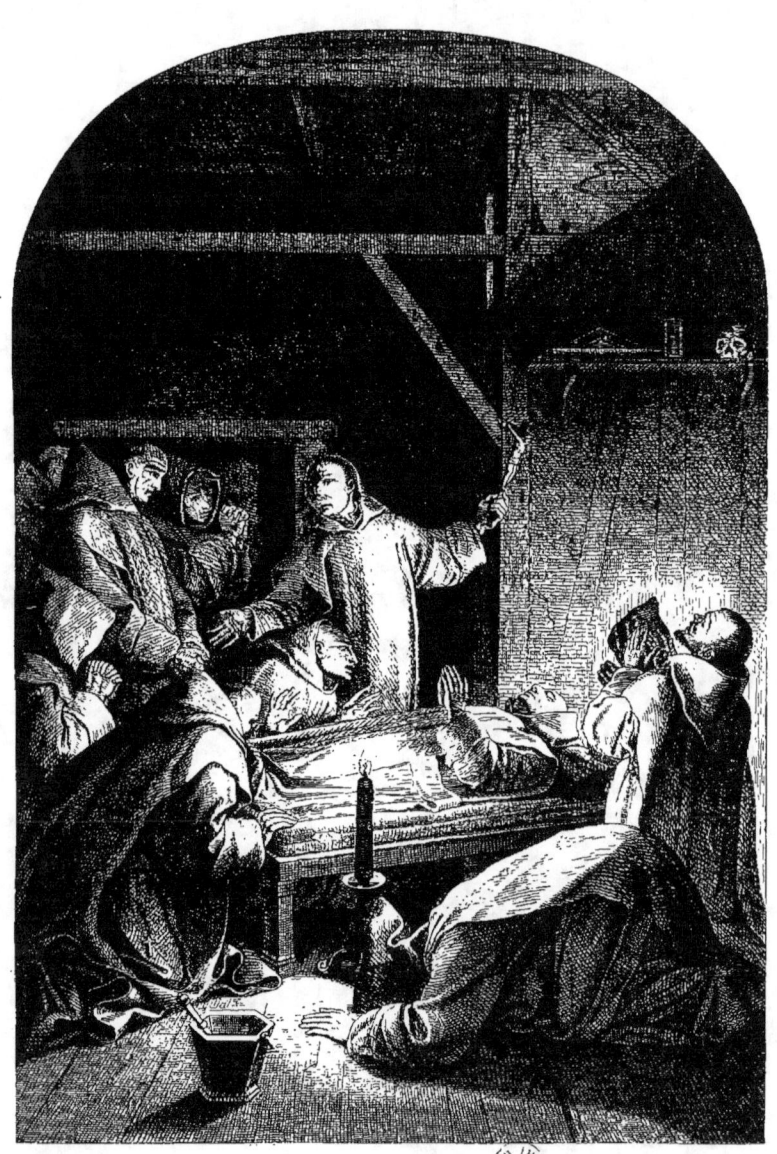

LA MORT DE SAINT BRUNO.

PLANCHE 53.

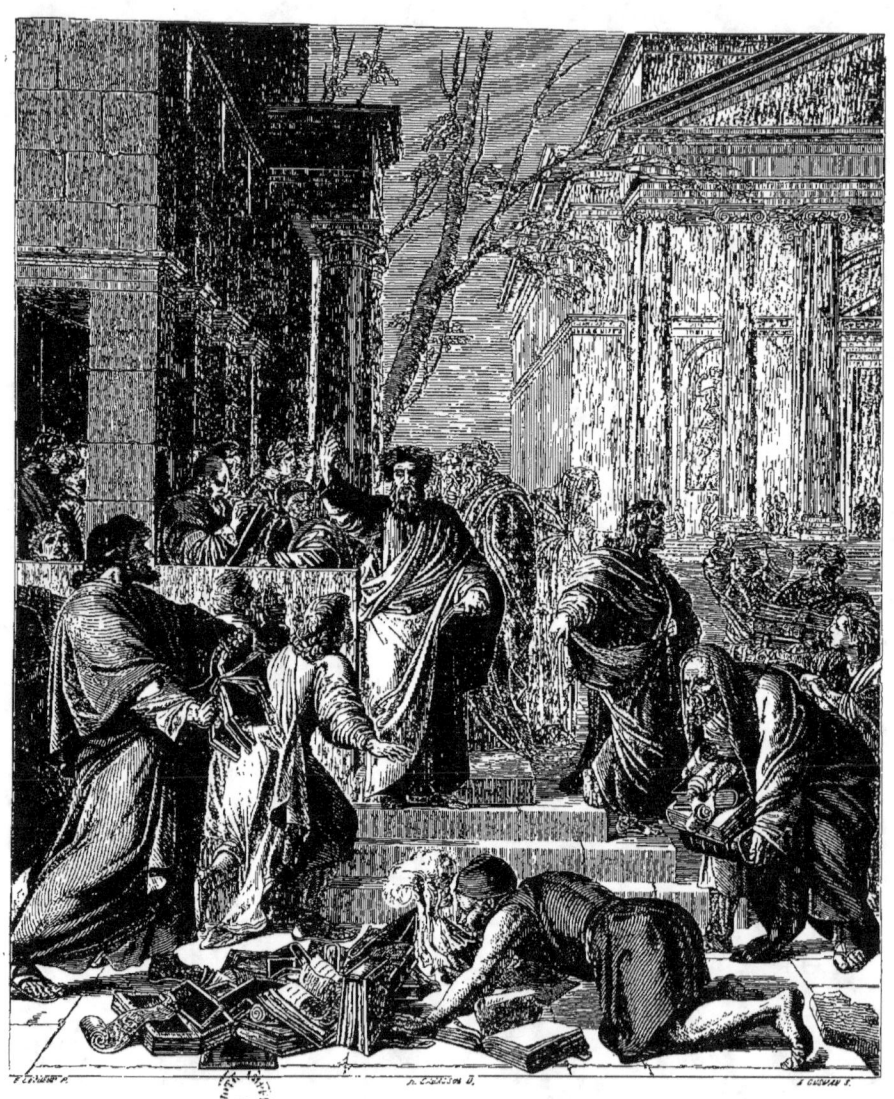

LA PRÉDICATION DE SAINT PAUL À ÉPHÈSE.

PLANCHE 54.

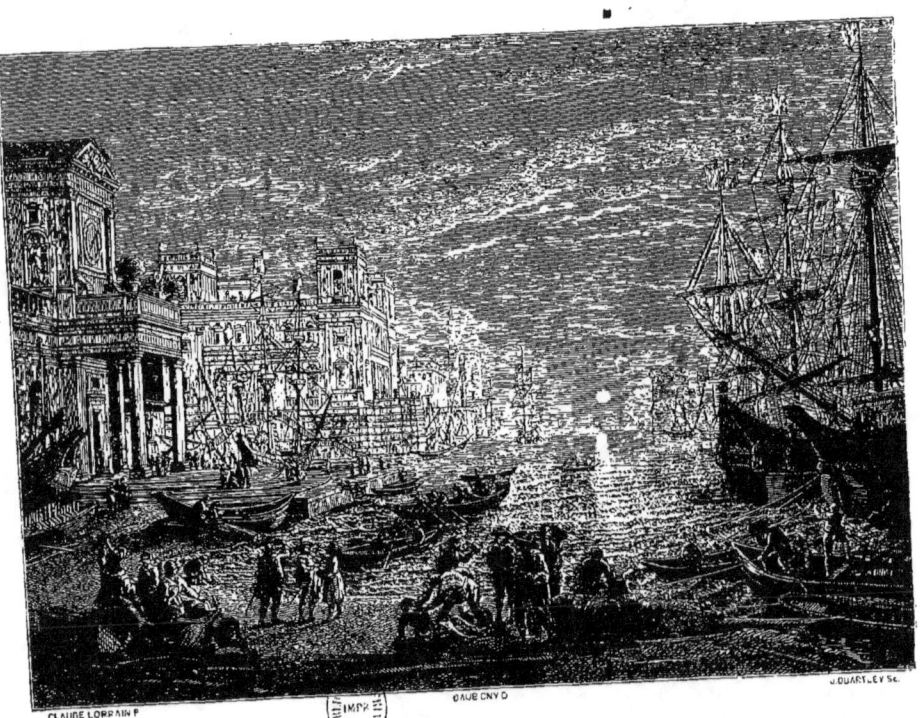

L'ANCIEN PORT DE MESSINE.

PLANCHE 55.

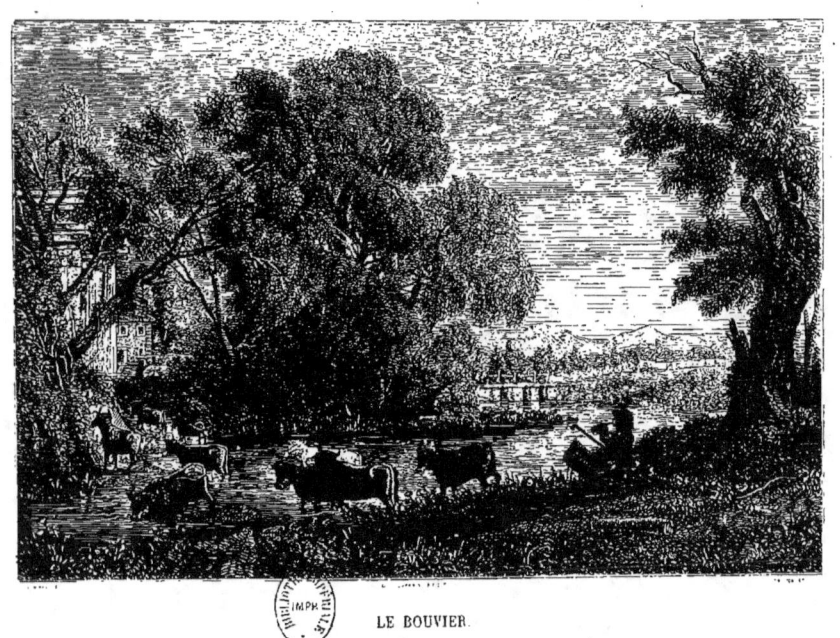

LE BOUVIER.

PLANCHE 56.

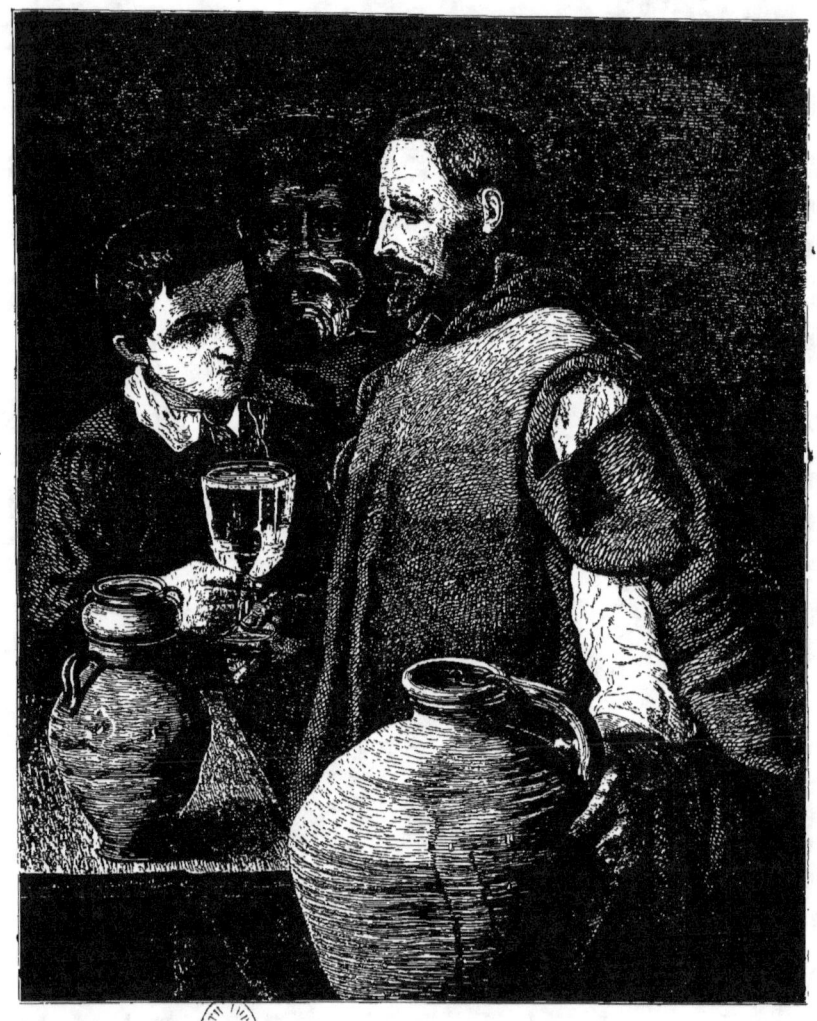

LE MARCHAND D'EAU DE SÉVILLE.

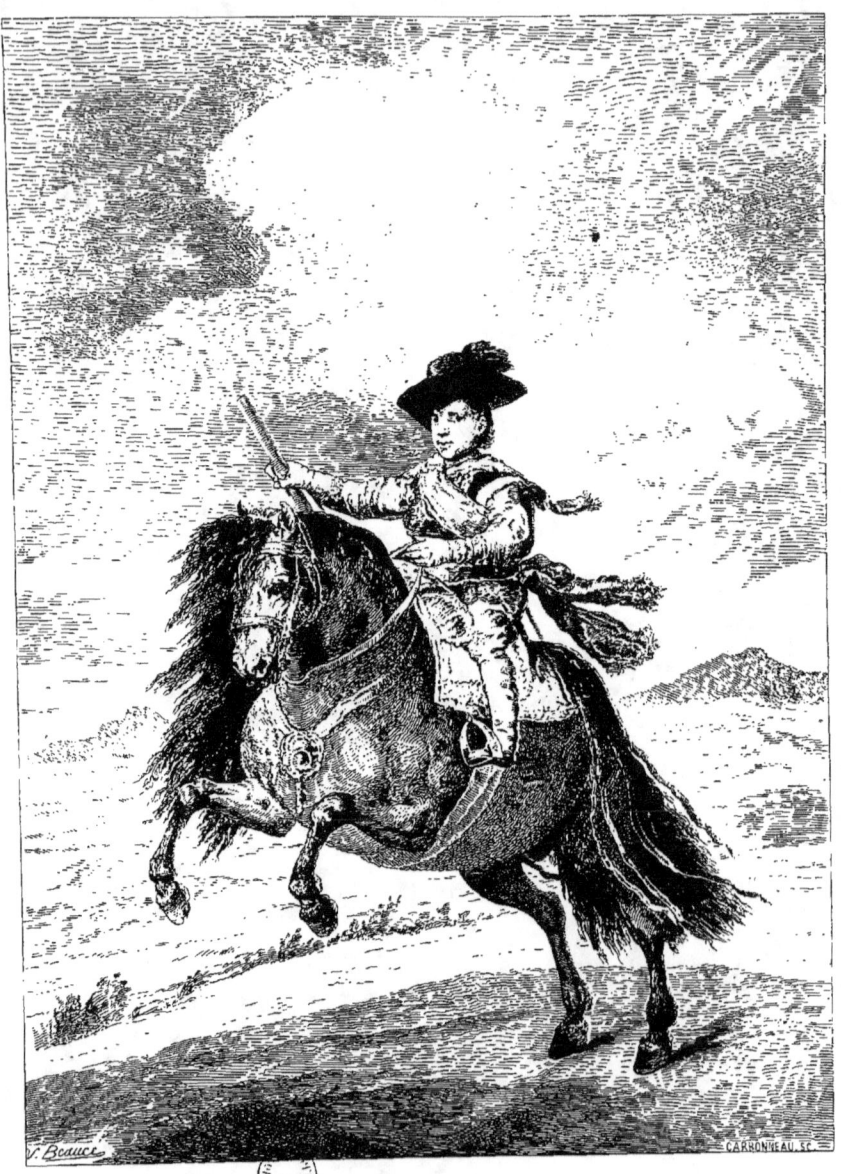

L'INFANT DON CARLOS.

PLANCHE 58.

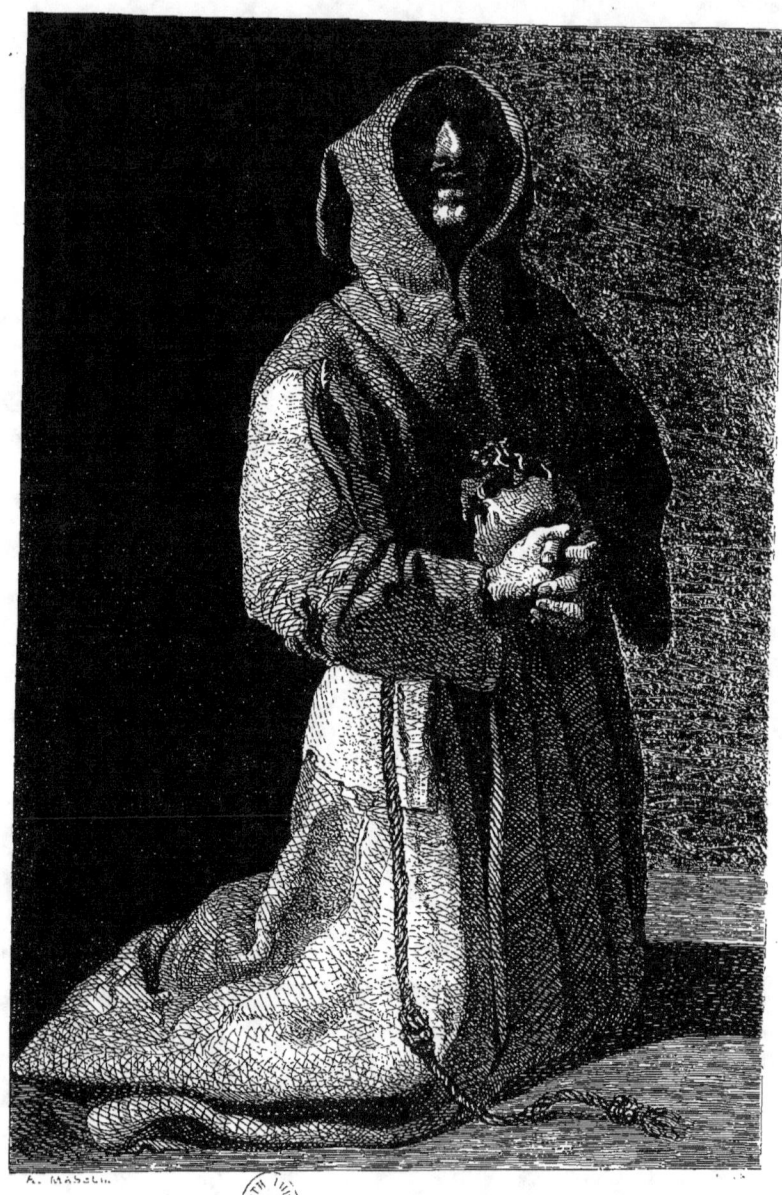

LE MOINE EN PRIÈRE.

PLANCHE 59.

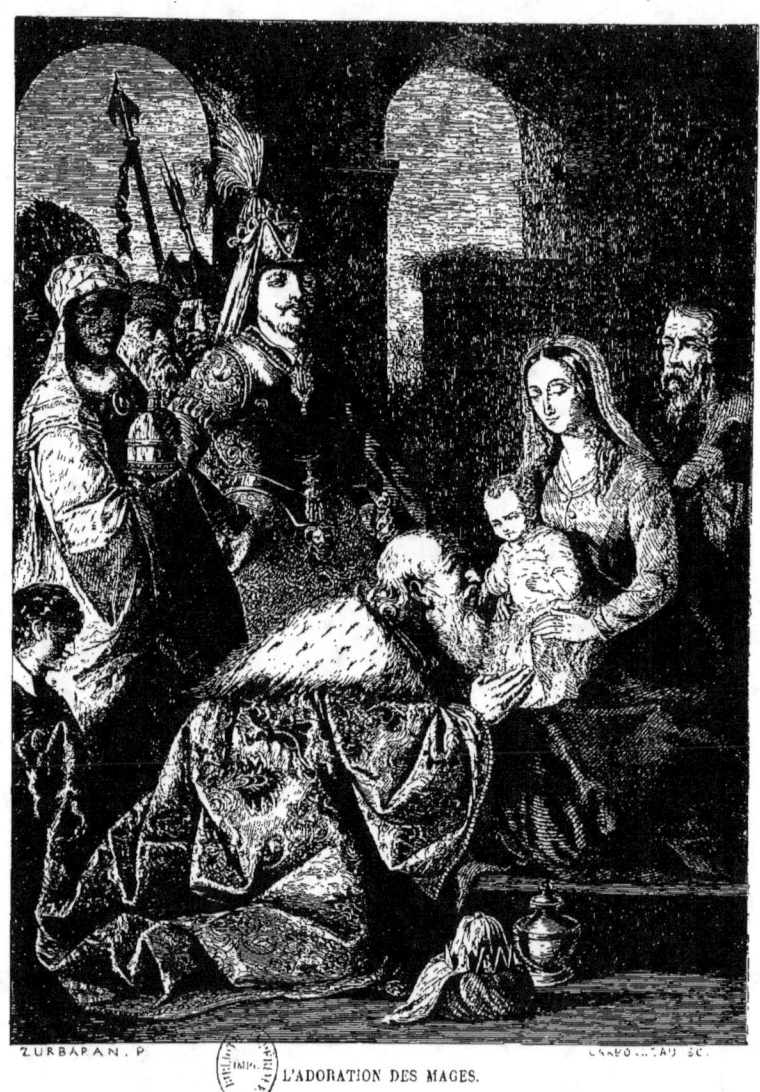

ZURBARAN. P. L'ADORATION DES MAGES. CARPONEAU SC.

PLANCHE 60.

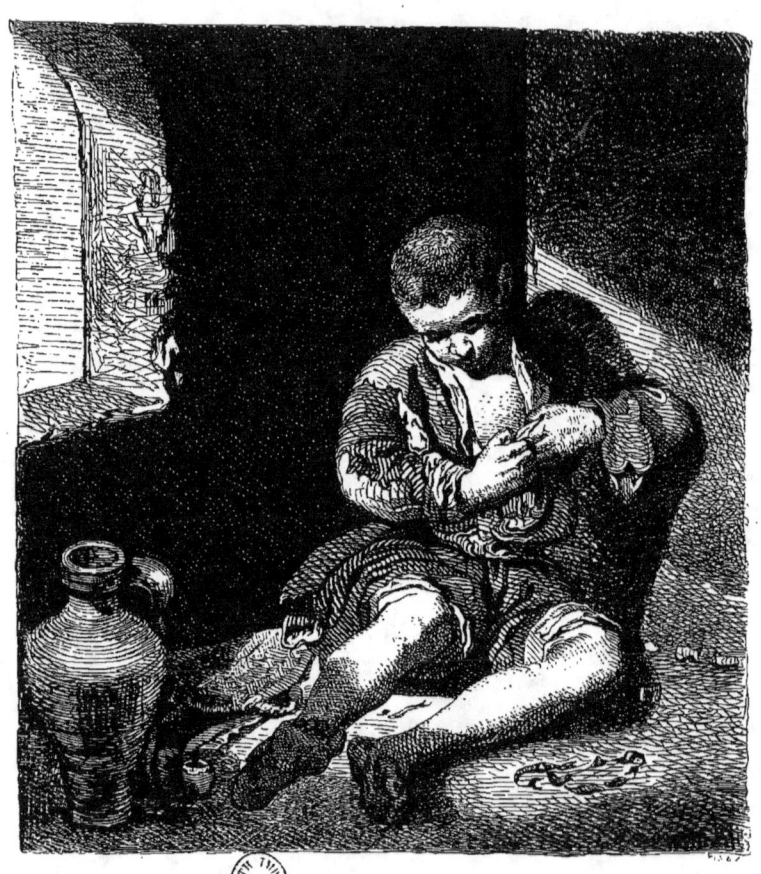

UN JEUNE MENDIANT.

PLANCHE 61.

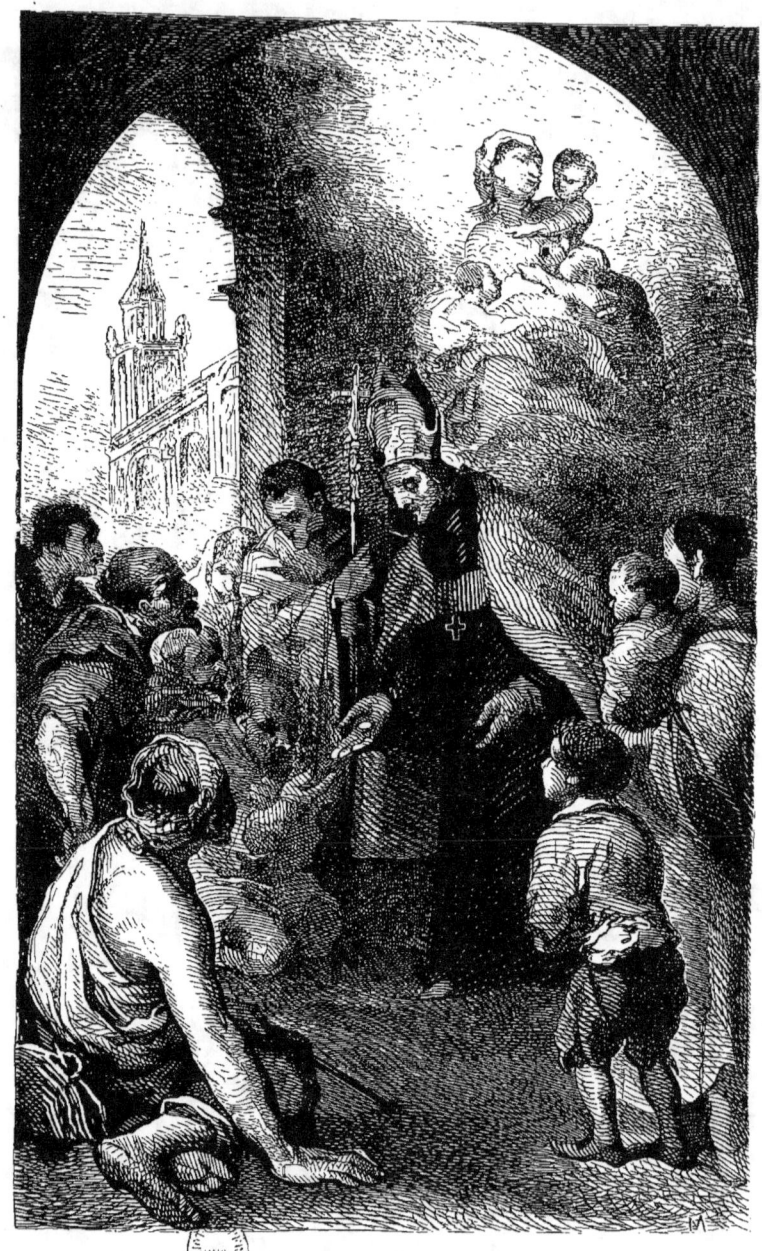

SAINT THOMAS DE VILLANUEVA.

PLANCHE 62.

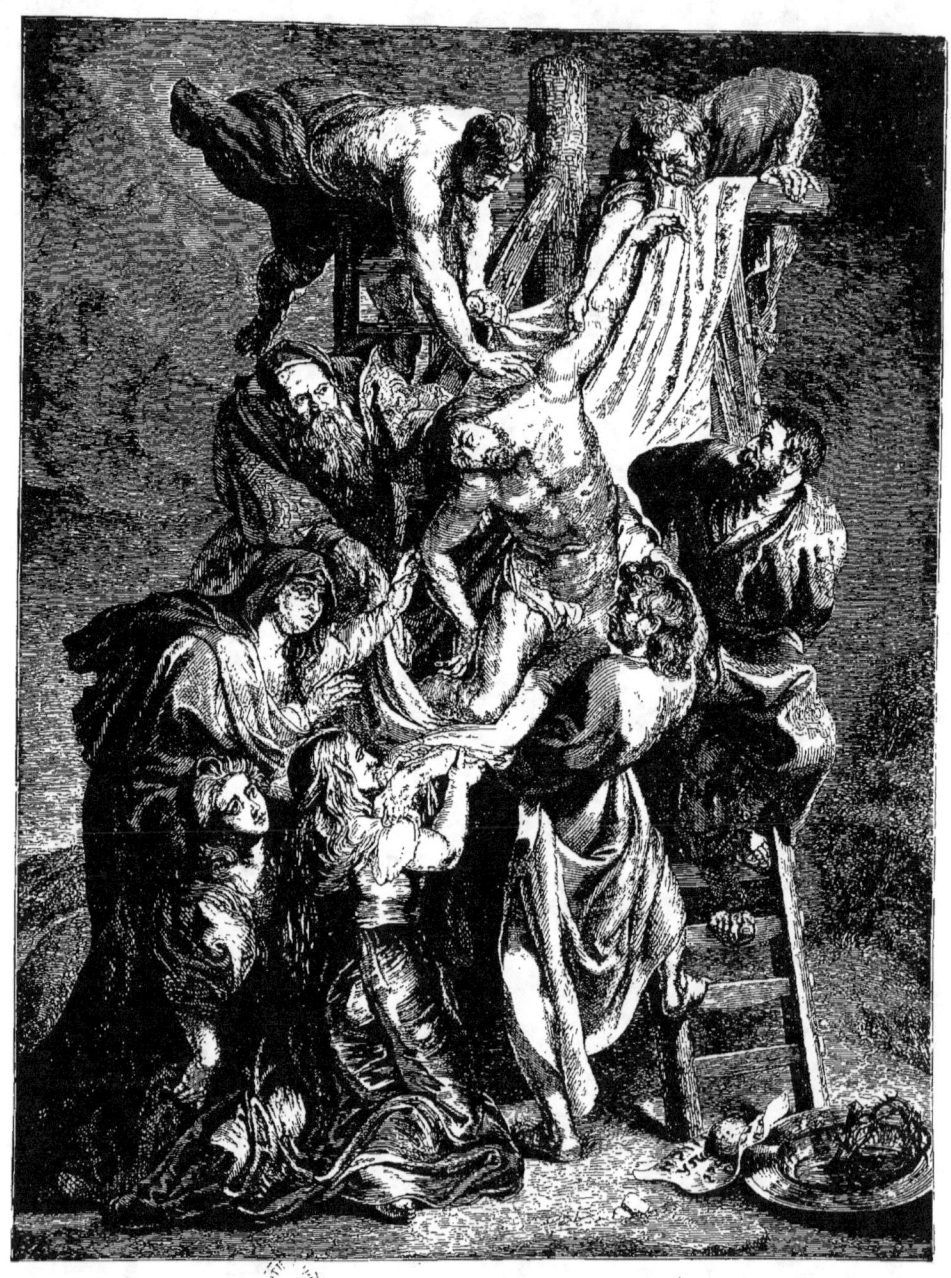

LA DESCENTE DE CROIX D'ANVERS.

PLANCHE 63.

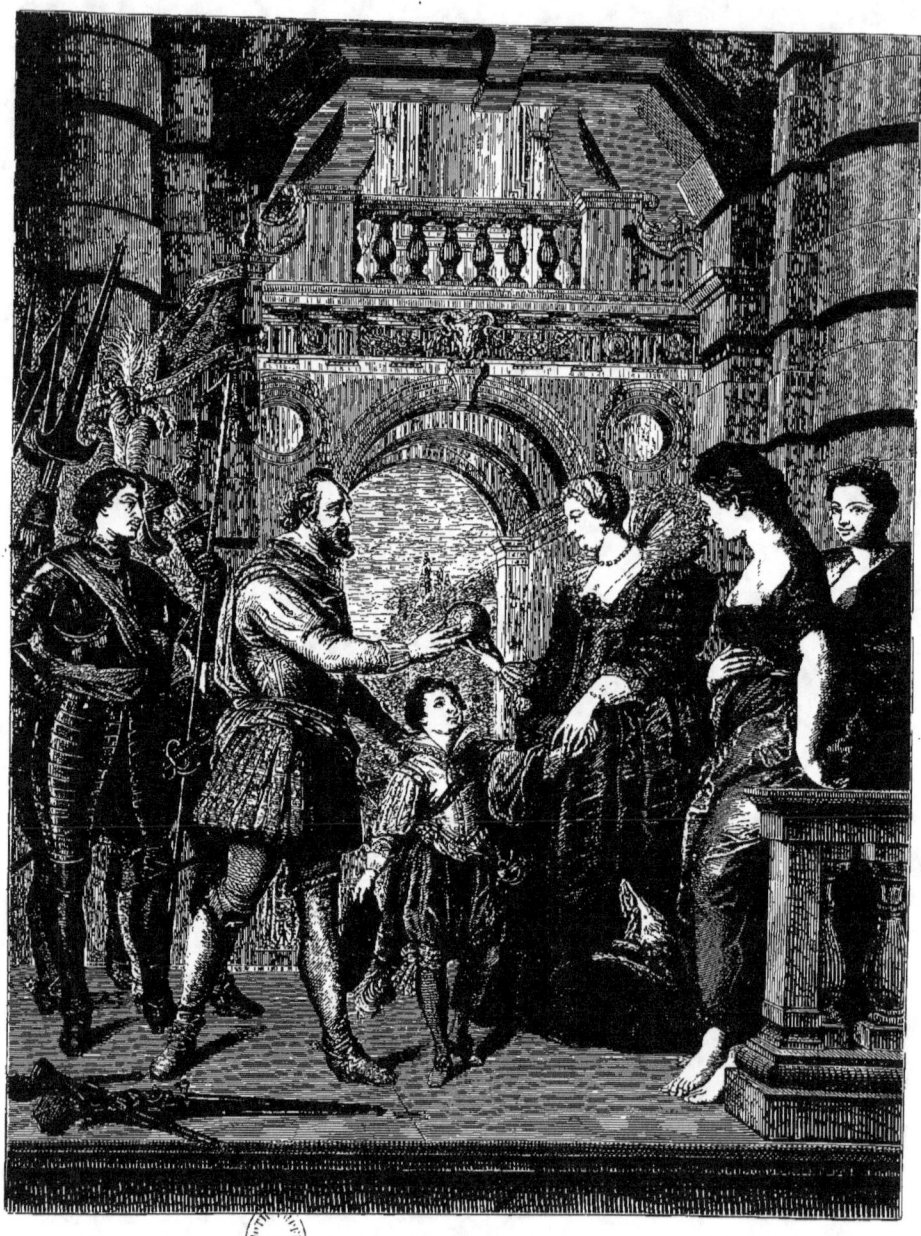

HENRI IV (GALERIE DE MÉDICIS).

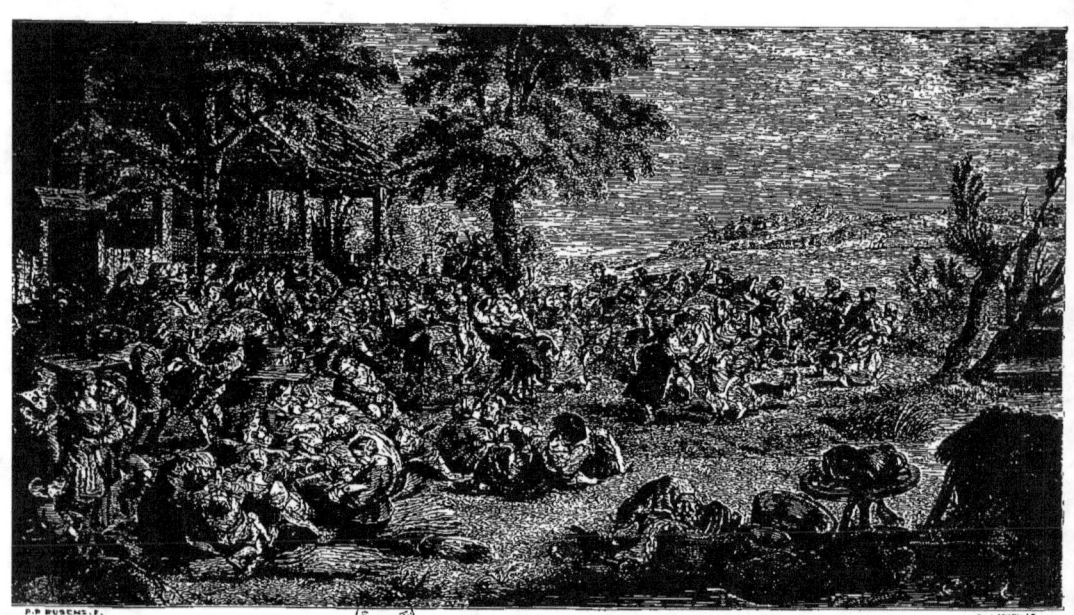

LA KERMESSE FLAMANDE.

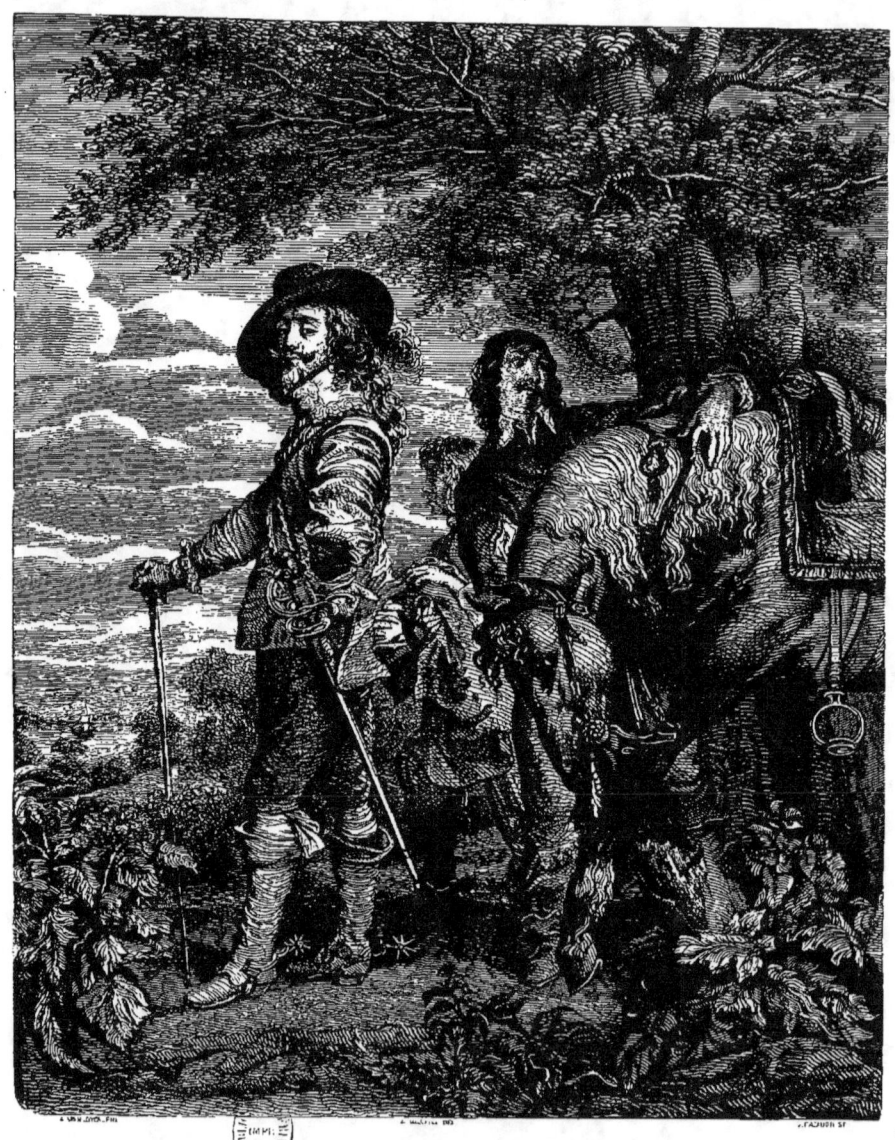

PORTRAIT DE CHARLES Ier, ROI D'ANGLETERRE.

PLANCHE 66.

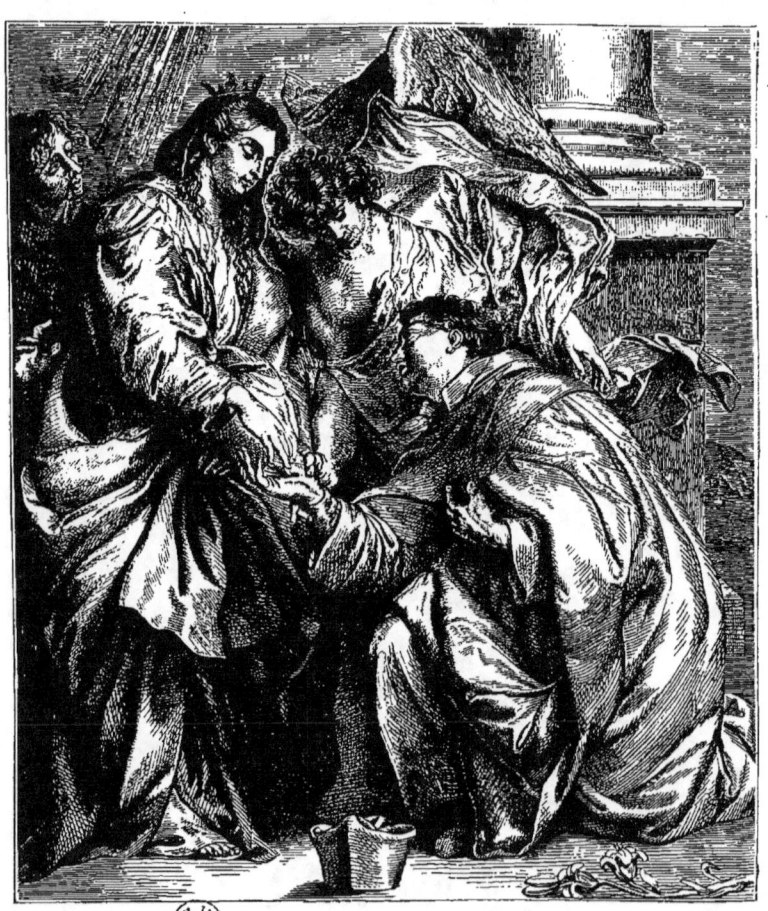

LE MARIAGE MYSTIQUE DU BIENHEUREUX HERMAN JOSEPH.

Planche 67.

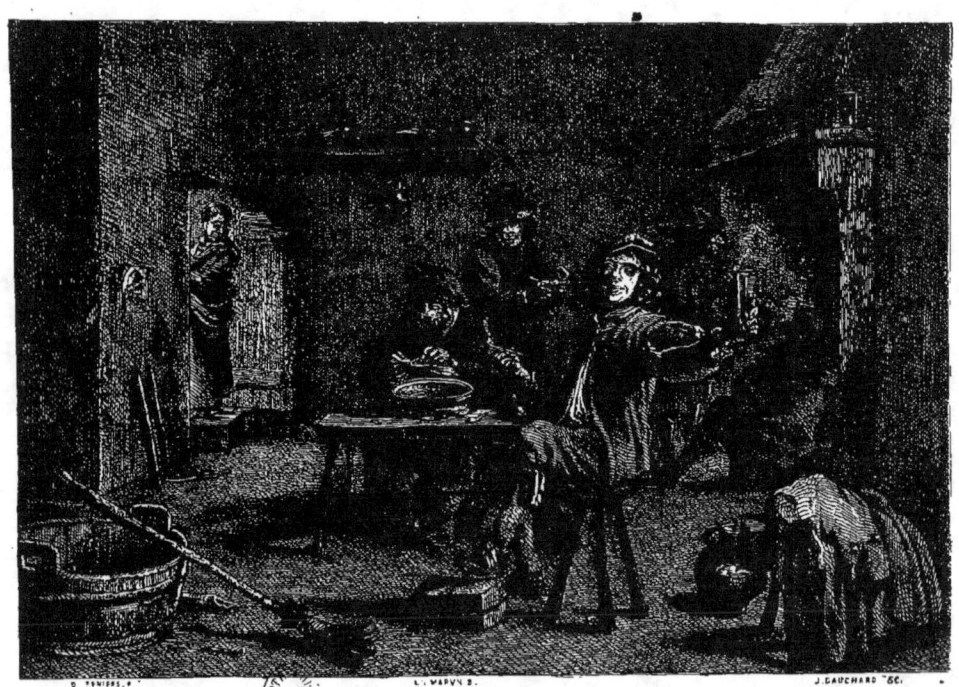

LES PHILOSOPHES BACHIQUES.

PLANCHE 68.

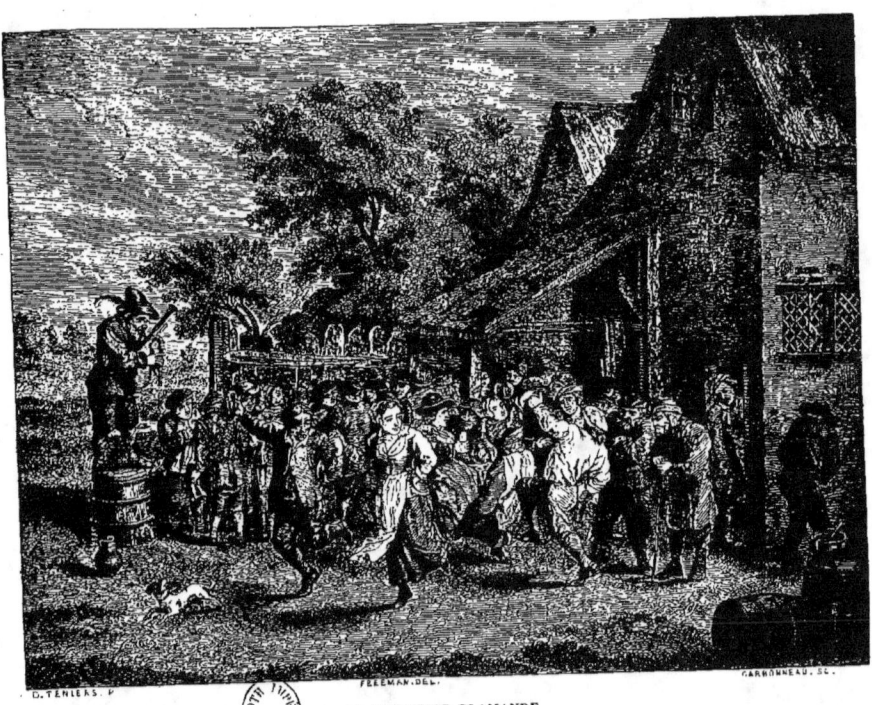

LA KERMESSE FLAMANDE.

PLACHNE 69.

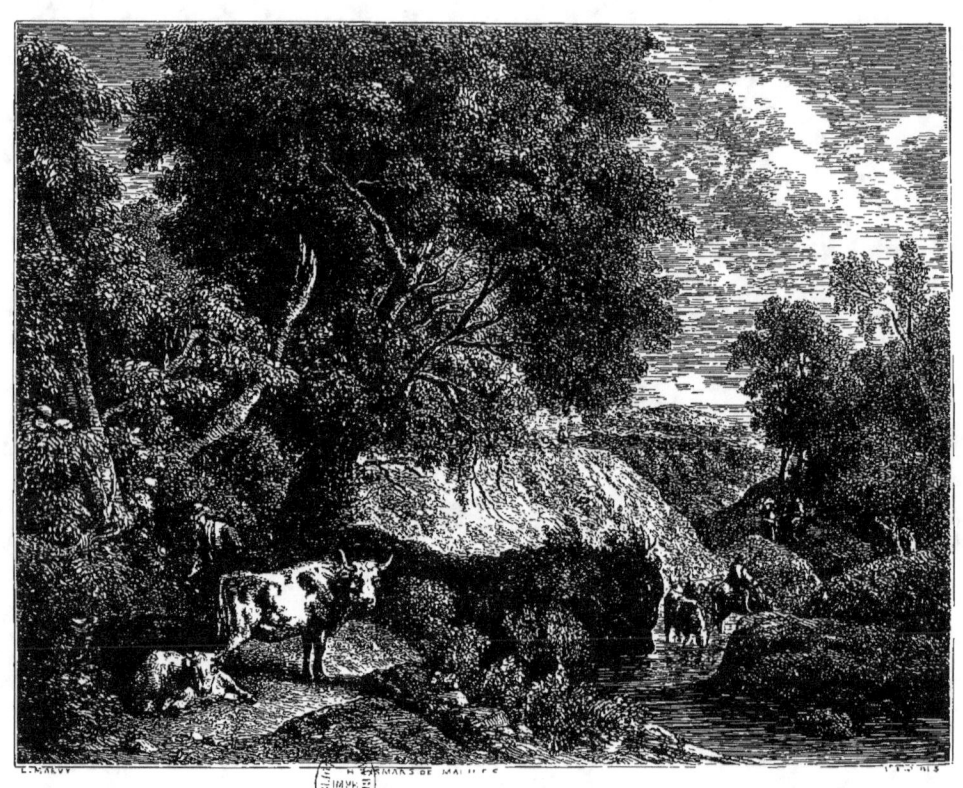

LE RAVIN.

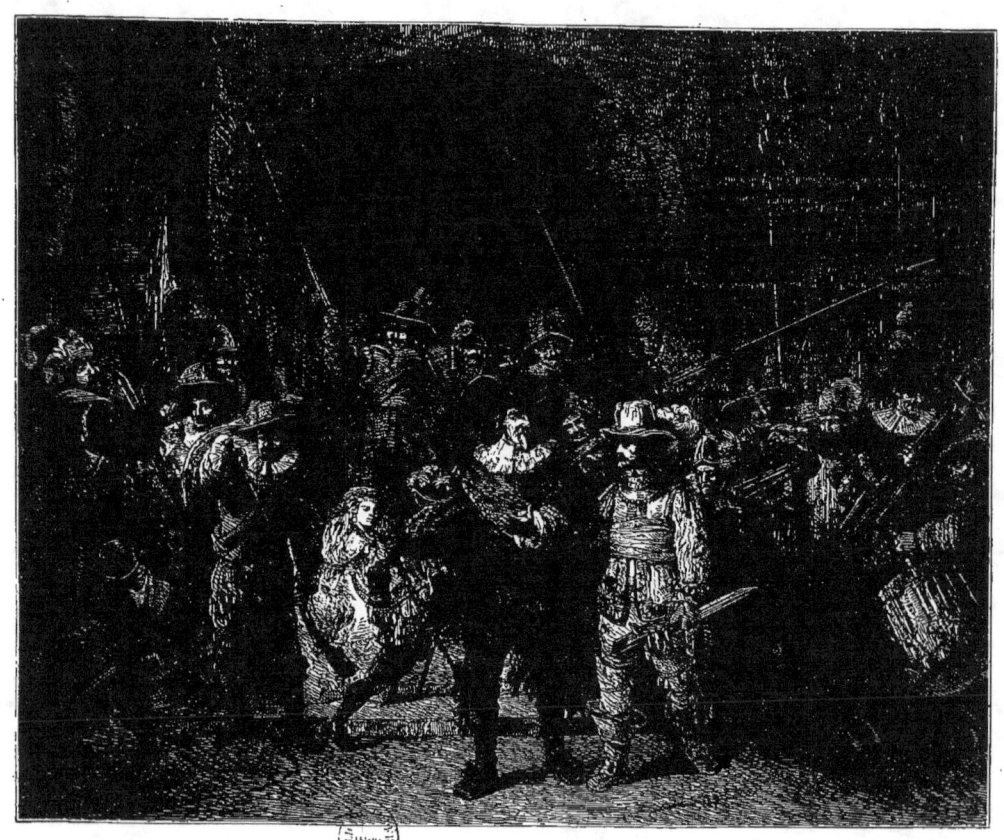

LA RONDE DE NUIT.

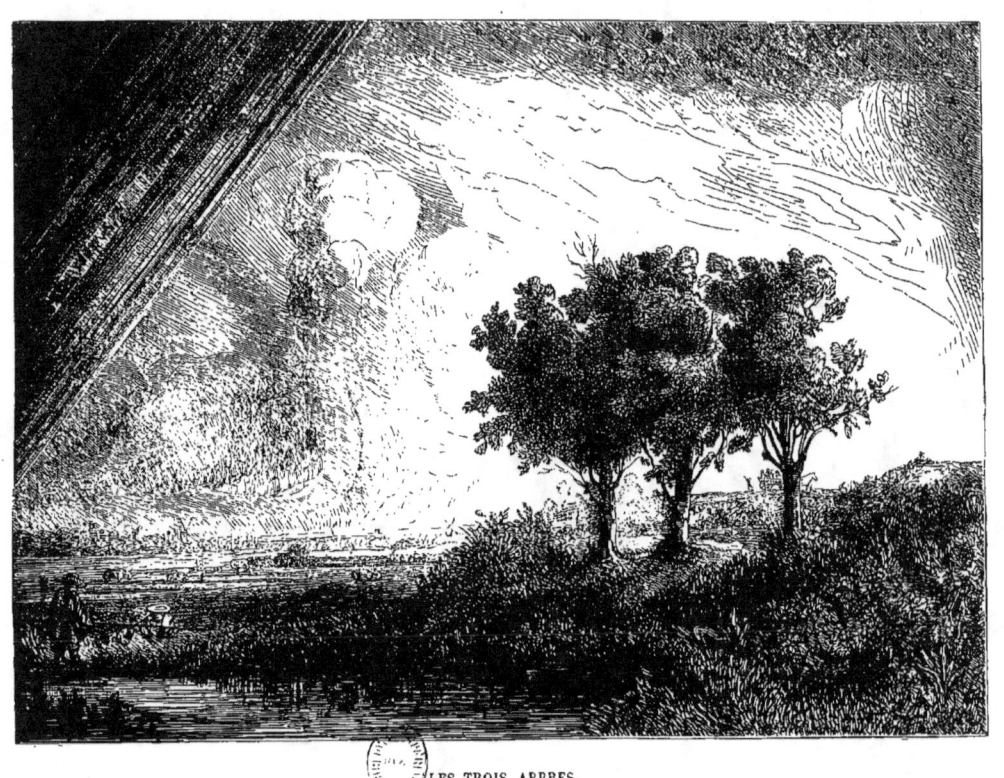

LES TROIS ARBRES.

PLANCHE 72.

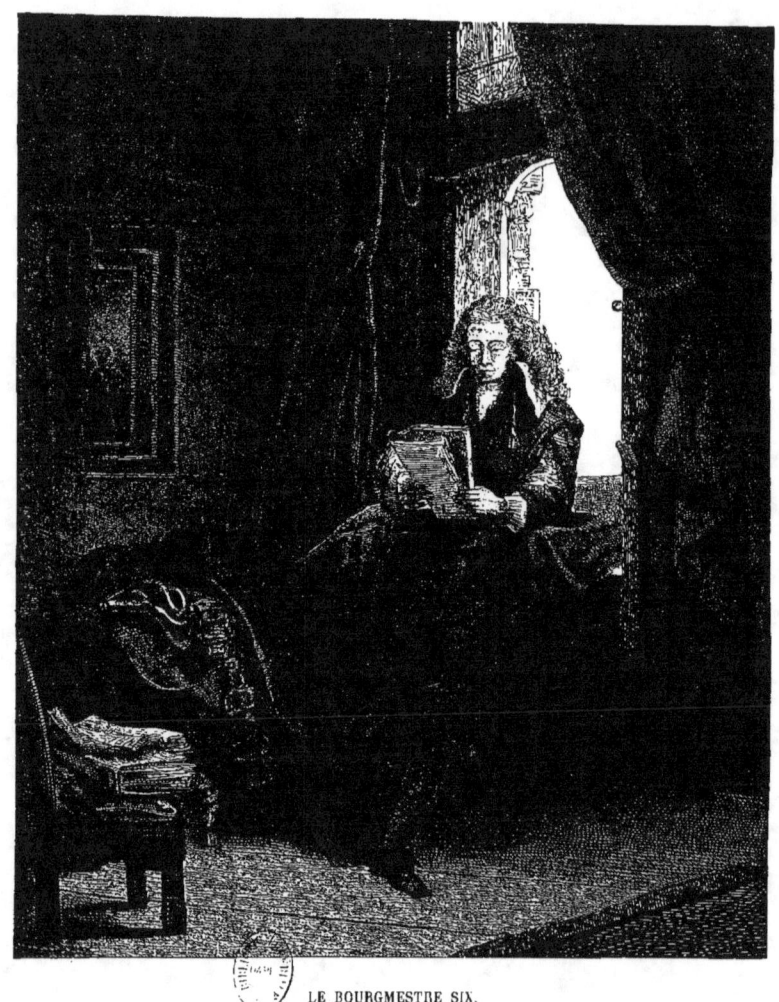

LE BOURGMESTRE SIX.

PLANCHE 73.

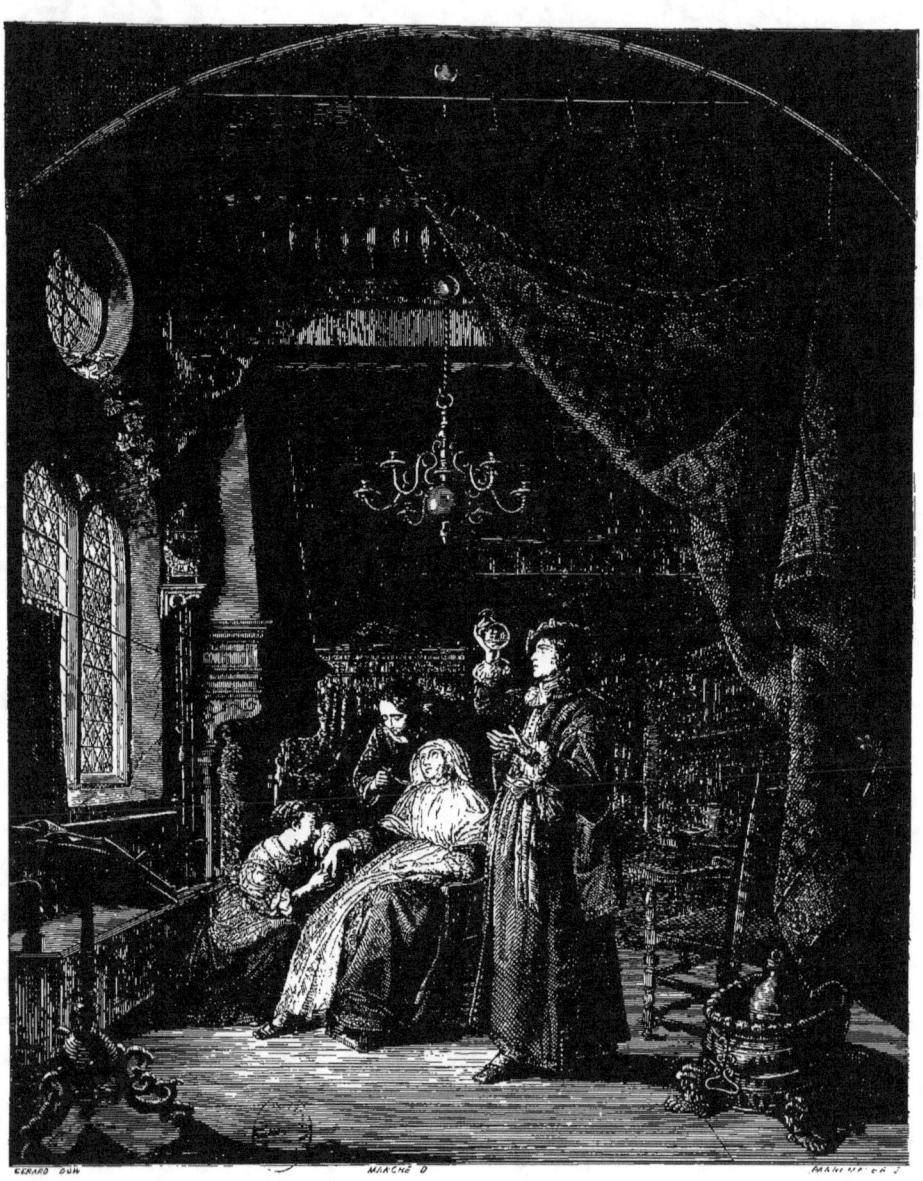

LA FEMME HYDROPIQUE.

PLANCHE 74.

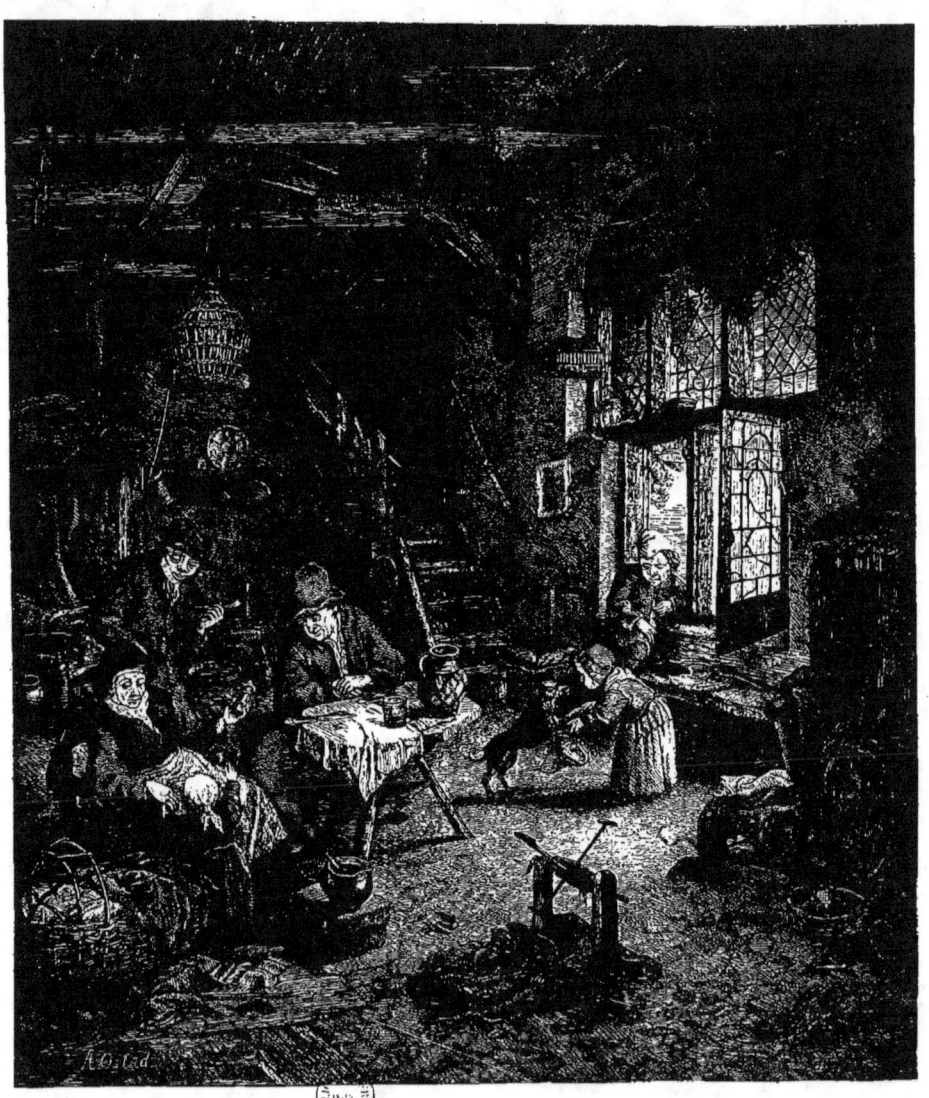

LE MÉNAGE RUSTIQUE.

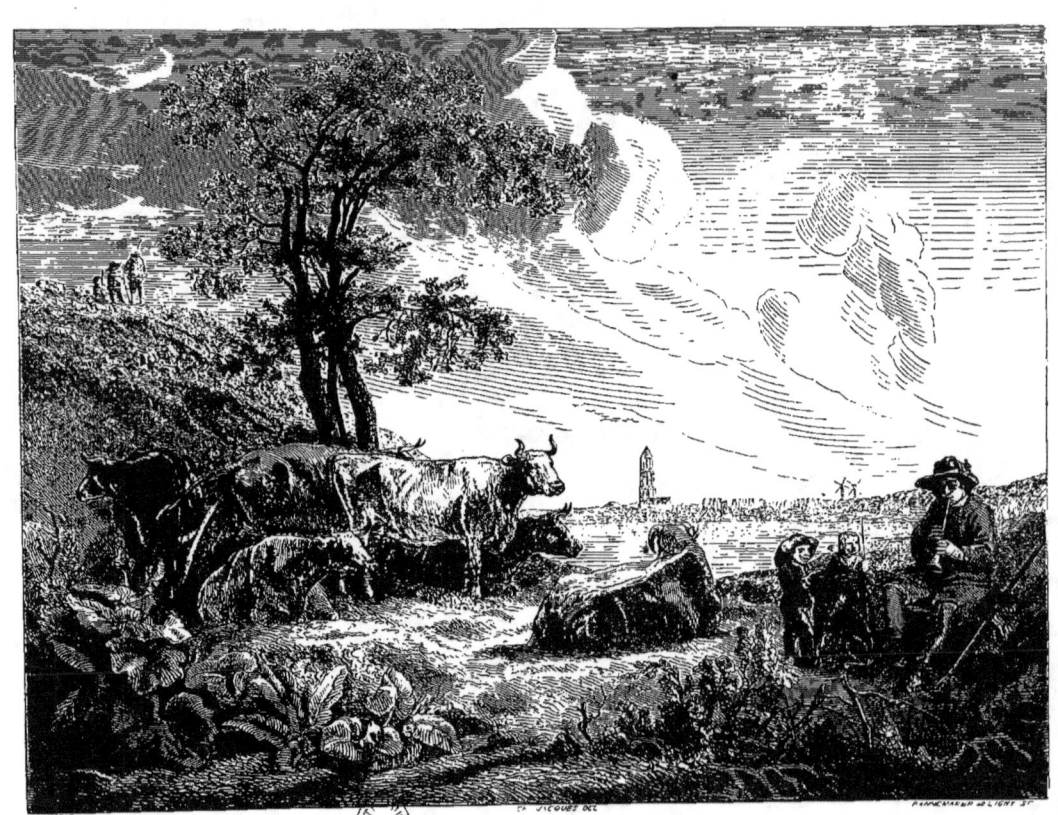

PÂTURAGE AU BORD DE LA MEUSE.

PLANCHE 76.

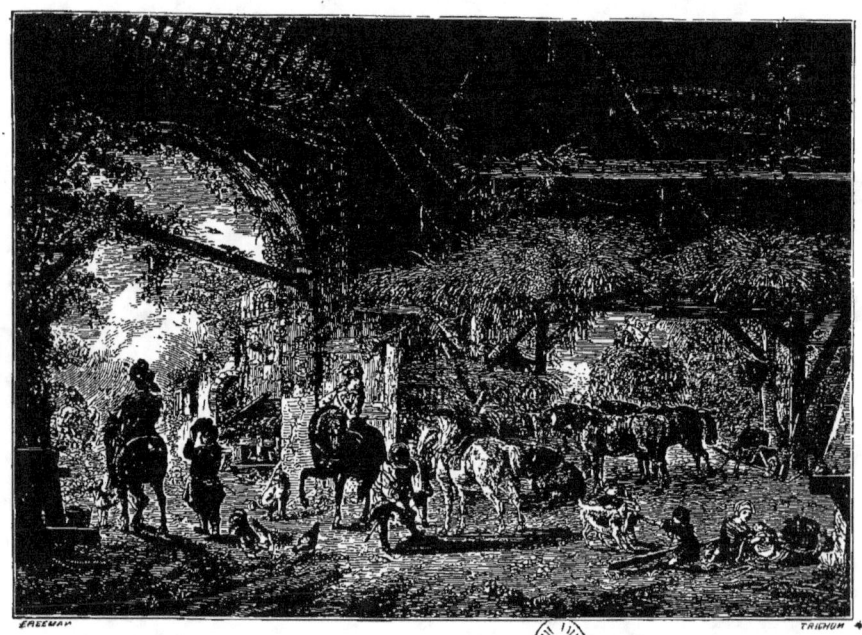

L'ÉCURIE.

PLANCHE 77.

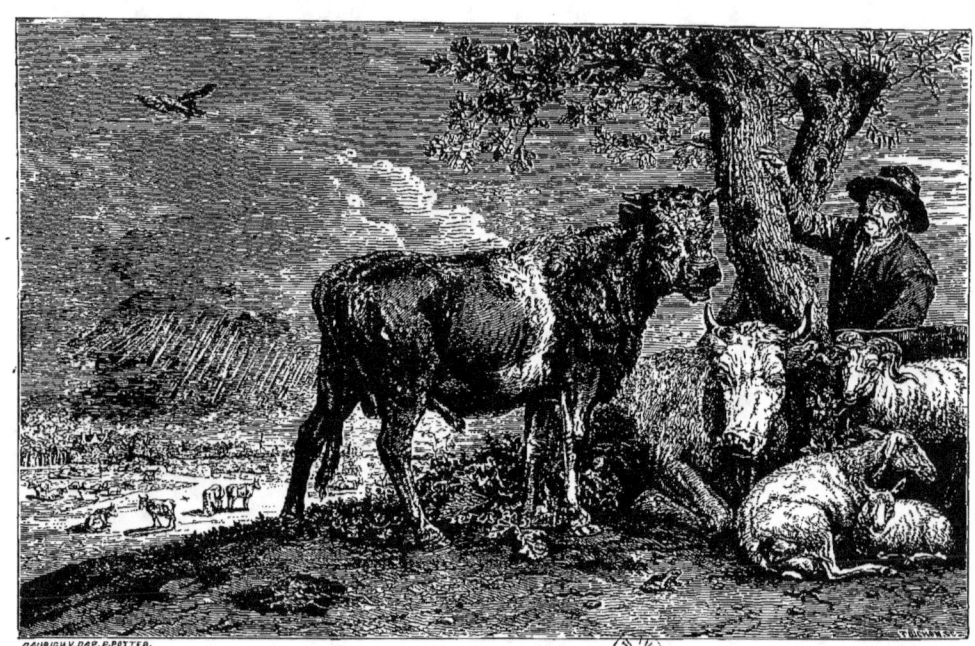

LE TAUREAU DU MUSÉE DE LA HAYE.

Planche 78.

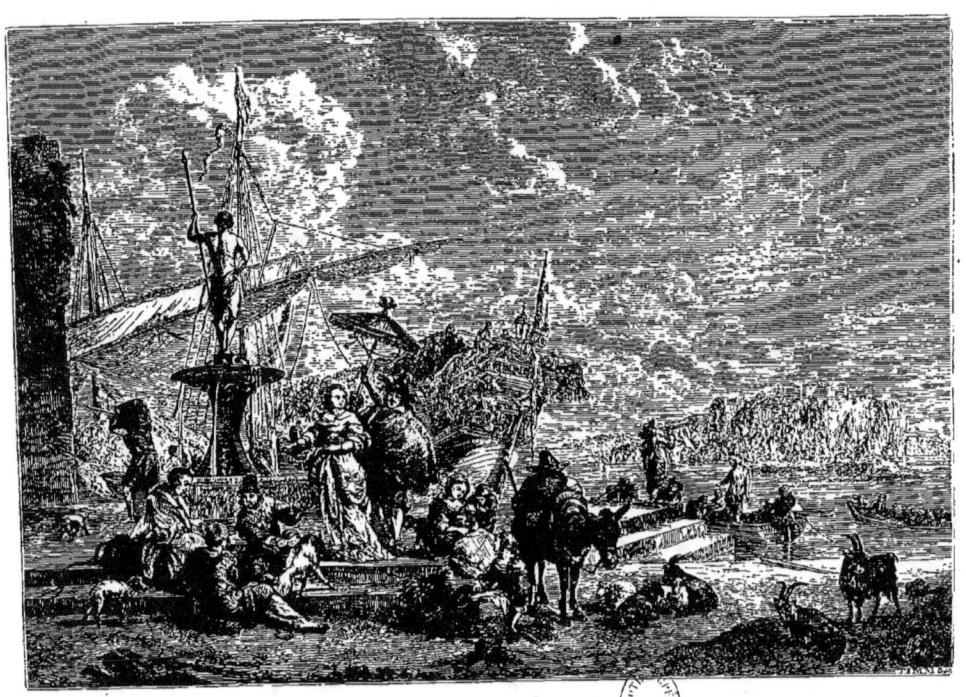

L'ANCIEN PORT DE GÊNES.

PLANCHE 79.

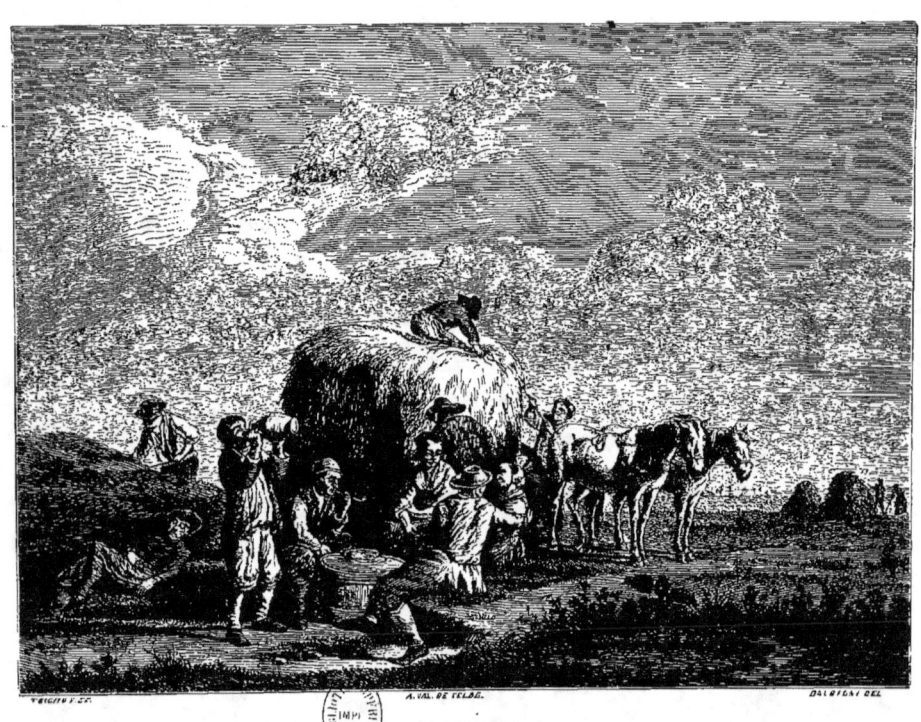

LA FENAISON.

PLANCHE 80.

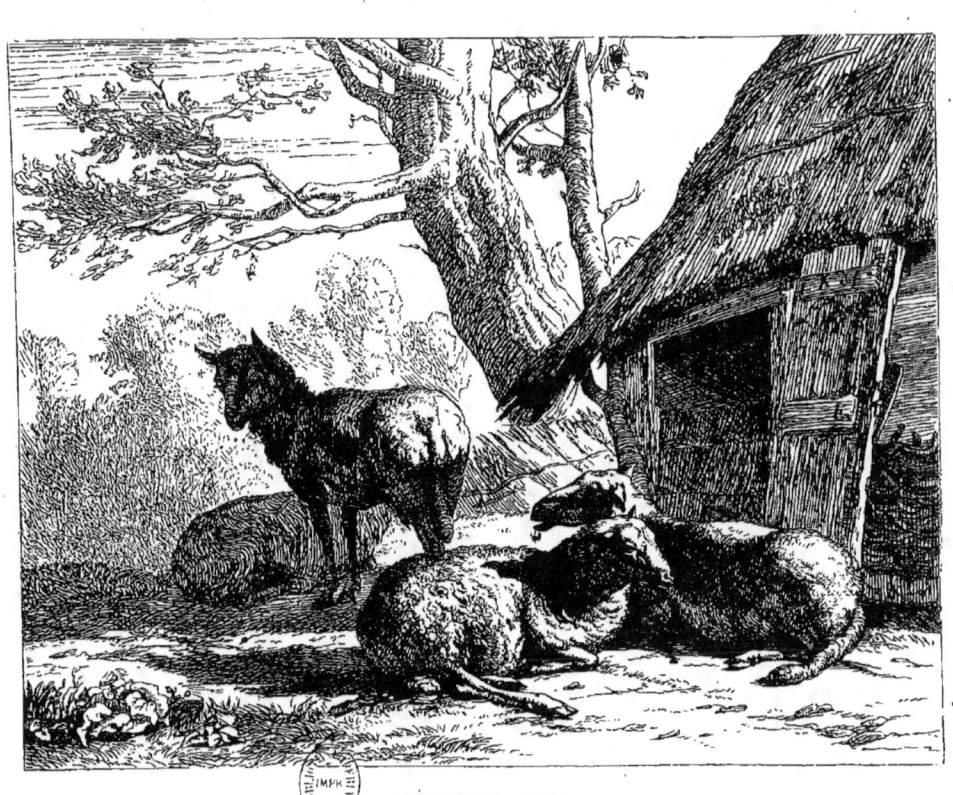

LES QUATRE MOUTONS.

PLANCHE 81.

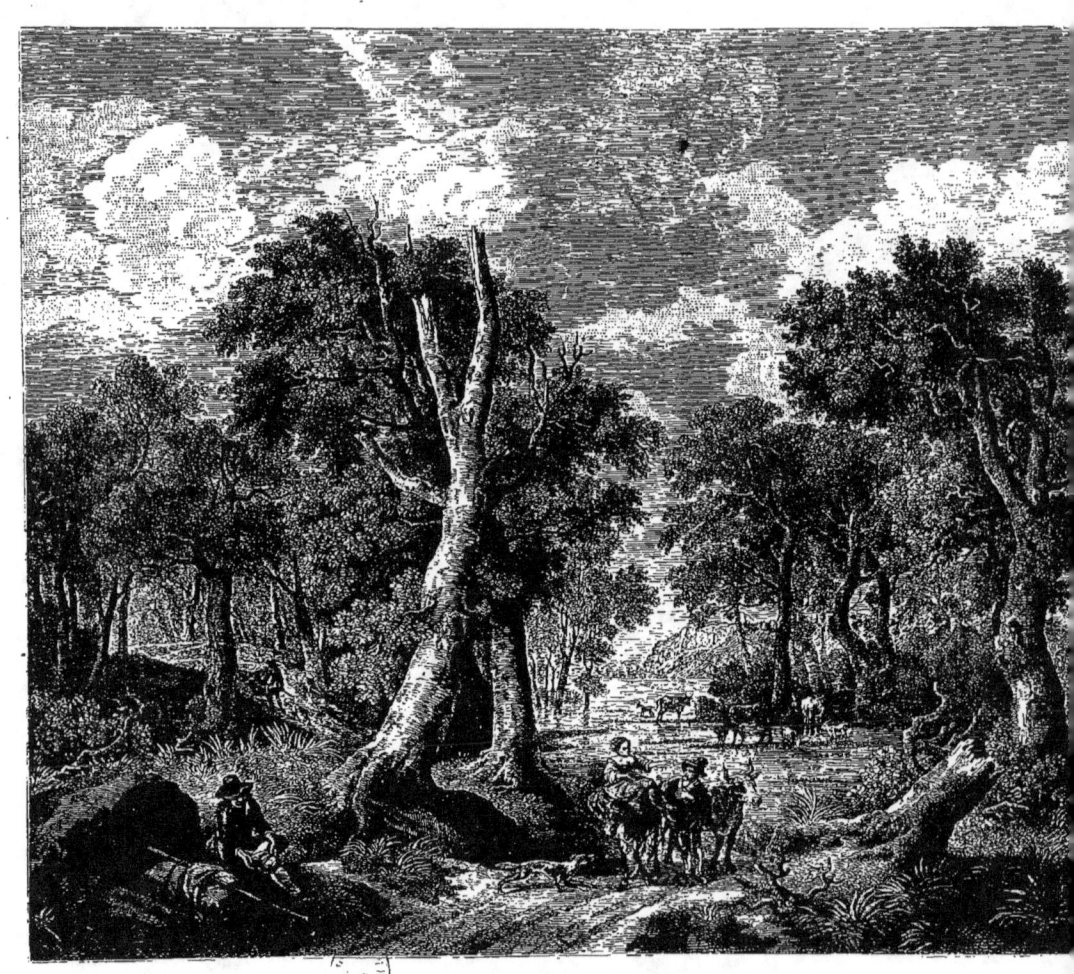

LA FORÊT AVEC LES FIGURES DE BERGHEM.

Planche 82.

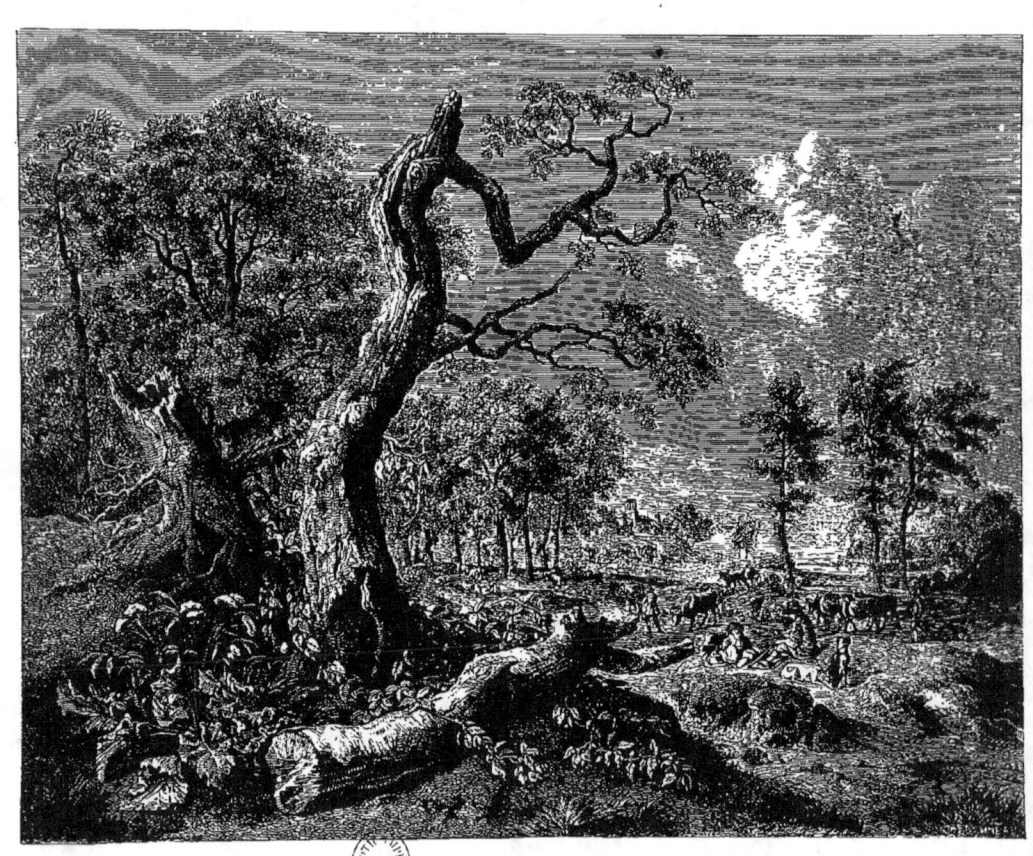

LISIÈRE D'UNE FORÊT.

PLANCHE 83.

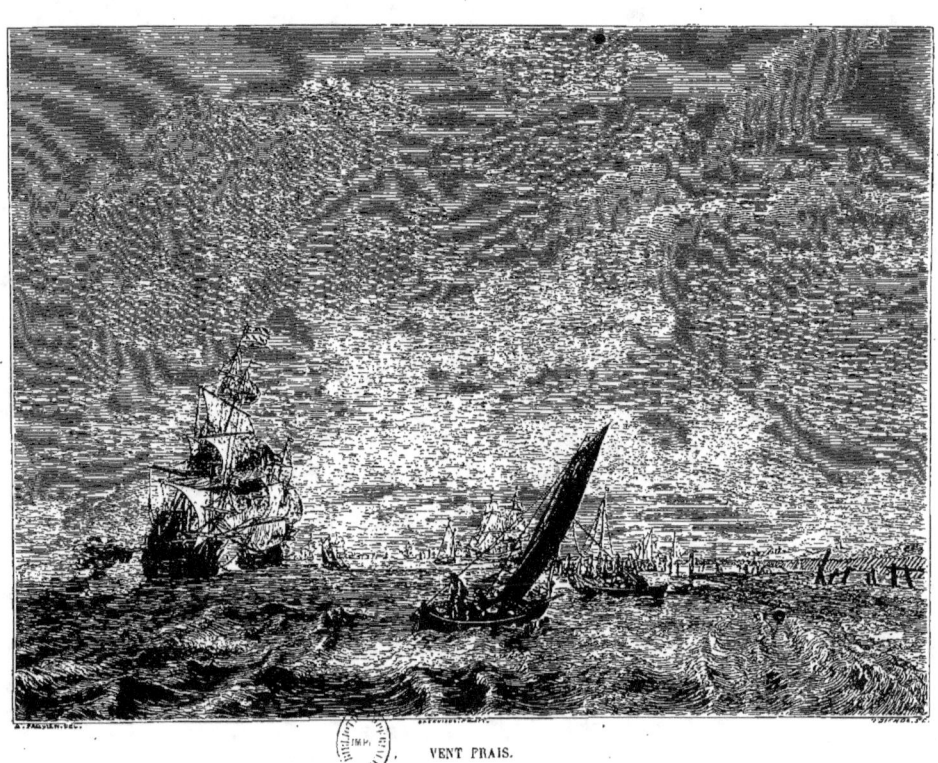

VENT FRAIS.

PLANCHE 84.

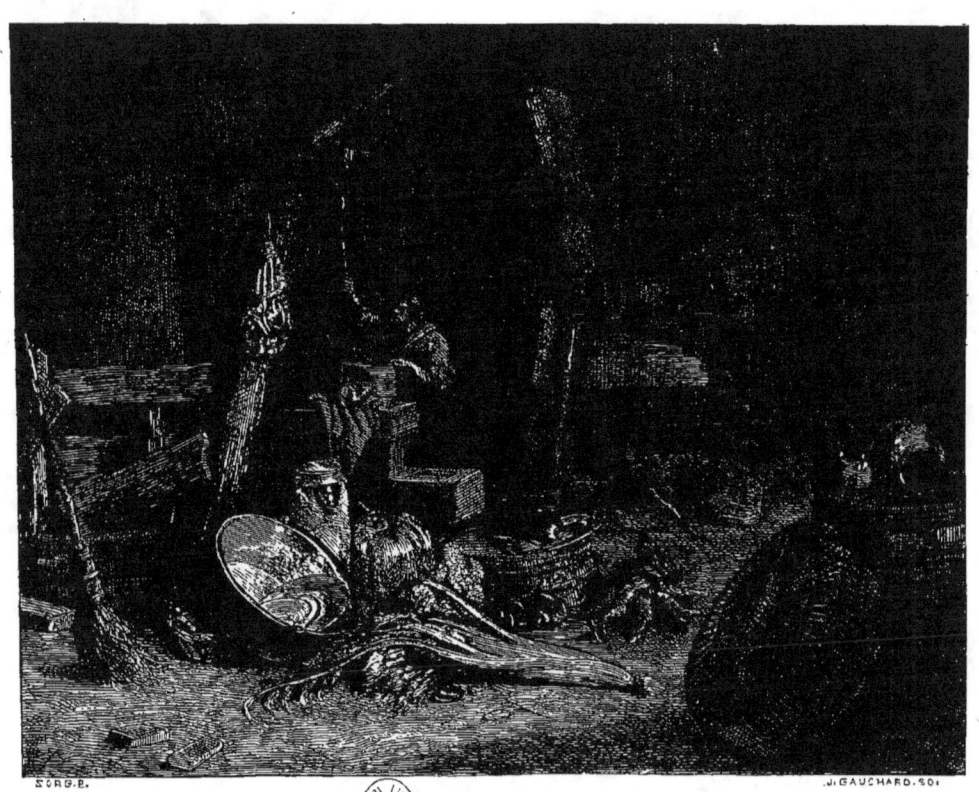

INTÉRIEUR DE CUISINE.

Planche 85.

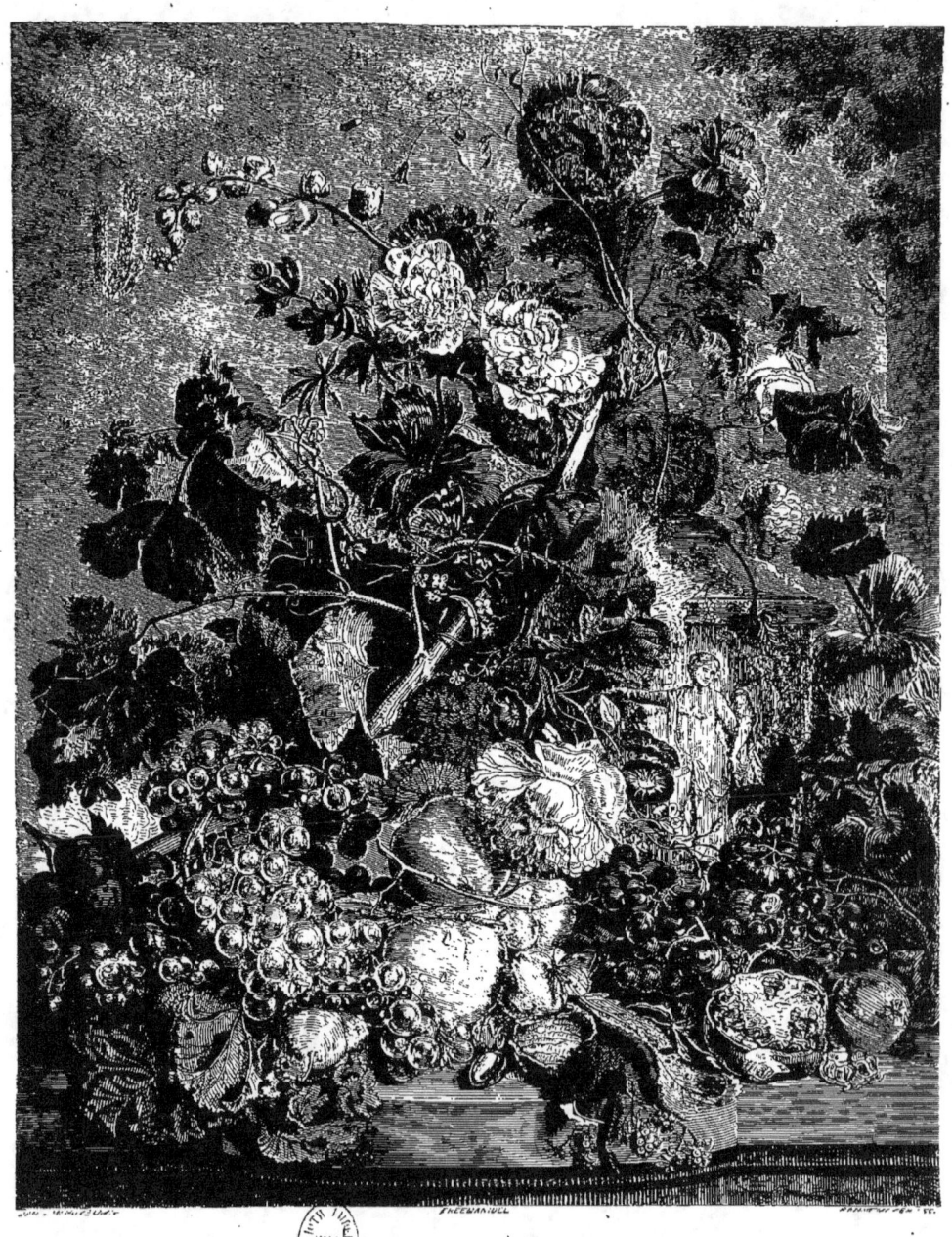

ROSES, RAISINS, PÊCHES, ETC.

www.ingramcontent.com/pod-product-compliance
Lightning Source LLC
Chambersburg PA
CBHW052233220526
45471CB00001B/22